Cinq ans
au GQG de Hitler

Walter Warlimont

Cinq ans au GQG de Hitler

Adaptation française du colonel B.E.M. Albert Baldewijns et de Roger Gheysens

PERRIN
www.editions-perrin.fr

Titre original :
Im Hauptquartier der deutschen Wehrmacht 1939-1945

Editions Perrin
12, avenue d'Italie
75013 Paris
Tél. : 01 44 16 09 00
Fax : 01 44 16 09 01
www.editions-perrin.fr

ISBN : 978-2-262-06091-6

PRÉFACE

L'on sait que la bibliographie du deuxième conflit mondial comprend des milliers de volumes. S'il nous fallait en dégager dix que nous considérerions comme fondamentaux, celui du général Walter Warlimont, *Im Haupquartier der Deutschen Wehrmacht*, paru en 1962, figurerait parmi eux. Une première traduction anglaise fut livrée en 1964 et une espagnole en 1967. La version française est adaptée par le colonel breveté d'état-major Albert Baldewyns, ancien professeur à l'Ecole de guerre de Bruxelles, en collaboration avec Roger Gheysens.

Ouvrage fondamental en effet, car sans l'avoir lu, l'on ne pourrait s'imaginer ce que fut la conduite supérieure de la guerre, menée par Hitler. Nul mieux que Warlimont ne pouvait nous l'expliquer. Ce brillant officier de la Première Guerre mondiale, jeune encore en 1939 – né en 1895 d'une famille dont les ancêtres venaient du duché de Limbourg –, resta, de 1939 à 1944, au grand quartier général du Führer. Maintes fois il demanda sa mutation, désireux de quitter une ambiance aussi morbide. Il se heurta toujours au refus formel de Hitler qui n'acceptait jamais de déplacer les officiers généraux en service auprès de lui. Atteint d'une commotion cérébrale à la suite de l'attentat du 20 juillet 1944, l'auteur obtint un congé de maladie en septembre suivant et ne fut plus en état de reprendre du service.

En 1938, profitant des scandales von Blomberg et von Fritsch, provoqués par la Gestapo, le Führer avait complètement réorganisé le commandement de l'armée, laquelle se trouvait désormais sous sa seule autorité. Autorité d'autant plus absolue que, dès la mort du maréchal-président von Hindenburg quatre ans plus tôt, Hitler avait exigé que le serment des officiers soit prêté, non plus à la Constitution, mais à sa propre personne.

Le système dès lors établi, puissamment centralisé, et qui subira quelques retouches entre 1938 et 1940 permet au dictateur de mener lui seul la conduite générale de la guerre, assisté de deux organismes : l'*Oberkommando der Wehrmacht* (OKW) et la chancellerie du Reich.

L'OKW a pour chef d'état-major le général Wilhelm Keitel; Alfred Jodl en dirige le bureau Opérations et Warlimont l'*Abteilung Landsverteitigung*. Keitel et Jodl ne sont que les agents d'exécution du Führer. L'OKW, – Hitler non Keitel –, coiffe : l'*Oberkommando des Heeres* (OKH), l'armée de terre, sous Walter von Brauchitsch; l'*Oberkommando der Luftwaffe* (OKL), sous Hermann Goering; l'*Oberkommando der Kriegsmarine* (OKM) sous l'amiral Erich Raeder.

La chancellerie du Reich – auprès de laquelle le général Rudolf Schmundt, l'officier préféré de Hitler, remplit les fonctions d'adjudant –, est dirigée par Lammers; elle comprend les Affaires étrangères (Ribbentrop); le parti (Hess et Bormann) et ses unités combattantes* (Himmler); la *Sicherheitspolizei* (Heydrich); la propagande (Goebbels); l'armement et les travaux de construction (Todt); les services du travail (Hierl); l'administration des pays conquis (Himmler, Frank, Terboven, Rosenberg, Seyss-Inquart...).

Prise à la lettre, cette organisation paraît simple et commode. Hitler, chef politique et militaire, ayant directement sous la main tous les organes d'exécution, devrait normalement battre de vitesse les démocraties coalisées, paralysées par la complexité de leurs rouages internes et interalliés.

En réalité, la machine du commandement allemand se révélera d'emblée défectueuse. Cela n'empêchera pas les grandes victoires, depuis septembre 1939 jusqu'à la fin juin 1940, étant donné les déficiences de l'adversaire; les initiatives malencontreuses du Führer permettront cependant le miracle à Dunkerque. Dès 1941, les conséquences du système hitlérien se feront constamment sentir et contribueront à acheminer le Reich nazi vers son effondrement.

Il n'y a en effet, nulle harmonie entre l'état-major de l'OKW et la chancellerie. C'est tout au contraire le règne de la discontinuité dans l'espace et le temps. Alors que l'ordre et la méthode sont d'incontestables qualités

* Les unités combattantes SS ne dépendent jamais de l'armée, mais de Himmler. Lorsque les commandants de grandes unités de l'armée reçoivent des unités SS en renfort, celles-ci ne leur sont pas soumises. Ils doivent assumer leur ravitaillement et ont autorité sur elles du point de vue tactique pour l'opération en cours; mais les formations SS restent membres de l'armée privée de Himmler auquel le chef de l'unité SS peut toujours faire appel s'il n'est pas d'accord avec son chef tactique du moment. On peut juger des mécomptes que ce système engendrera.

allemandes, comment l'action d'un seul homme a-t-elle pu créer un aussi perpétuel gâchis?

Avec la chancellerie, Hitler prendra des décisions souvent irréalisables au point de vue militaire, sans consulter Keitel et Jodl, sans même leur en donner connaissance suffisamment tôt. Non seulement les chefs militaires seront renseignés beaucoup trop tard sur les tâches qui leur incombent, mais parfois ne seront-ils point prévenus des décisions politiques ayant leur répercussion sur le plan militaire. Keitel et Jodl se montreront, du reste, d'une passivité déroutante, admettant, sans jamais protester, les décisions les plus saugrenues du Führer*. Quant aux hommes de la chancellerie, ils auront toujours le pas sur ceux de l'OKW comme le parti aura le pas sur l'armée.

De plus, entre l'OKW et les trois branches des forces, OKH, OKL et OKM, la chaîne du commandement et la répartition des responsabilités seront tout aussi inefficaces. Hitler, en toutes circonstances, fera ce qui ne lui incombe pas et ne fera pas ce qui lui incombe. Il s'immiscera constamment dans les activités opérationnelles, empiétant sur les attributions des chefs militaires. Dès la campagne de mai 1940, il intervient à chaque instant dans les opérations terrestres, qui sont du ressort de von

* Keitel, bien que doué d'une grande puissance de travail, n'avait aucune personnalité et se considérait comme un simple chef de bureau. Quant à Jodl, quoique beaucoup plus intelligent que Keitel, il était véritablement envoûté par le Führer et le restera jusqu'au procès de Nuremberg. Le 7 novembre 1943, lorsque les choses tourneront mal pour l'Allemagne et le Japon sur tous les fronts, Jodl fera devant les Reichsleiters et Gauleiters un tableau assez sincère de la situation, mais il terminera son discours par une profession de foi envers l'homme du destin, qui ne peut se tromper, qui est l'âme de la conduite politique comme de la conduite militaire de la guerre et qui assurera envers et contre tout la victoire finale.

Brauchitsch et court-circuitera même ce dernier en intervenant directement auprès de ses subordonnés. Par contre, l'OKW ne coordonnera jamais convenablement l'action des forces terrestres, maritimes et aériennes. Quand le Führer aura pris une décision, il laissera l'OKH, l'OKM et l'OKL débrouiller ensemble les choses. Ce qui permettra souvent à Goering, homme tout-puissant du parti imbriqué parmi les soldats, de s'imposer à ses deux collègues Brauchitsch et Raeder, de faire bloc avec Himmler contre les militaires.

Lorsque, après l'échec allemand devant Moscou, Hitler acceptera, le 19 décembre 1941, la démission de Brauchitsch, il le remplacera par... le Führer en personne. Celui-ci sera désormais à la fois OKW et OKH, exercera la direction personnelle, directe et continue des opérations militaires. A partir de ce moment, la confusion deviendra totale.

Quant à l'unité d'action entre les trois principaux partenaires de l'Axe : Allemagne, Italie, Japon, elle sera toujours inexistante.

L'on conçoit que Warlimont compare avec envie la conduite générale de la guerre anglo-américaine à celle qu'il vécut durant cinq ans à l'OKW. Pour la première fois, en effet, dans l'histoire des guerres de coalition le problème de la direction unitaire, efficace, souple et bien définie fut réalisé, du côté des grands alliés occidentaux, à la suite des décisions prises par Roosevelt et Churchill à la conférence Arcadia de Washington en janvier 1942. Nous pensons qu'il est utile d'en résumer l'organisation à l'usage des lecteurs, ce qui leur permettra de comparer.

Les chefs d'état-major combiné anglo-américains (*Combined Chiefs of Staff*) allaient présenter «la plus complète unification des efforts militaires jamais réalisée par deux nations alliées. La conduite stratégique de leurs forces, la répartition des efforts et du matériel, la coordination des moyens de transmission, l'exploitation des services de renseignements, l'administration des régions conquises, furent placées sous une responsabilité commune*».

Aux Etats-Unis, quatre hommes ont porté sur les épaules la responsabilité de la mise sur pied et de l'emploi d'un appareil militaire qui sera bientôt le plus formidable qui ait jamais existé : le général G.C. Marshall, chef d'état-major de l'armée; l'amiral E.J. King, commandant en chef les forces navales; le général H.H. Arnold, commandant les forces aériennes; l'amiral W.D. Leahy, chef d'état-major particulier du président Roosevelt. Lorsqu'elles traitent des questions purement américaines, ces quatre personnalités sont dénommées les *Joint Chiefs of Staff* dont l'amiral Leahy est le *chairman*.

En Grande-Bretagne les *Chiefs of Staff* sont : le général Alan Brooke (à partir de novembre 1941) pour l'armée de terre; l'amiral Dudley Pound puis l'amiral Andrew Cunningham pour la marine; l'*Air Chief Marshall* Charles Portal pour l'aviation; le général Hastings Ismay, conseiller militaire du Premier Ministre. Le *chairman* est Alan Brooke.

Joint Chiefs of Staff américains et *Chiefs of Staff* britanniques forment les *Combined Chiefs of Staff*. Cependant, comme Alan Brooke et ses collègues britanniques doivent travailler en Angleterre, puisqu'ils sont les conseillers du

* G. Marshall, *Biennal Report of the Chief of Staff of the US Army*, Washington, 1945, p. 8.

War Cabinet, ils délèguent leurs quatre doublures à Washington ; celles-ci forment la *British Joint Staff Mission* aux côtés des *Joint Chiefs of Staff* américains. Le chef de cette délégation britannique est le *feldmarschal* sir John Dill, personnalité éminente qui jouera un rôle majeur dans les relations anglo-américaines*.

Lorsque, de 1942 à 1945, Churchill et Roosevelt se porteront vers les lieux de conférences qui décideront de la suite de la guerre, à Casablanca, Washington, Québec, Le Caire, Téhéran, Yalta, les chefs d'état-major combiné seront à leurs côtés. Les premiers s'étant fixé les buts, les seconds, sans retard, passeront à l'application sur le plan stratégique et logistique des décisions supérieures.

Il y aura certes des divergences de vues entre les deux grands. Il y en aura entre les chefs d'état-major britanniques et américains. Il y en aura entre Churchill et ses propres chefs d'état-major. Certaines décisions communes seront peu heureuses. Mais nous n'envisageons ici que l'aspect fonctionnel du système. Ce qu'il nous faut constater alors, c'est la célérité avec laquelle Marshall, Brooke et leurs collègues, une fois les décisions prises, fixent les grands traits des opérations à venir, leur chronologie, et la répartition des moyens pour les divers fronts, suivant le but proposé, tout en laissant la plus grande initiative d'exécution aux chefs des théâtres d'opérations qui seront en 1944 : Dwight Eisenhower (Europe occidentale) ; Henry Maitland Wilson, puis Harold Alexander (Méditerranée) ; lord Louis Mountbatten (Sud-Est asiatique) ; Chester Nimitz (Pacifique centre) ; Douglas MacArthur (Pacifique sud) ;

* Après la mort de John Dill, en novembre 1944, H. Maitland Wilson le remplacera.

chacun d'entre ces cinq chefs, disposant d'un état-major à la fois combiné et intégré*, commande les forces de terre, d'air et de mer de son théâtre. Les aviations stratégiques britannique et américaine en Europe (Arthur Harris et Carl Spaatz) sont directement sous les ordres des chefs d'état-major combiné, de même que les forces navales qui ont la garde de l'Atlantique.

Par cette réalisation magistrale, ce sont les démocraties qui, sur le plan intérieur comme sur le plan de la coalition, présenteront une unité que leurs adversaires totalitaires ne connaîtront pas.

En ce qui concerne le mécanisme du haut commandement allemand et ses déficiences, seul, répétons-le, l'ouvrage du témoin Warlimont nous en donne l'explication. Rendons hommage à l'auteur qui jamais ne se met en avant comme font tant de mémorialistes, et qui relate simplement, sobrement, mais avec quelle précision, ce qu'il a vu et vécu.

Un très grand document qui doit figurer parmi les classiques de l'histoire militaire.

Henri BERNARD, professeur émérite
de l'Ecole royale militaire (Bruxelles).

---

* Un état-major *combiné* est un état-major constitué de représentants des trois branches : terre, air, mer. Un état-major *intégré* est un état-major interallié où les fonctions sont réparties entre les officiers qui le composent indépendamment de toute question de nationalité.

AVERTISSEMENT

La publication d'une traduction intégrale française de l'ouvrage du général Walter Warlimont posait divers problèmes, non seulement parce que certaines parties de ce volumineux travail sont d'une importance moins évidente pour la compréhension de ce que fut la conduite de la guerre sous la seule autorité de Hitler, mais aussi en raison de leur intérêt moins saillant pour le lecteur francophone. Les adaptateurs ont donc accepté, à regret, de résumer ces pages non essentielles.

Ces abrégés sont imprimés dans le présent livre en un caractère plus petit que celui utilisé pour la traduction du texte original.

Le lecteur s'apercevra que, pour mieux souligner l'objectivité de son exposé, le général Warlimont a choisi de s'y intégrer en parlant de lui-même à la troisième personne.

AVANT-PROPOS

Le Grand Quartier général allemand de la Deuxième Guerre mondiale s'est trouvé entièrement sous le signe de l'homme par lequel il est entré dans l'histoire sous l'appellation de Grand Quartier général du Führer. Même les noms de code sous lesquels il dissimulait ses différents emplacements, dont le « Repaire du loup » (*Wolfsschanze*) établi près de Rastenhurg en Prusse-Orientale et qui devint très largement célèbre après la fin de la guerre, furent choisis par Hitler en personne.

La branche militaire du GQG se composait du maréchal Keitel, chef du haut commandement des forces armées (OKW), et de quelques sections de l'état-major Opérations des forces armées (*Wehrmachtführungsstab*) sous le général Jodl, qui lui étaient subordonnées. S'y ajoutaient les aides de camp de Hitler, les officiers de liaison des autres bureaux de l'OKW ainsi que des commandants en chef de la marine et de l'Aviation (*Luftwaffe*), tandis que, conformément à une exigence de Hitler, le haut commandement de l'armée (OKH) installait son propre Quartier général le plus près possible de lui. Le GQG du Führer comprenait en outre le secrétariat du parti, le chef du Service de presse du

Reich, les médecins et le Service de sécurité du chef SS dans le Reich.

L'auteur de ce livre a appartenu au GQG du Führer jusqu'en septembre 1944, soit pendant près de cinq années complètes, comme chef adjoint de l'état-major Opérations des forces armées, une fonction d'état-major général très élevée. Seules les conséquences de l'attentat du 20 juillet 1944 contre Hitler dégagèrent la voie pour son départ en même temps qu'elles l'éloignaient du service actif. Toutes les tentatives antérieures de quitter un poste aussi lourd de responsabilités que dépourvu d'influence, pour effectuer du service à la troupe, s'étaient heurtées à l'interdiction de Hitler de déplacer les officiers de grade supérieur du GQG.

Pour étayer ses souvenirs, qui constituent la base essentielle de ce livre, l'auteur a pu consulter largement les archives de son propre service du temps de guerre, grâce à la collaboration qu'il apporta, pendant des années, au travail officiel de l'armée des Etats-Unis d'Amérique sur la guerre. Il disposa, en outre, des procès-verbaux sténographiques des conférences de situation journalières, tenues au plus haut niveau de la Wehrmacht et dont un très petit nombre seulement ont été conservés, comme aussi de journaux importants tels que, plus particulièrement, le journal de campagne de l'OKW et les journaux personnels des généraux Halder, chef de l'état-major général de l'armée, et Jodl, chef de l'état-major Opérations des forces armées. Il fit appel également, pour compléter sa documentation, à une sélection d'ouvrages sur la Deuxième Guerre mondiale.

L'adaptation française de mon livre, que je salue avec une grande satisfaction, a été précédée de traductions en langues anglaise et espagnole publiées respectivement à

Londres (Weindenfeld & Nicolson) et New York (Frédéric Praeger) et à Barcelone (Luis de Caralt), peu après la sortie de la première édition allemande.

Gmund am Tegernsee, juillet 1975.

LIVRE I

LES RÉTROACTES

Quand éclata la Deuxième Guerre mondiale, il n'existait pas de Grand Quartier général du commandement suprême allemand bien constitué et capable de fonctionner. Le 1er septembre 1939, la guerre fut déclenchée, malgré toutes les oppositions et en dépit des derniers espoirs de paix, par la volonté d'un seul homme qui se trouvait à la tête du Reich.

Le soir de ce même jour, un groupe haut en couleur d'officiers et de dignitaires n'appartenant pas à la Wehrmacht se rassembla – tout à fait à l'improviste – dans les jardins d'hiver de l'ancienne chancellerie du Reich pour y entendre un exposé de la situation.

Le rapporteur de l'état-major Opérations de la Wehrmacht désigné à cet effet, le colonel breveté d'état-major Warlimont, eut pour ainsi dire le souffle coupé tant le spectacle qui s'offrait à ses yeux lui rappelait une scène du camp de Wallenstein*. Il n'alla pas fort loin dans sa communication : Hitler s'intéressait principalement au nombre de kilomètres parcourus au-delà des

* La première partie d'une trilogie dramatique de Schiller, mise en musique par V. d'Indy.

frontières polonaises et ces renseignements lui étaient fournis aussitôt à haute voix par des aides de camp empressés. Goering, qui savait toujours tout beaucoup mieux que quiconque, grâce aux rapports de «sa» Luftwaffe, et qui manifestait un profond mépris à l'égard de tout travail d'état-major, se mit à dénigrer la directive n° 1 pour la conduite de la guerre qui lui avait été remise peu auparavant par l'état-major Opérations. Bien que celle-ci portât la signature de Hitler, il la salua par ces mots inoubliables : «Qu'ai-je à faire de ce chiffon de papier? Je sais tout cela depuis longtemps.»

Les visiteurs et les plantons allaient et venaient. Le rapporteur se retira sans être remarqué, douloureusement affecté par le contraste existant entre cette agitation et la gravité de l'heure.

Le lendemain, Keitel, dont il était depuis l'automne 1938 le principal collaborateur dans le domaine des questions opérationnelles, lui fit savoir que Hitler se proposait de suivre les troupes engagées aux frontières polonaises, dans son train spécial, le fameux train du Führer. Il n'y avait plus place dans ce train que pour un seul officier supérieur de l'OKW et il s'agissait de savoir si Warlimont accompagnerait lui-même ou s'il céderait sa place au général de division Jodl, qui, conformément à son ordre de mobilisation, venait de reprendre son poste de chef de l'état-major Opérations. Très frappé entre-temps par de nouvelles indications sur les méthodes de commandement de Hitler, l'intéressé suggéra sans la moindre hésitation que ce soit Jodl, à qui cela revenait du reste de droit. Le 3 septembre, le train du Führer s'ébranla vers une destination non encore déterminée, en direction de l'Est. Il était occupé principalement par ce qu'on appelait l'entourage personnel, où dominait l'élément non militaire. L'appellation de GQG du Führer que ce train s'arrogea durant la campagne de Pologne ne correspondait en rien à la réalité, car les «grosses têtes» qu'il véhiculait ne disposaient même pas des instruments de travail les plus élémentaires. Le véritable état-major de la Wehrmacht était, lui, resté à Berlin.

La question qui se pose est de savoir comment on avait pu en arriver à une situation aussi désordonnée et où il faut en rechercher les causes. Pour y répondre, il est indispensable d'examiner brièvement les problèmes qui étaient liés depuis longtemps déjà à l'articulation au sommet de la Wehrmacht et qui devaient exercer par la suite, et jusqu'aux derniers jours de la guerre, une influence de plus en plus forte sur la nature et le fonctionnement du Grand Quartier général allemand.

1

L'articulation au sommet des forces armées

Celui qui devait devenir plus tard le maréchal von Blomberg avait été nommé à la fois ministre de la Défense du Reich et commandant en chef des forces armées par le président von Hindenburg en 1933. A la différence des ministres de la Défense de la République de Weimar, von Blomberg avait les moyens et la volonté de consacrer le plus clair de son activité à l'aspect « commandement » de sa fonction. L'annonce en mars 1935 que l'Allemagne assurerait librement sa propre défense ne fit qu'inciter celui qui était dorénavant ministre de la Guerre et commandant en chef de la Wehrmacht à diriger d'une manière centralisée l'ensemble des forces armées, dans toutes leurs ramifications, d'après les directives du chef de l'Etat. C'est ainsi notamment qu'il fit dépendre de ses services non seulement la guerre par les armes, mais aussi les autres formes de la guerre totale, telles la propagande militaire, la guerre économique et même la direction de la protection civile.

Cette structure rigide du commandement militaire, appliquée avec une logique implacable jusqu'au sommet de la hiérarchie et qui était unique parmi les grandes puissances militaires ne fut, à l'époque déjà, aucunement bien accueillie dans les milieux de la Reichswehr. Un nouveau commandant en chef de la Wehrmacht, avec son commandement coiffant l'ensemble, devait trouver sa place entre le chef de l'Etat – qui, depuis 1918, était dans le Reich allemand le chef suprême *de jure* des forces armées, avec des compétences limitées, généralement exercées sur un plan personnel et représentatif – et les commandants en chef des trois forces, amenés désormais à renoncer à une partie importante de leurs attributions et, partant, de leurs responsabilités.

Le changement fut encore plus évident lorsque, à partir de 1934, le commandant en chef de la Wehrmacht se mit à compléter son département *(Ministeramt)*, chargé principalement jusque-là de tâches exclusivement administratives et nouvellement rebaptisé « Bureau des forces armées » *(Wehrmachtamt)*, par un embryon d'état-major pour le commandement unifié de la Wehrmacht, le bureau Opérations des forces armées *(Wehrmachtführungsamt)*, désigné ultérieurement sous le nom d'« état-major Opérations des forces armées » *(Wehrmachtfuhrungsstab)*. Contrairement à l'opinion largement répandue dans la littérature militaire, ce n'est pas seulement à partir de février 1938 que le *Wehrmachtamt* porta le titre de haut commandement des forces armées *(Oberkommando der Wehrmacht* : OKW) ; il utilisait déjà auparavant cette appellation dans tous les cas où il agissait au nom du commandant en chef de la Wehrmacht et revendiquait ainsi une préséance sur les états-majors des forces armées. Dans la situation qui était celle de l'Allemagne à l'époque, cette forme d'organisation était difficilement acceptable, principalement par l'état-major général de l'armée de terre qui constituait de loin la force la plus importante et la plus nombreuse. Elle ne pouvait être admise non plus par l'état-major de la marine, habitué à exercer une autorité indépendante ; ni par l'état-major général tout neuf de la Luftwaffe, dont elle gênait les ambitions croissantes en même temps que celles de son commandant en chef, Goering.

C'est donc au sein du haut commandement de l'armée (OKH) que s'éleva l'opposition la plus forte et la plus tenace contre les prétentions de von Blomberg au commandement suprême et contre l'état-major Opérations des forces armées constitué dans ce but, surtout après que Hitler eut remplacé, en août 1934, le défunt président von Hindenburg et pris le titre de Führer et chancelier du Reich. L'Allemagne étant une puissance continentale, le général von Fritsch, commandant en chef de l'armée était convaincu qu'en dépit des nouvelles théories de la guerre aérienne, l'armée resterait la force décisive de la Wehrmacht et il exigea de ce fait qu'en temps de guerre l'armée conserve une influence prépondérante dans la direction de l'ensemble des forces armées. Voici ce que l'on peut lire dans un des memoranda qu'il adressa au milieu des années trente à l'OKW : « Le commandant en chef de l'armée est *le chef en temps de guerre*. C'est pourquoi il doit être le principal conseiller du chef de l'Etat pour toutes les questions concernant la conduite de la guerre – y compris quand elles se rapportent aux deux autres forces – et son seul conseiller en matière d'opérations terrestres. »

La reconnaissance de von Blomberg et davantage encore celle de son état-major Opérations restèrent fortement contestées dans ces conditions, d'autant plus que toutes les fonctions importantes étaient occupées dans celui-ci par des officiers brevetés d'état-major de l'armée qui, naturellement, consacraient principalement leurs activités à l'armée. Néanmoins, le commandant en chef de la Wehrmacht poursuivait imperturbablement la voie qu'il s'était tracée, aveuglément soutenu – à partir de 1935 – par le colonel Jodl, chef de la section Opérations.

Les tensions qui en résultèrent dans les relations de service affectèrent même les rapports personnels. C'est ainsi que se produisit une scission sans précédent entre quelques-uns des officiers les plus importants de l'état-major général de l'armée, – ce qui n'est pas sans signification pour l'évolution ultérieure du Grand Quartier général. Certains de ces officiers entraînèrent avec eux leurs collaborateurs immédiats et il en résulta une division de caractère nettement politique à travers le corps des officiers supérieurs : d'une part, les novateurs nationaux-socialistes révolutionnaires; de l'autre, l'armée conservatrice.

En dépit de tout ceci, il faut bien admettre que von Blomberg s'est servi de sa position de force et de son autorité sur le plan militaire pour exercer une influence déterminante, dans le sens de la modération, sur la politique de guerre et particulièrement sur la stratégie militaire ultérieure de Hitler. On en trouve la preuve dans quelques exemples de l'attitude qu'il adopta à l'époque. C'est ainsi que le commandant en chef de la Wehrmacht et l'armée se trouvèrent entièrement d'accord pour s'élever contre les théories belliqueuses relatives à l'espace vital que Hitler dévoila le 5 novembre 1937 devant un auditoire restreint; peu de temps après, le 13 décembre, quand Hitler eut ordonné des préparatifs militaires contre la Tchécoslovaquie, von Blomberg attira l'attention sur l'insuffisance du potentiel militaire de la Wehrmacht. Un an auparavant, il avait déjà résolument refusé une participation accrue de l'armée dans la guerre civile d'Espagne. Ce n'est pas sans raison que plus tard, au cours de la guerre, Hitler ne manqua jamais une occasion de dire : « Cela date de l'époque où von Blomberg s'interposait de toute la largeur de ses épaules entre les forces armées et moi. »

Le 4 février 1938, Hitler écarta cet obstacle en renvoyant von Blomberg et en prenant le commandement *de facto* de la Wehrmacht au titre de commandant suprême. Il n'y eut dès lors plus d'échelon intermédiaire entre lui-même et les commandants en chef de l'armée, de la marine et de la Luftwaffe, si ce n'est l'état-major de Blomberg que Hitler reprit tel quel, avec Keitel comme chef OKW, c'est-à-dire comme chef de cet état-major et non, comme on le croit souvent, comme successeur de von Blomberg.

Le nouveau commandant en chef de l'armée, le général von Brauchitsch, réitéra les revendications formulées par son prédécesseur, le général von Fritsch, qui avait été déchargé de ses fonctions en même temps que von Blomberg pour des motifs infamants : il exigea que le conseiller suprême pour toutes les questions relatives à la conduite de la guerre soit non pas un état-major plus ou moins bien approprié de l'OKW, mais le commandant en chef de l'armée avec son chef d'état-major général. Goering, qui pensait que l'heure était venue pour lui d'accéder à la tête de la Wehrmacht s'associa par ambition personnelle à la résistance qui fut opposée à von Brauchitsch.

Hitler lui-même reconnut le bien-fondé des prétentions de l'armée, exprimées en ces termes par le général Beck, chef d'état-major général de l'armée à l'époque : « En Allemagne, c'est l'armée qui constitue le facteur décisif. C'est donc elle qui doit assumer la direction de la guerre.» Mais en tant qu'homme politique, il se garda bien de faire dépendre son futur commandement de la Wehrmacht du haut commandement de l'armée et de son état-major général dont il ne connaissait que trop bien les tendances. En outre, il n'ignorait certes pas que les exigences de Beck allaient bien au-delà de ses paroles et qu'en réalité, si celui-ci voulait que l'armée prenne les rênes, c'était non pas pour faire la guerre, mais pour l'éviter.

Au printemps de 1938, Hitler confirma l'organisation en vigueur, mettant apparemment le point final, au détriment de l'armée, à cette lutte de diadoques. Le triomphe ainsi obtenu par Keitel et Jodl devait cependant s'avérer être une erreur lourde de conséquences. En fait, l'état-major de l'OKW qui avait été, sous la direction de von Blomberg, une autorité militaire capable de défendre ses intérêts professionnels contre la direction politique et d'agir sous sa propre responsabilité à l'égard du gouvernement se vit alors relégué au rang d'état-major d'exécution (*Arbeitsstab*) et plus exactement encore de bureau militaire du politicien Hitler.

Il devait apparaître rapidement que le général Keitel était enclin à se soumettre sans condition aux intentions et aux ordres de son commandant suprême, même quand il ne les approuvait pas, ainsi qu'à les défendre envers et contre tous. En outre, il crut pendant un certain temps à la déclaration solennelle que Hitler lui avait faite en ces termes : «Vous êtes mon confident et mon seul conseiller pour tout ce qui a trait à la Wehrmacht.» De son côté, le général Jodl s'élevait contre la pusillanimité et le défaitisme qu'il croyait déceler à l'état-major général de l'armée et il s'était mis à l'ouvrage avec la détermination d'étouffer toute critique à l'égard du génie du Führer chez lui comme chez les autres. Il était dès lors inévitable que les conflits existants entre l'OKW et l'état-major général de l'armée, qui étaient pourtant de la même famille militaire, aillent en s'aggravant. L'unité interne de la Wehrmacht pâtit ainsi d'une forme d'organisation des plus équivoque.

Quelques semaines à peine après l'élimination de von Blomberg, à l'occasion des préparatifs de l'Anschluss de l'Autriche, Hitler prépara par sa versatilité et son hostilité à tout ce qui est institutionnel, une confusion incroyable. Keitel, tiraillé entre l'armée et Hitler et qui se prenait pour un martyr, en fut tardivement informé et il fallut improviser dans les cinq heures les ordres à donner pour mobiliser les unités nécessaires. C'est dans ces conditions que parut, le 11 mars, une directive de l'OKW mentionnant notamment que Hitler assurerait personnellement le commandement de l'entreprise.

La même année, les événements relatifs au plan Vert (*Fall Grün*) – les préparatifs d'une attaque par surprise contre la Tchécoslovaquie lors de la crise des Sudètes – devaient entraîner les plus profondes secousses dans les relations entre le commandant suprême de la Wehrmacht et son état-major d'une part et le commandement en chef de l'armée de l'autre. Ils devaient également mener au départ du chef d'état-major général.

Les oppositions continuèrent lorsque Halder succéda à Beck comme chef d'état-major général de l'armée. Jodl décrit dans son *Journal*, en termes significatifs, une discussion qui eut lieu dans la nuit du 9 au 10 septembre 1938 lors du Congrès du parti, à Nuremberg : « Il régnait à Nuremberg une atmosphère froide et glaciale et il est désolant que le Führer eut derrière lui le peuple tout entier, à la seule exception des généraux dirigeant l'armée. Ils ne peuvent plus, à mon avis, réparer le mal qu'ils ont fait par manque de force d'âme et d'obéissance. Le problème est le même qu'en 1914. Il n'y a qu'un élément indiscipliné dans l'armée : les généraux, et en dernière analyse cela provient de leur arrogance. Ils ne peuvent plus croire ni obéir parce qu'ils ne reconnaissent pas le génie du Führer, en qui ils continuent certainement de voir le caporal de la guerre mondiale, et non le plus grand homme d'Etat allemand depuis Bismarck. »

Ces événements du début montrent déjà clairement les dangers qui devaient naître de la combinaison de la politique néfaste de Hitler avec ses prétentions au commandement militaire. D'un point de vue strictement militaire, ces dangers devaient encore augmenter du fait que – comme l'auteur a pu le constater quand il fut désigné pour succéder à Jodl à l'état-major Opérations au plus fort de la crise des Sudètes – la principale préoccupation de l'état-major Opérations, sinon la seule, était de conduire les futures opérations, en les tenant en tutelle, sur la base des travaux préparatoires effectués par l'état-major général de l'armée. Il ne fut plus du tout question en revanche d'un commandement unifié de la Wehrmacht, au sens stratégique.

TABLEAU 1

Situation au début de la guerre – division en forces

Le Commandement Suprême
Haut Commandement des Forces Armées
(Oberkommando der Wehrmacht : OKW)

"Le Führer et Commandant Suprême des Forces Armées"
Chef de l'Etat-Major du Haut Commandement des Forces Armées (chef OKW) : Keitel
Chef du Bureau (qui se muera en Etat-Major) Opérations des Forces Armées : Jodl
Chef de la Section Défense Nationale (Section L) : Warlimont

Guerre terrestre
Haut Commandement de l'Armée (Oberkommando des Heeres : OKH)

Le Commandant en Chef de l'Armée : von Brauchitsch
Etat-Major Général de l'Armée, chef : Halder

Commandements de Groupes d'Armées
Commandements d'Armées
Commandements de Corps d'Armée
Divisions

Guerre navale
Haut Commandement de la Marine
(Oberkommando der Kriegsmarine : OKM)

Le Commandant en Chef de la Marine et chef des opérations navales : Raeder
Etat-Major Général de la Marine, chef : Schniewind

Commandements des Régions maritimes
Chef de la Flotte
Commandants navals subordonnés
Commandants des défenses côtières
Commandant des sous-marins
Commandant des destroyers
Commandant des torpilleurs
Commandant des détecteurs de mines
Commandant des patrouilleurs

Guerre aérienne
Haut Commandement de l'Aviation
(Oberkommando der Luftwaffe : OKL) *
* ne fut utilisé comme dénomination officielle qu'à partir de 1944

Le Ministre du Reich de l'Aéronautique et Commandant en chef de la Luftwaffe : Göring
Etat-Major Général de la Luftwaffe, chef : Jeschonnek

Commandements de Flottes Aériennes
Divisions aériennes
Formations de reconnaissance, de bombardement, de chasse, de chasse lourde (escorte), de bombardement en piqué ("Stuka") et d'assaut
Commandements de Régions Aériennes avec les formations de chasse et d'artillerie Antiaérienne (Flak) qui leur sont subordonnées

L'OKW comprenait, outre l'Etat-Major Opérations des Forces Armées, le Bureau Espionnage et Contre-Espionnage (Ausland/Abwehr) de l'Amiral Canaris, le Bureau Economie et Armement (Thomas), l'Office Général des Forces Armées (Reinecke), ainsi que la Section Juridique et Budgétaire

2

Sur le chemin de la guerre

Les efforts entrepris par l'auteur, dès son entrée en fonctions, en vue de mener l'état-major Opérations dans une voie nouvelle, par une liaison étroite et confiante avec l'état-major général de l'armée, furent étouffés dans l'œuf par la tournure que prirent les événements et le retour du général Jodl à la fin du mois d'août 1939, conformément à son affectation de mobilisation, comme chef de l'état-major Opérations.

Après l'occupation en mars 1939 de ce qui restait de la Tchécoslovaquie et la reprise, à la fin du même mois, du port de Memel, l'absence totale d'organisation interne et externe dans les sphères militaires suprêmes se fit jour une fois de plus, de façon tragique, lorsque Hitler fit préparer la campagne contre la Pologne.

Le chef de l'OKW n'eut connaissance, à son tour, de cette déclaration d'intention que quelques jours plus tard ; il chargea alors l'état-major Opérations de rédiger une directive ordonnant les préparatifs nécessaires.

Comme cette mission revêtait une signification de grande portée, et désireux qu'il était d'éviter d'imposer à l'armée tout lien inutile, Warlimont estima indispensable de rédiger, mot à mot, avec l'état-major général de l'armée, cet ordre fondamental connu ultérieurement sous le nom de directive pour le plan Blanc (*Weisung Fall Weiss*). Ce projet établi, Hitler y ajouta encore un paragraphe liminaire à portée politique, par lequel il tenta néanmoins de dissimuler sous les formules les plus diverses son intention, pourtant bien arrêtée, de régler par les armes le conflit avec la Pologne.

Pour le reste, le seul champ d'activité accessible à l'état-major Opérations suprême des forces armées pendant les mois qui suivirent, se borna presque exclusivement aux fonctions d'une sorte de greffe militaire de la direction de l'Etat. En outre, comme il n'existait pas de directives stratégiques allant au-delà des tâches à remplir dans l'immédiat, cette activité elle-même se limitait à la compilation des plans élaborés par l'armée, la marine et la Luftwaffe, principalement de ceux émanant de l'état-major général de l'armée. En fait, un an seulement après la prise de pouvoir militaire de Hitler, l'état-major Opérations de l'OKW se trouvait ainsi plus ou moins écarté des leviers de commande de la Wehrmacht. Les forces contribuèrent beaucoup par leur comportement à miner l'état-major d'exécution de Hitler, plutôt que de faire front commun avec lui contre Hitler. Le seul bénéficiaire de ce système fut Hitler, celui-ci se trouvant ainsi entièrement dégagé de tout lien à l'égard d'un organisme militaire autorisé, ce qui allait tout à fait dans le sens de ses conceptions de séparation des pouvoirs et d'éparpillement des responsabilités.

A la conférence du 23 mai 1939 – la conférence clé pour utiliser la terminologie du tribunal de Nuremberg – où les hautes autorités de l'OKH présentèrent à la chancellerie berlinoise du Reich le plan de concentration et d'opérations contre la Pologne qui avait été établi en quelques semaines, l'OKW n'était représenté que par le général Keitel. La seule chose qu'apprit le chef de l'état-major Opérations fut que Hitler n'avait certainement plus pour seule intention de mener une sorte de promenade militaire (*Blumenkrieg*). Tout en sachant que leur influence était minime, les membres de l'état-major Opérations mirent cependant tout en œuvre pour contrecarrer dans toute la mesure de leurs moyens les agissements de Hitler à l'égard de la Pologne.

Une première tentative en ce sens consista à se servir de la prédilection du commandant suprême de la Wehrmacht pour les statistiques en le persuadant que, même s'il ne voulait pas croire à leur intervention, les puissances européennes de l'Ouest disposaient d'un armement de loin supérieur au potentiel de guerre allemand. Un autre projet fut d'organiser au cours de l'été 1939 un grand *Kriegsspiel* et d'en confier la direction à Hitler, puisque aussi bien il voulait commander la Wehrmacht en cas d'hostilités. Ces deux plans échouèrent du fait de Keitel, qui repoussa sans autre forme de procès l'idée de les soumettre à Hitler. A la suite de ces expériences, et eu égard à la personnalité du chef de l'OKW, il n'apparut que trop évident que l'état-major Opérations n'était pas en mesure d'exercer une influence sur l'évolution ultérieure des événements. On ne pouvait même pas espérer que l'Italie, avec laquelle le pacte d'Acier avait été signé le 22 mai, joue un rôle modérateur, Hitler ayant interdit formellement toute discussion avec ses alliés au sujet des plans concernant la Pologne.

A partir de la mi-août, alors que Hitler séjournait déjà depuis longtemps au Berghof, ses intentions apparurent de plus en plus clairement. Un sommet fut atteint, le 22 août, quand il adressa dans la grande salle du Berghof une allocution de plusieurs heures à tous les titulaires des grands commandements de la Wehrmacht appelés à participer à la campagne contre la Pologne. Il n'y avait désormais plus de doute que cela finirait par un recours aux armes, mais l'exposé de Hitler avait également pour but de convaincre les chefs des forces armées de la justesse de ses opinions, notamment en ce qui concerne la non-intervention des puissances occidentales dans le conflit. On avait appris la veille que Staline était disposé à conclure un pacte de non-agression avec le Reich, ce qui aida considérablement Hitler à étayer sa thèse.

La tension fut à son comble quand, dès le 23 août, Hitler ordonna que l'attaque contre la Pologne soit lancée par la Wehrmacht le 26. Il exigea par ailleurs que la campagne contre la Pologne ne soit pas considérée comme un cas de guerre, mais simplement comme un engagement particulier de la Wehrmacht. Il rendait ainsi inapplicables toutes les mesures préparatoires prévues par l'OKW dans un carnet de mobilisation très détaillé, à l'intention des administrations civiles. Son objectif était d'éviter tout ce qui pouvait amener des perturbations durables dans la vie publique. En réalité, cela entraîna pour la Wehrmacht, pour l'industrie d'armement ainsi que pour l'économie en général, des difficultés considérables qui furent encore accrues lorsque Goering obtint de Hitler qu'en cette matière aussi l'état-major de l'OKW soit éliminé comme service pilote et qu'il s'attribua en même temps qu'au parti les tâches que cela comportait. C'est ainsi que la Wehrmacht fut définitivement exclue de la direction de la nation en guerre. En outre, l'état-major Opérations se trouvait dépossédé d'une série de responsabilités qui lui avaient servi de justification contre les prétentions de l'état-major général de l'armée. Le chef de l'OKW n'avait même pas été consulté et il n'éleva d'ailleurs aucune objection.

Tard dans l'après-midi du 25 août, Hitler annula *in extremis* l'ordre de franchissement de la frontière polonaise, sous la pression du pacte d'assistance mutuelle qui venait d'être signé entre la Grande-Bretagne et la Pologne, ainsi que du refus de Mussolini de se joindre à la guerre. Un sentiment de joie envahit l'auteur de ces lignes à l'idée que la paix était préservée une fois de plus, mais il devait bientôt faire place à une profonde déception. En effet, le colonel Schmundt, le chef de la maison militaire de Hitler, l'accueillit à son arrivée à la chancellerie où il avait été appelé par ces mots : « Ne vous réjouissez pas trop vite ; ce n'est que partie remise de quelques jours ! » L'indécision et la versatilité dont Hitler fit preuve en ces circonstances contrastaient avec la fermeté exigée d'un chef militaire quand il doit prendre des décisions importantes ; elles continuèrent à marquer l'ensemble de son commandement par la suite.

3

Les leçons de la campagne de Pologne

Les premiers instruments pour un commandement unifié de l'ensemble des forces armées furent deux directives émises en liaison avec le nouvel ordre d'ouvrir les hostilités contre la Pologne le 1er septembre à l'aube : la directive n° 1 du 31 août et, après la déclaration de guerre des puissances occidentales, la directive n° 2 du 3 septembre aux hauts commandements de l'armée, de la marine et de la Luftwaffe. En émettant ces directives, l'état-major Opérations se conformait dans la forme comme dans le fond, à l'élaboration des ordres selon la doctrine en vigueur à l'état-major général prusso-allemand en matière de commandement au plus haut niveau. La différence qu'une directive présentait avec un ordre ne résidait pas dans les obligations imposées aux échelons subordonnés, mais dans le fait qu'elle renonçait sciemment à fournir à propos des intentions du commandement des précisions allant au-delà des instructions indispensables et prévisibles. De plus, une directive devait être établie de telle sorte qu'elle reste valable pour une période aussi longue que possible.

C'est ainsi que la directive n° 1 se bornait à mentionner que l'offensive contre la Pologne doit être menée conformément aux préparatifs faits pour le plan Blanc, en l'occurrence la Pologne. Quant aux forces de la Wehrmacht opérant à l'Ouest, en cas d'ouverture des hostilités en France et en Angleterre, leur mission consiste à remplir avec la plus grande économie de forces possible, les conditions nécessaires à un succès des opérations contre la Pologne.

La directive n° 2, de son côté, ne faisait état que des mesures absolument indispensables, telles que par exemple la pose de champs de mines et le début de la guerre commerciale sur mer.

L'une et l'autre de ces directives indiquent aussi indubitablement que la guerre sur deux fronts déclenchée par Hitler contre vents et marées et en dépit de l'avis de spécialistes contenait en puissance dès le départ, pour le commandement de la Wehrmacht, une profusion de problèmes. Cependant, la hâte de Hitler dans sa politique polonaise et la haine dont celle-ci était empreinte n'avaient pas permis à l'état-major militaire qui se trouvait au sommet de la Wehrmacht de prendre en considération la possibilité d'une guerre mondiale. Le chef de l'Etat, qui était aussi le commandant suprême des forces armées, ne lui en avait pas laissé le loisir. D'une part, l'état-major Opérations n'avait même pas eu connaissance de certaines déclarations faites dans ce sens par Hitler lors de la fameuse conférence clé du 23 mai 1939 et en outre, eu égard à ses attributions très limitées, l'état-major n'avait pas été en mesure d'entreprendre de sa propre initiative des études préparatoires. Hitler ne lui fournit aucune indication sur ses intentions lorsque, contrairement à toutes ses affirmations solennelles, les puissances occidentales se rangèrent du côté de la Pologne. Il y eut là déjà un manque de prévision qui devait se manifester tout au long de son commandement militaire. Le contact entre le commandant suprême et son état-major d'exécution se fit d'autant plus lâche que le 3 septembre, Hitler se décida à l'improviste à quitter Berlin à bord de son train du Führer pour se rendre à la frontière germano-polonaise. Tous les efforts faits jusqu'alors par l'état-major pour le lier à un QG soigneusement préparé et de le soumettre par là, à une influence allant aussi loin que possible sur le commandement avaient ainsi définitivement échoué. Hitler lui-même n'espérait probablement pas pouvoir exercer un véritable commandement militaire bien ordonné depuis son train spécial, aussi bien équipé fût-il sur le plan technique des communications. Il lui semblait beaucoup plus important de garder à ses côtés son entourage habituel des membres du parti et de la Presse, de photographes et de médecins, son service de sécurité et même son fidèle petit personnel féminin, tous ceux qui partageaient ses soirées à discuter et à écouter de la musique.

Les succès prompts et décisifs remportés pendant les premières semaines de la guerre contre la Pologne et le miracle d'une stratégie française basée sur l'immobilisme à l'Ouest ne permirent pas de mettre à l'épreuve l'aptitude du commandement suprême à s'acquitter de grandes tâches. Tandis que tous les deux jours, des visites étaient faites au front, grâce au train spécial du Führer auprès des états-majors d'armée, et de corps d'armée, ainsi que le mentionne Keitel dans ses notes de Nuremberg, les unités blindées effectuaient des mouvements de grande envergure et obtenaient des succès rapides, inaugurant ainsi une nouvelle période de l'art militaire. Hitler n'intervint pas dans la direction des opérations, entièrement aux mains du chef d'état-major général de l'armée, selon une tradition éprouvée. Il n'exigea une conclusion rapide, en raison de la situation à l'Ouest, que dans le cas de la capitale, Varsovie, défendue avec acharnement par les Polonais. Pour le reste, il n'y eut rien de plus que les conférences basées sur les comptes rendus de l'armée, de la marine et de la Luftwaffe transmis deux fois par jour par l'état-major central de Berlin. Le communiqué de la Wehrmacht, dont le projet était établi par la section Propagande, était ensuite revu dans le train spécial par Jodl – ce qui devint la procédure courante dans la suite – avant d'être approuvé définitivement par Hitler, moyennant en général quelques modifications. On trouve les seuls témoignages de réflexions plus approfondies à cette époque dans les directives n° 3 et 4 de l'OKW, émises les 9 et 25 septembre. Celles-ci traitaient principalement du transfert à l'Ouest des forces de l'armée et de la Luftwaffe qui n'étaient plus indispensables en Pologne ainsi que de plus amples indications sur les mesures à adopter à l'égard de l'Angleterre et de la France.

On peut encore citer comme preuve des profondes lacunes existant dans la structure interne et externe du commandement allemand les événements qui marquèrent l'intervention de l'Armée rouge en Pologne. Ni Keitel, ni Jodl, ni même l'auteur de ces lignes n'avaient été informés en quoi que ce soit des arrangements pris à Moscou par le ministre des Affaires étrangères du Reich. Des affrontements sanglants entre les troupes russes et allemandes qui, après l'intervention de l'Armée rouge le 17 septembre, avançaient à la rencontre les unes des autres, séparées seulement par les restes des forces combattantes polonaises furent d'autant moins évités par la suite, que les armées allemandes avaient déjà atteint en certains endroits des points situés à 200 kilomètres au-delà de la ligne de démarcation convenue avec les Russes.

L'événement de loin le plus important de cette époque devait être la décision prise par Hitler de lancer rapidement sa propre offensive à l'Ouest, décision prise pendant la campagne de Pologne, sans solliciter le moindre avis du côté militaire. Etant donné l'écrasante victoire du printemps 1940, il peut paraître difficile de traduire l'impression pesante que produisit cette décision dans les états-majors supérieurs de la Wehrmacht. Déjà la déclaration de guerre des puissances occidentales, le 3 septembre 1939, n'avait pas manqué d'ébranler les officiers qui avaient connu la Première Guerre mondiale et qui étaient conscients de l'impréparation des forces allemandes en 1939. Le fait que les armées en présence à l'Ouest restaient passives ainsi que l'élimination rapide de la Pologne firent naître l'espoir que la guerre pourrait se terminer par la voie diplomatique avant que l'Europe ne soit victime pour la seconde fois en un quart de siècle d'une guerre catastrophique. On pensait en tout cas qu'une défense solide à l'Ouest ou finalement une « opération en réaction* » (*Opération im Nachzuge*), telle qu'elle fut conçue ultérieurement par le chef d'état-major général de l'armée, amènerait rapidement les puissances occidentales à souhaiter la paix. Par contre, l'idée d'une offensive générale capable de provoquer un résultat définitif fut jugée irréalisable, l'armement allemand n'étant absolument pas en mesure de forcer la ligne Maginot.

Warlimont, qui avait été informé de ceci assez tôt, mais confidentiellement, par le général Keitel, lui-même

* C'est-à-dire d'une contre-offensive.

profondément ébranlé, résolut aussitôt d'entreprendre, par-dessus la tête de ses supérieurs, la lutte contre la décision de Hitler, en collaboration avec l'état-major général de l'armée. Il y était d'autant plus décidé que les nombreux contacts qu'il avait eus à l'OKH avec le général von Stülpnagel lui avaient fait comprendre que ce dernier travaillait, sur ordre de son commandant en chef, à une étude destinée à prouver une fois de plus, à l'aide de tous les arguments possibles, la justesse de la conception de ce dernier, selon laquelle seule une guerre défensive pouvait être menée à l'Ouest. Les tentatives faites dans ce sens à Zossen, au QG de l'état-major de l'armée, n'eurent aucunement le succès espéré.

Après une brève directive écrite de l'OKW (n° 4) datée du 25 septembre, mentionnant simplement qu'il fallait préserver la possibilité d'appliquer à tout moment une stratégie offensive à l'Ouest, Hitler signifia le 27 septembre à la chancellerie du Reich à Berlin, en présence de Warlimont, aux commandants en chef de l'armée, de la marine et de la Luftwaffe, que sa décision était irrévocable et sans appel. Il ordonna en outre que l'offensive soit lancée aussi rapidement que possible, c'est-à-dire avant la fin de l'automne 1939, dès que les troupes blindées pourraient être à nouveau engagées dans des opérations. Il détermina en outre unilatéralement la stratégie opérationnelle à adopter, telle qu'elle devait être exposée peu après dans la directive n° 6 du 9 octobre : l'attaque devait être exécutée à l'aile Nord du front occidental, à travers les territoires du Luxembourg, de la Belgique et de la Hollande. L'objectif de l'opération serait de battre une fraction aussi importante que possible des forces ennemies et en même temps de gagner une zone de terrain aussi grande que possible en Hollande, en Belgique et dans le nord de la France afin de nous assurer une base pour pouvoir conduire contre l'Angleterre une guerre aérienne et navale ayant des chances de succès et de disposer en outre d'un glacis avancé pour protéger le bassin vital de la Ruhr.

Les commandants en chef des trois forces, manifestement bouleversés par les exigences de Hitler, se séparèrent dans le désarroi. Au plus fort de la crise de l'automne 1938, von Brauchitsch qui était le mieux placé en tant que commandant en chef de l'armée pour manifester son opposition, s'était contenté de conjurer le chef de l'OKW de prendre conscience de sa responsabilité. De même, malgré les fortes paroles qu'il avait prononcées si souvent auparavant dans des cercles restreints, et en dépit de la violation prévue de territoires d'Etats neutres, il ne se résolut pas à s'élever immédiatement contre la décision de Hitler, quand, soutenu par l'accord unanime des grands chefs à l'Ouest, il entreprit enfin le 5 novembre – le jour où, en raison des délais de concentration (sept nuits), l'ordre d'attaquer le 12 devait être confirmé ou retiré – de se prononcer contre l'offensive, et partant contre le plan de guerre, les choses en étaient arrivées à un tel point que Hitler se permit de l'interrompre sans autre forme de procès et en des termes des plus cassants. Une autre harangue de Hitler se déroula à peu près dans le même climat le 23 novembre, lorsqu'il dénonça l'esprit de Zossen du Quartier général de l'armée et accusa l'ensemble des généraux de l'armée, en présence de leurs collègues des deux autres forces, d'être des indécis qui s'embarrassaient toujours de scrupules et ne cessaient de lui mettre des bâtons dans les roues. Le général von Brauchitsch, qui semblait souffrir physiquement à chacune de ses rencontres avec Hitler, n'eut pas plus de chance avec la lettre de démission qu'il présenta aussitôt après. Si, dans les mois qui suivirent, les esprits s'apaisèrent, ce fut simplement parce que, comme il fallait s'y attendre, les conditions atmosphériques forcèrent Hitler à reporter pas moins de treize fois le délai de l'attaque, chaque fois de trois, cinq ou sept jours. Cela ne changea rien au fait que la balance entre Hitler et l'OKW d'une part, l'OKH de l'autre, avait fortement penché en défaveur de l'armée, et cela n'allait pas tarder à apparaître de la façon la plus claire.

LIVRE II

LA CONSTITUTION DU GQG

SEPTEMBRE 1939 À MAI 1940

4

Relations internes et externes

Une des premières conséquences de l'intention affichée par Hitler de conduire personnellement les opérations à l'Ouest fut que Warlimont eut pour mission de rechercher un emplacement pour un Quartier général de campagne dans le centre-ouest du Reich, le plus près possible du front occidental, mais hors d'atteinte de l'artillerie à longue portée. Finalement, trois groupes de bunkers furent pris en considération : l'un dans la partie Nord, près de Münstereifel, un deuxième dans le centre, près de Landstuhl/Palatinat, le troisième au sud, dans la Forêt-Noire, non loin du Kniebis. A la mi-février 1940, Hitler se décida pour l'endroit situé près de Münstereifel, qui fut baptisé du nom code de *Felsennest* («Nid dans les rochers»). Par la même occasion, il ordonna que le commandant en chef de l'armée et le chef d'état-major général soient installés, avec un groupe de travail réduit au minimum, dans le proche voisinage du Grand Quartier général du Führer. Si Halder put encore espérer exercer, grâce à ce voisinage, une influence décisive sur le déroulement des opérations, Hitler y voyait en fait le moyen de tenir l'OKH fermement sous sa coupe.

A Berlin, à son retour des territoires frontière de l'Est, Hitler poursuivit l'étroite vie en commun avec les hautes autorités de l'état-major de l'OKW, telle qu'elle s'était établie dans le train du Führer. Sur ses instructions, Keitel et Jodl s'installèrent dans deux bureaux de l'ancienne chancellerie du Reich libérés à leur intention. Les deux généraux furent ainsi intégrés simultanément et presque sans s'en rendre compte, dans la maison militaire et partant dans l'entourage immédiat de Hitler, tandis que l'état-major Opérations, dirigé par Warlimont, restait dans ses quartiers du temps de paix.

Ce nouvel arrangement à première vue sans grande importance résultait sans aucun doute de l'instinct infaillible qui poussait Hitler à diviser pour régner et il détermina par la suite de manière décisive tout le système du Grand Quartier général, avec ses tensions et ses multiples inconvénients. Le terrain était ainsi préparé une fois pour toutes pour ces influences anonymes et irresponsables qui, selon le général Beck, ancien chef d'état-major général de l'armée, n'ont pas leur place dans l'organisme de direction et de commandement de la conduite de la guerre. Un facteur particulièrement important à cet égard, ce furent les conférences quotidiennes que Hitler continua à tenir, selon l'habitude prise pendant la campagne de Pologne. Bien que la plupart des sujets qui y étaient abordés eussent trait à l'armée, aucun représentant de l'OKH n'y assistait. Sauf exception, ni le chef adjoint ni d'autres officiers de l'état-major Opérations n'y étaient invités, même quand ils rentraient de missions spéciales, que ce soit du front ou d'ailleurs. Le général Jodl ne tarda pas à reprendre le rôle de rapporteur principal de la situation, à côté et même au-dessus de Keitel. Ses exposés étaient basés en ordre principal sur les comptes rendus et les informations des hauts commandements recueillis par son état-major. L'on n'y trouvait naturellement que des événements quotidiens et des changements de tous les jours; tout contenu de valeur plus profonde en était absent. Mais ni Hitler ni les généraux de l'OKW qui travaillaient en permanence à ses côtés ne s'en inquiétaient. Bien au contraire, ils menaient paisiblement leurs débats et tiraient leurs conclusions d'éléments insuffisants; l'armée, tout particulièrement, se trouvait ainsi placée en permanence devant des idées préconçues si pas devant des faits accomplis. Plus le chef de l'OKW et son chef d'état-major Opérations succombaient au charme de Hitler, plus ils s'écartaient de l'esprit de leur propre force, c'est-à-dire de l'armée. Ils contribuèrent ainsi dans une grande mesure à la destruction de l'unité interne de la Wehrmacht.

Dans son propre état-major, la dénomination d'état-major d'exécution de Hitler, que Jodl avait déjà imaginée en 1938, donnait une indication sur les tendances qui allaient se faire jour dans toute l'évolution ultérieure des méthodes de travail à l'échelon suprême de la Wehrmacht. A l'encontre de toutes les traditions – et suivant en cela une fois de plus Hitler – Jodl ne voulait voir dans les officiers de son état-major que des organes pour la mise au point plus poussée des ordres, et non des collaborateurs aptes à penser par eux-mêmes, à faire des suggestions et à donner des conseils. Cette façon de faire était en tout point conforme à ses conceptions d'une nouvelle école d'état-major, basée sur le principe national-socialiste d'une responsabilité totale vers le haut et d'une autorité inconditionnelle vers le bas. A cette nouveauté dans le domaine interne du travail d'état-major correspondait, dans la forme externe, le système inauguré par Hitler et peu à peu adopté aussi par Jodl et qui consistait à remplacer la tactique de la mission* qui avait fait ses preuves à l'armée par une sorte de commandement suprême cherchant à imposer sa volonté au moyen d'ordres qui allaient jusque dans les moindres détails.

A côté de toutes ces anomalies dans le domaine de l'état-major, il y avait plus grave encore : les divergences qui opposaient l'un à l'autre le chef de l'état-major Opérations et son plus proche collaborateur dans le double domaine de la politique et de la conduite de la guerre. La foi que Jodl avait en Hitler imprégnait toute sa personne et son comportement; elle s'exprimait en des termes semblables à ceux qu'il utilisa le 15 octobre 1939, en pleine bagarre avec l'OKH au sujet de l'offensive à l'Ouest : «Même si cela est cent fois en contradiction avec les doctrines de l'état-major général, nous gagnerons cette guerre parce que nous possédons les meilleures troupes, le meilleur équipement, les nerfs les plus solides et que nous avons à notre tête un commandement solide, conscient des buts à atteindre.» Warlimont, par contre, ne partagea en aucun moment de telles illusions. C'est la raison principale pour laquelle il n'y eut jamais entre les deux officiers ce climat de confiance indispensable dans la direction de l'état-major Opérations.

Dans de telles conditions, la position de l'état-major suprême dans la structure de la Wehrmacht resta ambiguë même pendant la période où il se constitua : entre la

* Elle consiste à donner à un chef une mission et des moyens, sans s'immiscer dans les détails d'exécution.

campagne de Pologne et celle de France. Ses missions naquirent plutôt de nécessités occasionnelles que de prévisions d'état-major. Il fut d'autant plus aisé pour Hitler de se dérober progressivement à tout conseil militaire éclairé et à toute influence compétente. Au contraire, il se laissa guider – comme il devait continuer à le faire dans la suite – par une évaluation intuitive de l'ennemi et surtout par la confiance aveugle qu'il avait en ses propres conceptions politiques. Un procédé qui, sous cette forme dénaturée ne correspondait en rien au dogme classique de la primauté de la politique sur la conduite de la guerre. En outre, il ne faut pas oublier que, s'il exigeait avec la dernière énergie, de tout savoir sur ses propres forces, il disposait aussi de données chiffrées extraordinairement détaillées concernant l'armement des autres Etats, leurs fortifications, leur flotte et leur aviation. Ces chiffres, il savait comment les utiliser pour étouffer le moindre doute qui venait à planer au sujet de la justesse de ses décisions sur les plans stratégique et tactique.

C'est aussi de ses propres réflexions que naquit le copieux mémoire du 9 octobre 1939, par lequel il tenta de justifier ses plans et ses instructions pour l'offensive à l'Ouest à laquelle il savait pertinemment que l'armée était opposée. La tâche de l'OKH consista alors à élaborer le plan de répartition des forces et de la première phase des opérations, généralement dénommé directive de concentration (*Aufmarschanweisung*) et à fournir aux deux autres forces, particulièrement à la Luftwaffe, les éléments de base leur permettant d'établir leurs propres plans. L'OKH se vit ainsi jusqu'à un certain point confirmé dans le rôle qu'il revendiquait dans la préparation et la conduite des opérations. Mais, d'un autre côté, il se voyait placé dans la situation que le général von Fritsch avait déjà caractérisée, lors de la lutte des années précédentes pour l'articulation au sommet, par cette formule de mise en garde : «On ne peut exiger d'un commandant en chef de l'armée qu'il remporte la victoire en appliquant une conception qui n'est pas la sienne.»

Tandis que la marine et la Luftwaffe, suivant les directives générales de Hitler, où celui-ci ne tenait aucun compte des précisions demandées à l'armée, remportaient leurs premiers succès dans la guerre commerciale contre l'Angleterre, et que le calme régnait encore sur les fronts terrestres, il se produisit, à partir de la mi-janvier, une série d'événements qui devaient provoquer un changement total dans la manœuvre effectuée par l'armée à l'Ouest. Tout d'abord, l'atterrissage forcé d'un avion allemand en territoire belge, près de Mechelen-sur-Meuse, le 10 janvier 1940. Les Belges s'emparèrent d'un certain nombre d'ordres et de documents qui leur fournirent des renseignements importants sur les plans d'attaque allemands. Hitler essaya de prévenir les conséquences néfastes que cela risquait d'entraîner en insistant pour un début immédiat de l'offensive. Cependant, comme les conditions atmosphériques ne semblaient pas devoir s'améliorer, il se résolut, le 16 janvier, à reporter définitivement au printemps suivant le début de l'attaque. Il fut renforcé dans cette décision par les plans d'occupation du Danemark et de la Norvège où on ne voulait à aucun prix se laisser devancer par les Alliés, et qui s'étaient concrétisés dans l'entre-temps. Cependant l'offensive à l'Ouest fut influencée de façon tout aussi décisive par un changement fondamental apporté aux plans initiaux de concentration et d'opérations : sous l'action déterminante du général von Manstein, l'effort principal ne fut pas appliqué à l'aile droite du front occidental, mais la masse des forces offensives, principalement les armées blindées, furent lancées à travers les Ardennes pour effectuer la rupture au centre du front, en un mouvement baptisé ultérieurement par Churchill le «coup de faucille».

En ces circonstances, qui permirent au chef d'état-major de l'armée de constater devant ses collaborateurs : «L'affaire prend finalement tournure», les tensions qui existaient entre Hitler et le commandement de l'armée s'apaisèrent à vue d'œil. Une quatrième directive de concentration de l'OKH, datée du 24 février, traduit cet accord général. Il convient de remarquer cependant que le chef de l'état-major Opérations essaya jusqu'au bout de s'opposer à cette évolution des choses. C'est ainsi qu'on peut lire dans son *Journal,* à la date du 13 février : «Je fais remarquer que la poussée vers Sedan constitue un détour stratégique où l'on peut se faire surprendre par le dieu de la Guerre.»

Hitler lui-même tenta encore de son côté de contribuer à l'obtention d'un succès définitif. Après mûre réflexion, il imagina une de ses fameuses opérations spéciales, consistant à engager des planeurs, des pionniers d'assaut et des parachutistes, au début de l'offensive à l'Ouest pour s'emparer rapidement de fortifications frontalières (le fort d'Eben-Emael) et de ponts importants (dans la région de l'embouchure du Rhin et la Meuse et sur le canal Albert), de façon à assurer le déroulement rapide de l'avance.

L'état-major Opérations, requis par ses nombreuses autres occupations en cette période de constitution, avait négligé d'examiner les possibilités d'évolution ultérieure de la guerre du point de vue politico-militaire, et stratégique et d'établir ainsi, après coup, les bases d'un plan de guerre. Conséquence historique de cet état de choses : le commandement suprême se trouva dénué de tout plan et de toute étude préalable lorsque la campagne à l'Ouest fut terminée victorieusement en six semaines à peine. En particulier, le commandant suprême n'avait pas accordé la moindre pensée à une opération de débarquement dans les îles Britanniques. Le chef de l'état-major Opérations adopta de semblables considérations quand il apprit – lui-même et non son état-major – dans les derniers mois de 1939 que des études dans ce sens étaient en cours à l'état-major de la marine et qu'à l'OKH on se livrait à des réflexions analogues. Plus tard encore, lorsque le commandant en chef de la marine soumit à Hitler les résultats des études effectuées dans son état-major, Jodl, en accord avec Hitler y demeura totalement indifférent.

Aucune considération ne fut davantage accordée à la plus importante mission stratégique résultant de l'alliance avec l'Italie, à savoir : examiner, avec ou sans les Italiens, les perspectives qu'offrait la conduite de la guerre dans l'espace méditerranéen. Le fait que l'état-major Opérations y ait renoncé est certainement dû en partie à ce que Mussolini, et plus encore les généraux italiens, étaient résolus d'avance à se réserver exclusivement ce théâtre de guerre.

Last but not least, le front de l'Est aurait dû être inclus au plus tard au printemps de 1940 dans le programme d'études de la part du commandement de la Wehrmacht. Les déclarations faites par Hitler le 27 mars 1940 en présence de Jodl et de Halder, son hésitation à fournir à la Russie soviétique le matériel de guerre qui lui avait été promis par traité ainsi que l'attitude des Russes à la ligne de démarcation en Pologne auraient dû suffire à inciter n'importe quel commandement militaire un tant soit peu perspicace à entamer des études dans cette direction, sinon à émettre les avertissements les plus sévères.

En résumé, il faut admettre que l'état-major de l'OKW ne tira que fort peu de profit du temps accordé au commandement suprême allemand jusqu'au printemps de 1940, pour préparer la Wehrmacht aux tâches importantes que lui imposerait la conduite ultérieure de la guerre. L'importance accrue qu'aurait probablement acquise l'état-major s'il avait assumé semblable rôle aurait constitué un contrepoids hautement souhaitable du point de vue militaire à sa banalisation comme simple bureau du commandant suprême et elle lui aurait peut-être même permis d'exercer une certaine influence sur les décisions arbitraires de ce dernier. En outre, la position de l'état-major vis-à-vis des hauts commandements des forces aurait vraisemblablement été renforcée de cette manière. Au lieu de quoi, en épaulant Hitler dans ses immixtions continuelles dans la préparation et – plus tard encore – dans la conduite des opérations de l'armée, il ne cessa de perdre de son crédit. Il n'y avait ainsi dans le commandement militaire allemand aucun organe de direction comparable au comité des chefs d'état-major britannique, aux chefs d'état-major joints américains et à leur réunion, les chefs d'état-major combinés, qui firent particulièrement leurs preuves plus tard ; du côté allemand, il n'y avait, au même niveau, qu'un vide désastreux.

Au cours des mois qui séparèrent les campagnes de Pologne et de France, l'Allemagne se trouvait seule sur le plan militaire. L'Italie, qui était son seul allié à entrer en ligne de compte, persistait dans sa position de non-belligérance. Le dictateur allemand considéra même temporairement que l'entrée en guerre de l'Italie constituerait plutôt une charge pour l'Allemagne. Même lorsque Hitler rentra le 19 mars rayonnant de joie et extrêmement satisfait de son entretien avec le Duce, qui semblait désormais disposé à entrer en guerre rapidement, du côté allemand on déchanta bien vite et c'est avec une réticence extrême qu'on y envisagea un contact entre les deux états-majors généraux.

Comme, d'autre part, les principaux généraux italiens restaient toujours opposés à l'entrée en guerre de leur pays et étaient encore moins enclins à une collaboration plus étroite avec la Wehrmacht, on ne parvint même pas à envisager le début de travaux qui auraient abouti à la constitution d'un état-major commun apte à diriger la guerre de coalition.

Rien ne fut changé à cette situation pendant tout le temps où les puissances de l'Axe poursuivirent la guerre en commun : Hitler, qui se méfiait – non sans raison – de l'entourage de Mussolini, estimait ne pas pouvoir dévoiler prématurément ses plans. Quant aux Italiens, qui étaient partis sur la base d'une guerre parallèle, ils se trouvèrent ensuite entraînés plus ou moins par la force des choses dans le sillage de la stratégie allemande.

5

Le cas particulier Danemark-Norvège

L'occupation allemande du Danemark et de la Norvège, qui eut lieu au printemps de 1940, à un moment où le Grand Quartier général n'était pas encore prêt et se trouvait largement dispersé dans Berlin et ses environs, présente, à beaucoup d'égards, et notamment quand on l'examine du point de vue qui constitue le thème de cet ouvrage, les caractères d'un cas particulier au niveau de la direction allemande de la guerre. On peut en résumer les caractéristiques comme suit :

— Hitler, après avoir hésité à en accepter l'idée, qui lui avait été soumise dans un but défensif par le commandant en chef de la marine, la reprit ensuite à son compte et la poursuivit avec acharnement pour l'incorporer finalement dans ses objectifs offensifs d'expansion mondiale alors que le motif initial était purement militaire et dicté par les nécessités de la guerre ;

— il écarta de la préparation de cette campagne, ainsi que du commandement des formations de la force de terre qu'elle nécessitait, le commandant en chef, le chef de l'état-major général et la section Opérations de l'armée. Pour la première fois il assuma en personne ces tâches de l'OKH en s'appuyant uniquement sur l'état-major Opérations des forces armées et sur d'autres organes spécialement créés à cet effet;

— la mise sur pied d'un tel système de commandement, qui allait à l'encontre de tout ce qui avait existé jusque-là, bouleversa complètement l'organisation de base du Grand Quartier général, avant même que ce dernier ne fût entièrement constitué;

— et enfin, *last but not least*, les crises auxquelles cette campagne donna lieu firent apparaître déjà chez Hitler ce manque de caractère et de jugement militaire qui devait être si néfaste pour sa conduite ultérieure des opérations.

Quand on examine les choses de plus près, et si l'on se reporte au premier point évoqué ci-dessus, on constate que le 12 décembre 1939, peu après le début de la guerre russo-finlandaise, le grand amiral Raeder, comme il en avait non seulement le droit, mais plus encore le devoir en tant que commandant en chef de la marine, attira l'attention de Hitler sur les dangers que présenterait pour la stratégie et pour l'économie de guerre allemandes une occupation de la Norvège par la Grande-Bretagne.

Sans le savoir, il agissait de la même façon que Winston Churchill insistant exactement au même moment, au titre de Premier lord de l'Amirauté, sur la nécessité d'occuper les principaux ports norvégiens, dont Narvik et Bergen, pour assurer à l'Angleterre le contrôle des côtes norvégiennes. Dans ces circonstances, Raeder se serait rendu coupable d'une grave négligence envers son pays et son peuple s'il avait passé sous silence les conclusions auxquelles l'avait mené un point de vue parfaitement justifié. Il appartenait à l'homme d'Etat de tirer les conséquences de semblables réflexions, en raison de la subordination bien connue de la stratégie à la politique.

Hitler choisit la solution militaire. Les discussions qui eurent lieu en ce jour de décembre à la chancellerie du Reich en présence de Keitel et de Jodl firent surgir un certain nombre de questions et de problèmes esquissés comme suit par le chef de l'état-major Opérations dans son *Journal* :

« Deux possibilités : qu'arrivera-t-il si nous sommes appelés ? Que faire si nous devons prendre pied de vive force ? L'OKW doit étudier la question. »

Ceci pouvait porter à croire que Hitler n'aurait, de son côté, rien fait d'autre que remplir son devoir de commandant suprême en chargeant les services militaires compétents d'examiner sous toutes ses faces un problème d'un genre tout nouveau pour la stratégie allemande ; mais cette impression se trouve fortement contredite par la phrase suivante de Jodl : « Associer à cette étude l'ancien ministre de la Guerre. » Il faisait ainsi allusion à Quisling, qui avait fait son apparition à Berlin comme opposant au gouvernement légitime norvégien et n'était donc chargé d'aucune mission officielle. En outre, les phrases extraites des notes du chef de l'état-major Opérations comportaient un double sens important mais perceptible seulement pour les initiés. Il est clair que Hitler voyait en Quisling celui par qui « nous pourrions être appelés » et qu'il le considérait en conséquence comme un intermédiaire tout indiqué pour le cas où « nous devrions prendre pied de vive force ».

Il est intéressant d'établir une comparaison avec le passage suivant du mémorandum rédigé par Churchill à l'appui de son projet d'occupation de la Norvège par la Grande-Bretagne : «Agissant en vertu du pacte, comme mandataires virtuels de la Société des Nations et au nom de tout ce qu'elle représente, nous avons le droit, et même le devoir, d'abroger pour un temps quelques-unes des stipulations des lois mêmes que nous nous efforçons de consolider et de réaffirmer.»

Hitler alla plus loin encore. Le dictateur allemand s'empressa de substituer aux motifs militaires initiaux, qui avaient perdu de leur urgence à la suite de la conclusion rapide de la guerre d'hiver russo-finlandaise le 12 mars 1940, ses propres convictions et sa volonté politiques. Sous le coup de l'incident de l'*Altmark*, il s'efforça par tous les moyens de trouver un semblant de justification à l'occupation de la Norvège. Dès que lui parvinrent les premières nouvelles d'un accord russo-finlandais, le 10 mars 1940, Jodl écrivit : «Pour nous, la situation militaire est inquiétante, car si la paix est rapidement conclue, il deviendra difficile de trouver un motif valable pour entreprendre l'action envisagée.» Deux jours plus tard, il s'exprima encore plus clairement : «La conclusion de la paix entre la Finlande et la Russie prive l'Angleterre, mais nous aussi, de toute raison politique de nous établir en Norvège.»

Une fois de plus, le chef de la section L arriva à des conclusions toutes différentes. Indépendamment des discussions qui avaient eu lieu à la chancellerie du Reich – et d'ailleurs insuffisamment informé à leur sujet –, il soumit par écrit à Jodl, son chef, une appréciation de la situation dans laquelle il exprimait nettement l'opinion qu'une occupation des pays scandinaves n'était plus nécessaire. Il se basait pour cela sur le fait – convaincant selon lui – que l'offensive allemande à l'Ouest, qui était imminente, retiendrait toutes les forces britanniques et françaises et qu'il ne fallait par conséquent pas craindre d'invasion britannique en Norvège dans un avenir proche. Jodl lui opposa cependant un avis totalement opposé : il pensait que les Anglais allaient probablement prendre pied sur-le-champ à Narvik si l'Allemagne violait la neutralité des Pays-Bas, de la Belgique et du Luxembourg, en déclenchant la campagne à l'Ouest. La lecture du *Journal* de Jodl à la date du 13 mars montre en outre que le point de départ de ses réflexions était totalement différent. Il note en effet : « Le Führer n'a pas encore ordonné l'"exercice Weser" [nom de code donné à l'opération projetée en Norvège]. Il est encore à la recherche d'une justification. »

Par ses paroles et ses actes ultérieurs, Hitler montra clairement quelles étaient les raisons principales qu'il pouvait avoir de s'obstiner à maintenir la directive publiée le 1er mars, qui prévoyait l'occupation du Danemark et de la Norvège. Voici les propos que lui attribue le Reichsleiter Rosenberg dès la soirée du 9 avril, au premier jour des opérations militaires : « De même que l'empire de Bismarck est né en l'an 1866, le grand Empire germanique aura pris naissance aujourd'hui. » Cette idée fondamentale englobait l'intention particulière d'obtenir une base élargie pour la guerre navale et aérienne contre l'Angleterre et – en visant plus loin – celle de libérer la puissance maritime du Reich de son étroite baie allemande (*Deutsche Bucht*).

Le commandant en chef de la marine, dont l'influence au Grand Quartier général allemand s'était avérée suffisante pour qu'il puisse faire valoir ses craintes d'une invasion britannique en Scandinavie, tenta par la suite, mais en vain, d'empêcher l'intervention, en insistant sur l'avantage qu'il y avait à garder la Norvège neutre. De même, le général von Falkenhorst, à qui avait été confié entre-temps le commandement des unités de l'armée, se vit éconduire sèchement par Hitler quand il tenta d'obtenir un répit pour une action diplomatique précédant l'occupation militaire, espérant ainsi éviter si possible toute intervention armée. D'autres officiers de moindre rang, qui occupaient des postes importants, furent éconduits de la même façon par Jodl, tout comme l'avait été auparavant le chef de la section L.

On peut lire dans son *Journal*, à la date du 28 mars : « Quelques officiers de marine semblent manquer d'enthousiasme en ce qui concerne l'"exercice Weser" et il faudrait les aiguillonner. Même les trois subordonnés immédiats de von Falkenhorst s'inquiètent de ce qui ne les regarde pas. »

Ces paroles empreintes des sentiments et de la volonté de Hitler sont particulièrement symptomatiques de l'esprit de la chancellerie du Reich, où l'on considérait que le seul fait de peser le pour et le contre était de la pusillanimité. On trouve aussi trace ici de cette carence fondamentale qui n'a jamais été surmontée par un Grand Quartier général où l'on pensait pouvoir commander et diriger tout jusque dans les moindres détails, sans jamais prendre le pouls de la troupe et de ses chefs.

Bien que la chose soit connue, il n'est pas inutile de rappeler une fois encore que les Alliés, de leur côté, avaient également persévéré dans leur intention d'occuper la Norvège et que le 7 avril, presque en simultanéité avec l'intervention allemande, ils avaient commencé à embarquer des troupes en vue d'occuper les ports norvégiens. Ce qui est moins connu, c'est que même les motifs défensifs et économiques qui initialement avaient été du côté allemand à la base de cette opération, devaient rapidement perdre leur raison d'être. Le cabinet de guerre britannique ne se vit-il pas forcé dès le 24 mai 1940, sous la pression irrésistible de l'offensive allemande à l'Ouest, de retirer les troupes alliées de la région de Narvik, c'est-à-dire de la dernière mais aussi de la plus importante partie du territoire norvégien qu'elles tenaient encore? Cette évacuation fut terminée le 10 juin 1940. Par contre, et bien qu'elles n'aient jamais subi la moindre attaque, les divisions allemandes demeurèrent avec des effectifs complets au Danemark et en Norvège jusqu'à l'armistice de mai 1945.

La deuxième particularité de cette campagne de Norvège tient à l'organisation de son commandement, spécialement conçu à cet effet à l'encontre de toutes les règles et normes existantes.

A première vue, l'opération trifide qui requérait une harmonisation parfaite de contingents importants des trois forces et, par conséquent, un haut commandement unifié des forces armées, semblait justifier le principe de base sur lequel reposait la création à l'époque de l'état-major Opérations. Toutefois, en y regardant de plus près, le général Jodl dut se souvenir qu'à l'occasion des manœuvres d'automne de la Wehrmacht en 1937 déjà, la faiblesse numérique de son propre état-major avait mis l'OKW dans l'obligation de se limiter à donner des directives générales, tout en laissant à l'OKH la responsabilité de la préparation des manœuvres, dans leur ensemble comme dans leurs détails. Or l'état-major s'était à peine renforcé depuis cette époque et Jodl dut se rendre compte que, confronté à une vraie guerre, il lui fallait trouver une solution comparable à celle qui avait été adoptée quelque deux ans auparavant lors des manœuvres.

C'est dans cette optique, et convaincu en outre que la Luftwaffe aurait à supporter l'essentiel du poids des opérations contre la Norvège, qu'il envisagea tout d'abord de confier la préparation et la direction de l'entreprise norvégienne à l'OKL, agissant selon les directives de l'OKW. Et, contrairement à toutes les habitudes, il transmit au capitaine Baron Speck von Sternburg, premier officier d'état-major de la Luftwaffe à la section L, l'ordre donné par Hitler le 13 décembre, que soit examinée par un état-major restreint la manière de s'emparer de la Norvège. Quelques jours plus tard, il discuta de l'affaire norvégienne avec le chef de l'état-major général de la Luftwaffe, le général Jeschonnek; le thème principal de cet entretien fut le suivant : « Comment la question norvégienne doit-elle être traitée à l'avenir ? » Il semble que lorsque Jodl mit Hitler au courant de cette conversation, celui-ci intervint pour la première fois et exigea que « l'affaire norvégienne reste entre nos propres mains ». C'est ainsi que cette mission revint finalement à l'état-major Opérations.

Vers la fin du mois de décembre, une première étude effectuée par la section L fut soumise à Hitler. Un peu plus tard, elle fut également transmise aux hauts commandements des forces, mais probablement en sous-main. En possession du nouveau projet, fort peu différent du premier et qui prévoyait la constitution auprès du commandant en chef de la Luftwaffe, d'un état-major chargé de poursuivre la préparation de l'opération, Hitler, toujours en quête de nouvelles organisations, s'empara avidement de l'idée qu'il fallait créer un état-major spécial pour l'occupation de la Norvège, mais il refusa à nouveau de le voir dépendre de la Luftwaffe et exigea au contraire que l'état-major spécial relève de l'OKW. Par la suite, il retira encore à la Luftwaffe la dernière prérogative que lui avait réservée Jodl : il refusa de mettre à la tête de l'état-major spécial un officier de la Luftwaffe et ordonna que cet état-major fût organisé sur une base paritaire et comprenne un officier «opérations» qualifié de chacune des trois forces, sous l'autorité du chef de l'OKW. Les objections émises ultérieurement par Goering restèrent sans résultat.

Les raisons qui incitèrent Hitler à agir de la sorte apparaissent clairement dans les premières phrases de son ordre du 27 janvier, qui précisent que l'étude Nord sera «faite sous son influence personnelle et directe et en rapport étroit avec la conduite générale de la guerre». Ainsi que le montra la suite des événements, il voulait signifier par là qu'il se considérait comme le plus apte à mener à bien une opération aussi exceptionnelle et difficile que l'«exercice Weser». En outre, il voulait sans aucun doute étouffer dans l'œuf les aspirations au commandement que Jodl avait fait naître prématurément dans la Luftwaffe. Hitler considérait que l'état-major de celle-ci et même probablement Goering lui-même n'étaient pas capables de préparer des opérations combinées de grande envergure. Il ne s'était d'ailleurs pas privé d'émettre cette opinion dans d'autres circonstances semblables. Peut-être aussi, comprit-il bien avant Jodl que ce n'était pas la Luftwaffe, mais la marine qui supporterait le plus grand poids de l'«exercice Weser». Toutefois, la composition du haut commandement de la marine, formé uniquement pour les missions de guerre navale, ne permettait pas non plus qu'on lui confiât la direction générale de l'opération combinée.

La rage et la déception que ressentit Goering en voyant comment était traitée «sa» Luftwaffe se manifestèrent par l'absence du représentant de la Luftwaffe, ainsi que le mentionne laconiquement Jodl, à la réunion de l'état-major spécial et à son installation par Keitel le 5 février. De même, dans les jours qui suivirent, les deux officiers de la marine et de l'armée furent tout d'abord les seuls à entamer leurs travaux en relation étroite avec la section L, dont ils partagèrent même les locaux. En dehors de l'étude Nord qui avait été esquissée à grands traits, ils étaient dépourvus de tous documents, car la Scandinavie n'avait jamais fait l'objet d'aucune étude de la part d'un état-major général allemand. Ils ne disposaient même pas de cartes. En outre, il apparut bientôt peu probable que l'état-major spécial puisse fournir une meilleure base et un meilleur cadre pour une organisation efficace du commandement que l'état-major Opérations lui-même.

Sous la pression supplémentaire de l'incident de l'*Altmark*, Hitler abandonna toute hésitation et insista fortement sur la préparation et l'entreprise de l'«exercice Weser», et le chef de l'état-major Opérations en arriva dès le 19 février à la conviction qu'une solution rapide ne pourrait être obtenue que grâce à un organe de commandement disposant de tous les moyens nécessaires. Le jour même, Hitler se rallia à sa proposition de confier la suite des préparatifs à l'un des commandants de corps d'armée nouvellement promus avec son état-major, et de le charger en outre de la conduite de l'ensemble de l'opération, sous la direction de l'OKW.

Cette proposition faite par Jodl eut pour conséquence

que l'organisation du commandement de l'« exercice Weser » prit finalement corps en quelques jours. Il n'empêche qu'il subsista encore bon nombre de singularités. Tout d'abord, et bien qu'après tant de flottements l'armée eût repris le rôle principal, l'OKW ne s'adressa pas à son commandant en chef qui, en raison du caractère particulier de l'entreprise, l'aurait certainement confiée au moins à un commandement d'armée, mais il fit appel de sa propre autorité à un commandement de corps d'armée, c'est-à-dire à l'échelon le plus bas pouvant entrer en ligne de compte. Ce qui présida à cette manière d'agir, ce n'est pas tant l'opinion qu'on ne pouvait, à la veille de la campagne à l'Ouest, exiger de l'armée qu'elle cède un état-major important. Il est beaucoup plus probable que le chef de l'état-major Opérations des forces armées et avec lui le chef de la maison militaire trouvèrent là une première occasion d'agir en novateurs, au sens où Hitler l'entendait à l'égard du système existant dans l'armée, en proposant l'homme qui leur semblait le mieux indiqué, quel que fût son grade. En tout cas, il fut simplement signalé à l'OKH que le Führer voulait s'entretenir avec le général von Falkenhorst en raison de la connaissance que celui-ci avait de la Finlande.

Dès le lendemain, von Falkenhorst, commandant du 21e corps d'armée, fut désigné et renseigné par Hitler en personne. Il se mit à l'ouvrage avec son état-major, en coopération avec l'état-major spécial existant, et toujours en liaison étroite avec la section L. La situation ainsi créée fut des plus singulières : en effet le commandant suprême des forces armées s'appuyait, pour la participation de l'armée à l'entreprise norvégienne, non sur l'OKH mais sur un simple commandement de corps d'armée, lequel assumait en outre – sous l'autorité de l'OKW – le commandement d'ensemble de l'opération! Keitel et Jodl entreprirent aussitôt de choisir par-dessus la tête de l'armée et avec l'aide du seul commandant de l'armée de l'intérieur (*Ersatzheer*), les divisions qu'ils considéraient comme particulièrement indiquées pour l'«exercice Weser». De son côté, le chef d'état-major général de l'armée, qui ne fut d'ailleurs mis au courant des plans d'occupation du Danemark et de la Norvège qu'à cette occasion, concluait ses notes à ce sujet par ce commentaire résigné : «Pas un mot n'a été échangé à ce propos entre le Führer et le commandant en chef de l'armée. Il faudra s'en souvenir pour l'histoire de la guerre.»

Les mobiles qui poussèrent Hitler à faire preuve à l'égard de l'OKH d'un mépris aussi inouï ne furent exposés à l'armée que par ces quelques mots : «L'état-major du 21e corps sera placé sous l'autorité de l'OKW pour éviter des difficultés de la part de la Luftwaffe.» Cette raison peu convaincante, que devait totalement démentir quelques jours plus tard l'intervention de Goering, traduisait en fait d'une autre manière la volonté de Hitler de faire valoir son influence personnelle et directe sur la campagne à laquelle devraient participer prochainement les trois forces, ou d'obtenir les lauriers de grand capitaine de guerre qu'il convoitait si ardemment. L'autre hypothèse selon laquelle il n'aurait pas voulu imposer l'opération norvégienne à un OKH déjà chargé des préparatifs de la campagne à l'Ouest ne saurait être retenue : on ne put, en effet, tenir à l'écart que la section Opérations et ses principaux supérieurs, mais non les autres services de l'armée, tels ceux chargés du renseignement, des transports et du ravitaillement. Pour ceux-ci, au contraire, les charges étaient plutôt augmentées que diminuées, du seul fait qu'ils devaient dorénavant servir deux maîtres. Toujours est-il que l'organisation du commandement mise sur pied pour la campagne de Norvège, et que l'on pouvait considérer comme une improvisation, devait servir d'exemple à celle de tous les théâtres d'opérations de l'OKW qui furent créés au cours des années suivantes de la guerre.

En comparaison avec le désordre militaire créé par un gouvernement autoritaire, on peut citer en exemple (brièvement) l'organisation irréprochable du commandement dans le camp des démocraties alliées lors des grandes opérations anglo-saxonnes de débarquement en Afrique du Nord (novembre 1942) et en Normandie (juin 1944) :

a) accord des chefs d'Etat sur la personne du commandant en chef (du théâtre d'opérations) et sélection de l'homme le mieux désigné (le général Eisenhower), auquel fut ensuite accordé le grade militaire le plus élevé ;

b) directives des chefs d'état-major combiné (*Combined Chiefs of Staff*) au commandant en chef ;

c) subordination au commandant en chef de tous les états-majors et de toutes les troupes devant participer aux opérations, quelles que soient la nation et la force auxquelles ils appartiennent ;

d) responsabilité de la préparation et de la conduite des opérations au seul commandant en chef et à son état-major, y compris l'administration ultérieure du pays.

La tendance de Hitler et de son GQG à diriger directement une opération militaire, dernière particularité à devoir être soulignée dans cette campagne, ne tarda pas à être soumise à rude épreuve : ce fut aussitôt après la publication de la directive pour l'exercice Weser.

Von Falkenhorst et son état-major avaient travaillé vite et bien. Après avoir entendu leur rapport, et d'accord avec Hitler, Jodl en personne élabora le projet de la directive que la section L n'eut plus qu'à diffuser. Manifestement déjà habitué à considérer l'entreprise norvégienne comme étant du ressort personnel de Hitler, le chef de l'état-major Opérations avait également fixé dans l'ordre, sans plus en référer aux hauts commandements des forces, ainsi que le voulait la coutume en d'autres circonstances, le nombre et la nature des contingents qui devaient être fournis par l'armée et par la Luftwaffe, il avait stipulé en outre que les unités aériennes de la Luftwaffe qui coopéraient avec l'armée devaient être placées sous le commandement tactique du général von Falkenhorst.

L'attitude de Hitler et des plus hautes autorités des forces armées devant les aspects et les conséquences de ce mépris de toutes les règles ne peut être mieux décrite que par la citation des notes prises par les principaux intéressés.

1er mars

Halder : La promesse qui avait été faite de prendre contact avec nous avant de fixer les exigences n'a pas été tenue.

Jodl : Tempête chez le commandant en chef de l'armée concernant les unités à fournir... Concertation entre moi-même et Jeschonnek, réduction des exigences.

2 mars

Halder : Keitel veut de bonnes troupes... von Brauchitsch fait remarquer que 20 % des réserves de l'OKH seront affectées (à l'opération).

Jodl : D'accord avec l'armée. Le maréchal (Goering) fulmine et se montre désagréable envers le chef de l'OKW ; il se rend à 13 heures chez le Führer. L'après-midi, de nouvelles exigences sont posées ; après concertation avec l'armée et la Luftwaffe, elles sont quelque peu réduites...

3 mars

Jodl : Le Führer se prononce très nettement sur la nécessité d'attaquer vite et fort en Norvège... Le commandant en chef de la Luftwaffe s'élève contre toute subordination d'unités de la Luftwaffe au 21e corps d'armée.

4 mars

Jodl : Toutes les forces de la Luftwaffe coiffées par le 10e corps aérien. Celui-ci reçoit ses ordres du commandant en chef de la Luftwaffe, compte tenu des demandes de l'état-major du 21e corps d'armée. Le général Bodenschatz se plaint que le maréchal ait été tenu à l'écart de l'« exercice Weser ». Aucun officier de la Luftwaffe n'a été consulté au préalable. Subordination inadmissible. Colère contre le général d'armée Keitel. Je rectifie cette erreur.

5 mars

Jodl : Grande discussion concernant l'« exercice Weser » avec les trois commandants en chef. Le maréchal s'emporte parce qu'il n'a pas été consulté jusque-là. Il exige des explications et veut prouver que tous les préparatifs déjà faits ne valent rien...

Conclusion :

a) envoi de forces plus importantes à Narvik ;

b) la marine doit laisser des navires dans les ports... ;

c) [...] ;

d) prévoir six divisions pour la Norvège.

6 mars

Jodl : Les préparatifs ont à présent pris corps. Le Führer signe une directive qui contient tous les changements résultant de la discussion du 5 mars. Aucune modification ne peut plus y être apportée.

On retiendra de ce qui précède les éléments suivants, caractéristiques de la structure du Grand Quartier général allemand à l'époque.

1. Les ordres émis par l'OKW manquent à ce point de poids que même une directive signée par Hitler doit être modifiée à la suite d'objections émises ultérieurement, à l'encontre de toute procédure militaire, sans parler des règles d'un Etat dictatorial.

2. Le commandant en chef de l'armée, qui se voyait complètement mis à l'écart par cette organisation particulière du commandement, renonce à élever la moindre protestation, tandis que le commandant en chef de la Luftwaffe refuse que la moindre des unités aériennes destinée à appuyer l'armée soit soustraite à son autorité exclusive pour être placée, fût-ce provisoirement, sous celle d'un commandement de grande unité de l'armée. Et il obtient gain de cause.

3. En dépit de toutes les objections, les forces à fournir par l'armée furent encore augmentées d'une division complète et de nombreuses unités indépendantes, tandis que dans ce domaine-là aussi, la Luftwaffe garda, les mains libres.

4. La marine, qui apparemment n'a encore émis aucune protestation, obtient par la suite que Hitler renonce à son exigence de voir maintenir des navires de guerre dans les ports norvégiens après la fin des débarquements.

5. Hitler lui-même se modère, principalement à l'égard de Goering mais aussi de Raeder, au cours des nombreuses discussions qui ont lieu en grand comité, mais il exprime ensuite devant un cercle restreint des paroles d'autant plus fortes et des exigences d'autant plus grandes.

Ces événements, qui se déroulèrent pendant la période de préparation et qui devaient déjà projeter une ombre sur l'image de Hitler en tant que commandant militaire, seront surpassés encore par son comportement au cours de la campagne. La vision d'un grand Empire germanique à laquelle il se laissa entraîner le soir du premier jour, sans soupçonner les crises qui se préparaient – comme dans toute opération importante –, fut suivie, pendant plus d'une semaine du spectacle d'insuffisances pitoyables. Le général Jodl en fut un témoin digne de foi ; il assuma à l'époque l'entière responsabilité des hautes fonctions qu'il occupait et joua un rôle appréciable dans le succès de la campagne. Son *Journal*, complété par quelques extraits des notes de Halder, fournit une image très claire de la situation et permet ainsi d'en tirer un jugement personnel.

14 avril

Jodl : Dietl ne subit aucune attaque, mais il est coupé du groupe Nord. Réaction effroyable (de Hitler). Tous les détails doivent être fixés ici.

Halder : Le général von Brauchitsch vient de chez le Führer. Résultat : on ne croit pas pouvoir tenir Narvik. Nous avons eu de la malchance [paroles de Hitler].

15-16 avril

Jodl : Reproches à la marine, principalement parce que celle-ci n'a pas engagé de cuirassés dans la bataille et qu'elle n'a pas réussi à accélérer les transports. Reproches injustifiés – je m'élève violemment contre ceux-ci.

Halder : Le commandant en chef de l'armée apprend par Keitel que Narvik doit être évacué. Nous ne pouvons faire une chose pareille. Discussion avec Jodl.

Jodl : La ville de Narvik ne peut être tenue. Les troupes de montagne se retireront sur les hauteurs. La décision d'abandonner définitivement la région de Narvik n'a pas encore été prise.

17 avril

Jodl : Le Führer exprime à nouveau sur un ton très violent l'opinion que le groupement Dietl doit se retirer vers le Sud ou être évacué. Je soutiens pour ma part nettement :

a) qu'un mouvement vers le Sud est impossible ;

b) que seule une évacuation très partielle peut se faire, qu'elle causera la perte d'un grand nombre d'avions et qu'elle brisera la résistance morale du groupement Dietl.

Celui-ci peut combattre longtemps encore à la frontière suédoise. Il ne faut considérer une cause comme perdue que lorsqu'elle l'est réellement.

15 h 30... La discussion renaît au sujet de la mission qui doit être assignée au groupement Narvik. Chaque mauvaise nouvelle suscite les pires craintes. Le chef de la section L et la sous-section Armée (LIH) présentent une appréciation de la situation à laquelle je me rallie entièrement.

Je la communique au Führer et lui fournis la preuve que nous n'avons pas suffisamment d'avions à grand rayon d'action pour évacuer les troupes de Narvik.

En outre, une directive est établie... selon nos vœux (Jodl, chef de la section L et sous-section Armée). Combattre, lier les forces et ne pas abandonner.

Un professeur, connaissant bien la Norvège, est amené d'Innsbruck (sur ordre de Hitler) pour être interrogé sur la possibilité de faire passer des troupes de montagne de Narvik à Fauske, ce qui est impossible selon l'expérience que j'ai (Jodl) de la montagne.

Le soir, le Führer signe... l'ordre à Dietl de tenir aussi longtemps que possible.

18 avril

Jodl : Le Führer est de nouveau rassuré... Il est même possible de modifier l'ordre de la veille au soir dans le sens d'une résistance accrue et d'une plus forte fixation de forces...

Journée plus calme, qui exerce une action bienfaisante sur les nerfs quelque peu tendus.

Halder :

a) Jodl : le commandant en chef de l'armée doit être entendu au sujet de Narvik. Répercussions sur l'armée...

b) Führer : A la longue, Narvik ne pourra être tenu... Hier, le Führer voulait retirer les troupes de Narvik, il y a renoncé pour le moment.

19 avril

Jodl : Nouvelle crise.

L'action politique a échoué. Selon le Führer, il faut agir par la force. Il faut faire appel au Gauleiter Terboven. Le maréchal œuvre dans le même sens ; il critique le fait qu'on n'a pas agi avec assez d'énergie contre la population civile... que la marine n'amène pas suffisamment de troupes.

La Luftwaffe ne peut tout faire.

Le chef de l'OKW quitte la salle; le commandement court à nouveau le risque d'être livré au chaos parce que Hitler dispose de tout dans les moindres détails et que tout travail méthodique du commandant militaire compétent est réduit à néant...

Terboven arrive dans la soirée; le Führer l'informe en tête à tête après le dîner. Reste à savoir si on peut limiter son rôle à celui de commissaire civil, comme le propose la section L; il faut encore lui parler personnellement.

20 avril

Jodl : Anniversaire du Führer... La tempête s'est apaisée. Des informations émanant de la Luftwaffe ont manifestement convaincu le Führer que les Norvégiens se livreraient déjà sur une grande échelle à des actes de guérilla et de sabotage. J'ai combattu cette opinion dès le 19 avril. Nous ne pouvons pousser les Norvégiens à une résistance passive et surtout active, car c'est là le but poursuivi par les Anglais.

21 avril

Jodl : Le soir du 20 avril, le général d'armée (Keitel) mène un long combat (avec Hitler) pour arriver à une formulation de la mission confiée à Terboven qui tienne compte des nécessités militaires.

Le Führer voudrait amener à Trondheim un grand navire (le *Bremen*) avec... personnel et matériel. Le commandant en chef de la marine considère que c'est actuellement tout à fait exclu.

22 avril

Jodl : Le Führer est de plus en plus préoccupé par les débarquements anglais (près d'Andalsnes et de Namsos)... J'oppose à son inquiétude la situation difficile dans laquelle se trouvent les Anglais qui ne disposent ni de ports utilisables ni de terrain d'aviation.

23 avril

Jodl : L'énervement augmente... Il faut se hâter de reconstituer (au pays) les forces qui se trouvent à Narvik, pour rendre à nouveau la 3e division de montagne opérationnelle.

24 avril

Jodl : La situation semble beaucoup plus favorable.

25 avril

Jodl : L'état d'esprit optimiste se maintient.

30 avril

Jodl : A 13 h 55, je suis en mesure d'informer le Führer que les communications terrestres sont établies entre Oslo et Trondheim. Le Führer est transporté de joie. Le midi, il me faut m'asseoir à son côté.

Il apparaîtra au profane, à la lumière de ce qui précède, que le succès de la campagne de Norvège n'est pas dû à Hitler mais qu'il fut remporté, en dépit de ses interventions maladroites, par le cadre et la troupe et une Wehrmacht supérieurement entraînée. Il convient de souligner tout particulièrement que si l'avis de Hitler avait été suivi, Narvik qui constituait le nœud de toute l'opération aurait été abandonné sans nécessité quelques jours à peine après avoir été occupé, et après la perte de plus de la moitié des contre-torpilleurs lourds de la marine.

Si, après cela, la première tentative faite par le dictateur allemand de faire dépendre l'organisation du commandement et la conduite d'une opération militaire de son ambition personnelle et de sa soif de prestige a pu aboutir à un résultat satisfaisant, grâce à la collaboration intelligente à tous les échelons de la Wehrmacht, il n'en subsiste pas moins l'impression de défaillances humaines terrifiantes dans le chef de l'homme qui se trouvait à la tête du Reich. Le *Journal* du chef de l'état-major Opérations retrace avec assez de vérité les scènes d'excitation irréfléchie qui se sont produites. Qu'il nous soit permis d'y ajouter encore une impression personnelle recueillie lors d'une visite rendue en ces journées critiques à Jodl, à la chancellerie du Reich : Hitler, tassé sur une chaise dans un coin, inaperçu, le regard fixe, et plongé dans une sombre méditation, n'attendait manifestement plus le salut que de nouvelles informations, que pour ne pas perdre un instant il voulait recueillir au téléphone en même temps que le chef de l'état-major Opérations. Il ne restait plus alors au chef de la section L qu'à se détourner de ce spectacle indigne. Mais une comparaison s'imposait avec les grands généraux en chef de l'histoire allemande : ceux-là avaient le droit de se sentir dignes de leur mission de chef grâce à leurs dispositions naturelles, à leur maîtrise de soi et à leur expérience. La postérité ne célèbre-t-elle pas aujourd'hui encore le calme inébranlable et l'assurance d'un Moltke qui ne manquaient jamais de susciter l'étonnement sur les champs de bataille de Bohême et de France. Le grand historien Gerhard Ritter qui écrivit ces mots exprime aussi l'opinion que cette attitude de Moltke était le résultat d'un jugement clairvoyant plutôt que d'une volonté de fer et il en décèle la cause profonde dans sa nature la plus intime, faite d'un mélange indissoluble de raison et d'éthique.

La nature la plus intime d'un Hitler, pour autant qu'il faille encore le prouver, s'était exprimée différemment dans la campagne de Norvège. Mais la fâcheuse organisation du Grand Quartier général, si tant est qu'on puisse encore parler de GQG devant ces organes largement dispersés, avait aussi joué un certain rôle dans les événements de cette époque à la chancellerie du Reich. Car, en dépit du courage moral avec lequel le général Jodl était plus d'une fois intervenu dans des moments critiques, il ne faut pas oublier que c'est lui qui avait soutenu, par tous les moyens et contre toutes les objections, les prétentions de Hitler au commandement militaire immédiat, et que c'est lui encore qui avait contribué de façon décisive à l'élimination de l'OKH de la campagne norvégienne. Le chef de l'état-major Opérations ne pouvait plus s'étonner, après cela, que Hitler dépasse toutes les bornes et qu'il donne déjà par ses immixtions, même dans les détails de tactique, un avertissement de ce que serait son commandement ultérieur. Il convient d'ajouter à cela que les hautes autorités de l'OKW, en siégeant à la chancellerie du Reich, facilitaient les choses pour Hitler, dans une mesure restreinte mais qu'il ne faut pas sous-évaluer, lui permettant d'émettre toujours de nouvelles demandes et de nouvelles exigences en passant simplement d'une pièce à l'autre, tandis qu'elles avaient renoncé à l'aide immédiate de leurs collaborateurs les plus proches de la section L. Ceux-ci, grâce à leur éloignement, parvinrent à échapper complètement à l'influence pressante du voisinage de Hitler et contribuèrent ainsi, de leur côté à épauler alors, plus qu'ils ne le purent jamais par la suite, le chef de l'état-major Opérations.

Toutes ces expériences n'eurent aucune conséquence sur la forme extérieure ni sur l'organisation interne du Grand Quartier général de campagne qui était sur le point de se réunir pour la première fois. La conclusion heureuse de la campagne de Norvège, qui constituait une aventure en raison notamment de l'organisation et du comportement du commandement suprême, fit non seulement qu'on en oublia tous les inconvénients, mais aussi que la méthode de commandement utilisée s'en trouva manifestement confirmée. C'est le chef d'état-major Opérations, le général Jodl, qui en retira le profit le plus dangereux : son attitude droite lui valut, outre une place à table au côté de Hitler, qu'il put conserver pendant plus de deux ans, la confirmation définitive de la confiance que le commandant suprême attribuait à son jugement militaire. C'était là un fardeau aussi douteux que contraignant.

LIVRE III

AU TEMPS DES GRANDS SUCCÈS MILITAIRES

MAI 1940 À DÉBUT DÉCEMBRE 1941

6

La situation initiale

L'annonce de la victoire en Norvège, début mai, ouvrit la voie au déclenchement de l'offensive à l'Ouest. La décision personnelle de Hitler d'entamer cette nouvelle campagne après un intervalle de quelques jours, qui allait à l'encontre de la proposition de Jodl de dissocier entièrement l'une de l'autre, dans le temps et par les moyens mis en œuvre» les deux opérations, s'avéra la meilleure, la Luftwaffe ne devant laisser des forces importantes en Norvège que jusqu'au début du mois de mai.

Le début de la campagne à l'Ouest fut précédé encore de quelques journées agitées qui virent alterner, à un rythme de plus en plus précipité, les bulletins météorologiques, les ordres et les contre-ordres. Des remises répétées furent obtenues par le commandant en chef de la Luftwaffe, dont l'état-major faisait le temps et dont les aviateurs et les parachutistes étaient intéressés plus que toute autre force aux conditions météorologiques. Une fois de plus, l'armée ne fut pas représentée aux conférences tenues à la chancellerie du Reich, et elle n'y fut même pas conviée; il lui incombait seulement de se tenir prête à intervenir à n'importe quel moment, dans les vingt-quatre heures, avec une force de plus de deux millions d'hommes. Hitler en personne se montra le 7 mai fort irrité par un nouveau report, dû à un danger de trahison et dès le lendemain, il déclara ne plus vouloir attendre plus longtemps. C'est contre son sentiment, ainsi qu'il le dit, qu'il se laissa pourtant encore arracher par Goering un ultime délai jusqu'au 10 mai, mais pas un jour de plus. Par cette décision, appuyée par le chef de l'OKW – qui faisait chorus par la force de l'habitude –, Hitler avait finalement donné le signal de l'offensive sans que les conditions météorologiques favorables jugées déterminantes, et qui avaient donné lieu à une attente de plusieurs mois, aient été remplies. Mais la chance joua : le 9 mai à 9 heures du soir soit, selon le tableau horaire établi, une demi-heure avant le dernier délai pour l'ajournement de l'attaque par le Führer, le chef de l'état-major général de la Luftwaffe put annoncer que les conditions atmosphériques seraient favorables le 10 mai. Les services rendus par le météorologue en chef de la Luftwaffe lui rapportèrent une montre en or.

A l'aube du 10 mai, les différents éléments du commandement suprême qui devaient constituer ultérieurement le Grand Quartier général de campagne allemand arrivèrent par train et par avion de différentes directions et successivement dans les environs de Euskirchen. Le train du Führer, occupé comme d'habitude par Hitler et son entourage, avait quitté dès l'après-midi de la veille une petite gare proche de Berlin en direction du Nord, pour ne se diriger vers l'Ouest qu'après la tombée de la nuit. Le chef et les officiers les plus importants de la section L décollèrent vers minuit d'un aérodrome voisin de Spandau dans un appareil de l'escadrille courriers de l'OKW; le train spécial de la section amena les autres officiers et les fonctionnaires, ainsi que les secrétaires, les dessinateurs et le personnel de transmission. Simultanément, le commandant en chef de l'armée, accompagné du chef d'état-major général et d'un état-major très réduit, quitta Zossen pour se rendre à la maison forestière (*Försterei*), près du Grand Quartier général de Hitler.

L'échelon de campagne (*Feldstaffel*) de la section L se trouva rassemblé vers 6 heures du matin dans une grande ferme du village de Rodert, juste au-dessus de la ville de Münstereifel, à quelques centaines de mètres seulement des colonnes qui déferlaient sur les routes et les chemins vers les frontières occidentales ; le ciel matinal était dominé par l'aviation allemande. Des aménagements très simples, à peine visibles de l'extérieur, mais extrêmement pratiques, effectués à la ferme au cours des semaines précédentes, devaient procurer à la quinzaine d'officiers et de fonctionnaires, ainsi qu'aux quelque 30 à 40 auxiliaires, les facilités de travail et de logement requises. Cependant, tous furent surpris de découvrir un voisinage qu'ils étaient loin de souhaiter : une partie des bâtiments était occupée par des membres du proche entourage de Hitler, y compris les gardes du corps dont il apparut bientôt qu'ils menaient grand tapage de jour comme de nuit. Sans doute leurs débordements étaient-ils d'autant plus bruyants, qu'ils vivaient sans retenue aux frais de Hitler – conformément aux dispositions qui restèrent en vigueur tout au long de la guerre pour l'aire 1*. Par contre, l'échelon de campagne de la section L touchait les mêmes rations que

* Le GQG était réparti sur le terrain en deux zones – l'aire 1 et l'aire 2 – situées à proximité l'une de l'autre

n'importe quelle autre unité de l'armée. Il ne s'établit aucune liaison, à quelque échelon que ce soit, entre les deux groupes d'occupants de la ferme, qui ne devaient du reste plus jamais être réunis par la suite sous le même toit.

Dans le courant de l'après-midi de ce premier jour qu'il passa au *Felsennest*, Hitler vint avec sa suite inspecter les bureaux et les installations de la section L. Il ne manqua pas de saluer l'un ou l'autre officier qu'il connaissait vaguement, mais à cette époque comme plus tard, la grande majorité des membres de son état-major d'exécution militaire, officiers comme hommes de troupe, restèrent des étrangers pour lui. Il ne visita d'ailleurs plus jamais l'aire 2 au cours des années suivantes de la guerre.

Le chemin menant de la ferme à ses propres quartiers, l'aire 1, qu'il occupait avec les généraux et les aides de camp de son entourage de la chancellerie de Berlin, passait au travers d'une haute clôture en fil de fer et allait se perdre dans les broussailles, cent ou deux cents mètres plus loin. C'est là que se trouvaient disséminés les abris bétonnés qui servaient de bureaux et d'habitation. La salle à manger elle-même était installée dans un abri. Au centre des installations se trouvait une petite baraque en bois de 3 à 4 mètres carrés, située sur une hauteur : c'était la salle des cartes où se déroulaient toutes les conférences importantes. La vue étendue qu'on avait de cet endroit sur les collines et les forêts de l'Eifel, où régnaient le printemps et la paix, faisait apparaître l'horizon infiniment plus agréable que l'environnement immédiat, exigu et hostile.

Après la guerre, le chef de l'état-major Opérations déclara ce qui suit devant le Tribunal militaire international : « Le Grand Quartier général du Führer tenait à la fois du cloître et du camp de concentration... A part de nombreux moments exaltants, notre vie au Grand Quartier général du Führer était en fin de compte pour les soldats que nous étions un martyre..., car ce Quartier général n'était pas militaire, mais civil ; nous, soldats, n'y étions que des invités, et il n'est pas facile d'être un invité où que ce soit pendant cinq ans et demi. » Il est certain que le général Jodl était encore loin de penser de la sorte en mai 1940, mis à part le fait qu'il avait eu sa part, même minime, dans la création de cette situation en favorisant la mise sur pied d'un état-major d'exécution aux côtés de Hitler. Sa description des choses reflète d'ailleurs beaucoup mieux ce qui se passait dans le proche entourage de Hitler qu'à l'aire 2, où il n'y avait que des soldats vivant entièrement selon la règle militaire. Cependant, Jodl avait parfaitement décrit l'esprit et l'atmosphère qui régnaient dans l'ensemble du GQG de Hitler. Ce qui le caractérisait, ce n'était pas seulement que son noyau se composait en majorité de non-soldats, bien que chacun d'entre eux se fût offert un quelconque uniforme feldgrau et l'eût agrémenté d'insignes de son choix ; ni l'afflux, encore relativement modeste à l'époque, de bonzes du parti qui croyaient devoir contrebalancer l'élément militaire autour de Hitler ; en fin de compte, c'était plutôt Hitler lui-même qui, en régnant souverainement sur le Grand Quartier général, donnait vie et forme à cet esprit.

Bien qu'il eût vécu une expérience personnelle de soldat dans la Première Guerre mondiale ; bien qu'il eût fortement contribué à la création de la nouvelle Wehrmacht ; bien que toutes ses pensées et tous ses actes se soient portés depuis le début des hostilités vers la conduite de cette guerre, il était néanmoins dénué de cet esprit de corps qui est le propre de tous les militaires par-delà même les frontières, – un esprit qui impose à chacun d'eux une conformité de pensée et d'action, la confiance et la fidélité, la loyauté et le sens du sacrifice, sous peine d'être exclu de la communauté de ses camarades. Hitler, quant à lui, n'avait aucun lien commun avec les officiers qui l'entouraient. Il cherchait à découvrir et exploitait sans le moindre scrupule leurs forces et leurs faiblesses et il était toujours prêt à leur appliquer la menace contenue dans son allocution du 23 novembre 1939 aux titulaires de hauts commandements (corps d'armée et au-delà) : « Je ne reculerai devant rien et je détruirai tous ceux qui seront contre moi. » Mais il manquait aussi de franchise dans ses propos. Le général Jodl n'a donné qu'une faible idée de ses tromperies, de ses feintes, de ses calculs, dans un but de prestige, de propagande, quand il déclara à propos de Hitler, à un autre moment de son interrogatoire à Nuremberg : « Il parlait tout différemment aux hommes politiques et au parti qu'à la Wehrmacht, autrement encore à la SS qu'à la Wehrmacht aux hommes politiques. » Il se livrait à de telles pratiques jusque dans les plus hautes sphères de la Wehrmacht, son objectif final étant toujours de sauvegarder son régime, sa gloire personnelle et celle du parti.

C'est bien à cette dissemblance avec la véritable nature du soldat que Jodl faisait allusion quand il parlait de quartier général civil. C'est aussi la raison pour laquelle les officiers de l'armée qui se trouvaient à l'aire 2 jetaient un regard d'envie sur le Quartier général de l'armée voisin ; là, tout au moins, si la dépendance était la même, on était suffisamment éloignés de la personne de Hitler pour se sentir entre soi. Un signe évident de ce sentiment et de cet état d'esprit devait bientôt apparaître lorsque le chef de la maison militaire jugea opportun de faire participer un officier de la section L aux repas pris en commun à la table de Hitler dans l'abri de l'aire 1. Si, au début, les officiers les plus jeunes se présentèrent en masse, il fallut ensuite établir un rôle de désignation d'office parce qu'il ne se trouvait pratiquement plus aucun volontaire pour s'y rendre. Tous préféraient de loin passer leur temps libre avec leurs camarades plutôt que d'assister aux entretiens de table de Hitler.

Au *Felsennest*, tout comme ultérieurement en d'autres endroits, la journée se déroulait à peu près de la même façon qu'à Berlin. La section L rassemblait au moins deux fois par vingt-quatre heures les comptes rendus établis à l'heure fixe de jour et de nuit par l'armée, la marine et la Luftwaffe. Elle les examinait, les complétait par des cartes de situation et les envoyait par courrier au chef de l'état-major Opérations. Le général Jodl préparait ensuite un exposé de la situation, qui était présenté dans la salle des conférences aux seuls membres de la maison militaire, sous la direction de Hitler. Ce cercle restreint se réunissait aussi dans cette même salle, occasionnellement et dans un va-et-vient continuel, lorsque des rapports spéciaux particulièrement importants étaient transmis directement par téléphone à Hitler par les commandants en chef des forces ou qu'ils arrivaient à la section L qui les transmettait aussitôt à Jodl.

Cette absence de contrainte se manifestait aussi dans la façon dont étaient présentés et discutés les événements du front. Cependant, la pratique dangereuse instaurée entre les campagnes et appliquée dans le cadre restreint de la campagne de Norvège, se poursuivit en dépit des avertissements de Halder : face à un ennemi puissant et en présence d'un front extrêmement mouvant, on continuait le jeu dangereux et on se permettait d'assumer depuis le Grand Quartier général la conduite des opérations sur le champ de bataille. De longues palabres donnaient lieu à des opinions, lesquelles entraînaient des décisions ; ces décisions à leur tour se traduisaient par des directives écrites ou même par des interventions directes dans les mesures prises par des échelons subordonnés de l'armée et ce, généralement, sans qu'aucun contact préalable soit pris avec l'OKH, en dépit de sa proximité. Dans le meilleur des cas, et quand elles étaient admises par faveur spéciale à un exposé de la situation, les autorités supérieures de l'armée se trouvaient tout comme lors de la préparation de l'offensive, en présence d'une opinion fermement arrêtée, qu'ils ne pouvaient redresser qu'au prix de grands efforts et d'une perte de temps considérable.

Cette juxtaposition des deux hauts commandements les plus importants donna bientôt lieu à des tensions. Du côté de l'OKW, se trouvait un Hitler dominateur, rempli d'impatience et de méfiance, qui faisait fi de toutes les lois stratégiques fondamentales de temps et d'espace et se refusait à attendre le déroulement des événements. Un Hitler qui, au moment décisif – comme déjà à Narvik –, reculait devant l'audace de ses propres décisions et abusait alors du poids décisif que lui donnait sa position pour plier le cours des événements à son gré. A ses côtés se trouvait Keitel qui, comme toujours, considérait qu'il était de son devoir de se rallier à l'avis de Hitler, mais qui en même temps s'efforçait de faciliter les choses dans tous les sens et d'aplanir les difficultés autant que possible. L'influence exercée par Jodl était beaucoup plus grande. Oubliant apparemment toutes les leçons de la campagne de Norvège, il se montra disposé à soutenir le génie du Führer contre l'insubordination des généraux, alors que la pusillanimité ne se trouvait pas, comme il l'avait pensé antérieurement, du côté de l'état-major général, mais manifestement du côté de Hitler. L'âpreté des discussions qui eurent lieu transparaît jusque dans les notes consignées dans son *Journal*. Finalement, des aides de camp empressés se tenaient à l'écoute en toutes circonstances et servaient même de courriers pour transmettre aux postes de commandement importants du front, les opinions et les décisions de Hitler, sans tenir compte de l'ensemble de la situation.

Du côté de l'OKH, le commandant en chef était le général von Brauchitsch qui se déplaçait quasi quotidiennement en avion ou en voiture pour tenter de maintenir, dans toute la mesure de ses forces, au-delà de tous les plans et de tous les ordres, un contact humain avec l'élément le plus décisif et le plus précieux de tout commandement militaire – avec les hommes –, qu'ils appartinssent à la hiérarchie ou à la troupe. Il ne retira cependant pas de ces rencontres la force de s'opposer à Hitler ni défendre aux conseillers de l'OKW la place qui lui revenait au premier chef. Pas plus que lui, Halder ne lutta dans ce but. Dominant de manière souveraine ses fonctions de chef d'état-major général et entouré d'un groupe d'officiers brevetés d'état-major qui avaient tous la même formation et les mêmes opinions et qui étaient étroitement liés par une confiance mutuelle, il était en droit de penser que la supériorité intrinsèque de cet organe de commandement finirait à la longue par l'emporter d'elle-même. De fait, pendant ces semaines de campagne, il se surpassa plus d'une fois, particulièrement quand les nerfs de Hitler craquaient. Son *Journal* témoigne de ses réalisations et de celles de son état-major, et constitue un mémorial de la grande campagne appelé à défier le temps.

Goering veillait dans l'ombre. Son général de liaison le tenait constamment au fait des points de vue opposés qui se manifestaient au Grand Quartier général. Soucieux, en tant que commandant en chef de la Luftwaffe et que deuxième dignitaire du national-socialisme, de faire échec à la gloire militaire que le peuple allemand attribuait à l'armée réactionnaire, il se manifestait toujours au moment opportun, soit par téléphone, soit en personne, car le train qu'il occupait était installé dans les environs. Dans la plupart des cas, ses rencontres avec Hitler continuaient à se dérouler à l'abri de tout regard et de toute oreille indiscrète. Mais d'après ce qu'on en sait, il est hors de doute qu'il se conduisait également à l'égard de l'OKH comme le paladin le plus fidèle du Führer. Il faut néanmoins souligner que, par la suite ce même Goering, se souvenant qu'il était aussi un militaire, intervint souvent avec succès en faveur de certains officiers de l'armée auxquels Hitler envisageait d'infliger sans motif valable la peine de mort ou d'autres sanctions infamantes.

Les officiers de la section L ne disposaient que d'un champ d'action très restreint au milieu des accords et des mésententes des grands. Exclus des exposés de la situation qui avaient lieu chez Hitler, ils se voyaient la plupart du temps, plus encore que les hautes autorités de l'OKH, placés en face de décisions déjà arrêtées et il leur était généralement impossible d'y modifier encore quoi que ce soit – à moins que, comme à Dunkerque, une indignation générale fît sauter toutes les barrières. Dans d'autres situations moins pressantes, il arriva que l'on pût trouver encore – occasionnellement et dans un cadre limité – des possibilités de participation, soit pour atténuer le fond et la forme de certains ordres émanant du Grand Quartier général, soit pour mieux les adapter à la situation réelle.

Le chef et les officiers de la section L appartenant à la force de terre cherchèrent et trouvèrent l'occasion et les moyens de jouer ce rôle occulte grâce aux rapports de confiance qu'ils entretenaient à leur échelon avec l'état-major général de l'armée, et aussi parce qu'ils se rendaient au front chaque fois que la chose était possible. Il n'empêche que même là leur champ d'action était des plus limités, du fait qu'en dehors des aides de camp, personne de moins important que le chef de l'OKW ne s'empressait, comme on l'a vu, de propager les paroles et les volontés de Hitler. Dans ces conditions, il ne restait aux officiers de la section L, qui voyageaient la plupart du temps sans ordre de mission, qu'à visiter leurs amis ou la troupe sans pouvoir agir en tant que *missi dominici* du Grand Quartier général. Il faut ajouter à cela que Jodl n'accordait que fort peu d'intérêt aux impressions ramenées de semblables déplacements. Même lorsque le chef de la section L, conscient – en mémoire du temps de la Première Guerre mondiale de la valeur historique du moment, décida à brûle-pourpoint le jour de la prise de Paris de débarquer en *Storch* sur la place de la Concorde déserte, suivi d'un deuxième appareil où avait pris place un autre officier, ce qui lui permît d'assister à l'entrée d'une division dans la capitale, personne parmi ses supérieurs, ne s'y intéressa lors de son retour au Grand Quartier général. Aucun soldat de bon sens ne pouvait imaginer que les efforts faits pour garder le contact tant avec le Quartier général de l'armée qu'avec le front n'étaient pas bien vus de Hitler ni de Jodl, pour autant qu'il s'agît d'officiers supérieurs de l'état-major Opérations, sous prétexte que cela pouvait avoir une influence néfaste de part et d'autre. C'est là une des choses – parmi beaucoup d'autres du même genre –, dont on ne prit conscience qu'après la guerre.

Tenant compte de tout ceci, on ne sera pas surpris de constater, à la lecture des pages qui vont suivre, que les événements qui se sont déroulés au Grand Quartier général allemand semblent fourmiller de querelles et de conflits entre les hautes autorités de l'OKW et de l'OKH. Il y eut des divergences aux racines profondes qui, même au temps des grands succès militaires, l'emportèrent sur le sentiment de solidarité que ces succès auraient pu faire naître temporairement. Les succès obtenus donnèrent même lieu plus d'une fois à de nouvelles tensions, parce que, sous la direction de Hitler, ils étaient destinés à rester, tant au point de vue militaire que politique, des victoires perdues.

7

La campagne à l'Ouest

Dès le 14 mai, quatre jours après le début de la campagne, Hitler émettait sa directive n° 11, qui contenait ses premières instructions pour la poursuite des opérations. D'après son contenu, déjà partiellement connu et pour une autre part dépassé par les événements – l'armée néerlandaise, dont la résistance devait être rapidement brisée, ne capitulait-elle pas le jour même ? –, chacun comprit que le but manifeste de cette directive était de signifier clairement à l'OKH que, contrairement à ce qui s'était passé en Pologne, le commandant suprême avait pris désormais en main la conduite des opérations. Mais, simultanément, le passage du *Journal* du chef de l'état-major Opérations qui s'y rapporte laisse entrevoir aussi la volonté sous-jacente de ce document, car on y trouve exprimée avec plus de force encore une ingérence dans le domaine des responsabilités propres à l'armée. Si, en effet, à la date du 14 mai, Jodl note brièvement : «... la directive n° 11 ordonne la concentration de toutes les unités blindées et motorisées au sein de la 4e armée», la rédaction définitive de cette directive par la section L est la suivante : «... ont créé les premières conditions pour obtenir un succès important... grâce à une poussée au nord de l'Aisne en direction du nord-ouest effectuée par la réunion de forces importantes.» On peut donc porter au crédit de la section L le rôle qu'elle a joué dans ce cas en libellant la directive de telle sorte qu'elle soit arrivée une fois de plus à imposer sa tactique de la mission.

Si le chef de l'état-major général de l'armée accorda tellement peu d'importance à cette directive à peine mentionnée dans ses notes, une première source d'énervement trouva son origine dans le peu de temps dont on disposait pour déplacer latéralement en conséquence de nombreuses unités blindées et motorisées à travers le territoire belge jusqu'à l'aile offensive gauche. L'auteur de ces lignes lui-même fut témoin d'une scène où Hitler, pendu à un téléphone de campagne et se donnant beaucoup de peine pour se faire comprendre, demandait raison au commandant de la 6e armée, le général von Reichenau, d'un prétendu retard mis à libérer l'un de ces corps blindés. En date du 16 mai, Jodl note à ce sujet : «Le Führer insiste vivement pour que toutes les unités blindées et motorisées passent du groupe d'armées B au groupe d'armées A.» Keitel se rendit immédiatement en avion à l'état-major du groupe d'armées B pour appuyer les exigences de Hitler. En revanche, Halder faisait apparaître clairement les difficultés que présentaient ces mouvements et les délais que ceux-ci exigeaient, quand il écrivait le même jour : «Il s'agit maintenant, en créant un corridor... d'amener latéralement des forces... à l'aile droite du coin de rupture en traversant la zone de la 6e armée et à son aile gauche au travers de la zone de la 16e armée.» Et quelques heures plus tard, il ajoutait que le corps blindé réclamé par Hitler avait dû être engagé à nouveau dans le secteur où il opérait jusqu'alors en vue d'exploiter au maximum le succès remporté.

Un incident d'un autre genre se produisit dès le lendemain, lorsque Hitler, probablement sous l'influence d'une longue conversation qu'il avait eue la veille au soir avec Goering, annula toutes les mesures prises depuis longtemps pour instaurer une administration militaire aux Pays-Bas. Sans tenir compte de ce que ce territoire qui n'était pas encore pacifié se trouvait à proximité immédiate de la zone des combats, il ordonna pour des raisons purement politiques et partisanes que fût instituée une administration civile sur le modèle de celles qui existaient en Pologne et en Norvège. Les objections présentées aussitôt par la section L au chef de l'OKW contre ce mépris des nécessités militaires restèrent sans résultat. Lorsqu'il apprit la chose, Halder fit plus que mettre simplement sur papier ses impressions sur ce cas unique, en écrivant au dernier alinéa de son *Journal* du 17 mai : « La position prise dans l'affaire de l'administration militaire en Hollande démontre une fois de plus le manque de sincérité du commandement suprême à l'égard de l'OKH. »

C'est dans cette atmosphère que se prépara le premier grand heurt. Il s'agissait de rien moins que de la conception de base de l'ensemble de l'opération, de la rupture rapide jusqu'à la côte. Tandis que le gros des formations blindées allemandes, après la victoire remportée sur la Meuse, poursuivait irrésistiblement son avance vers l'Ouest à un rythme dépassant toutes les espérances, les hautes sphères de la Wehrmacht et de l'armée nourrissaient des opinions totalement divergentes. Le 16 mai, Halder avait pu écrire avec une fierté mal dissimulée : « La manœuvre de rupture se développe de façon tout à fait classique... Les attaques des blindés ennemis sont repoussées. Les performances de marche de l'infanterie... sont extraordinaires. » Le chef de l'état-major général, pleinement convaincu par des informations dignes de foi que les forces françaises amenées du Sud « étaient encore trop faibles... pour attaquer », n'avait d'autre idée que de poursuivre l'avance rapide des blindés. La protection du flanc Sud lui semblait parfaitement assurée, du fait que la progression s'effectuait en formation échelonnée. Il conclut le nouvel examen de la situation qui eut lieu le lendemain matin par ces mots : « Plus tard, on pourra stabiliser ce front avec des forces qui suivent. » Hitler ne partageait pas ces vues. Bien qu'il eût contribué fortement au plan audacieux de l'opération des blindés, il craignait à présent pour la sûreté du flanc.

Il s'accrochait à l'idée qu'il fallait établir un collier de divisions d'infanterie qui, se déplaçant à pied et à cheval, devaient se trouver en place avant que puisse se poursuivre l'attaque des chars. Le 17 mai à midi, il déclara au commandant en chef de l'armée qu'il croyait le principal danger au Sud, sur quoi Halder notait dans son *Journal* : « Je n'aperçois pour le moment absolument aucun danger. » Hitler se hâta même de se rendre dans l'après-midi en voiture à Bastogne, pour mettre au fait de ses inquiétudes le commandant du groupe d'armées A, le maréchal von Rundstedt. Il lui déclara qu'il ne fallait sous aucun prétexte courir le risque d'un revers où que ce soit, sous peine de fournir à l'ennemi un dangereux encouragement. C'est pourquoi la décision ne reposait pas tant actuellement sur une poussée rapide vers la Manche, mais bien plutôt sur l'établissement immédiat d'une position défensive absolument sûre derrière l'Aisne, et plus tard derrière la Somme, même si cela devait causer un retard dans l'avance vers l'Ouest.

Là-dessus, au soir du 17 mai, le chef de l'état-major général de l'armée se voyait contraint d'écrire ces phrases empreintes d'inquiétude : «Journée vraiment désagréable. Le Führer est excessivement nerveux. Il a peur de notre propre succès, ne veut rien risquer et il préférerait en conséquence nous retenir.» Le lendemain matin, Halder réexamina à nouveau la situation, pour conclure qu'il fallait absolument poursuivre l'opération sans le moindre retard; «chaque heure compte». Pourtant, peu après, à 10 heures, une heure exceptionnellement matinale pour l'aire 1, il se vit engagé, en compagnie de von Brauchitsch, dans une discussion des plus déplaisantes avec Hitler. Jodl note à ce sujet : «Journée de tension extrême. L'OKH ne s'est pas conformé à l'instruction de consolider de toute urgence le flanc Sud... le commandant en chef de l'armée et le général Halder sont convoqués en toute hâte et se voient signifier de prendre immédiatement les mesures nécessaires...» Tandis que Keitel se rendait aussitôt en avion une nouvelle fois au groupe d'armées de von Rundstedt, sans même attendre les ordres d'exécution de l'OKH, pour presser son chef d'état-major de satisfaire sans retard aux exigences de Hitler, et que Jodl, manifestement soucieux de ne pas rester entièrement à l'écart, édictait de sa propre autorité un ordre complémentaire, Halder, très mécontent, regagna le pavillon de chasse voisin. C'est encore sous l'impression de ce qui venait de se passer qu'il écrivit ces mots : «L'opinion est différente au Grand Quartier général. Le Führer éprouve des craintes incompréhensibles au sujet du flanc Sud. Il tempête et vocifère qu'on est en train de compromettre toute l'opération et de s'exposer au danger d'une défaite. Il ne veut pas entendre parler d'une poursuite des opérations vers l'Ouest. »

Cependant, dès la fin de l'après-midi, tout cela fut une fois de plus dépassé par les événements. En plus de la nouvelle directive n° 12, l'OKH avait reçu un procès-verbal confirmant par écrit les éléments de l'entretien qui avait eu lieu le matin, ce qui était une procédure tout à fait inhabituelle et jamais utilisée auparavant, pour souligner la détermination du commandant suprême. Mais à 18 heures, Hitler se laissa convaincre par un nouvel exposé de Halder et accorda la liberté de mouvement. Le chef d'état-major général de l'armée commenta ce résultat par ces mots : « Ainsi finalement, on fera ce qu'il faut faire » – mais, ajouta-t-il, « dans un climat d'irritation générale et de telle façon que cela donnera l'impression qu'il s'agit d'une mesure prise par l'OKW. » Les choses avaient été si vite que la section L n'eut connaissance de l'incident qu'*a posteriori*.

Dans les jours qui suivirent, le *Journal* de Jodl fait encore apparaître, aussi clairement que le ferait un thermomètre, les incertitudes d'un commandement dénué de toute connaissance et de toute expérience profondes, qui faisait dépendre l'exercice du pouvoir qu'il s'était arrogé, de sautes d'humeur et de fluctuations de sentiments. Par exemple, le 19 mai, l'OKW éprouve à nouveau de grandes inquiétudes concernant les poussées de blindés franco-britanniques venant du Nord, que le chef d'état-major général de l'armée, par contre, accueille avec satisfaction parce qu'il estime qu'elles correspondent à son concept opérationnel ; en conséquence, les deux principaux hauts commandements formulent des demandes d'appui totalement contradictoires auprès de la Luftwaffe. Le 20 mai dans la soirée, alors que la campagne n'avait commencé que depuis dix jours, l'embouchure de la Somme est atteinte près d'Abbeville et plusieurs armées ennemies se trouvant au nord de la coupure sont menacées d'encerclement; cela donna lieu, au *Felsennest,* à une explosion de joie peu fréquente chez les militaires et que Jodl décrit comme suit : « Le Führer est transporté de joie. Il exprime son immense reconnaissance à l'égard de l'armée allemande et de ses chefs. » Mais dès le 21 mai, dans la soirée, Hitler est à nouveau un peu inquiet de ce que les divisions d'infanterie n'avancent pas assez vite et, comme le constate Jodl, il reste dans la salle des cartes jusqu'à 1 h 30 du matin.

Le lendemain, débutèrent les événements qui aboutirent au drame de Dunkerque. Jour après jour, et même heure après heure, Hitler intervenait à nouveau dans la conduite des opérations, infligeant un démenti à ses récentes manifestations de reconnaissance et prouvant qu'il n'avait aucune confiance dans l'armée; il allait exercer de la sorte une influence décisive – au détriment de l'Allemagne – sur l'issue de la campagne, et peut-être même de la guerre. Ces événements font aujourd'hui partie de l'histoire et ils sont bien connus; qu'il nous soit permis de les compléter par quelques souvenirs de ce qui se passa au Grand Quartier général.

Les adversaires étaient les mêmes que de coutume : d'une part Hitler avec Keitel et Jodl, et surtout Goering; de l'autre, von Brauchitsch et Halder, épaulés comme toujours par les officiers brevetés d'état-major de la section L. Une fois de plus, Hitler et son groupe croyaient avoir la science infuse et ils se mirent sans scrupule à vouloir imposer leur point de vue et leur volonté à l'OKH. Le 25 mai, après un certain nombre de discussions déplaisantes, Halder fut bien obligé de constater que la décision était définitive et il écrivit dans son *Journal* : «L'aile gauche mobile, qui n'a aucun ennemi devant elle, est arrêtée sur ordre formel du Führer.» Le lendemain, il eut des mots amers et sarcastiques pour résumer cette situation malheureuse : «Sur ordre du commandement suprême, les formations blindées et motorisées sont comme enracinées sur les hauteurs entre Béthune et Saint-Omer et ne peuvent passer à l'attaque... à un endroit où les arrières de l'ennemi sont découverts, tandis que le groupe d'armées B, ne comprenant plus que des divisions d'infanterie, avançait au travers de la Belgique et, en se lançant contre un front soigneusement replié ayant conservé ainsi toute sa combativité... ne progresse que lentement et en subissant des pertes.» Entre-temps, l'ennemi s'était empressé de mettre tout en œuvre pour pouvoir évacuer ses troupes encerclées et pour commencer, le jour suivant, à leur faire traverser la Manche.

Tout comme Halder et ceux qui l'entouraient, les officiers brevetés d'état-major de la section L appartenant à l'armée furent abasourdis par les ordres de Hitler dont ils n'eurent connaissance ce qui est typique – que par l'intermédiaire de l'OKH. Ces ordres étaient totalement incompréhensibles à leurs yeux. Sans hésiter, Warlimont et Lossberg prirent le chemin de «là-haut» pour se rendre au moins compte de ce qui se passait. Très impatient, et visiblement peu convaincu lui-même, Jodl leur expliqua que, tout comme Keitel et aussi Hitler, il avait appris au cours de la Première Guerre mondiale à connaître les plaines marécageuses de Flandre suffisamment bien pour savoir que les blindés ne pouvaient pas y être utilisés. Les chars seraient détruits en enfilade sur les routes étroites et, après toutes les pertes déjà subies auparavant, ils feraient défaut lors de la deuxième phase de l'offensive en France qui était imminente. On pouvait faire confiance à la Luftwaffe pour ce qui restait à faire en Flandre. Goering avait donné l'assurance à Hitler que ses aviateurs suffiraient amplement pour achever l'encerclement de l'ennemi du côté de la mer.

Selon les déclarations de certains anciens officiers de la Luftwaffe, voici comment les choses se seraient passées. Tard dans l'après-midi du 23 mai, Goering était assis à une lourde table de chêne à côté de son train, avec son chef d'état-major général (le général Jeschonnek) et le chef de son Service de renseignements, quand lui parvint la nouvelle de l'encerclement imminent de l'ennemi en Flandre. Goering réagit avec la rapidité de l'éclair. Frappant la table de sa lourde main, il s'écria : « Voilà une occasion merveilleuse pour la Luftwaffe. Il faut que je parle immédiatement au Führer. Etablissez-moi la liaison. » Au cours de l'entretien téléphonique qui suivit, il chercha à persuader Hitler – le suppliant même – qu'une occasion unique se présentait pour ses aviateurs. Si le Führer consentait à confier cette opération à la Luftwaffe, et à elle seule, il pouvait lui donner l'assurance absolue qu'il anéantirait ce qui restait de l'ennemi encerclé. Tout ce qu'il demandait, c'était d'avoir la voie libre, c'est-à-dire que les tanks devaient se retirer assez loin à l'ouest de la poche pour ne pas être exposés aux bombardements allemands. Hitler eut à peine besoin de plus de temps que Goering pour approuver son plan sans autre considération. Jeschonnek et Jodl en fixèrent rapidement les détails, y compris le retrait de quelques unités blindées et le moment précis du début de l'attaque aérienne.

Les choses en étant là, il apparut qu'il était totalement inutile de faire état d'une expérience personnelle acquise au cours de vacances passées à la côte belge pendant les dernières années de paix et de signaler que le terrain en Flandre avait considérablement changé depuis 1918. C'est en vain aussi que furent émis des doutes quant à l'efficacité de la Luftwaffe pendant la nuit et par mauvais temps. De cette conversation, dont le souvenir est resté infiniment pénible jusqu'à ce jour, deux points méritent particulièrement d'être retenus à la lumière des recherches faites ultérieurement : Jodl ne fit pas la moindre allusion au fait que, comme on l'a affirmé souvent, le maréchal von Rundstedt avait approuvé les ordres de Hitler, alors que cet argument aurait été des plus utiles pour combattre l'opposition de ses subordonnés, en raison de la considération dont von Rundstedt jouissait à l'époque auprès de tous les officiers brevetés d'état-major ; et il n'évoqua pas non plus de mobile politique qui aurait pu inciter Hitler à épargner le corps expéditionnaire britannique. En ce qui concerne l'attitude de von Rundstedt, aucune mention d'un tel accord n'est faite non plus dans le *Journal* de Halder ; au contraire, celui-ci note à la date du 26 mai : « Von Rundstedt non plus n'y tient manifestement plus ; il s'est rendu à l'avant chez Hoth et Kleist pour tirer au clair les conditions pour la poursuite de l'avance des formations mobiles. » Il semble donc clair qu'en dépit d'une certaine concordance dans les opinions et les ordres donnés, le maréchal von Rundstedt et ses principaux officiers d'état-major – pour ne rien dire de l'OKH – ne poursuivaient pas du tout les mêmes buts que Hitler. Tout semble indiquer au contraire que l'ordre d'un arrêt de courte durée donné par von Rundstedt pour permettre aux formations blindées de serrer et de se réorganiser – ordre contre lequel l'OKH n'avait pas soulevé d'objection – servit de prétexte à Hitler pour interrompre l'évolution naturelle de l'opération au moment décisif.

On sait maintenant que l'autorisation donnée au début de l'après-midi du 26 mai de reprendre la progression des blindés intervint trop tard pour pouvoir contrecarrer efficacement le réembarquement du gros des armées britannique et française et que la Luftwaffe ne fit que rendre cette opération un peu plus malaisée.

L'image de cette période pourra être complétée encore par quelques autres impressions des phases ultérieures de la campagne à l'Ouest, caractéristiques de l'atmosphère et des méthodes de travail du Grand Quartier général.

En dépit de l'attitude versatile de Hitler à l'égard de ses alliés italiens, on ne peut probablement attribuer qu'à des raisons d'ordre militaire le fait que, peu après le succès rapide obtenu à l'embouchure de la Somme le 20 mai, le commandant suprême allemand ait renoncé au plan extraordinaire qui consistait à utiliser un grand nombre de divisions italiennes au nord des Alpes. Par contre, l'incident suivant semble peu compatible avec les objectifs politiques de l'Axe : lorsque Mussolini envoya le 30 mai à Hitler une note lui annonçant l'entrée en guerre de l'Italie pour le 5 juin, le Führer répondit au dictateur italien, à la grande rage de ce dernier, qu'il valait mieux attendre encore quelques jours. La raison invoquée était la gêne qu'une telle décision pouvait apporter au déclenchement de la deuxième phase des opérations allemandes dans le centre de la France.

Cette raison, qui semblait déjà assez mince en soi, doit être considérée comme franchement suspecte quand on lit dans le *Journal* de Halder, environ à la même date, que le commandant en chef de l'armée avait été informé que l'Italie n'entrerait en guerre que dans les semaines à venir. En outre, quand Mussolini insista à nouveau pour que soient organisées des rencontres entre les états-majors allemands et italiens, Hitler lui répondit évasivement, ce qui prouve clairement que, grisé par les grands succès remportés de façon inattendue par la Wehrmacht, il ne voulait plus s'embarrasser d'un allié ni partager avec celui-ci les fruits de la victoire et de la paix.

L'état-major Opérations ne put connaître que partiellement à l'époque les intentions avouées ou secrètes de Hitler, mais il apparut en tout cas plus que jamais qu'au point où en étaient les choses, il n'était pas possible de préparer un plan de guerre commun, ni même une opération menée de concert par les deux alliés. Au moment de l'entrée en guerre de l'Italie le 10 juin, c'est la guerre parallèle qui fut instaurée. Il n'y eut ni commandement unique ni communauté de plans et d'objectifs au sens le plus élémentaire d'une coalition militaire.

Les discussions qui accompagnèrent la deuxième phase des opérations en France qui débutèrent le 5 juin firent apparaître immédiatement une nouvelle divergence fondamentale entre les points de vue de Hitler et celui des hautes autorités de l'OKH. En écrivant dans son *Journal* en ce jour de juin 1940, que la force vive de l'ennemi doit constituer l'objectif stratégique Halder indiquait, conformément à la doctrine éprouvée de l'état-major général, quels étaient les prochains objectifs. Le lendemain, cependant, le commandant en chef de l'armée lui rapportait en ces termes les conclusions d'un entretien qu'il avait eu avec Hitler : «Il veut avant tout s'emparer définitivement du bassin minier de Lorraine, de façon à priver la France de ses sources d'armement.» Il est vrai qu'en ces jours de succès éclair il fut possible de concilier ces deux objectifs, mais dans la suite rien ne put convaincre Hitler que, comme l'exprima Manstein, un objectif territorial ne pourrait être atteint et surtout maintenu que si les forces armées ennemies étaient d'abord vaincues et que tant que cette victoire militaire n'était pas acquise, la conquête de territoires économiquement importants, soit la prise d'objectifs territoriaux, était problématique et leur conservation impossible à la longue. Une fois de plus, le commandant en chef de l'armée et le chef de son état-major général se retrouvèrent toujours seuls avec les titulaires des grands commandements de l'armée dans ce conflit d'idées; Jodl gardait le silence, tandis que Keitel et Goering, ce dernier toujours en sa qualité de directeur technique du plan de quatre ans, se ralliaient entièrement aux vues de Hitler.

La date du 3 juin marqua le déplacement du Grand Quartier général du *Felsennest*. Avant le départ, Hitler ordonna encore que ce lieu soit considéré dans son ensemble comme un site préservé; chaque pièce devait être conservée dans l'état où elle se trouvait, chaque plaque devait rester sur la porte où elle avait été posée. Dans l'entourage de Warlimont, on voyait d'un mauvais œil cette volonté de transformer en monument national l'emplacement de ce premier Grand Quartier général; on y avait fortement conscience que c'était à Hitler et à son état-major militaire que le mérite de la grande victoire remportée en France revenait le moins. Le père spirituel de l'opération avait été le général von Manstein mais, appelé au commandement d'un corps d'armée, il avait été relégué, selon ses propres termes, « au rang de spectateur pendant le premier acte de l'offensive allemande à l'Ouest » ; d'autre part, l'ordre de préservation lancé par Hitler ne s'étendait pas à la maison forestière qui avait abrité le véritable agent de la victoire, à savoir l'état-major général de l'armée.

Lorsque la plupart des officiers de la section L atterrirent à l'emplacement choisi pour le nouveau Grand Quartier général, le petit village de Bruly-de-Pêche, en Belgique méridionale, une armée d'ouvriers de l'organisation Todt était encore occupée à mettre la dernière main au bunker construit spécialement pour Hitler, aux jardins et aux sentiers en gravier ; on avait même prévu au Saint des Saints une petite fontaine jaillissante. Deux heures plus tard, à l'arrivée de Hitler, le village avait été entièrement vidé de ses habitants et semblait mort ; le système du « programme-minute », si souvent appliqué par le Troisième Reich, l'avait été une fois de plus dans ce cas, à la seconde près, malgré le temps de guerre, et un travail considérable avait été mené à bien en l'espace de huit jours seulement. La salle des cartes se trouvait dans l'école ; la section L installa ses bureaux dans des baraques en bois, mais ses membres logèrent dans une maison de campagne des environs, située à l'extérieur du village occupé par le proche entourage de Hitler. L'OKH établit son QG à quelques kilomètres de là, aux abords de Chimay.

Pendant la courte période qui s'écoula au Bruly-de-Pêche, jusqu'à la fin de la campagne, l'auteur fut témoin d'un entretien inoubliable qui eut lieu en plein air, sur la place du village, entre Hitler et Goering. Il y fut question des attaques aériennes britanniques qui venaient d'être effectuées ces jours-là contre les quartiers résidentiels de certaines villes allemandes. Se référant aux avertissements qu'il avait déjà adressés publiquement à l'ennemi contre une telle entreprise, Goering déclara ne plus vouloir tolérer semblables agissements : il entendait leur rendre immédiatement dix bombes pour une. Sans hésiter un seul instant, Hitler lui opposa un refus formel. Il pensait que les événements de Dunkerque avaient pu faire perdre momentanément la tête au commandement anglais, ou bien encore que la cause des attaques contre les populations civiles pouvait résider dans le fait que les bombardiers britanniques étaient pilotés par des équipages mal entraînés et équipés d'appareils de visée insuffisants. De toute façon, il fallait attendre avant de prendre des contre-mesures. Cette attitude était conforme à celle qui avait été adoptée par le Reich dans les négociations internationales au cours des années trente et qui devait être confirmée à nouveau par les ordres donnés avant le début de la grande offensive aérienne contre l'Angleterre.

Comme presque toujours dans les affaires concernant la Luftwaffe, l'état-major Opérations assistait en simple spectateur neutre à cet incident opposant Hitler et Goering. Il se vit soudain placé à l'improviste à la mi-juin devant une tâche imprévue : celle de préparer la convention d'armistice avec la France. Le 17 juin, aussitôt que fut connue la requête présentée par la France, et sans laisser aucune directive, Hitler s'était rendu à Munich pour y rencontrer Mussolini. Assailli de suggestions de toutes parts, l'état-major arriva à la conclusion que ce qu'il pouvait faire de mieux était de prendre comme base les conditions édictées par les Alliés à Compiègne en novembre 1918. Les choses changèrent le 19 juin, au retour de Hitler. Tout comme il l'avait fait à Munich avec les Italiens, il posa comme principe qu'il fallait observer une modération extrême. Il fallait éviter à tout prix de mettre en péril la cessation des combats et, par conséquent, il ne fallait rien exiger au-delà du strict nécessaire, de façon à ne fournir à la France aucun motif de reprendre les hostilités. Le bruit circula alors, sous le manteau bien entendu, que les exigences posées dans un futur traité de paix seraient d'autant plus élevées. Un des résultats de cette politique et de la hâte mise à préparer le document, fut une omission qui devait être lourde de conséquences : contre le vœu des Italiens, des mesures de sûreté adéquates ne furent pas étendues sur-le-champ à l'Afrique du Nord française.

Après la journée exaltante du 21 juin à Compiègne (la signature de la convention d'armistice eut lieu le 22), où les négociateurs français témoignèrent de beaucoup de dignité, le Grand Quartier général se dispersa aux quatre vents. Hitler alla visiter les champs de bataille de la Première Guerre mondiale sur le sol français, avec deux de ses camarades de compagnie de l'époque. En outre, tôt dans la matinée d'une de ces belles journées du début de l'été, il se rendit en secret à Paris pour se faire montrer par un expert en la matière les grands bâtiments et les beautés architecturales de la ville. Par contre, il renonça au plan déjà fort avancé, visant à prendre symboliquement possession de la capitale française, au moyen d'une grande parade militaire. En effet, Goering refusa de garantir sa sécurité contre les attaques aériennes – ce qui constitua un sérieux signe prémonitoire pour tous ceux qui étaient encore capables de réfléchir en ces jours d'euphorie succédant à la victoire. Quelques officiers de la section L saisirent la première occasion venue pour aller se rendre compte après coup des destructions opérées sur terre et en mer dans la région de Dunkerque.

L'OKH, désormais dégagé de Hitler, déplaça son siège à Fontainebleau. A partir du 25 juin, les différents éléments du GQG du commandement suprême commencèrent à se rassembler dans le nord de la Forêt-Noire, dans un des groupes de bunkers déjà aménagés avant le début de la guerre et dénommé *Tannenberg,* Hitler avait choisi cet endroit comme étape, avant son retour à Berlin, surtout dans le but de visiter les grands ouvrages de la ligne Maginot française. Les membres de la section L travaillaient et séjournaient dans une auberge voisine, située sur la grand-route de la Forêt-Noire. Toute autre clientèle avait été exclue de l'hôtel et la consigne émanant de l'entourage de Hitler consistait à dédommager le propriétaire de la perte ainsi subie en usant largement de sa cave. Et c'est ce qui fut fait!

8

Entre l'Ouest et l'Est

Au-delà du point mort

Une fois passée l'ivresse provoquée par l'armistice avec la France, et qui fut de courte durée, les officiers de l'état-major Opérations se trouvèrent devant un vide qui, au fil des jours, leur sembla correspondre de moins en moins à l'idée qu'ils se faisaient du rôle de prévision et de planification d'un état-major. Certes, on savait que le siège des îles Britanniques se poursuivait et l'on avait même émis dès la mi-juin, les ordres selon lesquels la force de l'armée devait être ramenée à 120 divisions, de telle sorte que les effectifs et les moyens de tous genres ainsi libérés puissent être mis à la disposition des deux autres forces en vue du combat contre le seul ennemi restant, l'Angleterre. Mais cela suffirait-il à obtenir un résultat rapide qui mènerait à la paix, compte tenu de la faiblesse de la marine et des limites de la force de frappe de la Luftwaffe qui venaient de se manifester à Dunkerque ?

Une occasion unique ne se présentait-elle pas à l'état-major Opérations de sortir de sa situation d'état-major d'exécution, de ne plus attendre le seul bon vouloir de

Hitler en toute occasion mais, au contraire, de faire valoir d'une manière plus forte ses propres idées sur la poursuite de la guerre ! Au moment où l'issue semblait à portée de la main, rien ne pouvait justifier le fait de négliger totalement l'armée qui était la force la plus solide et la plus expérimentée de la Wehrmacht !

Mais que faire, où frapper pour forcer la décision ? Sur le continent européen, mis à part le rocher de Gibraltar, il n'y avait plus d'ennemi. L'Afrique du Nord, qui faisait en quelque sorte partie de l'espace méditerranéen et dépendait en conséquence de l'allié italien, ne pouvait être prise en considération ; elle ne semblait d'ailleurs pas devoir poser de grands problèmes aux Italiens après la victoire décisive que l'Allemagne venait de remporter sur les forces françaises et anglaises. L'objectif le plus prometteur, la meilleure solution se trouvaient donc aussi beaucoup plus proches : c'était le débarquement en Angleterre ! Quelques semaines auparavant déjà, au moment de Dunkerque, les officiers d'état-major de la section L, réunis au coin du feu, dans la ferme de Rodert, s'étaient déjà demandés s'il ne serait pas préférable de poursuivre les Anglais par-delà la Manche et d'abandonner à elle-même la portion restante de la France. Mais cette idée, née dans l'enthousiasme du moment, avait été aussitôt abandonnée. Elle renaissait à présent pour s'imposer avec force et, avec elle, la question de savoir si on n'avait pas péché par omission grave en ne mettant pas le problème à l'étude plus tôt.

Le chef de la section L saisit la première occasion pour franchir les quelques centaines de mètres qui séparaient de l'aire 1 son auberge de la Forêt-Noire, nanti seulement de quelques plans à peine esquissés, mais il se heurta à une indifférence marquée de la part de son supérieur. Jodl n'appréciait jamais que son état-major lui fasse des suggestions allant à l'encontre de la stratégie établie ; mais il semble bien que dans ce cas-ci, il se soit trouvé devant un dilemme particulier. Il est probable qu'il partageait entièrement l'avis de son état-major, mais il ne voulait pas encore révéler que le grand amiral Raeder avait soumis ce même problème à Hitler peu de temps auparavant et que, loin de s'y intéresser, le Führer avait plutôt eu tendance à l'écarter purement et simplement. L'attitude négative du chef de l'état-major Opérations parut tellement incompréhensible à Warlimont que, sur le chemin du retour, il rendit visite au représentant du ministre des Affaires étrangères au Grand Quartier général, pensant que cela cachait peut-être des raisons d'ordre politique.

Quelques jours plus tard cependant, Jodl reprit la proposition de son état-major dans une appréciation de la situation qu'il soumit à Hitler le lendemain de l'arrivée de celui-ci à Tannenberg.

Tenant manifestement compte des réticences de Hitler aux propositions de Raeder ainsi que des sondages diplomatiques qui étaient encore en cours, il n'y parlait du débarquement que comme de l'*ultima ratio*. Le chef de l'état-major Opérations était d'avis que la victoire de l'Allemagne sur l'Angleterre n'était plus qu'une question de temps. En conséquence, il fallait choisir une ligne de conduite qui évite les risques et économise les forces allemandes. Il convenait donc en premier lieu de profiter de la supériorité de la Luftwaffe pour éliminer la Royal Air Force et détruire toutes les usines qui l'alimentaient. Il fallait ensuite organiser des actions combinées des forces aériennes et navales contre les entrepôts et les voies de communication servant au ravitaillement essentiel des îles Britanniques. Ces actions devaient être accompagnées occasionnellement d'attaques aériennes de terreur contre des centres de populations civiles. Une fois la volonté de résistance du peuple anglais brisée, et son gouvernement prêt à capituler, alors seulement, l'invasion porterait le coup de grâce au pays. Les préparatifs de cette opération devaient commencer sans retard ; l'on pouvait prévoir qu'ils seraient terminés fin août-début septembre. Par ailleurs, il ne fallait pas négliger d'examiner la possibilité de porter la guerre à la périphérie de l'Empire britannique et il convenait par conséquent d'en convaincre les pays intéressés à la chute de cet empire, l'Italie d'abord, mais aussi l'Espagne, l'URSS et le Japon.

Les collaborateurs du chef de l'état-major Opérations n'eurent pas connaissance de ce mémoire ; ils n'en soupçonnèrent même pas l'existence à l'époque, pas plus qu'ils ne connurent les différences fondamentales qui se dessinèrent ultérieurement entre leur propre point de vue et celui de leur chef. Eux-mêmes s'efforçaient de concentrer tous les moyens possibles en vue du débarquement en Angleterre, dénommé entreprise *Seelöwe* (« Otarie ») et grâce à cette forme d'attaque la plus forte, de réaliser et conclure le plan de guerre allemand ; mais les conceptions de Jodl étaient différentes : à ses yeux, le débarquement ne constituait que le dernier maillon, et le plus faible, de la chaîne constituée par les autres mesures qui devaient être prises principalement par la Luftwaffe.

C'est ce programme, auquel Hitler s'était finalement rallié, et ce programme seul, qui fut à la base des ordres de l'OKW des 2 et 16 juillet. Le premier mettait en route les préparatifs généraux auxquels il fallait procéder à longue échéance en vue du débarquement, tandis que le second, établi deux semaines plus tard, donnait des instructions plus précises. Une troisième directive de l'OKW – n° 17 –, émise le 1er août 1940, et intitulée « Conduite de la guerre aérienne et navale contre l'Angleterre », déterminait en particulier les objectifs qui « devaient être détruits le plus rapidement possible... par les forces aériennes allemandes... de façon à créer les conditions nécessaires à l'anéantissement définitif de l'Angleterre ». Tous ces ordres, rédigés par les officiers de la section L d'après les directives émanant du chef de l'état-major Opérations, renforçaient ces « jeunes Turcs » dans leur conviction d'avoir fait triompher leur point de vue. Ne semblait-il pas en effet que la lutte pour la maîtrise de l'air – surnommée ultérieurement *Blitz* par les Anglais – n'était que le prélude à un débarquement, celui-ci devant être le couronnement de l'opération d'ensemble, à condition bien entendu que la Luftwaffe remplisse sa mission.

Se basant sur ces principes et sur ces intentions présumées, les officiers de la section L mirent tout en œuvre pour mener à bien le plan de débarquement, en dépit de tous les obstacles qui surgissaient jour après jour. Jamais auparavant et jamais dans la suite ils ne disposèrent d'un champ d'action aussi étendu pour faire preuve d'initiative dans la préparation d'une opération. Mais jamais non plus leurs supérieurs, jusques et y compris Hitler, ne manifestèrent aussi peu d'intérêt. Même si l'on tient compte de son indulgence habituelle à l'égard de Goering et de la Luftwaffe, il est pour le moins surprenant que le commandant suprême ait accepté aussi facilement l'énorme retard apporté à l'offensive aérienne contre l'Angleterre, qui débuta finalement le 13 août, c'est-à-dire près de deux mois après l'armistice avec la France. Mais la situation devint totalement incompréhensible pour le chef de la section L lorsqu'il apprit, peu après la mi-septembre, à l'occasion d'une visite faite au front au poste de commandement de la 2e flotte aérienne au cap Gris-Nez, que les discussions relatives à l'appui à fournir pour la traversée de la Manche et les débarquements venaient à peine de commencer et qu'elles n'avaient encore abouti à aucune décision ferme. Pourtant, d'après ce qu'il put observer d'avion et de certains quais, les navires de transport et les péniches de débarquement s'accumulaient dans tous les ports de la côte de la Manche.

Lorsque le chef de sa section L fit rapport au général Jodl sur sa visite au front, celui-ci le laissa dans l'ignorance de ses propres propositions et de la volonté de Hitler selon lesquelles la guerre aérienne devait apporter la décision dans la lutte contre l'Angleterre, le débarquement ne devant constituer ensuite qu'une sorte d'appendice. Par contre, les officiers de la section L et – pour autant qu'on ait pu en juger à l'époque – leurs homologues dans les hauts commandements de l'armée et de la marine continuaient à vivre dans la conviction qu'il ne fallait considérer la maîtrise de l'air au-dessus des îles Britanniques que comme la condition préalable à la réussite d'un débarquement, ce dernier devant constituer l'opération décisive.

Tandis que les forces préparaient l'invasion, à l'OKW on s'intéressait en outre à d'autres projets : la participation de blindés allemands à l'offensive italienne contre le canal de Suez, la capture de Gibraltar... Au début de septembre, Hitler fit étudier une opération visant à s'emparer d'un certain nombre d'îles dans l'Atlantique oriental (Madère, Canaries, Açores, Cap-Vert) et à occuper au besoin le Portugal.

Un fait nouveau s'était produit entre-temps qui, plus que tout autre, allait compromettre les plans de débarquement en Angleterre : Hitler s'était soudain retourné contre l'Union soviétique ! La rapidité de cette décision monstrueuse est inversement proportionnelle à la durée de ses conséquences qui est encore imprévisible actuellement.

Après un bref séjour à Berlin et après le discours du 19 juillet au Reichstag, qui avait mis fin à tout espoir d'entente avec l'Angleterre, le Grand Quartier général s'était retrouvé divisé en petits groupes aux environs de Berchtesgaden ; la section L était installée dans son train spécial *Atlas* en gare de Bad Reichenhall. A la surprise générale, le chef de l'état-major Opérations annonça sa visite pour le 29 juillet. Au cours de la séance du Reichstag évoquée ci-dessus, Hitler l'avait promu, dans le cadre des honneurs accordés aux militaires, directement du grade de général de brigade à celui de général de corps d'armée, en sautant l'échelon de général de division ; Jodl souhaitait conférer avec les officiers supérieurs de la section L qui, en dépit de la minceur de leurs mérites, auraient tous pu s'attendre à ce que cette visite pour le moins inattendue signifiât qu'ils allaient, à leur tour, obtenir quelque distinction à la suite de la victoire remportée à l'Ouest. Au lieu de cela, après que portes et fenêtres ont été soigneusement fermées, le général Jodl informa sans ambages les quatre officiers d'état-major présents, qui étaient assis à des tables séparées du wagon-restaurant, que Hitler avait décidé de mettre fin une fois pour toutes au danger du bolchevisme, par une attaque surprise contre l'Union soviétique qui devait avoir lieu le plus rapidement possible, c'est-à-dire en mai 1941.

Cette déclaration de Jodl fit l'effet d'une bombe. Le désarroi augmenta encore, si possible, quand les premières questions posées firent apparaître que la guerre avec l'Angleterre ne devrait pas être terminée au préalable mais que, au contraire, une victoire sur l'URSS, qui constituait la dernière épée continentale, serait le meilleur moyen de forcer l'Angleterre à conclure la paix si celle-ci ne pouvait être obtenue d'aucune autre façon. Les officiers présents furent unanimes à objecter que cela consistait à provoquer volontairement cette guerre sur deux fronts qui avait heureusement pu être évitée jusqu'alors. Et même si la masse de l'armée pouvait être libérée en vue d'une offensive à l'Est, qu'adviendrait-il de la guerre aérienne dont le poids ne cessait d'augmenter sur les villes allemandes ? Pourquoi d'ailleurs ce retournement subit alors qu'il y avait à peine un an qu'on avait fêté dans l'enthousiasme la conclusion du pacte d'amitié et de non-agression avec Moscou et alors que, pour autant qu'on sache, les livraisons russes en faveur de l'industrie de guerre allemande avaient eu lieu ponctuellement et entièrement ? Jodl répliqua à chaque question, eut réponse à tout, sans toutefois parvenir à être convaincant, ne fût-ce que sur un point. Certaines de ses phrases sont restées ancrées dans les mémoires plus que d'autres : celles qui traduisaient le point de vue de Hitler – qui était probablement aussi le sien – selon lequel un conflit avec le bolchevisme était inévitable et qu'il valait donc mieux mener cette campagne alors que l'Allemagne était au faîte de sa puissance militaire, plutôt que de devoir rappeler le peuple allemand sous les armes dans quelques années. Ou encore la déclaration selon laquelle la Luftwaffe, trempée par de nouveaux succès à l'Est, se trouverait en automne 1941 au plus tard, prête à affronter à nouveau le combat contre l'Angleterre. Après une explication houleuse qui dura près d'une heure, la section L fut chargée d'élaborer un projet d'ordre prescrivant que les préparatifs en vue du transport, du mouvement et de l'installation de la masse de l'armée et de la Luftwaffe dans les territoires occupés de l'ouest de la Pologne, où les voies de communication étaient pourtant peu développées, devaient être entamés sans délai.

La décision d'attaquer la Russie avait été prise à la mi-juillet. Hitler voulait en découdre le plus rapidement possible, avant la fin de l'automne encore. Mais Keitel et Jodl parvinrent à l'en dissuader, et le déclenchement des hostilités fut reporté au printemps de l'année suivante. Halder rapporte dans son *Journal* les propos tenus par Hitler le 31 juillet au Berghof :

«[...] Le facteur Russie, sur lequel l'Angleterre mise au maximum. [...] Mais si la Russie est vaincue, le dernier espoir de l'Angleterre s'envole. Le maître de l'Europe et des Balkans sera alors l'Allemagne.

Décision : en conclusion de ces explications, la Russie doit être liquidée. Printemps 1941.»

(souligné dans le texte de Halder)

Nouvelles et vieilles oppositions

A la section L, on tenait pour funeste l'idée de la guerre contre l'URSS et l'on s'interrogeait sur la manière d'amener Hitler à y renoncer. L'on tenta de rallier Jodl, mais en pure perte. Il ne restait, dès lors, qu'à favoriser au maximum l'entreprise *Seelöwe*.

Celle-ci paraissait offrir, en effet, la seule possibilité d'éviter l'aventure russe. Il semblait inconcevable que Hitler ne fasse procéder à ces énormes préparatifs pour la traversée de la Manche que dans un but d'intimidation et de bluff, ainsi qu'on devait le découvrir après la guerre. Les nombreuses déclarations qu'il fit à ce sujet étaient plutôt de nature à maintenir l'impression qu'il se rallierait aux plans de débarquement aussitôt que la maîtrise de l'air allemande serait suffisante pour écarter avec certitude tout danger de la part des forces navales et aériennes britanniques. Cela ressortait notamment des propos qu'il tint en présence de l'auteur et où il affirmait que s'il pouvait accepter que des soldats allemands dussent perdre la vie dans un combat mené pour leur patrie, il ne pouvait par contre prendre la responsabilité d'en envoyer peut-être des milliers à la mort au fond de la mer sans qu'ils puissent se battre.

Il est hors de doute que, par la suite, pour Hitler, le projet de débarquement passa à l'arrière-plan à mesure qu'il se préoccupa davantage du problème russe et que la guerre aérienne, encore fortement influencée par les conditions atmosphériques, ne donna pas les résultats escomptés. Dès la fin de l'été, il ne laissa se poursuivre, en fait, les préparatifs de débarquement que dans le seul but de bluffer et d'intimider l'ennemi, jusqu'à ce que les circonstances l'obligent finalement, le 12 octobre 1940, à reconnaître devant les hautes autorités des forces armées, qu'il renonçait – soi-disant momentanément – au projet. On remarquera en passant qu'au printemps 1941, il fit renaître brièvement le plan *Seelöwe,* mais uniquement comme mesure de « déception » : simultanément, le service de renseignements devait répandre la version selon laquelle la concentration contre l'URSS devait servir à détourner l'attention du débarquement en Angleterre qui était imminent.

La Luftwaffe et la marine acceptèrent aisément l'abandon du projet de débarquement : l'une n'y avait jamais été favorable et l'autre se rendit compte que la condition jugée indispensable d'une maîtrise de l'air indiscutable au-dessus de la Manche ne serait pas remplie. L'OKH aussi, ainsi que la section L, avaient estimé qu'il s'agissait là d'un préalable auquel on devait se tenir fermement. L'un et l'autre espéraient cependant encore que la Luftwaffe parviendrait à conquérir une supériorité suffisante en améliorant sans cesse sa tactique et son équipement et ils s'efforçaient par tous les moyens, fussent-ils différents, de permettre encore, malgré tout, un débarquement. L'historique de la directive n° 18 du 12 novembre apporte un dernier signe de cette obstination au sein de la section L, mais montre aussi que l'influence de celle-ci était des plus limitées. Dans ce document, l'OKW résumait les principes fondamentaux du plan de guerre ultérieur de l'Allemagne. Si, dans la première rédaction de ces instructions, le chef de la section L avait mis en première place l'entreprise *Seelöwe*, qui n'était plus prévue cependant que comme objectif pour le printemps 1941, Jodl lui signifia le lendemain que cette conception des choses correspondait aux idées de l'OKH, mais pas à celles de Hitler. Warlimont émit une nouvelle objection, allant cette fois jusqu'à déclarer que le débarquement était probablement un facteur décisif pour l'issue de la guerre. Le chef de l'état-major Opérations lui marqua son accord, ce qui ne l'empêcha pas – manifestement parce qu'il était mieux au fait de la volonté de Hitler – de rejeter le paragraphe *Seelöwe* de la première à la dernière place dans la directive. En même temps, il retira également de l'énoncé de ce paragraphe le degré d'urgence que lui avait conféré la section L.

L'extrait suivant d'une lettre adressée le 20 janvier 1941 par Hitler à Mussolini résume l'attitude prise par le Führer à l'égard d'un éventuel débarquement :

> L'attaque contre les îles Britanniques constitue l'objectif final. Mais les choses sont telles que l'Allemagne est semblable à un homme qui ne dispose plus que d'une seule cartouche : s'il rate son coup, sa situation sera pire qu'auparavant. La tentative ne pourrait être renouvelée parce qu'un échec entraînerait la perte d'un matériel trop important. L'Angleterre ne devrait plus craindre alors un nouveau débarquement et elle pourrait utiliser la masse de ses effectifs à la périphérie, là où elle le souhaiterait. Par contre, aussi longtemps que l'attaque n'aura pas été lancée, les Anglais devront toujours tenir compte de sa possibilité.

De la sorte, c'est au projet *Seelöwe* lui-même que fut asséné le coup de grâce qu'il devait donner aux îles Britanniques.

Les perspectives d'opérations de grande envergure dans l'immédiat disparaissaient l'une après l'autre et le Grand Quartier général allemand s'était à nouveau dispersé en petits groupes. Le 29 août, sous le coup de la première attaque aérienne britannique sur Berlin, Hitler avait regagné la capitale et s'était réinstallé à la chancellerie du Reich, avec son proche entourage. De son côté, l'échelon de campagne de la section L demeura tout d'abord, en vue de conserver une plus grande mobilité, dans son train spécial sur une voie de garage en gare de Grunewald. Le séjour se prolongeant et comme on avançait dans la saison, on se mit à la recherche, en automne, de quartiers permanents qui puissent offrir à l'état-major à la fois des facilités de travail et de logement. A la mi-novembre, il se retrouva dans les casernes de l'école de cavalerie de Krampnitz, près de Potsdam, qui avaient été construites peu avant la guerre et se situaient à environ une heure de voiture de la chancellerie du Reich. La section L y resta également pendant les premiers mois de l'année suivante, quand les hautes autorités de l'état-major de l'OKW, les généraux Keitel et Jodl, émigrèrent à Berchtesgaden avec Hitler. L'OKH avait attendu à Fontainebleau la décision concernant l'opération *Seelöwe,* puis il avait regagné ses baraquements de Zossen. La marine avait conservé comme par le passé sa résidence de temps de paix au quai Tirpitz à Berlin et la Luftwaffe était retournée dans ses abris du *Wildpark* près de Potsdam.

Dans l'ensemble, les relations en cet automne 1940 étaient les mêmes que celles qui existaient avant le début de la campagne de France. Des estafettes, certains officiers ou employés sélectionnés, assuraient la liaison entre les différents groupes du Grand Quartier général et les hauts commandements des diverses forces. Comme par le passé, c'étaient les comptes rendus rassemblés par la section L qui fournissaient à Jodl la matière de ses exposés quotidiens de la situation à la chancellerie du Reich ou au Berghof. Les commandants en chef de l'armée, de la marine et de la Luftwaffe ne se trouvaient là que de loin en loin et seulement pour y rendre compte verbalement ou pour recevoir des ordres et des communications de Hitler dans lesquelles il se prononçait aussi fréquemment sur les questions politiques pendantes. Il venait s'y ajouter – bien que ce fût rare à l'époque – des directives écrites de l'OKW, destinées à maintenir une stratégie cohérente.

Derrière ces formes ayant l'apparence d'un bel ensemble et qui pouvaient donner l'impression qu'il existait au sommet de la Wehrmacht un appareil bien huilé, l'observateur attentif pouvait déceler les habituelles lacunes dans l'organisation et les méthodes de travail du haut commandement. En premier lieu, il n'existait toujours aucun comité réunissant les chefs d'état-major de l'armée, de la Luftwaffe et de la marine et le chef de l'état-major Opérations de la Wehrmacht, alors qu'il n'était plus question seulement de quelques campagnes isolées mais d'un théâtre de guerre qui s'étendait sur des parties importantes du globe terrestre. Aucun d'eux n'avait même fait de suggestions dans ce sens. De même, les commandants en chef des trois forces ne se rencontraient que dans des circonstances particulières et toujours en présence de Hitler, qui exerçait sa domination et empêchait toute véritable discussion. Pire encore : tandis que la marine et la Luftwaffe poursuivaient péniblement le siège de l'Angleterre avec des moyens insuffisants, on voyait se dessiner peu à peu, dans des études et des jeux de guerre de l'armée, les bases stratégiques de la campagne de Russie, qui devait envoyer la Wehrmacht à sa perte, et cela sans que le chef de l'état-major Opérations y prît la moindre part. Il faut ajouter à cela un troisième élément, bien qu'il soit de moindre importance : la section L de l'état-major Opérations resta éloignée du chef de cet état-major jusque tard dans l'année 1941, de toute la distance séparant Berlin-Krampnitz de Berchtesgaden, le contact n'étant maintenu que par téléphone ou à l'occasion de rares visites en avion du chef de la section. Pas plus que par le passé, cette unité de direction de la Wehrmacht tant prisée n'existait donc, au sens propre et réel du terme, ailleurs que sur le papier.

Jusqu'en décembre 1940, le chef et les officiers de la section L, tout comme le général Jodl n'eurent guère à s'occuper des préparatifs de la campagne de l'Est, et encore beaucoup moins en tout cas que lors des grandes campagnes antérieures. Mais, abstraction faite de cela, les efforts de la section L tendirent à favoriser à l'avenir tous les plans qui semblaient de nature à maintenir à l'Ouest le gros des forces armées.

La section L mit au point un plan d'attaque contre Gibraltar et s'efforça, sans succès, d'obtenir l'envoi de forces blindées et aériennes allemandes en Tripolitaine ; elle chercha tout aussi vainement à promouvoir une stratégie navale commune avec l'allié italien. La seule décision dont elle put se réjouir fut le transfert en décembre d'un certain nombre d'escadres aériennes dans les bases de Sicile.

Warlimont fut intimement mêlé, en qualité de représentant de l'OKW, aux négociations menées à la fin de 1940 entre l'Allemagne et la France en vue d'une coopération militaire entre les deux pays.

Au cours d'entretiens qui se déroulèrent à Paris le 29 novembre et le 10 décembre entre Abetz et Warlimont d'une part, Laval, Huntziger, Darlan et un délégué de l'armée de l'Air de l'autre, on examina surtout les mesures propres à accroître la protection des colonies françaises d'Afrique du Nord et d'Afrique occidentale. Il allait de soi que les Français étaient mieux qualifiés que quiconque pour défendre ces territoires, mais il fallait leur en donner les moyens, revoir les clauses de l'armistice... Le limogeage de Laval entraîna la rupture des pourparlers. De nouvelles conversations débutèrent à la mi-mai 1941.

Les accords fermes rédigés sous forme de protocole qui furent conclus à cette époque – à nouveau par Huntziger et Warlimont – après plus de dix jours de négociations, ne pouvaient cependant plus revêtir l'importance politico-stratégique recherchée antérieurement par les Allemands, du fait que la campagne de Russie était sur le point de débuter. Ils n'en contenaient pas moins de grandes possibilités eu égard à la situation à l'Est : celles offertes d'une part par l'appui français prévu dans la bataille pour la vallée du Nil et le Moyen-Orient, de l'autre – et ceci était encore plus important qu'auparavant – par la couverture de nos arrières contre l'Angleterre en Afrique du Nord et en Afrique occidentale ; elles ne furent pas exploitées par Hitler par la suite.

Sa méfiance faisait obstacle à tout accord militaire véritable. Dans son obstination à vouloir jouer le rôle de maître absolu de l'Europe, il se refusait à s'engager si peu que ce soit sur le plan politique, alors que c'était la contrepartie exigée par les Français. D'après les Mémoires de Weygand, il semble bien établi que, sous l'influence de Weygand lui-même et sous la pression de l'ambassadeur des Etats-Unis à Vichy, l'amiral Leahy, le maréchal Pétain non plus ne se montra enclin à approuver les stipulations militaires du protocole de Paris, ce qui l'incita à augmenter d'autant ses exigences politiques.

Les premières expériences subies par le chef de la section L à son retour de Paris vers la fin du mois de mai font déjà apparaître l'évolution de la situation. Tout d'abord, Keitel aussi bien que Jodl accueillirent les informations fournies par Warlimont avec un manque d'intérêt manifeste rendu plus évident encore par le fait – sans précédent – qu'ils le laissèrent ensuite se rendre seul au Berghof pour y faire rapport à Hitler. En deuxième lieu, le ministre des Affaires étrangères du Reich, von Ribbentrop, fit son apparition à la table de conférence, sous la grande fenêtre du Berghof, avec un léger retard et adoptant l'attitude de l'homme surchargé qu'on a dérangé inutilement. Alors que le chef de la section L avait réussi à capter l'attention de Hitler, tout au moins pendant la durée de son exposé, Ribbentrop interrompit Warlimont, qui expliquait les avantages et les inconvénients pouvant résulter pour l'Allemagne de la position qu'adopterait la France en Afrique du Nord et en Afrique occidentale, par ces mots restés célèbres : « Que vous importe tout cela, mon Führer ! S'il devait se passer quelque chose en Afrique, il suffirait que le général Rommel fasse faire demi-tour à ses blindés pour mettre aussitôt un terme à tout ce raffut. Nous n'aurons certainement pas besoin pour cela des Français...» Voilà ce qu'il déclara et, sortant une main de la poche de sa tunique, il la promena sur la carte de la Méditerranée qui était étalée devant Hitler, de la frontière entre l'Egypte et la Libye vers Tunis, l'Algérie et le Maroc jusqu'à Dakar! Hitler évita au général la peine de riposter de lui-même en l'invitant à bien vouloir dire à Monsieur le ministre des Affaires étrangères de quelles distances il s'agissait en Afrique, de quelles voies de communication terrestres on disposait dans ces régions pour les mouvements de blindés qu'il avait esquissés et sur quels autres obstacles on devait encore compter. Cependant, Hitler n'alla pas plus loin dans cette manifestation d'une meilleure appréciation des réalités militaires que son ministre.

Les événements des mois suivants – chez les Français, la perte de la Syrie que n'aurait pu empêcher aucune aide allemande; pour les Allemands, les grands succès initiaux en Russie –, menacèrent de faire tomber les accords dans un oubli total. Ce n'est qu'en août/septembre 1941 que la section L, à la faveur d'une accalmie à l'Est, put transmettre à la commission d'armistice à Wiesbaden de nouvelles instructions selon lesquelles il fallait reprendre les pourparlers concernant l'application du protocole. Cependant, aucun progrès réel ne put être accompli en raison de l'obligation de tenir compte continuellement de l'Italie et du refus de véritables concessions qui pouvaient seules permettre à la France d'accepter les tâches qui lui étaient réservées. Une ultime discussion eut lieu à Berlin à la fin du mois de décembre 1941. Elle fut mise sur pied par l'ambassadeur d'Allemagne à Paris; du côté français, le nouveau commandant en chef en

Afrique du Nord, le maréchal Juin était présent tandis que du nôtre les tractations devaient être dirigées par Goering en personne. Mais elle se déroula sous le signe de la grave crise allemande en Russie et de l'entrée en guerre des Etats-Unis d'Amérique et elle prit fin sans qu'aucun résultat fût atteint, d'autant plus rapidement que Goering, après avoir fait attendre les invités de marque français pendant plus d'une heure, dut se faire instruire en toute hâte par le chef de la section L des aspects militaires des pourparlers et que, lors de l'entretien qui suivit avec les Français, il sembla sombrer dans un état anormal de torpeur. Il ne fit ainsi que traduire à sa façon le manque d'intérêt de Hitler, qui a toujours estimé ne pas devoir négocier en période de succès et qui ne voulait pas le faire non plus quand la situation lui était défavorable, comme c'était justement le cas.

Méditerranée, Balkans et Moyen-Orient

A la fin de 1940 et au début de 1941, la stratégie indirecte préconisée par Jodl connut plusieurs échecs importants dans le bassin méditerranéen. Il fallut renoncer à l'attaque de Gibraltar, Franco ayant refusé le passage de troupes par son territoire. De plus, les Italiens subirent une série de défaites graves sur mer, en Grèce et en Libye.

Soucieux d'éviter une catastrophe, les Allemands se décidèrent à porter secours à leurs alliés : ils envoyèrent un corps expéditionnaire, sous Rommel, en Tripolitaine et se préparèrent à intervenir dans les Balkans. Les résultats ne se firent pas attendre et, très rapidement, on assista à un retournement complet de la situation : le 20 avril, Rommel s'approchait à grands pas de la frontière égyptienne, la Yougoslavie, attaquée le 6, était vaincue et la Grèce se trouvait à deux doigts de la capitulation.

Les tâches qui incombaient à l'état-major Opérations de la Wehrmacht étaient, par contre, beaucoup moins importantes. Signalons simplement, à titre de curiosité, que le chef de l'état-major Opérations fut envoyé le 22 avril par Hitler en Epire pour y conclure un deuxième armistice avec les Grecs, le premier accord conclu avec l'assentiment du Führer par le maréchal List, commandant de la 12e armée allemande victorieuse, n'ayant pas satisfait aux exigences de Mussolini. C'est là un fait unique dans toute l'histoire des guerres. En outre, au moment où se terminait la campagne des Balkans, la section L fut priée d'examiner s'il était plus important, pour la suite de la guerre en Méditerranée, d'occuper la Crète ou Malte. Les officiers de la section, qu'ils fussent de l'armée, de la marine ou de la Luftwaffe, se prononcèrent unanimement, tout comme le chef de la section L, en faveur de Malte, parce que cela paraissait être le seul moyen d'assurer de façon durable la sécurité de la route maritime vers l'Afrique du Nord. Leur avis avait toutefois déjà été devancé avant qu'il ne parvînt au général Jodl : en effet, eu égard au danger d'attaques aériennes contre la région pétrolifère de Roumanie, Hitler ne voulait en aucun cas abandonner l'île de Crète aux Anglais et de plus, d'accord en cela avec la Luftwaffe, il pensait que la possession d'une base en Crète permettrait de vastes opérations de caractère offensif dans l'Est du bassin méditerranéen. Un incident particulièrement significatif se produisit à cet égard; le chef de la maison militaire de Hitler, le colonel Schmundt, se présenta peu après à la section et exigea qu'aucune divergence d'opinions, qu'il s'agisse de celle-ci ou de n'importe quelle autre venant à se manifester ultérieurement au sein du commandement suprême, ne soit mentionnée au journal de campagne de la section L. Pour le reste, pendant la campagne des Balkans, il n'exista qu'une liaison très lâche entre les deux trains spéciaux où avait pris place pour ces trois courtes semaines le Grand Quartier général de campagne. Les deux trains étaient stationnés en Styrie sur une voie ferrée désaffectée à cet effet, à l'entrée de deux tunnels voisins l'un de l'autre, où les voitures devaient être dissimulées en cas d'alerte aérienne. Il n'y eut cependant rien d'autre que des exercices d'alerte de routine.

Après le retour à Berlin, l'état-major de Jodl fut chargé de faire appuyer par tous les moyens disponibles le soulèvement de Rachid Ali en Irak. Le mois suivant, il fallut aider au maximum les troupes françaises défendant la Syrie.

Quelques avions atteignirent l'Irak. Mais pour le reste, dans un cas comme dans l'autre, rien ne put être acheminé en temps utile.

C'est sous le signe de ces échecs, prouvant clairement que des opérations militaires dans des régions aussi éloignées devaient être préparées longtemps à l'avance, que fut élaboré en juin 1941 au Grand Quartier général allemand un document dont il fut beaucoup question dans la littérature de guerre : le projet de directive n° 32. Il débutait par un examen de la situation sur le continent européen qui, après l'écrasement des forces armées russes, ne serait plus dominé que par les puissances de l'Axe ; il définissait ensuite l'objectif qui était de « poursuivre le combat contre les positions britanniques en Méditerranée et dans le Proche-Orient par une attaque concentrique... depuis la Libye à travers l'Egypte, depuis la Bulgarie à travers la Turquie et, si les circonstances s'y prêtent également à partir de la Transcaucasie à travers l'Iran ». A l'Ouest, ce plan prévoyait à nouveau la prise de Gibraltar.

Ces plans pour l'après-*Barbarossa*, dont l'idée émanait de Hitler, étaient ambitieux certes, mais non utopiques. Ils apportent la preuve que le reproche fait à l'OKW par certains de n'avoir pensé que « continental » n'est pas fondé.

9

La campagne à l'Est

L'époque des préparatifs

A l'OKH le rôle principal

L'un des phénomènes les plus surprenants de l'histoire du Grand Quartier général allemand est certes la part insignifiante prise par l'état-major du rang le plus élevé de la Wehrmacht, de même que son commandant suprême, entre la fin juillet et le début décembre 1940, dans les préparatifs de la campagne la plus importante de la Deuxième Guerre mondiale. Au surplus, il n'existait contre la Russie aucun plan de base soigneusement étudié, à la manière de l'ancien état-major général prusso-allemand, et Hitler n'avait fait connaître sa propre conception de la conduite des opérations, contrairement à ce qui s'était passé auparavant, que par quelques paroles lancées en passant, telles ces notes figurant dans le *Journal* de Halder à la date du 31 juillet 1940 : «Anéantissement de la force vitale de la Russie. A décomposer comme suit :

«1. Poussée Kiev – appui au Dniepr...

«2. Poussée Etats limitrophes en direction Moscou.

«Jonction finale du Nord et du Sud.

« Ensuite opération partielle sur région pétrolière Bakou. On verra dans quelle mesure on intéressera Finlande et Turquie. »

La conception du développement des opérations (c'est-à-dire du plan de campagne) de même que le plan d'ensemble de concentration et de conquête des premiers objectifs furent laissés entièrement à l'OKH, qui associa en temps opportun la Luftwaffe et la marine aux préparatifs.

L'état-major Opérations fut laissé complètement à l'écart ; le général Jodl ne fut jamais appelé à suivre, ni comme invité, ni comme observateur, les grands *Kriegsspiel* relatifs à l'Est, effectués par l'état-major général de l'armée en automne 1940, et, pour autant qu'on le sache, il n'entreprit jamais aucune démarche pour s'associer à la suite des préparatifs comme l'exigeaient la mission générale et la nature même de son état-major. La seule exception de quelque importance que l'on puisse signaler est le fait qu'en été 1940 il chargea la section L d'examiner dans une étude particulière les facteurs fondamentaux d'une opération contre l'Union soviétique, et cela dans le but avoué de le familiariser avec les réalités géographiques et militaires avant que les hautes autorités de l'armée ne soumettent leurs suggestions à Hitler.

Pendant les mois de septembre et d'octobre, les activités de l'état-major de Jodl se limitèrent, en ce qui concerne l'Est, à la transmission de directives à l'amiral Canaris pour le camouflage du renforcement du dispositif face à la Russie, et à l'envoi de missions militaires en Roumanie.

Interventions de Hitler

Le 5 décembre, lorsque les hautes autorités de l'armée lui exposèrent dans les grandes lignes la teneur des études en cours, Hitler se rallia d'abord sans réserve au plan des opérations. Il formula cependant quelques remarques qui laissaient prévoir ses interventions ultérieures. Le chef de l'état-major Opérations fut chargé de mettre en train tous les préparatifs correspondant aux bases de ce plan ; c'est à ce moment qu'il confia à la section L la tâche de transformer les idées de l'armée en une directive de l'OKW, en suivant la procédure habituelle, c'est-à-dire en travaillant en collaboration avec les sections Opérations des forces.

Warlimont remit le 16 décembre un projet de directive à son chef.

On put constater dès le lendemain que les pensées de Hitler ne se portaient plus que sur la façon dont les opérations devaient être engagées et conduites. C'est dans cet esprit qu'il apporta déjà une modification profonde au projet de directive, lorsqu'il lui fut soumis le 17 décembre par le général Jodl. L'OKH avait estimé que la condition première du succès de toute la campagne était de maintenir en permanence le centre de gravité des forces sur la direction de Moscou, parce que selon toute prévision c'est là que l'on pourrait rencontrer et vaincre la force principale de l'ennemi. Hitler exigea au contraire que le groupe d'armées Centre envoie, aussitôt après que les armées soviétiques auront été mises en déroute en Russie blanche, une part importante de ses forces mobiles vers le Nord, « afin d'anéantir, en coopération avec le... groupe d'armées Nord, les forces ennemies combattant dans les Etats baltes » ; la progression vers Moscou ne devrait se poursuivre qu'après l'occupation de Léningrad et de Kronstadt. Les raisons qui le poussèrent à prendre une telle décision peuvent être considérées comme typiques ; il renonçait fréquemment à l'objectif essentiel et invariable de toute stratégie qui est d'écraser les forces vives de l'ennemi, pour poursuivre des objectifs de second rang. C'est que pour lui, le fait de couper rapidement la zone de la mer Baltique, une tâche qu'il devait à nouveau décrire comme étant la plus importante, un mois plus tard, signifiait certes la libre disposition de cette voie maritime pour des transports nécessaires à l'économie de guerre, mais aussi la liaison la plus courte avec les Finlandais.

C'est ainsi que, d'un trait de plume, les bases stratégiques de la campagne contre l'URSS, qui avaient été élaborées par l'état-major général de l'armée au cours d'études approfondies pendant des mois et examinées sous toutes leurs faces par ses experts les plus compétents, furent remplacées par une conception toute nouvelle.

L'étude faite par la section L au cours de l'été, à la demande de Jodl, n'était pour rien dans cette décision : elle avait été rédigée en parfaite intelligence avec la section Opérations de l'armée.

Tout comme le général Jodl – qui reprenait ainsi parfaitement son rôle de chef de l'état-major d'exécution – l'OKH mis à l'improviste devant cette modification de ses plans, renonça à élever la moindre objection. La raison qui en fut donnée ultérieurement est que l'on croyait que l'évolution de la campagne forcerait Hitler à revenir en temps utile aux conceptions initiales de l'armée. Cette opinion selon laquelle la meilleure solution consisterait à éluder la décision dans l'immédiat, s'avéra chaque fois négative.

Après la diffusion de la directive *Barbarossa* (« Barberousse »), la suite des préparatifs de la campagne à l'Est resta entre les mains du haut commandement de l'armée. Cette préséance se manifesta de façon particulièrement nette dans les trois conférences – dont les deux premières furent tenues à Berchtesgaden et la troisième à Berlin – au cours desquelles, entre janvier et la mi-mars, Hitler prit ses décisions concernant la concentration et les premiers objectifs des opérations en se basant sur les propositions émises par les hautes autorités de l'armée.

Ceci ne signifiait cependant nullement que l'OKH fut d'accord, pas plus qu'il ne l'avait été à la fin de juillet lorsque ces plans furent présentés pour la première fois avec la décision de Hitler d'attaquer la Russie soviétique. A la suite d'une conversation qu'il avait eue le 28 janvier 1941 avec le commandant en chef de l'armée, Halder note en effet ce qui suit dans son *Journal* :

> *Barbarossa*... Nous n'atteignons pas les Anglais. La base de notre économie ne se trouve pas réellement améliorée. On ne peut sous-estimer le risque qui existe à l'Ouest. Il est même possible que l'Italie s'écroule après la perte de ses colonies et qu'un front s'ouvre au Sud à travers l'Espagne, l'Italie et la Grèce. Si nous sommes alors fixés en Russie, la situation s'en trouvera encore aggravée.

En ce qui concerne l'état-major Opérations, seul le général Jodl collabora à ses activités, et encore le fit-il à titre tout à fait personnel et en qualité de conseiller permanent de Hitler, comme c'était le cas habituellement dans les conférences quotidiennes du cercle restreint de la maison militaire. Quoi qu'il ait pu y déclarer au sujet de la campagne de l'Est et quels qu'aient été les désirs particuliers de Hitler auxquels il a prêté la main, en aucun cas Jodl ne put s'appuyer sur des travaux préparatoires effectués par son état-major. Fidèle à la méthode de travail qui lui était propre, il ne se fia de plus en plus qu'à lui-même, au fur et à mesure qu'il était séparé davantage dans l'espace et le temps de la section L. Il semblait ignorer que l'autorité qui lui était indubitablement conférée provenait bien plus du fait qu'il appartenait à l'entourage permanent de Hitler que de sa position de chef d'un état-major Opérations qu'il laissait plutôt, contrairement à la manière dont il présentait les choses, dépérir.

Le chef et les officiers de la section L, isolés à Krampnitz, près de Berlin, ne furent pratiquement pas mêlés, ni en janvier ni en février, aux préparatifs de la campagne de Russie qui absorbèrent progressivement l'ensemble des forces armées. Pendant cette période, on vit se produire déjà cette division entre les états-majors du commandement suprême selon qu'ils étaient concernés par l'Est ou par les autres théâtres d'opérations, une scission qui devait avoir ultérieurement des conséquences si funestes ; d'un autre côté, les inconvénients résultant pour l'état-major de sa séparation permanente d'avec son chef apparurent très clairement à cette même époque. Les informations fournies par les communications laconiques du général Jodl ou par quelque note prise en hâte par un aide de camp s'avéraient à ce point insuffisantes que, par exemple, le chef de la section L devait demander le 18 janvier à son supérieur, à l'occasion d'une de ses visites hebdomadaires à Berchtesgaden, si le Führer persistait dans son intention d'entreprendre l'opération *Barbarossa.* C'est probablement à cette occasion que Jodl, après avoir déclaré que Hitler était toujours fermement décidé à lancer l'offensive à l'Est, manifesta en termes inoubliables l'indignation que lui inspirait le retour continuel de semblables questions et de semblables doutes quand il déclara que « le colosse russe n'était qu'une baudruche qui se dégonflerait au premier coup d'épingle ». Le chef de l'état-major Opérations renchérissait encore sur une déclaration faite par Hitler lors de la conférence du 9 janvier et qui fut notée comme suit : « L'armée russe est un colosse d'argile sans tête mais son développement futur est imprévisible... Les Russes ne peuvent être sous-estimés non plus à présent. C'est pourquoi l'offensive allemande doit être lancée avec un maximum de moyens. »

Deux modifications importantes furent encore apportées par la suite au plan *Barbarossa*. A la mi-mars, alors que les mouvements de concentration étaient déjà en cours, Hitler transforma la conception d'ensemble des opérations à mener par le groupe d'armées Sud. Le Dniestr ne pouvait plus être abordé de front, mais devait être pris à revers. Il fallait, en conséquence, supprimer, à l'aile Sud, l'attaque de la 12e armée partant de la Moldavie, et prévoir le renforcement de l'armée Nord de von Rundstedt (la 6e) en formations mobiles dans la région de Lublin. Quelques jours plus tard, à la demande du commandant en chef de l'armée, un changement fut opéré dans l'organisation du commandement. La Finlande et la Norvège devinrent des théâtres d'opérations distincts relevant directement de l'OKW.

Les Alliés

Avant le début de l'offensive contre l'URSS, qui dut être reportée de la mi-mai au 22 juin en raison de la campagne des Balkans, l'une des tâches spéciales incombant à l'état-major suprême de la Wehrmacht consista à établir des contacts avec les Etats alliés et amis en vue d'une action commune à l'Est. Mais là encore, la marge d'initiative concédée à l'état-major fut extrêmement restreinte.

Tout d'abord, Hitler ne voulait accepter comme partenaires que les pays limitrophes de l'URSS aptes à favoriser l'avance allemande ou des pays qui avaient un compte personnel à régler avec les Soviets. C'est pourquoi un premier choix se limita à la Roumanie et à la

Finlande. Il admit ensuite qu'on pourrait y ajouter la Hongrie et la Slovaquie. De son côté, la Suède fut prise assez rapidement en considération, tout au moins pour une aide indirecte, notamment pour le passage de transports de troupes vers la Finlande. A l'égard de l'allié principal, c'est-à-dire l'Italie, il convenait par contre de garder le secret sur nos projets.

Les négociations avec la Roumanie furent menées au niveau des chefs d'Etat. Dans tous les autres cas, les démarches furent confiées à l'attaché militaire allemand en place ou à un officier supérieur spécialement délégué à cet effet. Des conversations d'état-major n'eurent lieu qu'avec les Finlandais.

Un accord avec le Japon, signataire du pacte tripartite, aurait permis de développer une grande stratégie, avec ouverture d'un front en Extrême-Orient. Les Nippons avaient rejeté d'avance cette perspective en signant en avril 1941 un traité de neutralité avec l'URSS. Le haut commandement allemand, quant à lui, ne préconisa à aucun moment une telle coopération.

Dernières mesures

Dans les semaines précédant le début de la campagne de Russie, la section L fut encore chargée de transmettre à l'OKH maints souhaits de Hitler de voir modifier l'une ou l'autre disposition de détail en matière de mise en place ou d'objectifs initiaux. Cette immixtion continuelle dans des affaires qui n'étaient pas de son ressort atteignit un point culminant lorsque le commandant suprême se fit exposer en détail le 4 juin, à la chancellerie, la mission de chaque groupe d'armées, armée, groupement blindé, flotte aérienne et formation équivalente de la marine, ainsi que l'idée de manœuvre de son commandant.

Parmi les autres travaux effectués par l'état-major Opérations, il convient encore de mentionner le tableau horaire. Cette fois – qui n'était d'ailleurs pas la dernière – son établissement à partir des indications et des souhaits des diverses forces se heurta à de nombreuses difficultés en raison de la grande importance et de la dépendance mutuelle des mesures à prendre à l'Est, à l'Ouest et au Nord. Le report de l'offensive en raison de la campagne des Balkans, nécessita en mai une deuxième rédaction. Il fallait en outre régler avec les services du Bureau de Canaris des problèmes de verrouillage de frontières et d'interruption de communications : d'une part, il était indispensable de sauvegarder un effet de surprise à toutes les frontières de l'URSS et, d'autre part, il fallait laisser passer jusqu'à la dernière minute vers l'Allemagne, les trains russes chargés d'un précieux matériel pour l'économie de guerre.

La section L fut chargée, enfin, d'une tâche d'un genre très particulier : il lui fallut établir à l'intention du ministère des Affaires étrangères une série de notes, dont certaines antidatées, mentionnant des violations de frontières et d'autres infractions similaires commises au cours des derniers mois par l'armée et l'aviation soviétiques. Compte tenu de leur importance sur le plan du droit international, ces documents devaient être signés par le chef de la section L dans les cas les moins graves ou soumis, selon qu'il s'agissait d'incidents moyennement graves ou très graves, à la signature du général Jodl ou du chef de l'OKW. La manœuvre était claire et le devint plus encore lorsque, le 19 juin, l'agent de liaison du ministère des Affaires étrangères auprès de l'OKW signala au chef de la section L que le Führer avait chargé la veille au soir le ministre des Affaires étrangères du Reich de lui envoyer avant le soir même un dernier appel, « suite aux rapports de l'OKW... sur les violations de frontière effectuées par les Russes jusqu'à ce soir y compris, dans lequel il faisait apparaître que la menace constituée par les concentrations russes ne permettait plus aucune hésitation ».

L'ordre criminel

L'état-major Opérations et la section L participèrent aussi à l'élaboration de l'ordre autorisant la police de sécurité (*Sicherheitsdienst : SD*), à intervenir dans la zone de combat et de celui ordonnant la liquidation des commissaires politiques. Ces ordres furent qualifiés plus tard de «criminels» et le tribunal de Nuremberg les condamna en termes sévères.

Ils ne faisaient que diffuser, en les amendant dans la mesure du possible, des décisions prises par Hitler, que nul n'était en mesure de contrecarrer directement. Il convient, si l'on veut juger les acteurs avec équité, d'en tenir compte et de remonter chaque fois à l'origine de l'ordre incriminé.

La section L avait rédigé en février 1941 un projet d'instruction organisant le découpage territorial du théâtre d'opérations russe et définissant les responsabilités administratives dans ses différentes zones. Jodl le lui retourna le 3 mars avec ses remarques. Le projet devait être revu complètement, en fonction de la politique que le Führer entendait suivre dans les territoires occupés ; le nouveau texte devait s'inspirer, notamment des considérations suivantes :

> 1. L'armée doit pouvoir disposer d'une zone de combat, dont la profondeur sera néanmoins réduite au maximum. Il ne faudra pas installer d'administration militaire derrière elle, celle-ci devant être remplacée plutôt, dans de vastes territoires à délimiter selon des critères ethniques, par des commissaires du Reich à qui incombera la construction rapide sur le plan politique de nouvelles formes de gouvernement d'Etat...
>
> 2. La fermeture des frontières ne pourra se faire que dans la zone de combat. Il faudra examiner avec le *Reichsfürer SS* (Himmler) s'il est nécessaire de mettre en œuvre là aussi des organes relevant du Reichsführer SS à côté de la Police secrète de campagne (*Geheime Feldpolizei*). Cela pourra se justifier par la nécessité de mettre immédiatement hors d'état de nuire tous les chefs et commissaires bolcheviques. Les tribunaux militaires devront être exclus de tous ces problèmes et ne s'occuper que des affaires pénales relatives aux troupes.

Warlimont s'exécuta. Sa nouvelle version gardait toutefois le silence sur le sort à réserver aux autorités bolcheviques et aux commissaires; elle se contentait aussi d'annoncer des ordres ultérieurs sur l'attitude des troupes à l'égard de la population civile et sur la compétence des conseils de guerre. L'instruction signée par Keitel le 13 mars reprenait le texte de la section L mais comprenait en outre un paragraphe qui y avait été inséré en haut lieu – tout donne à penser que ce fut par Hitler lui-même – et qui disait :

> Le Reichsführer SS a été chargé par le Führer de missions spéciales en vue de la préparation d'une administration politique dans la zone de combat de l'armée. Elles découlent de la nécessité de régler définitivement le conflit existant entre deux systèmes politiques opposés. Dans le cadre de ces missions, le Reichsführer SS agira en toute indépendance et sous sa propre responsabilité. Pour le reste, il n'y aura aucune intervention dans les pleins pouvoirs accordés au commandant en chef de l'armée et aux services dépendant de lui. Le Reichsführer SS veillera à ce que l'accomplissement de ses missions ne gêne en rien les opérations. Les autres détails seront réglés directement par l'OKH avec le Reichsführer SS.

La nature de ces missions spéciales n'était pas précisée, et Heydrich se garda bien, sans doute, d'en dévoiler le caractère particulier dans ses entretiens avec le général Wagner de l'OKH à propos des activités de la police de sécurité et de ses détachements spéciaux dans la zone de combat. Le projet d'ordre transmis à la section L, qui traduisait l'accord réalisé entre les deux parties, ne contenait en tout cas rien de répréhensible à ce sujet ni de suspect.

Aucun des officiers mêlés aux conversations et à l'élaboration des ordres ne pouvait soupçonner le moins du monde que les détachements spéciaux de la police de sécurité allaient entreprendre dès le début de la campagne, sous le couvert de ces conventions et sur ordre secret de Hitler à Himmler, l'extermination massive et systématique des Juifs dans les zones arrière à l'Est.

Les premières exigences de Hitler contraires au droit furent formulées ouvertement à la Wehrmacht le 30 mars 1941. C'est à cette date, en effet, que le Führer débita un discours de plus de deux heures et demie devant un parterre de 200 à 250 officiers de haut rang, comprenant les commandants en chef de l'armée, de la marine et de la Luftwaffe, les commandants des grandes formations des trois forces devant participer à la campagne de l'Est, ainsi que leurs proches collaborateurs. La réunion se tint dans une grande salle située à l'extrémité du long vestibule de la nouvelle chancellerie du Reich qui donnait sur la *Ebertstrasse*. Les participants avaient pris place, selon leur grade, et leur fonction, dans les longues rangées de fauteuils de la salle, qui était comble.

Le but poursuivi par Hitler était le même que celui des appels des 22 août et 23 novembre 1939, avant la campagne de Pologne et la campagne à l'Ouest : endoctriner les généraux de rang supérieur ainsi que leurs officiers d'état-major les plus importants en leur exposant ses vues sur le déroulement probable de la campagne envisagée. Il est certain que, dans ce cas, il avait aussi l'intention d'indiquer à son auditoire les exigences particulières engendrées selon lui, par la campagne à l'Est considérée comme la lutte entre deux conceptions du monde opposées. La violence de ses propos se fondait, ainsi qu'il le laissa entendre lui-même à diverses reprises, sur sa conviction qu'il subsistait toujours une profonde divergence sur le plan idéologique entre lui et l'élite du corps des officiers allemands qui se trouvait devant lui et l'écoutait dans le mutisme. Le silence ne fut interrompu qu'à deux occasions lorsque les auditeurs se levèrent, une première fois quand Hitler entra par une porte du fond et gagna la tribune, puis une seconde fois, quand il se retira. Aucune main ne se leva, aucune voix ne se fit entendre hormis la sienne.

Ce discours de Hitler fut à l'origine de l'ordre des commissaires et du décret relatif à l'exercice de la justice militaire dans la zone de *Barbarossa,* appelé en bref *Barbarossabefehl* ou «ordre Barberousse». En ce qui concerne l'ordre des commissaires, le commandant suprême de la Wehrmacht avait signifié, au cours de son allocution, que les commissaires et fonctionnaires soviétiques devaient être traités comme des criminels, qu'ils fissent partie des troupes ou de l'administration civile. Ils ne pouvaient donc ni être considérés comme des soldats, ni traités comme des prisonniers de guerre. S'ils étaient capturés ils devaient être remis aux détachements spéciaux de la police de sécurité ou, en cas d'impossibilité, fusillés sur place par les militaires. Pour le second ordre il répéta, en les précisant, les exigences qu'il avait déjà formulées le 3 mars : les tribunaux militaires ne devaient s'occuper que des troupes, selon le double principe que les soldats allemands ne devaient pas être tenus d'observer les lois strictes du code pénal militaire et du règlement de discipline dans leurs rapports avec les habitants ennemis et que toute agression de civils contre la Wehrmacht devait être punie avec une rigueur extrême par tous les moyens, y compris l'exécution sur place sans qu'il soit fait appel à un tribunal militaire. Il basa essentiellement ces instructions sur l'opinion qu'il avait du bolchevisme, qu'il comparait à un crime social, et il insista à nouveau sur les atrocités inhumaines dont les commissaires et fonctionnaires se seraient rendus coupables lors de l'avance de l'Armée rouge en Pologne et dans les Etats baltes, en Finlande et en Roumanie. A partir de là, il s'efforça par tous les moyens de convaincre ses auditeurs que, dans la lutte contre les Soviets, il n'y avait pas de place pour la chevalerie militaire, ni pour des conceptions périmées de camaraderie d'armes. Il s'agissait d'un combat qui devait aboutir à l'élimination de l'Armée rouge et en outre à l'extermination définitive du communisme.

D'après des témoignages recueillis ultérieurement, les déclarations de Hitler auraient suscité, après son départ, des protestations et des réactions violentes de la part de certains participants. Les observations faites par l'auteur, pas plus que les notes prises à l'époque et connues à ce jour, ne permettent pas toutefois de confirmer ce fait.

Il est cependant remarquable que ni Keitel ni Jodl, toujours empressés en d'autres circonstances à satisfaire au moindre désir de leur maître, ne s'abstinrent cette fois de charger la section L de la préparation d'un ordre concrétisant les exigences de Hitler, et Warlimont, de son côté, fit le mort.

Cette conspiration du silence durait depuis cinq semaines, lorsque l'auteur reçut de l'OKH un projet d'ordre daté du 6 mai où l'on pouvait lire notamment :

> Les dignitaires politiques et les commissaires constituent... une menace accrue pour la sécurité des troupes et la pacification du pays conquis...
>
> Ceux qui seraient pris par les troupes ou qui leur seraient amenés devront être déférés à un officier nanti de pouvoirs disciplinaires. Celui-ci devra établir, après consultation de deux autres militaires (officiers ou sous-officiers), que l'individu en question est un dignitaire politique ou un commissaire. Si la qualité politique de l'intéressé est suffisamment établie, l'officier devra ordonner séance tenante son exécution et faire procéder à celle-ci.
>
> Les chefs politiques (commissaires) auprès de la troupe font partie des fonctionnaires politiques. Il est particulièrement important de les déceler sans retard et de les isoler, car s'ils sont prisonniers, ils seraient en mesure de poursuivre leur propagande en Allemagne. Ils devront être liquidés autant que possible dans

les camps de rassemblement de prisonniers ou au plus tard dans les camps de transit. En font également partie (des fonctionnaires politiques), les commissaires relevant de l'administration civile et du parti, ainsi que les autres personnalités politiques importantes avec lesquelles les troupes sont en contact. Les dirigeants politiques d'institutions commerciales ou techniques ne devront être arrêtés que dans le seul cas où ils s'opposeraient à la Wehrmacht.

Il est interdit d'envoyer à l'arrière les dignitaires et les commissaires politiques capturés.

Warlimont s'efforça d'obtenir le retrait du document. Il s'adressa au général Wagner mais celui-ci expliqua que c'était impossible :

Ses entretiens avec Heydrich lui avaient donné l'impression qu'il était absolument indispensable de soumettre à Hitler un projet d'ordre dans ce sens. Si cela n'était pas fait, il existerait un danger que celui-ci envoie le SD jusque dans les lignes du front, pour y exécuter ses volontés. Wagner ajouta cependant que l'OKH veillerait à ce que tout abus soit évité : il avait préparé à cet effet un ordre pour le maintien de la discipline qui serait distribué jusqu'au plus petit échelon de l'armée. En tout état de cause, Wagner ne pouvait que conseiller vivement au chef de la section L de tirer son épingle du jeu.

Ne pouvant tergiverser davantage, Warlimont transmit le 12 mai à Jodl le texte de l'OKH accompagné d'une note de service dans laquelle il proposait, en ces termes, d'en limiter les effets :

II. Par contre, le mémorandum n° 3 du Reichsleiter Rosenberg prévoit que seuls les fonctionnaires de haut rang et les fonctionnaires du rang le plus élevé doivent être liquidés, les fonctionnaires provinciaux, communaux et économiques étant indispensables au bon fonctionnement de l'administration du territoire occupé.

III. Il faudrait dès lors que le Führer décide quels principes doivent être déterminants.

Propositions de la section L pour le cas II :

1. Les fonctionnaires qui agissent contre la troupe... doivent être liquidés comme francs-tireurs.

2. Les fonctionnaires qui ne se rendent coupables d'aucun acte hostile ne seront momentanément pas inquiétés... Il faudra attendre que l'avance dans le pays soit plus importante pour pouvoir décider si les fonctionnaires restants peuvent être laissés en place ou s'ils doivent être remis aux *Sonderkommandos* (détachements spéciaux du SD)...

3. Les fonctionnaires en service à la troupe devront être traités conformément aux propositions de l'OKH. Ils ne seront pas considérés comme prisonniers, ils seront liquidés au plus tard dans les camps de transit et ne seront en aucun cas envoyés à l'arrière.

A son retour de Paris, fin mai, Warlimont trouva sur sa table la version définitive, approuvée par Hitler, de l'ordre des commissaires ; les restrictions suggérées par lui y étaient reprises presque mot à mot. L'ordre qui n'était revêtu d'aucune signature, fut diffusé jusqu'à l'échelon armée, flotte aérienne.

Le 26 septembre 1941, alors que la campagne durait depuis quelque trois mois, le général Jodl renvoya une note de l'OKH datée du 23 septembre et ne portant à nouveau que la signature du général Müller, qui stipulait que d'après les expériences du front « il paraissait opportun de réexaminer le traitement réservé jusqu'à présent aux commissaires ». Il y avait ajouté cette remarque manuscrite : « Le Führer a refusé toute modification des ordres diffusés à ce jour concernant le traitement des commissaires politiques. » Et puis le 6 mai 1942, un an jour pour jour après le premier projet d'ordre de l'OKH, on trouve dans le journal de la section historique de l'OKW (*Kriegsgeschichtlichen Abteilung*) l'inscription suivante : « En vue d'accroître la tendance à la désertion et à la capitulation des troupes soviétiques encerclées, le Führer ordonne que dorénavant dans pareils cas, et à titre d'essai, les commandants, commissaires et politrouks* soviétiques puissent être assurés d'avoir la vie sauve. »

Avec cette déclaration de Hitler qui, pour autant qu'on s'en souvienne, fut faite sur proposition personnelle du maréchal von Kluge, l'ordre des commissaires se trouva annulé jusque dans sa forme.

Il est incontestable que l'ordre fut suivi pendant les premières semaines de campagne, mais sur une échelle réduite, ainsi que le montre le nombre élevé de commissaires recensés dans les camps de prisonniers au cours de l'été 1941. En décembre, avec le début de la crise d'hiver, il avait perdu toute valeur pratique.

Du début de la campagne à la crise d'hiver

Le nouveau GQG *de campagne*

L'armée avait franchi la frontière à l'aube du 22 juin. Contrairement à ce qu'il avait fait en 1940 à l'Ouest, Hitler attendit encore quelque trente-six heures l'évolution des événements avant d'ordonner le transfert du GQG en Prusse-Orientale. Ce n'est que dans l'après-midi du jour suivant, déclaré premier jour de mobilisation en Union soviétique, que les différents échelons du commandement suprême allemand prirent la route en direction de l'Est, par avion et train spécial. L'échelon de campagne de la section L – dont la force et la constitution étaient restées inchangées – quitta Berlin-Grünewald à 14 h 15 vers une destination inconnue et arriva le lende-

* Les politrouks étaient les commissaires politiques du grade le plus bas servant à la troupe. Il semble que le terme « commandant » ait été employé par erreur et qu'il faille comprendre « fonctionnaires ».

main matin à 3 h 45 à Forst Görlitz, à quelques kilomètres à l'est de la ville de Rastenburg.

L'état-major gagna la nouvelle aire 2 située à quelques centaines de mètres seulement du quai d'une voie secondaire servant au débarquement. Quelques baraques en bois, invisibles de la route, avaient été installées derrière de hauts réseaux de barbelés autour d'une simple auberge qui avait été jadis un but d'excursion pour la population de Rastenburg. Ces baraques, qui abritaient la plus grande partie des bureaux, semblaient respecter les normes en vigueur dans les ministères berlinois pour les dimensions, le nombre de fenêtres et l'aménagement intérieur. Ce qui était encore beaucoup plus surprenant, c'était une annexe à demi enfoncée dans le sol, semblable à un long wagon-lit, avec une série de portes côte à côte derrière lesquelles se trouvaient d'autres bureaux ainsi que les quartiers des officiers, avec même une chambre double pour le chef de la section L. Les murs bétonnés étaient entièrement recouverts de boiseries claires; des armoires incorporées, des cabinets de toilette carrelés avec eau courante, le chauffage et des installations électriques de tous genres complétaient l'image de ce GQG de campagne, qui n'en avait plus guère que le nom.

Le dortoir souterrain ne fut guère utilisé : très rapidement, on prit d'autres dispositions pour la nuit.

L'aire 2 du GQG abritait également la fraction du bataillon d'escorte du Führer qui en assumait la garde; comme c'était une unité de l'armée, on s'y trouvait entre militaires.

De l'autre côté de la route, à un bon kilomètre vers l'Est, se trouvait l'aire 1 avec Hitler et sa suite, qui comprenait des membres de l'Etat, du parti et de la Wehrmacht. Chez les militaires, on ne trouvait, une fois encore, en dehors des aides de camp, que Keitel, Jodl et un historiographe nouveau venu, le lieutenant-colonel breveté d'état-major Scherff.

Il y avait là également quelques baraques en bois, qui servaient de salles de conférences, de mess ou de locaux administratifs. Par contre, on vivait et travaillait généralement dans des abris en béton bâtis au-dessus du sol, qui comportaient deux ou plusieurs petites pièces. Des routes et des chemins nouvellement aménagés sillonnaient l'ensemble des installations qui étaient protégées par des plantations compactes. La baraque et le bunker de Hitler se trouvaient à l'extrémité Nord et leurs fenêtres étaient, comme toujours, toutes dirigées vers le Nord, parce qu'il craignait le soleil. C'est lui qui avait imaginé le nom de code de *Wolfsschanze* ou « Repaire du loup », que les Polonais utilisent encore aujourd'hui pour désigner ce camp qui est devenu une curiosité.

Le Quartier général de l'OKH était situé à une heure de voiture environ, dans les forêts des environs d'Angerburg. Goering se trouvait aussi à proximité avec son état-major. Pendant plus de trois ans, le chef de la section L ne se rendit pas une seule fois au haut commandement de la Luftwaffe, alors qu'il était en relation constante – pour le service et en dehors du service – avec le Quartier général de l'armée. Ceci donne une idée de ce qu'étaient les rapports au sommet. Une autre comparaison s'impose à l'esprit, d'un genre différent mais plus significative encore : lorsque les grands chefs de l'armée se rendaient au *Wolfsschanze,* ils se déplaçaient dans un petit train grisâtre et vieillot qui n'était sûrement plus bon qu'à circuler sur cette voie vicinale ; mais quand il s'agissait de Goering, la voie unique de chemin de fer était bloquée sur une longueur de plus de cent mètres par une locomotive diesel tirant au moins trois ou quatre longues voitures des plus modernes, brillamment éclairées et colorées, transportant un personnel vêtu d'uniformes blancs, et équipées de toutes les commodités. Le haut commandement de la marine resta à Berlin, mais il détacha dans les mois qui suivirent, comme représentant permanent, un amiral qui s'installa également dans l'aire 1.

La région n'offrait que peu de possibilités de détente à Warlimont et à ses collaborateurs. Et, en raison des distances, les visites au front devinrent pour eux exceptionnelles.

Désormais, le plus clair de l'activité de l'échelon de campagne de la section L consista à recueillir les comptes rendus du matin et du soir de l'armée, de la marine et de la Luftwaffe, provenant de l'Est et de l'Ouest, d'Afrique du Nord, des Balkans et du reste de la Méditerranée, ainsi que ceux – plus détaillés encore – des théâtres d'opérations de l'OKW, à les rassembler, les trier et les envoyer par courrier au chef de l'état-major Opérations, accompagnés des cartes de situation correspondantes, mises à jour par les dessinateurs de l'état-major. Suivaient alors, chez nous et de l'autre côté, chez Hitler, les conférences, qui se tenaient également le soir à l'aire 1, sans qu'y soit convié, en dehors de Jodl, aucun officier de l'état-major Opérations. Une autre besogne de routine du chef de la section L consistait à fournir tous les soirs au rédacteur du journal de campagne des renseignements sur les événements marquants de la journée, ce qui donnait lieu à des échanges de vue fréquents et très libres à propos du présent et des perspectives d'avenir.

Une nouveauté intervint ensuite, qui fut favorablement accueillie par le chef de la section L : la sous-section Armée prit sur elle de joindre chaque fois aux comptes rendus du matin une appréciation résumée de la situation. Cette procédure poursuivait un double but :

faire connaître quotidiennement au chef de l'état-major Opérations, avant la conférence de midi avec Hitler, les idées et les opinions de l'OKH, qui était après tout le seul organe compétent pour la direction des opérations, mais aussi et surtout parvenir enfin à établir avec Jodl une forme de collaboration normale pour un état-major. Cette tentative échoua toutefois sur les deux fronts. Après quelques semaines, Jodl déclara au chef de la section L qu'il pouvait aisément se passer de ces appréciations et préférerait de loin que l'on veillât à ce que les cartes de situation ne comportent pas d'erreur. Cette remarque, qui par son énoncé même, était rien moins qu'offensante, ainsi qu'on le lui fit d'ailleurs remarquer, témoignait une fois de plus de la prétention qu'avait le commandement suprême, représenté exclusivement par Hitler et Jodl, d'agir également de façon autoritaire sur le vaste théâtre de l'Est, et de refuser tout conseil parce qu'il croyait tout mieux savoir.

La conséquence qui en rejaillit sur l'esprit et les méthodes de travail de l'état-major fut que pendant des journées entières, il n'y eut aucun contact entre le chef de la section L et Jodl : pas de rapport verbal, pas même une entrevue, et encore moins une rencontre en dehors du service; en revanche, l'aire 2 resta longtemps le domaine de son état-major d'exécution qu'il visitait rarement et ne connaissait pratiquement pas.

Les tâches qui incombaient à la section L en dehors du domaine opérationnel proprement dit et qui devaient être assumées principalement par les groupes de travail restés à Berlin – organisation, problèmes de remplacements, d'armement pour la Wehrmacht, collaboration avec les autorités supérieures du Reich – avaient entre-temps considérablement augmenté en raison de l'extension du théâtre de guerre. La correspondance était acheminée par des courriers qui disposaient tous les midis d'un avion et tous les soirs d'un train rapide entre Rastenburg et la capitale du Reich. Les mêmes moyens de communication étaient utilisés par les officiers de liaison qui avaient été détachés auprès de l'échelon de campagne de la section L par les principaux bureaux et sections de l'OKW – espionnage et contre-espionnage (Ausland-Abwehr), armement, propagande – pour maintenir le contact avec les services centraux. De leur côté, ces derniers se servaient de leurs délégations auprès de la section L pour harmoniser leurs activités avec les projets du commandement, pour autant que les chefs des bureaux et des sections concernés ne se rendissent pas occasionnellement en personne au *Wolfsschanze*.

Warlimont s'adressait directement à Keitel pour toutes les questions étrangères à la conduite des opérations et qui ne devaient pas être soumises à Hitler.

Rien qu'à voir l'encombrement qui régnait dans le système de communications – il fallait non seulement assurer les liaisons avec les postes de commandement militaires et transmettre les bulletins quotidiens de la Wehrmacht, mais aussi répondre aux besoins des autorités de l'Etat, du parti et de la presse incorporées au GQG – un observateur impartial était en droit de se demander si l'existence d'un Grand Quartier général de campagne du commandement suprême n'offrait pas plus d'inconvénients que d'avantages. Le fait aussi que les trains courriers véhiculaient chaque nuit dans les deux sens, entre Berlin et Rastenburg, un nombre toujours croissant d'officiers, d'employés et de fonctionnaires du parti, indiquait clairement qu'au fur et à mesure que la campagne de l'Est se prolongeait, l'emplacement du

GQG devenait de plus en plus excentrique à tous points de vue. Enfin, ce qui est sans doute le plus concluant est que Hitler se trouvait en Prusse-Orientale dans une sorte d'oasis de paix, entre le front principal où la bataille fit bientôt rage et les orages de feu que les bombardements aériens faisaient s'abattre sur les villes allemandes, sans que ni lui-même ni son entourage le plus proche n'aient clairement conscience de ce qui se passait de part et d'autre.

On peut se demander si, dans ces conditions, un tel Quartier général de campagne avait un sens. Il aurait été préférable de le ramener, en décembre 1941 au plus tard, à Berlin ou dans les environs, d'où l'on pouvait mieux embrasser la situation d'ensemble.

Au lieu de cela, on transforma au cours de ces trois années le *Wolfsschanze* en une sorte de place forte, avec des réseaux de barbelés et des champs de mines de plus en plus profonds, où les blocs de béton se dressaient semblables à des vieilles carcasses de croiseurs de bataille. On aménagea aussi sous le Berghof, où Hitler continuait à séjourner pendant des périodes plus ou moins longues, des salles et des couloirs souterrains de dimensions inouïes. En outre, près de Vinnitsa en Ukraine, près de Soissons en France, près du domaine de Ziegenberg dans la région de Nauheim-Giessen et enfin près de Breslau, on érigea à grands frais d'autres vastes quartiers généraux qui, mis à part celui de Vinnitsa, ne furent occupés que très brièvement, sinon pas du tout.

Le commandement suprême dans les vicissitudes de la situation

Au moment où le GQG commença à s'organiser en Prusse-Orientale, près d'un an s'était écoulé depuis que

Hitler avait fait connaître sa conception des choses, selon laquelle la paix serait imposée à l'Angleterre par le détour de l'écrasement de la Russie soviétique. Il avait conclu en juillet 1940 : «Si les espoirs que l'Angleterre a mis en la Russie s'effondrent, elle ne comptera plus non plus sur l'Amérique.» C'est dans cette perspective, complétée ultérieurement par les instructions au sujet des préparatifs pour la période d'après-*Barbarossa*, qu'il avait délimité le champ d'action politique et stratégique qui devait être celui du commandement suprême en été 1941.

Le GQG allemand et son état-major militaire n'effectuèrent qu'occasionnellement les tâches étendues que réclamaient de tels objectifs de la part d'une véritable direction de la Wehrmacht. Ce qui importait avant tout pour Hitler tout comme pour le chef de son état-major Opérations, c'était l'évolution quotidienne au front de l'Est. Cependant, au lieu de se contenter d'observer cette évolution dans l'optique de la stratégie et de l'influencer, le cas échéant, par de nouvelles directives, ils ne tardèrent pas, après quelques semaines, à empiéter comme de coutume sur les responsabilités de l'armée. Simultanément, l'exercice du commandement pratiqué par le GQG se désagrégea bientôt de façon désastreuse au profit d'un système stratégique devant lequel tout le reste s'effaça, à savoir la lutte acharnée pour le moindre pouce de territoire russe.

La campagne de Russie mit plus que jamais en évidence les causes principales de ces erreurs, c'est-à-dire la méfiance sans bornes et la volonté de puissance illimitée de Hitler, les grossières déficiences de ce général autodidacte et surtout son incapacité à donner aux principes de base de l'art militaire la préséance sur des considérations subjectives d'ordre politique, économique et de prestige. Encouragé plutôt que freiné par la foi que son entourage permanent de l'aire 1 manifestait dans la justesse prophétique de son action, il se sentit d'autant plus confirmé dans ses manières autocratiques sur le plan militaire, qu'en Norvège et dans le nord de la Finlande, il pouvait, sans passer par l'OKH, agir à sa guise sur la conduite locale des opérations.

Les théâtres OKW représentèrent pour l'état-major de Jodl une charge de plus en plus lourde.

Première phase

Au cours des toutes premières semaines d'opérations, qui virent l'armée allemande remporter des succès considérables et s'avancer profondément en territoire ennemi, rien ne vint troubler les rapports entre l'OKW et l'OKH. On y voyait l'avenir avec le même optimisme. L'OKH croyait avoir porté des coups décisifs à l'adversaire. Et Hitler déclarait le 4 juillet que la guerre était d'ores et déjà gagnée.

Le jugement qu'il portait ainsi sur la situation était partagé dans l'ensemble par l'armée et, au cours de ces premières semaines, sa participation à la direction des opérations à l'Est se limita à grommeler quelque peu et à presser l'OKH d'obtenir rapidement la fermeture complète de la grande poche, exprimant comme il l'avait fait naguère à l'Ouest, son inquiétude au sujet des flancs des unités blindées qui s'étaient enfoncées fort avant. Hitler laissa également les mains libres à la Luftwaffe, d'autant plus qu'après les premières attaques stratégiques d'aérodromes et d'autres objectifs situés dans la profondeur du territoire russe, celle-ci n'avait plus à accomplir que des missions tactiques, en étroite coopération avec l'OKH et les commandements de groupe d'armées.

Les perspectives étaient tellement favorables à ses yeux que, au début de juillet, Hitler prescrivait à Keitel de préparer une restructuration des forces armées; il fallait réduire considérablement l'armée, tout en augmentant le nombre de ses divisions blindées et de ses divisions motorisées, limiter le développement de la marine aux exigences de la guerre contre la Grande-Bretagne et, éventuellement, contre les Etats-Unis mais, par contre, développer fortement la Luftwaffe. Les programmes d'armement et d'équipement devaient, dès à présent, être adaptés en conséquence.

Seconde phase

La seconde phase de la campagne, qui s'étend jusqu'à la fin du mois d'août, fut marquée, à l'échelon du haut commandement, par la querelle des objectifs. Pour l'OKH, l'effort principal devait s'exercer en direction de Moscou. Pour Hitler, les objectifs importants se trouvaient aux ailes : Léningrad au nord, l'Ukraine, le Donetz, la Crimée et le Caucase au sud.

Le conflit, qui était latent depuis décembre 1940, éclata dans la seconde décade de juillet, à propos d'un problème annexe : l'emploi des deux groupements blindés du groupe d'armées Centre Hitler voulait qu'ils interviennent au profit des deux autres groupes d'armées : le groupement de Hoth devait se rabattre vers le Nord, celui de Guderian vers le Sud. L'OKH n'était pas hostile à l'idée, à condition qu'il ne s'agisse que d'une diversion temporaire, prenant fin dès que seraient rassemblées dans la région de Smolensk les grandes unités d'infanterie destinées à l'attaque vers Moscou. La directive émise le 19 juillet tenait largement compte du point de vue de l'armée. Mais quatre jours plus tard, Hitler faisait modifier unilatéralement certaines dispositions importantes : Guderian devait pousser jusque Kharkov et non jusque Kiev; les formations de Hoth seraient renvoyées en Allemagne dès que le groupe d'armées Nord aurait atteint ses objectifs. Bref, von Bock ne disposerait plus que de divisions d'infanterie pour son offensive en direction de la capitale!

L'OKH protesta vivement, mais en pure perte. Il apparut dans les jours suivants que les grandes unités blindées avaient besoin d'un répit d'une dizaine de jours pour entretenir et réviser leur charroi de combat, et que la résistance russe se raidissait devant von Bock. Jodl, qui avait opté pour Moscou, parvint à convaincre le commandant suprême de faire machine arrière et de différer ses décisions sur la stratégie à suivre. Il fut stipulé dans une nouvelle directive que les groupes d'armées Nord et Sud ne seraient pas renforcés pour le moment, que le groupe d'armées Centre adopterait une attitude défensive jusqu'à ce que ses groupements blindés aient procédé à une maintenance approfondie de leur matériel.

Cette solution provisoire ne constituait qu'une trêve dans le différend. Le 10 août, Jodl, qui avait rencontré Halder le 7, présentait à Hitler une appréciation de la situation élaborée par la section L en accord avec la section Opérations de l'OKH. Il importait, y était-il dit, de détruire d'abord le gros des forces ennemies couvrant Moscou ; les interventions au profit des ailes devaient suivre la prise de la capitale. L'offensive du groupe d'armées Centre, qui pourrait débuter fin août, serait menée avec les corps d'infanterie au centre et les groupements blindés sur les flancs.

Hitler acquiesça mais subordonna le déclenchement de l'attaque à une série de préalables.

Quelques jours plus tard, l'OKH reçut l'ordre d'envoyer d'urgence certaines divisions blindées dans la zone du groupe d'armées Nord pour rétablir la situation dans un secteur où des replis locaux avaient été consentis. Or, plusieurs d'entre elles n'étaient pas immédiatement disponibles – elles avaient démonté leurs véhicules – et les autres étaient indispensables à von Bock pour ses missions défensives !

Excédée, la section Opérations de l'OKH rédigea le 18 août un *Mémoire sur la conduite future des opérations*, qui reprenait les thèses principales de l'armée (priorité à Moscou, pas d'affaiblissement du groupe d'armées Centre). Von Brauchitsch transmit ce document à Hitler et autorisa Heusinger, son auteur, à en discuter le contenu avec Jodl.

On trouve dans l'ouvrage, empreint d'une certaine fantaisie, de Heusinger, une relation de ces entretiens du 20 août qui laisse entrevoir par endroits, au-delà du sujet traité, l'atmosphère qui régnait au GQG. C'est ainsi qu'en marge des discussions déjà connues sur le fond du problème, il prête à Jodl les paroles suivantes :

> Au surplus, Hitler craint instinctivement de suivre la même voie que Napoléon. Moscou a quelque chose de sinistre à ses yeux. Il appréhende là-bas une lutte à mort avec le bolchevisme.

Réponse de Heusinger :

C'est justement pour cela que nous voulons choisir cette voie. Nous devons battre les forces vives de l'ennemi. C'est cela qu'il faut faire, le reste suivra tout seul.

Et Jodl réplique :

C'est ce que vous dites. Mais laissez-moi vous dire ce que le Führer rétorque à cela : il existe en ce moment une bien meilleure façon de détruire les forces vives des Russes.

Heusinger insista encore sur le fait que l'hiver se déclarerait d'abord dans le secteur Nord et le Centre, et plus tard seulement dans le Sud. Finalement, comme il demandait à Jodl d'appuyer le mémoire, il obtint une concession de son interlocuteur :

Je ferai ce que je pourrai. Mais vous me concéderez que les raisons du Führer ont également été bien pesées et qu'elles ne peuvent être rejetées sans plus... Il ne faut pas vouloir le forcer à faire quelque chose de contraire à sa conviction intime. Son instinct a presque toujours été très sûr. C'est une chose qu'on ne peut nier !

Presque mais pas toujours, conclut Heusinger. Je me souviens de Dunkerque. Et nous craignons que cette fois encore, on ne laisse passer le moment opportun.

Le commandant suprême chargea Jodl le 21 août de faire connaître à l'OKH ses ordres définitifs. Le mémoire était rejeté : Moscou n'était pas l'objectif le plus important ; avant l'hiver, il fallait s'emparer de la Crimée, du bassin du Donetz, isoler le Caucase, investir Léningrad et opérer la jonction avec les Finlandais. Il convenait, dans l'immédiat, d'exploiter la situation extrêmement favorable qui se présentait dans la région de Kiev en menant une manœuvre d'enveloppement avec les ailes intérieures des groupes d'armées Centre (le groupement blindé de Guderian) et Sud. Von Bock resterait sur la défensive tant que toutes les conditions préalables à l'attaque sur Moscou ne seraient pas remplies. Hitler envenima encore les choses en adressant à l'OKH une étude qu'il avait rédigée de sa main.

Bien que la guerre durât depuis près de deux ans, il entreprit de faire la leçon aux plus hautes autorités de l'armée, attirant particulièrement leur attention sur les formations mobiles qui, au même titre que la Luftwaffe, devaient être utilisées comme arme stratégique dans la main du commandement suprême. Et il ajoutait, avec la force de la mauvaise foi, que le *Reichsmarschall* avait appliqué logiquement et sans répit ce principe à la Luftwaffe, tandis que l'armée n'avait apparemment pas réussi à faire comprendre et imposer partout ces mêmes idées. Le commandant en chef de l'armée s'entendit aussi reprocher de manquer de l'autorité nécessaire ; cela signifiait en termes clairs – et la chose fut répétée encore ultérieurement devant moi – qu'il laissait trop la bride sur le cou aux grands commandements qui lui étaient subordonnés.

Halder prit fort mal la chose et proposa à son commandant en chef de démissionner de concert, mais celui-ci refusa. Une ultime démarche en faveur de la progression vers Moscou fut confiée à Guderian, mais elle n'aboutit pas.

Avant même que, dans les semaines qui suivirent, la bataille de Kiev ne donnât le grand succès – tactique – que l'on sait, il y eut le 30 août entre Hitler et le commandant en chef de l'armée une conversation en tête à tête qui se solda par une réconciliation que von Brauchitsch voulait appliquer avant tout au caractère insultant de l'étude de Hitler. Toutefois, pour ceux qui ont vécu ces événements, aucun doute n'est possible : Hitler, qui considérait tout geste chevaleresque comme une infirmité morale et un signe de faiblesse, même quand il feignait de s'y abandonner lui-même, estima que cette issue constituait un nouveau triomphe sur ses adversaires de l'armée.

La conduite de la guerre contre la Grande-Bretagne et l'après-*Barbarossa* retinrent également l'attention de l'état-major Opérations au cours des mois de juillet et d'août.

Troisième phase

Pendant la troisième phase de la campagne 1941 à l'Est, qui débute avec Kiev, les armes allemandes remportèrent des victoires retentissantes sur tous les champs de bataille russes. Entre l'OKW et l'OKH, la paix était revenue : tout le monde était persuadé maintenant qu'il fallait s'emparer de Moscou avant l'hiver.

Après le double enveloppement de Briansk-Viasma, Hitler proclama que la décision militaire était tombée à l'Est. L'OKH ne partageait pas cette opinion, mais devint, lui aussi, franchement optimiste lorsque, dans la seconde moitié de novembre, von Bock eut rompu le front et progressé de manière prometteuse en direction de Moscou.

L'auteur a encore présent à l'esprit un signe inoubliable de cet optimisme : en ces jours-là, le général Paulus, premier sous-chef de l'état-major général de l'armée, se présenta à la baraque de la section L pour examiner attentivement avec le chef de la section et le colonel von Lossberg les directives pour la phase suivant la prise de Moscou. Au cours de la discussion, il fut fait allusion à des objectifs situés bien au-delà de la capitale russe. Seules les troupes absolument indispensables passeraient l'hiver dans la zone du front, un commandement de groupe d'armées reprendrait le commandement de l'ensemble du front de l'Est; une partie importante de l'armée ainsi que les autres grands commandements seraient retirés.

Une première faille, lourde de signification, se produisit dans ce bel optimisme et fut durement ressentie – tant à l'intérieur de la Wehrmacht que dans le public –, lorsque, le 29 novembre, sous la poussée des Russes, le groupe d'armées Sud dut abandonner Rostov après une occupation de huit jours et que le maréchal von Rundstedt, qui en était le commandant très apprécié, fut relevé sans hésitation de ses fonctions. Il avait envoyé un télégramme à Hitler dans lequel il le plaçait devant le choix : ou retirer son ordre prescrivant que la troupe se réinstalle en avant de la coupure protectrice du Mius, ou charger quelqu'un d'autre du commandement du groupe d'armées.

Il fut remplacé sur le champ par le général von Reichenau, à qui Hitler dut accorder le lendemain ce qu'il avait refusé la veille au maréchal.

L'état-major Opérations exerçait vis-à-vis des théâtres OKW des fonctions analogues à celles qu'assumaient Halder et la section Opérations de l'OKH pour le front russe. Initialement, ces théâtres étaient au nombre de deux : la Finlande du Nord, où opéraient deux corps allemands et un corps finlandais, et la Norvège, qu'il fallut renforcer sans cesse car le commandant suprême y craignait toujours des débarquements. Mais, à partir de l'été 41, la compétence directe de l'OKW fut progressivement étendue à tous les fronts et territoires autres que l'Est.

Hitler chargea tout d'abord l'état-major de Jodl, et non l'OKH, de rédiger les directives destinées au commandant des forces armées du Sud-Est et de superviser ses plans de pacification. Il en alla de même pour les relations avec le général plénipotentiaire allemand à Zagreb, l'Autrichien Glaise von Horstenau.

La Méditerranée devint un théâtre OKW au cours de l'automne 1941. Les pertes importantes subies par les transports de l'Axe poussèrent Hitler à y faire intervenir des sous-marins allemands (6, puis 15) et à ordonner au 10e corps aérien d'assurer en priorité la protection des convois. Ces mesures n'ayant pas enrayé le mal, il prescrivit, au début de décembre, le transfert d'un Quartier général de flotte aérienne, sous Kesselring, et du 11e corps aérien, du front russe, où il croyait la partie gagnée, au théâtre méditerranéen.

L'OKW émit le 20 octobre 1941, à l'initiative de Hitler, un ordre faisant procéder à la mise en état de défense des îles anglaises de la Manche, dont le rôle était important pour le trafic maritime allemand.

Par cet ordre, Hitler transférait également la responsabilité dans les territoires occupés de l'ouest de l'OKH à l'état-major Opérations, bien que cela ne fût jamais dit expressément. Au reste, les instructions données en vue de la fortification des îles anglo-normandes entraient dans des détails infimes, allant jusqu'à déterminer entre autres la nature et le nombre des batteries côtières, et à fixer l'épaisseur – en millimètres – des murs des ouvrages en béton ; des rapports mensuels devaient être établis sur l'avancement des travaux. Au cours de l'année, Hitler rassembla ainsi – comme il devait le faire plus tard pour l'ensemble du mur de l'Atlantique –, une collection de cartes à très grande échelle qu'il examinait personnellement de temps à autre et qu'il conservait soigneusement sous clé. Il lui arriva même une fois de faire infliger une peine disciplinaire à l'officier chargé de tenir ces cartes à jour parce qu'il avait indiqué une batterie aérienne en trop ou en moins dans les îles anglo-normandes.

En décembre, avant que la crise n'éclate à l'Est, l'état-major Opérations fut chargé de préparer des instructions pour la fortification des côtes de l'Arctique, de la mer du Nord et de l'Atlantique. Il semble qu'en prescrivant ces travaux, Hitler cherchait avant tout à disposer d'une base terrestre sûre, d'où il pourrait mener la guerre aérienne et sous-marine contre l'Angleterre, le moment venu.

LIVRE IV

AU TEMPS DU RETOURNEMENT DE LA SITUATION

DÉCEMBRE 1941 À NOVEMBRE 1942

10

Vue d'ensemble

Après les succès qu'elle avait remportés à Rostov dans les premiers jours de décembre, l'Armée rouge parvint à prendre également l'initiative presque uniquement de nuit sur les autres fronts. Ce retournement de la situation à l'Est ébranla le GQG allemand plus qu'il ne l'avait jamais été auparavant. C'est à peine si, dans la confusion générale, il prit garde au repli en Afrique du Nord, qui ramena presque au même moment l'armée de Rommel à peu près sur ses positions de départ de mars 1941, au bord de la Grande Syrte. Hitler commença par refuser de voir la nouvelle réalité mais finalement, vers la mi-décembre, il fut forcé de reconnaître l'ampleur de la catastrophe qui menaçait à l'Est. Il l'ignora cependant juste assez longtemps pour pouvoir encore, à la suite de l'attaque japonaise contre Pearl Harbor, déclarer, le 11 décembre, la guerre aux Etats-Unis d'Amérique.

Cette décision autoritaire qui, une fois de plus, n'avait été précédée d'aucune consultation de la Wehrmacht, annonçait la guerre sur deux fronts, dans sa forme la plus sévère. Jusqu'alors, le plan de guerre de Hitler avait prévu l'élimination en quelques mois de l'URSS en tant que puissance militaire, pour en finir ensuite, à l'Ouest, en utilisant l'ensemble des forces de la Wehrmacht. Mais à présent, tout ce que l'on pouvait encore envisager, c'était de prévenir un encerclement mené par deux adversaires dont le potentiel de guerre combiné était de loin supérieur. La première tâche était de surmonter la grave crise survenue à l'Est. Mais il n'était pas moins important ni moins urgent d'adapter le plan de guerre dans son ensemble à la nouvelle situation. Au lieu de quoi, les décisions improvisées de Hitler devaient avoir pour conséquence quasi irrémédiable, en novembre 1942, l'encerclement de la 6e armée à Stalingrad et – de nouveau presque simultanément – le déclin de l'armée Rommel en Afrique du Nord.

Au cours de ces années, ce n'est pas seulement dans le domaine stratégique de la guerre que fut mise au grand jour la voie suivie par le commandement de Hitler. Plus les signes d'un retournement définitif de la situation se manifestaient avec éclat, plus il s'efforça dans le domaine interne, d'affaiblir encore davantage l'organisation du commandement au plus haut niveau de la Wehrmacht, sur le double plan de la forme et des nominations de personnel, qu'il entendait rendre ainsi entièrement docile. Il rassembla entre ses mains la plupart des fragments qui subsistaient encore après cette désintégration afin d'augmenter sa puissance illimitée et de préparer, à sa manière, et dans ce domaine aussi, le chaos.

11

La crise de l'hiver 1941-1942

Un changement brusque

Le 2 décembre 1941, le commandant suprême de la Wehrmacht fit une visite éclair en avion à la 1re armée blindée au Sud du front de l'Est, dans le but de découvrir les prétendues négligences du commandement qui avaient entraîné le repli de Rostov. Ce faisant, il ignorait totalement l'OKH, mais ne parvint pas à établir la moindre culpabilité dans l'évolution des événements.

Au même moment, des comptes rendus et des bulletins de renseignements tels qu'on n'en avait jamais connu s'amoncelaient à l'OKH : les groupes d'armées Centre et Nord faisaient connaître que leurs troupes étaient à bout de forces; le groupe d'armées Centre, qui venait de participer à l'offensive contre Moscou, ajoutait qu'il ne serait plus possible d'enrayer où que ce soit une attaque concentrée; des températures descendant jusqu'à 30 à 35 degrés sous zéro paralysaient tout mouvement et rendaient les armes inutilisables; or, les conséquences d'une lourde défaite étaient imprévisibles; on parlait même d'une crise de confiance sérieuse jusque dans les divisions d'élite de l'armée blindée de Guderian, tandis que le maréchal von Bock signalait en même temps des tensions avec les commandants d'armée qui nécessitaient, selon lui, une intervention du commandant en chef de l'armée.

Mis au courant, Hitler refusa tout d'abord de reconnaître la gravité de la situation. Tout au plus, selon lui, la troupe avait-elle besoin de se refaire.

Au GQG de Hitler on eut cependant, dès le 8 décembre, une vue plus réaliste de la situation, comme le prouve la directive n° 39 de l'OKW, qui tirait les premières conclusions de ce nouvel état de choses. En ordonnant l'arrêt immédiat de toutes les grandes offensives et le passage à la défensive, avec pour motif l'irruption étonnamment précoce de l'hiver et les difficultés d'approvisionnement qui en découlaient, cette directive ne faisait rien d'autre que confirmer le changement de situation provoqué par l'ennemi. Un élément d'importance intervint : Hitler laissa dorénavant l'OKH établir les fronts défensifs selon ses propres conceptions, sur des lignes permettant d'économiser les forces. Il limita cependant cette liberté d'action de l'OKH en lui ordonnant de n'abandonner aucun territoire important pour l'adversaire sur le plan stratégique ou de l'économie de guerre et de ne se replier dans les autres cas, sans y être forcé par l'ennemi, que sur des positions préalablement organisées. Les conditions nécessaires à la reprise de grandes opérations offensives, en 1942, devaient également être garanties. Les objectifs qui n'avaient pas été atteints étaient simplement énumérés dans la directive en tant que missions spéciales pour le proche avenir et il s'y ajoutait encore l'ordre d'enlever Sébastopol. Pour remplacer ses pertes, l'armée fut simplement invitée à ratisser ses services de l'arrière. Il n'existait d'autre possibilité d'accroître les effectifs qu'en procédant à des permutations avec des divisions se trouvant dans les territoires occupés de l'Ouest, où il fallait accepter un affaiblissement correspondant au cours de l'hiver. Aucune autre réserve n'était disponible. Le *Journal* de Halder mentionne à la date du 30 novembre 1941 :

> Total des pertes de l'armée à l'Est (non compris les malades) : 743 112, soit 23,12 % de l'effectif moyen de 3 200 000... Au front de l'Est, il manque à l'armée 340 000 hommes, soit 50 % de la force de combat de l'infanterie. Les compagnies ne disposent en moyenne que de 50 à 60 hommes... Il n'y a plus au pays que 33 000 hommes disponibles... Camions : 50 % seulement en état de marche.

Sur le plan stratégique, ces dispositions n'étaient pas loin de signifier la faillite du plan de guerre de juillet 1940.

Il fallut se rendre à l'évidence : dans sa détermination fanatique de conserver ce qui avait été gagné et de faire obstacle à toute liberté de mouvement, Hitler désavouait tous les principes qu'il venait lui-même d'édicter. Cela mis à part, cette directive n'apportait aucune aide, ni immédiate ni à court terme, aux troupes du front qui, exposées à un froid intense, se retrouvaient soudain dénuées de leur supériorité habituelle. L'offensive les avait déjà obligées à fournir un effort excessif; la période qui s'ouvrait à présent allait exiger d'elles leurs ultimes réserves d'énergie pour réparer les erreurs commises et celles qui devaient encore l'être, ainsi que pour redresser la situation créée par les risques exagérés assumés par le haut commandement, et non uniquement par Hitler et l'OKW.

L'entrée en guerre du Japon et des Etats-Unis

Le 11 décembre, quatre jours après l'attaque japonaise de Pearl Harbor, Hitler annonçait au Reichstag la déclaration de guerre de l'Allemagne aux Etats-Unis. Warlimont, qui n'était au courant de rien, apprit la nouvelle par la radio. De Berlin, Jodl lui demanda par téléphone d'examiner sur quel théâtre les Américains interviendraient en premier lieu avec la masse de leurs forces : l'Europe ou l'Extrême-Orient ?

A l'état-major Opérations, bien que l'on n'y disposât d'aucune base sûre, on eut rapidement la conviction, partagée par les services de Canaris, que le premier objectif des Américains serait de mettre l'Allemagne hors de combat. On estimait néanmoins que les Etats-Unis n'étaient pas en mesure pour le moment de lancer des forces importantes sur les théâtres européen et africain. On jugeait en outre que la meilleure préparation à la guerre dont bénéficiait le Japon était de nature à servir initialement les puissances de l'Axe, surtout si, comme on pouvait s'y attendre, les Japonais étaient prêts à retenir d'importantes forces russes en Extrême-Orient, en dépit de leur pacte de non-agression avec Moscou.

La convention militaire signée à Berlin le 18 janvier 1942 par Keitel et les délégués des états-majors italiens et japonais ne prévoyait rien de semblable. L'Union soviétique ne figurait même pas parmi les puissances ennemies citées dans le document.

Bien que l'entrée en guerre du Japon ne se soit traduite à aucun moment par une contribution quelconque à la lutte contre l'URSS, elle n'en eut pas moins certains résultats favorables pour les Allemands.

Au nombre de ceux-ci, figurait notamment l'allégement du théâtre d'opérations en Méditerranée, où le départ d'effectifs importants de la flotte et de l'aviation britanniques vers l'Extrême-Orient, conjugué à nos propres renforts en sous-marins et en avions permit à Rommel de repousser à nouveau les Anglais, dès la fin de janvier 1942, jusqu'aux abords de Tobrouk. En outre, le chargement dans des ports japonais de forceurs de blocus qui transportaient des matières premières (particulièrement du caoutchouc) ainsi que de nombreuses aides apportées à leur navigation, constituèrent un appoint important, sinon indispensable, à la poursuite de la guerre en Europe.

Changements organiques et personnels

Au retour de Hitler de Berlin, la crise au front de l'Est avait atteint un degré qu'évoque parfaitement l'extrait suivant du *Journal* de Halder, rédigé dans la soirée du 15 décembre 1941 : «Très sérieuse discussion avec le commandant en chef de l'armée concernant la situation. Il est très découragé et ne voit plus aucun moyen de sortir l'armée de cette situation difficile.» Si ce jugement du maréchal von Brauchitsch a pu être fortement influencé par son mauvais état de santé, qui l'avait déjà amené dix jours auparavant à la décision de démissionner, il n'en reste pas moins que le GQG était également inquiet à l'extrême. Une des premières conséquences qui en résultèrent fut une série de changements organiques et personnels, dont le plus important fut de loin la prise par Hitler, le 19 décembre, du commandement en chef de l'armée (OKH); il ne s'agissait pas d'une mesure d'urgence momentanée : il devait le conserver jusqu'à la fin.

Le même jour, Hitler laissa partir sans lui accorder aucune distinction ni aucune marque d'honneur, le maréchal von Brauchitsch qui avait été pendant près de quatre ans à la tête de l'armée.

Hitler tenait von Brauchitsch pour responsable, en raison de son insistance pour Moscou, de l'échec du plan d'opérations et lui reprochait la situation catastrophique dans laquelle se trouvait l'armée.

Sur le plan du commandement, la décision prise en décembre 1941 par Hitler de se placer lui-même à la tête de l'armée ne constituait que la confirmation d'une situation de fait. Il ne fut donc question que pour la forme d'autres successeurs possibles. On connaît d'ailleurs la déclaration historique faite à l'époque par Hitler et rapportée ultérieurement par le général d'armée Halder en ces termes : «N'importe qui est capable d'assumer ce peu de direction des opérations. Le rôle du commandant en chef de l'armée est d'inculquer le national-socialisme à l'armée. Je ne connais aucun général de l'armée qui puisse accomplir cette tâche comme je l'entends. C'est pourquoi je me suis résolu à assumer moi-même le commandement de l'armée.»

Toujours avide d'accroître son pouvoir, Hitler ne rata pas l'occasion. Il avait exploité en 1938 la situation créée par le départ de von Blomberg, pour prendre effectivement la tête des forces armées (OKW). Il profita cette fois de la démission de von Brauchitsch pour mettre la main sur l'armée (OKH).

Il reprit personnellement la direction des opérations et le département du Personnel; une partie des autres attributions du commandant en chef serait assumée par Keitel et Halder s'occuperait du reste. C'était le morcellement des responsabilités, le chaos...

Comme si cela ne suffisait pas, Hitler, fidèle aux méthodes qu'il avait déjà appliquées au cours des mois précédents, limita désormais la compétence de l'état-major général de l'armée à la seule conduite des opérations à l'Est. Ce qui pouvait encore passer jusque-là – sauf en Norvège et dans le nord de la Finlande – pour

TABLEAU 2

Situation à partir de l'automne 1942
Autocratie militaire de Hitler

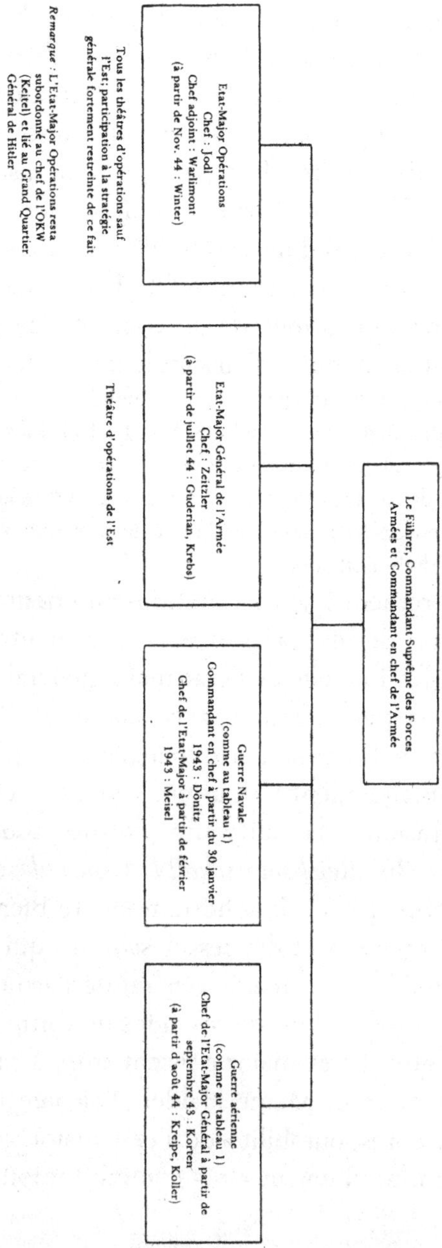

une exception à la règle, fut érigé en système quand il se constitua commandant en chef de l'armée, bien que, pas plus que par le passé, cela ne fût formellement stipulé. Cela ne signifiait pas seulement la destruction de l'unité de l'armée sur le plan opérationnel, puisque plus personne, en dehors de Hitler, ne pouvait disposer de la masse des forces de l'armée et donc des réserves, ni déplacer des forces d'un théâtre d'opérations à un autre, mais cela avait aussi pour effet d'amputer davantage l'état-major Opérations de sa compétence propre qui comportait la conduite d'ensemble de la guerre.

On aurait pu, maintenant qu'ils dépendaient directement du même commandant, fusionner l'OKW et l'OKH. La solution ne fut pas envisagée. Elle allait du reste, tout comme le rêve de l'état-major de l'armée de se transformer en un grand état-major des forces armées, à l'encontre du souci de Hitler de tout réunir en ses seules mains et de diviser ailleurs.

Contrairement à ses déclarations antérieures, il n'était même plus disposé à présent à reconnaître la haute valeur professionnelle de l'état-major général de l'armée. Il remarqua par exemple, avec autant de hargne que d'injustice, à l'occasion du changement opéré dans le haut commandement : « L'armée agit trop schématiquement. Allusion à la Luftwaffe. Formée tout différemment par le *Reichsmarschall* » (*Journal* de Halder, 19 décembre 1941). Il abhorrait encore bien davantage le sens des réalités et des responsabilités qui imprégnait les activités de l'état-major général de l'armée. Il devait déclarer un jour à l'un de ses aides de camp : « Les officiers brevetés d'état-major pensent trop, à mon sens. Ils compliquent trop. Même Halder. J'ai bien fait de supprimer la coresponsabilité de l'état-major général. » En fin de compte, il en fut alors comme toujours – dans le passé et dans l'avenir – : cet homme qui n'avait d'égards pour personne appréhendait d'imposer au *Reichsmarschall* ou au commandant en chef de la marine une quelconque forme de subordination à l'armée.

Quelques modifications intervinrent le 1er janvier 1942 dans l'organisation de l'état-major Opérations, dont la méthode de travail restait cependant inchangée. La section L disparaissait, mais ses sous-sections, et notamment celles s'occupant des opérations – armée, Luftwaffe, marine – étaient élevées au rang de section. Warlimont devenait à la même date chef adjoint de l'état-major Opérations.

Lorsque Jodl le mit au courant de cette réorganisation, Hitler se contenta de demander le remplacement, à la tête de la section Armée, du colonel von Lossberg, dont il n'avait pas oublié l'attitude critique à son égard lors de la campagne de Norvège.

Regards sur les conférences du Führer

La prise du commandement en chef de l'armée, par Hitler, ainsi que la grave crise qui sévissait amenèrent un profond changement dans les conférences journalières. Dès le 19 décembre, Halder notait dans son *Journal* : « Nouvelles méthodes de travail : conférence journalière avec le chef des transports, le chef des renseignements et le quartier-maître général » ; bien qu'il ne fût pas mentionné, il faut y ajouter le chef de la section Opérations de l'OKH, le général Heusinger, que Hitler avait promu le 23 décembre au grade de général de brigade, sur proposition de Halder. Ces dispositions étaient une conséquence assez logique de la nouvelle position de Hitler. Il m'a semblé aussi que le général d'armée Halder ait tenté à cette époque de prendre un nouveau départ et, faisant fi de toutes les tensions (y compris celles d'ordre personnel), de mettre à profit autant que possible ses nouvelles relations étroites de service avec Hitler dans l'intérêt supérieur de l'armée. Il devait cependant se rendre compte très rapidement que cela ne suffisait pas, et de loin, à effacer leurs divergences fondamentales.

Le premier obstacle que Halder rencontra dans sa tentative de conciliation fut la façon dont se déroulaient les conférences, Hitler et son proche entourage continuant – consciemment ou inconsciemment – à suivre la routine habituelle. C'est ainsi que, comme par le passé, le GQG de l'armée devait remettre chaque jour à la première heure, par écrit, ses comptes rendus de la situation à l'aire 2. Comme par le passé aussi, ces documents, complétés par les renseignements émanant des autres théâtres d'opérations, servaient de base à Jodl pour l'établissement de son propre exposé de la situation à Hitler. Suivant en cela les habitudes acquises, le chef de l'état-major Opérations se bornait, pour ce qui était de l'Est, à esquisser à grands traits la situation en utilisant une carte au 1/1 000 000e. Il ne pouvait – et ne voulut sûrement plus par après – éviter que suite à cela des discussions critiques et approfondies s'engagent qui empiétaient gravement sur la compétence de l'armée à propos du théâtre d'opérations de l'Est, tout comme c'était le cas lors des entretiens auxquels il assistait seul, le soir ou la nuit, dans le cercle du GQG. Halder n'arrivait avec son équipe qu'une fois terminée la première partie de la conférence de midi pour exposer à son tour en détail, la situation à l'Est au moyen de grandes cartes au 1/300 000e ou à une plus grande échelle, le cas échéant. Mais il se heurtait presque toujours tout comme lors des exposés qu'il avait faits antérieurement en certaines occasions particulières, à des opinions déjà faites et à des décisions déjà prises par avance, bien qu'il eût une bien meilleure connaissance de la situation et de ses implications; cela compliquait singulièrement sa tâche.

Le général d'armée Halder s'accommoda de cette situation pendant les neuf mois où il demeura encore chef d'état-major général de l'armée. Halder admit également que les ordres de Hitler pour l'offensive d'été 1942, qui ne concernait que le seul front de l'Est, soient rédigés et émis par l'état-major Opérations.

Abstraction faite de cela, le chef d'état-major général de l'armée devait apparaître au cours des conférences comme un visiteur en un lieu étranger. Si Halder, lors de ses interventions, incarnait en tous points, par ses connaissances et son jugement, par ses paroles et son attitude, les meilleures traditions de l'état-major général, Hitler, lui, se complaisait dans le rôle de tribun du peuple. Les officiers accompagnant Halder étaient peu nombreux et, selon la coutume militaire, ils se tenaient à l'écart, prêts à fournir des renseignements relevant de leur compétence. Hitler, par contre, était entouré d'un nombre toujours croissant de membres de sa maison militaire, auxquels était à présent venu s'adjoindre un représentant de la Waffen-SS; depuis les années qu'ils vivaient en commun, ils avaient plus ou moins abandonné l'attitude militaire : c'est ainsi que Keitel, par exemple, n'attendait qu'un mot mis en évidence sinon un silence de Hitler pour manifester son approbation inconditionnelle par la parole et par le geste; de même, Jodl – qui avait toujours au moins une main dans la poche de son pantalon –, préférait en général garder le silence lorsque se posaient des questions délicates, à moins qu'il ne défendît occasionnellement le point de vue de Halder. Mais il y avait surtout certains autres assistants, la plupart sans aucune responsabilité mais qui aidaient Hitler de leurs commentaires et exclamations, comme à une réunion publique, sûrs en cela de recevoir un accueil favorable.

Les torrents de paroles déversés par Hitler devaient exercer sur Halder – et pas seulement sur lui – une action physique intolérable, car les questions urgentes et les propositions concrètes s'y trouvaient emportées dans un tourbillon brassant sans interruption, et avec des répétitions continuelles, le vieux et le neuf, l'important et l'accessoire. En outre, Hitler avait d'interminables entretiens téléphoniques avec les titulaires des grands commandements de l'armée au front, soit que ceux-ci tentassent de profiter du moment des conférences pour lui arracher des décisions urgentes, soit que Hitler les appelât dans le vague espoir d'obtenir d'eux des informations plus satisfaisantes que celles émanant de Halder. Enfin, il arrivait que des ministres, des secrétaires d'Etat ou d'autres experts non militaires, relevant pour la plupart des communications, fussent convoqués d'urgence aux conférences pour y être interrogés, sermonnés ou menacés par Hitler, qui, en les faisant venir de Berlin, croyait prouver de la sorte l'unité absolue de direction. Des heures et des heures se passaient ainsi chaque jour, entraînant pour ceux des participants qui avaient charge de responsabilités non seulement une perte de temps, mais surtout une diminution de leur réserve d'énergie.

Cependant, le fardeau le plus lourd que Halder eut à porter fut indubitablement de devoir collaborer à la méthode de commandement de l'armée que Hitler, rejetant toute entrave, commençait à pratiquer. Tout comme il l'avait déjà fait à l'époque de Rostov avec le groupe d'armées Sud, il imposa comme premier et seul principe de base à partir de la mi-décembre, pour l'ensemble du théâtre d'opérations de l'Est, de tenir là où le front avait été arrêté lors de l'attaque et de ne pas reculer d'un pas. Ce système se trouvait exprimé avec plus de force encore dans le mot d'ordre : « Chaque homme devra se défendre là où il se trouve. »

Compte tenu du jugement porté par von Brauchitsch, qui estimait la situation inextricable, on ne peut nier aujourd'hui, pas plus qu'on ne le pouvait à l'époque, qu'une telle exigence se justifiait et était même indispensable en tant que directive générale ou stratégique. De plus, il est certain que, les choses étant ce qu'elles étaient, le nom de Hitler, accolé à cet ordre, contribua à ce que celui-ci atteigne jusqu'au dernier des soldats et à ce que la majorité des hommes aillent au bout de leurs forces, par crainte ou par enthousiasme. Mais, en s'obstinant de façon aussi insensée dans l'application aveugle de ce principe, Hitler provoqua des pertes qui ne purent jamais être compensées. En dépit des objections qu'il souleva presque chaque jour contre la rigidité de cet ordre incompatible avec l'exercice du commandement de l'armée, le chef de l'état-major général se vit bientôt relégué, selon ses propres termes, au rang de directeur du bureau militaire de Hitler pour le théâtre des opérations de l'Est. Il se voyait ainsi poussé, dans la même voie que celle choisie volontairement par le général Jodl avec son état-major d'exécution, à la risée de l'armée. Le système de commandement de Hitler privait les généraux expérimentés du front, de la marge indispensable, en toute situation, dans l'application sur le plan tactique, des principes stratégiques. Hitler répéta à maintes reprises au cours des conférences : « Les généraux doivent obéir au même titre que les simples soldats... C'est moi qui commande, et tout le monde doit s'incliner sans condition... C'est moi qui suis responsable! Moi seul et personne d'autre! J'extirperai radicalement toute autre opinion.»

Parallèlement à cette évolution, Hitler inaugura aussi une nouvelle politique de personnel dirigée contre l'état-major général et qui contraignit dès le 18 décembre, le maréchal von Bock à céder, pour raisons de santé, le commandement du groupe d'armées Centre au maréchal von Kluge. Quelques jours plus tard, le 22 décembre, Guderian lui-même, après avoir tenté d'attirer l'attention de Hitler au cours d'un exposé oral sur les conséquences de ses méthodes rigides de commandement, fut relevé de son commandement pour toute la durée de la guerre. Par la suite, ces manifestations d'autorité tyrannique en vinrent à prendre une forme véritablement ignominieuse. C'est ainsi notamment que le général d'armée Hoeppner, commandant la 4e armée blindée, fut exclu de la Wehrmacht pour désobéissance et lâcheté et que le général Forster, commandant de corps d'armée, fut destitué sans autre forme de procès. Ce dernier, qui avait été inspecteur du génie et des fortifications, était déjà en disgrâce auprès de Hitler depuis les discussions qui avaient eu lieu en 1938 au sujet de la construction de la ligne Siegfried. Et le 15 janvier 1942, Halder notait en termes lapidaires : «Von Leeb demande à être relevé. Strauss n'en peut plus, von Reichenau a eu une attaque.»

Leeb et Guderian ne furent pas les seuls à devoir s'envoler fréquemment vers le GQG de Prusse-Orientale au lieu de recevoir, comme par le passé, la visite de von Brauchitsch à leurs propres quartiers généraux; d'autres généraux de l'armée allèrent discuter des journées entières avec Hitler sur la manière d'adapter son principe de défense rigide aux circonstances réelles du front.

Ils n'aboutirent à aucun résultat, d'autant moins qu'à partir de la fin de janvier 1942, le front commença à se raffermir de lui-même. En conséquence, et comme cette évolution semblait confirmer le bien-fondé de ses théories, Hitler prit alors une décision lourde de conséquences : celle d'imposer en toutes circonstances, pendant le reste de la guerre, son principe de résistance à tout prix sur place comme seul procédé valable en défensive. Une phrase de Goebbels fut alors utilisée en toute occasion : « Le Führer seul a sauvé le front l'hiver dernier. » Le 29 avril 1942, Ciano note dans son *Journal* : « Ribbentrop en particulier fait son numéro de propagande... L'hiver russe a été vaincu par le génie de Hitler. C'est bien la plus grosse couleuvre qu'on m'ait jamais fait avaler. »

A la fin décembre 1941, le général Warlimont fut également prié de participer de façon régulière aux conférences de midi chez Hitler. Selon les instructions de Jodl, sa présence avait simplement pour but de lui permettre de donner immédiatement suite aux questions et aux décisions intéressant directement l'état-major Opérations et de décharger de la sorte le général Jodl lui-même. Ce dernier devait déclarer plus tard à Nuremberg que « ces conférences étaient en fait des émissions d'ordres [...] sur base de l'exposé, le Führer décidait aussitôt ce qui devait être ordonné pour les jours suivants ». En réalité, il était presque impossible d'obtenir de Hitler qu'il prenne aussitôt les décisions même les plus urgentes et rien n'était jamais arrêté pour les jours suivants. Ses décisions ne furent que trop souvent dépassées par les événements.

Peu après, Warlimont arriva à persuader Jodl de lui abandonner une partie de l'exposé de la situation :

l'argument principal qu'il utilisa à cet effet fut qu'un de ses subordonnés, le chef de la section marine présentait chaque jour la situation navale. Pour le chef adjoint de l'état-major Opérations comme pour tout autre observateur attentif, il était particulièrement symptomatique qu'en cas de précisions à demander ou de décision à prendre, suite à l'exposé de Warlimont, Hitler s'adressait toujours exclusivement à Jodl et que ce dernier était le seul qu'il appelât par son nom.

Ces nouvelles dispositions rendaient la première partie de la journée extrêmement chargée pour le chef adjoint de l'état-major Opérations. Une fois terminé l'examen des comptes rendus écrits du matin, qui se faisait en même temps que l'expédition d'autres affaires urgentes, il tenait à 11 heures avec ses proches collaborateurs une conférence au cours de laquelle étaient prises des dispositions de toute nature. Il se rendait ensuite en voiture à l'aire 1 pour y donner à Jodl un aperçu concis des dernières nouvelles. Suivait alors la conférence chez Hitler laquelle, à l'époque, durait fréquemment trois heures et plus ; puis il rentrait et donnait des instructions à ses collaborateurs sur les tâches les plus urgentes, ce qui se faisait en général sous forme de courtes notes écrites. La plupart du temps, celles-ci donnaient lieu au cours de la même journée à des télégrammes qui étaient expédiés à d'autres Quartiers généraux, ou à des projets d'ordres et à des minutes destinés au chef de l'état-major Opérations. La deuxième moitié de la journée était plus calme ; elle débutait par un déjeuner tardif, suivi chaque fois que c'était possible d'une promenade dans les bois environnants en compagnie de l'un ou l'autre confident de l'état-major. Très souvent, Warlimont profitait de ce moment de détente pour se soulager de la tension provoquée par les heures passées auprès de Hitler, en exprimant sans retenue l'opinion qu'il avait non seulement de la personne de celui-ci, mais aussi de sa méthode de commandement. A titre de curiosité, signalons que Hitler ne connaissait aucune langue étrangère et que sa façon de prononcer les expressions et les noms propres étrangers écorchait véritablement les oreilles, ce qui n'empêchait pas son entourage de l'imiter servilement. Pendant ces semaines de crise, il fut fréquemment question de Caulaincourt et de la relation qu'il fit de ses entretiens avec Napoléon pendant leur voyage de Moscou à Paris en hiver 1812/1813, ces entretiens étant beaucoup lus, et commentés avec intérêt au sein de l'état-major général. La fin de l'après-midi et la soirée étaient remplies à suffisance par les besognes courantes de l'état-major. Le rythme de ces journées était en tout point différent de celui qui avait cours à l'aire 1. Cela vaut d'être mentionné, car un tel contraste ne manqua pas d'avoir des conséquences. A l'aire 1, en dehors du maréchal Keitel qui faisait preuve d'une activité constante, on avait adopté les habitudes de Hitler, c'est-à-dire qu'on dormait jusqu'à une heure avancée dans la matinée et que l'on prenait, pour cette raison, la nuit pour le jour.

12

Nouveau départ

Bases stratégiques

Hitler était fermement décidé à reprendre l'initiative à l'Est dès la fin de l'hiver. Le 3 janvier 1942 déjà, il faisait part à l'ambassadeur japonais de son intention d'attaquer en direction du Caucase aussitôt que le temps le permettrait. A la mi-mars, il déclarait à Berlin que les Soviétiques seraient détruits au cours de l'été.

Ayant à faire face à deux adversaires, l'Allemagne devait nécessairement tenter d'en éliminer un avant que l'autre puisse déployer toute sa puissance. Le commandant suprême avait fait son choix ; son entourage militaire n'était pas en mesure de lui en proposer un autre. Si l'état-major Opérations avait pu remplir sa fonction véritable, il aurait exploré toutes les solutions possibles, y compris une intensification de la guerre contre le trafic maritime des puissances anglo-saxonnes dans l'Atlantique. Il aurait examiné les conséquences que l'on pouvait attendre de la mise en œuvre, à partir de bases établies dans les territoires sous souveraineté française, d'un nombre accru de sous-marins et de puissantes formations de la Luftwaffe adaptées à ce genre de combat. Et il aurait constaté qu'elles étaient considérables : débarquements en Afrique du Nord et en Europe fortement différés ; déploiement sur le continent de la puissance aérienne alliée retardé d'autant ; pour peu que les Japonais fassent preuve d'esprit de coopération en ce domaine au moins, impossibilité pour l'Armée rouge, largement tributaire des apports alliés acheminés par mer, d'entreprendre des opérations importantes pendant un certain temps.

Une telle stratégie, mettant l'accent sur la guerre navale et aérienne, ne pouvait être défendue que par Raeder et Goering. Les deux commandants en chef ne prirent aucune initiative dans ce sens. Ils acceptèrent même sans rechigner la priorité accordée le 10 janvier par Hitler à l'armée dans les programmes d'armement.

Méthodes et objectifs à l'Est

Alors que jusque-là, Hitler s'était contenté de donner des directives générales avant une campagne, il allait, maintenant qu'il était commandant en chef de l'armée, préparer en détail les opérations à mener. Les plus hautes autorités militaires, qui connaissaient les grandes lignes du plan de l'offensive, depuis la mi-février, furent initiées de manière plus précise six semaines plus tard.

Au cours d'une conférence particulière qui eut lieu au GQG dans l'après-midi du 28 mars et à laquelle ne furent convoqués, pour des raisons de sécurité, que quelques membres très haut placés des états-majors de la Wehrmacht, de l'armée et de la Luftwaffe, le chef d'état-major général de l'armée exposa en détail les intentions pour la campagne d'été, telles qu'elles découlaient des prescriptions qui lui avaient été communiquées verbalement. Warlimont n'avait initialement pas été invité à cette réunion et il n'obtint de pouvoir y participer qu'après avoir signifié à Jodl qu'il en allait du prestige de son propre état-major. Signalons simplement à propos de cette conférence que Hitler n'avait nullement été ébranlé par les récents échecs et qu'il en était revenu à ses conceptions de décembre 1940 et de l'été 1941 : il voulait à nouveau rechercher une solution sur les flancs extrêmes du front, qui était déjà fort étiré. Toutefois, il avait compris que les forces de l'armée, ayant diminué et ne pouvant être reconstituées, il lui fallait poursuivre un objectif après l'autre, en commençant par le Sud, avec le Caucase. Provisoirement (et contrairement aux commentaires faits par Goebbels dans son *Journal*), la prise de Moscou n'était pas envisagée.

Aucune objection ne fut soulevée; cependant, on pouvait percevoir presque physiquement le malaise du chef d'état-major général de l'armée qui avait déjà protesté à diverses reprises contre le curieux dispositif échelonné adopté au départ de l'offensive, la divergence des directions d'attaque dans son développement ultérieur et surtout contre l'extension excessive du cadre des opérations tant en largeur qu'en profondeur. Ce fut sans doute une des raisons pour lesquelles le chef de la maison militaire se présenta le lendemain chez Halder au camp d'Angerburg pour se plaindre une fois de plus, et amèrement, du manque de confiance manifesté à l'égard du Führer. Schmundt aurait déclaré à cette occasion que les officiers de l'état-major général de l'armée devaient être beaucoup plus convaincus de la grandeur de Hitler et s'intégrer de telle manière qu'ils le suivent et lui obéissent les yeux fermés.

A quoi Halder objecta que nul ne pouvait exiger la confiance s'il n'était prêt à l'accorder lui-même, et que la méfiance manifestée par Hitler à l'égard de l'état-major général avait été ressentie de longue date par celui-ci, jusqu'à ses échelons les plus bas.

Jodl était conscient du danger qui pouvait résulter de la faiblesse des groupes d'armées Nord et Centre, mais il ne fit aucun commentaire lorsqu'il chargea son état-major de préparer une directive résumant la manœuvre exposée par Halder.

Dans le cas présent, l'état-major s'efforça de limiter le contenu de la directive à des missions et d'éviter de brider l'OKH là où ce n'était pas nécessaire. Le résultat obtenu fut cependant le contraire de ce qu'il espérait. Hitler ne laissa pas échapper l'occasion de montrer une fois de plus comment il comprenait son rôle de commandant en chef de l'armée : quand le projet lui fut présenté par le chef de l'état-major Opérations le 4 avril, il déclara qu'il travaillerait lui-même à cette directive. Dès le lendemain, son historiographe put noter avec un orgueil non dissimulé : «Le Führer a profondément amendé le projet de directive n° 41 et il y a ajouté des passages importants conçus par lui-même... En particulier, le passage ayant trait à l'opération principale a été entièrement réécrit par le Führer.» Le résultat de ce travail, un document plein de répétitions et de longueurs, fut publié le 5 avril. Avec son mélange d'instructions opérationnelles et de principes stratégiques universellement connus, ses formulations confuses, son abondance de détails et, surtout, les termes et les expressions dont il était truffé, il présentait, même pour celui qui n'était pas familiarisé avec la littérature militaire, un contraste énorme avec la forme normale d'un document de l'état-major général allemand, produit de stricte formation et de longue expérience.

Keitel avait fait auparavant le tour des capitales amies et obtenu la participation aux opérations de quatre armées supplémentaires : une italienne, une hongroise et deux roumaines. On ne leur confia que des missions défensives et l'on prit soin de ne pas donner de zones contiguës aux frères ennemis roumains et hongrois.

Associé désormais à la préparation et à la conduite des opérations à l'Est, Jodl se détacha petit à petit de son état-major, qui n'y était pas lié, et forma bientôt un groupe distinct avec les autres officiers de l'aire 1.

Les théâtres d'opérations de l'OKW

L'état-major Opérations s'efforça de faire placer chaque théâtre OKW sous l'autorité unique d'un commandant en chef, à qui l'on accorderait une large délégation de pouvoirs. Il n'y parvint jamais. Sans doute, certains théâtres furent-ils pourvus d'un commandant en chef, mais celui-ci ne reçut à aucun moment les attributions correspondant à son titre. C'est ainsi, par exemple, qu'à l'Ouest, von Rundstedt ne commandera de fait que les unités de l'armée.

Dans ce cas-ci, on décèle encore la crainte permanente qu'avait Hitler de s'opposer au grand amiral Raeder ou à Goering; mais en fin de compte, c'est probablement la nature révolutionnaire du premier personnage du Reich qui fit qu'après avoir supprimé l'autorité exclusive de l'OKH sur tous les théâtres d'opérations, il se refusa également à admettre que le commandement sur l'ensemble des forces armées d'un théâtre soit concentré entre les mains d'un seul homme.

Sachant cela, Jodl rejeta toutes les propositions de son état-major.

La structure générale du commandement était loin d'être satisfaisante. Il en alla de même du commandement dans les régions côtières, en raison des dispositions prises dans la directive n° 40 du 23 mars 1942 de l'OKW. L'état-major Opérations croyait avoir préservé une certaine unité de commandement dans la défense contre des débarquements en déterminant, non sans peine, un certain nombre de principes. Mais cette situation se trouva considérablement modifiée quelques jours plus tard, quand le haut commandement de la marine y apporta des *addenda* qui équivalaient à lui donner la prééminence. Cet arrangement fut pris avec l'accord de Hitler, en dépit de toutes les objections soulevées par l'état-major Opérations ainsi que par les soi-disant commandants en chef sur les théâtres d'opérations de l'OKW, en particulier par ceux de l'Ouest et de Norvège. Le chef de l'OKW dut finalement signer le 5 décembre 1942, sur instruction de Hitler, un ordre additionnel confirmant qu'aux abords des côtes le commandement serait partagé selon les vœux de la marine : les commandants des défenses côtières, officiers de marine ne recevant d'ordres que des services de la marine, seraient responsables de la lutte, et de tous les préparatifs y relatifs, contre l'ennemi avant qu'il atteigne la côte, tandis que les commandants de secteur de l'armée conduiraient les opérations contre les troupes ayant débarqué. Dans le contexte des autres faiblesses de la défense côtière, la preuve ne put être apportée que ce règlement, qui fixait des lignes de séparation impossibles à appliquer dans le temps et dans l'espace, constituait une erreur fondamentale de plus dans cet immense chaos que constituait l'organisation allemande du commandement.

Au début de l'année 1942, le GQG allemand n'exerça aucune influence sur les opérations d'Afrique du Nord; seules les opérations terrestres de grande envergure en cours à l'époque dépendaient de l'OKW. La rupture soudaine du front réussie par Rommel et sa nouvelle progression vers l'Est avaient surpris aussi bien Hitler, en Prusse-Orientale, que Mussolini à Rome. Plus tard, Rommel se vit forcé de faire appel à l'aide allemande pour pouvoir poursuivre son offensive et il le fit en dépit de l'opposition des autorités italiennes. A cette même époque, après plusieurs mois de bombardements aériens, Kesselring pensait qu'il avait à peu près atteint son objectif, qui était d'éliminer les installations de la base britannique de Malte et de couper ainsi l'île de tout renfort venant de la mer. C'est alors seulement, à la fin du mois d'avril, que Hitler et Mussolini se rencontrèrent à Berchtesgaden avec leurs proches conseillers pour mettre au point un calendrier et déterminer les objectifs de la stratégie ultérieure en Méditerranée pour l'été 1942.

Une fois de plus, on ressentit fortement le manque de préparation d'une telle réunion par un état-major interallié. La consultation arrivait trop tard, trop peu de temps lui était consacré, et comme de coutume, les partenaires ne jouaient pas franc jeu. Jodl était le seul membre de l'état-major Opérations à assister aux discussions, dont les bases étaient d'autant plus malaisées et les résultats plus problématiques que les Italiens attachaient une importance primordiale à la prise de Malte, sans être capables de l'assurer par leurs propres forces ni de préciser le moment où ils seraient prêts à y participer, tandis que du côté allemand, les opinions étaient divergentes : ignorant quelle était la situation à Malte, Rommel insistait sur la reprise de son offensive contre le canal de Suez avant le déclenchement d'une attaque anglaise; Kesselring estimait qu'on pouvait – et même qu'on devait – prendre Malte par un coup de main, en profitant des effets des bombardements aériens; enfin, Hitler qui n'avait jamais cru au succès d'un débarquement à Malte, penchait plutôt pour une offensive contre l'Egypte. Soit qu'il ait été pris de doute, soit qu'il n'ait fait que feindre, il se rallia à une solution de compromis consistant à arrêter l'armée Rommel à la frontière entre la Libye et l'Egypte, de façon à être prêt à envahir Malte à la mi-juillet, ou tout au plus tard à la mi-août, et en tout cas par pleine lune.

Cependant, dix jours plus tard déjà, peu après le 10 mai, lorsque Kesselring fit savoir qu'il avait accompli sa mission de destruction des installations de l'île, Hitler laissa les mains libres à Goering, qui ne voulait pas davantage d'une attaque contre Malte, pour qu'il transfère à l'Est une partie de la 2e flotte aérienne ; il ajouta que si le moindre danger apparaissait à l'Ouest ou en Norvège, il fallait prévoir le prélèvement d'autres forces aériennes sur le théâtre de la Méditerranée. Ce fait, ainsi que des déclarations très sceptiques au sujet de sa propre décision concernant Malte, trois semaines à peine après la convention prise avec les Italiens, convainquirent l'état-major Opérations de l'urgence d'une clarification définitive, d'autant plus qu'entre-temps des troupes d'assaut allemandes d'élite ainsi que tous les moyens d'attaque nécessaires avaient été concentrés en Sicile. Hitler fit ce qu'il faisait souvent lorsqu'il était aussi indécis : il se contenta de convoquer au GQG de Prusse-Orientale le commandant responsable, en l'occurrence le général d'aviation Student, un expert en opérations aéroportées, pour obtenir de lui un rapport verbal. Student se présenta le 21 mai et il se déclara assuré du succès ; il fut d'ailleurs soutenu sans réserve par le chef de l'état-major général de la Luftwaffe, Jeschonnek, en dépit du fait que ni l'un ni l'autre ne pouvaient ignorer le point de vue opposé de Goering. La marine abonda dans le même sens, ainsi que les autorités allemandes et italiennes de Rome où, pour la première fois depuis le début de la guerre, un état-major interallié s'était constitué en vue de l'opération sur Malte et s'était déjà mis au travail.

Tout ceci n'empêcha pas Hitler, que ces opinions contraires aux siennes avaient rendu furieux, de refuser sans autre forme de procès, et en présence de Student, tous les plans et toutes les propositions qui avaient été mis en avant. Pour Jodl, qui avait observé jusqu'alors une réserve prudente, il était trop tard pour faire à nouveau peser le pour et le contre par son état-major. Il était trop tard aussi pour que les Italiens aient encore leur mot à dire dans cette décision d'une importance capitale pour leur théâtre d'opérations méditerranéen ou même pour qu'ils en soient informés. Sans plus examiner la question, Hitler avança simplement comme arguments nouveaux que des renforts destinés à l'Afrique du Nord pourraient être envoyés à Tobrouk par-dessus Malte aussitôt que Rommel aurait atteint à nouveau la frontière entre la Libye et l'Egypte, qu'on n'avait donc pas besoin de Malte et qu'il suffisait de préparer les opérations de débarquement en théorie – pour duper les Italiens.

Sur les autres théâtres OKW, il fut surtout procédé à une révision des plans existants, de manière à les adapter à l'évolution de la capacité offensive des puissances anglo-saxonnes. On réexamina les contre-mesures à prendre dans l'hypothèse d'un débarquement au Maroc ou dans la péninsule Ibérique. Dans le premier cas, on occuperait la France entière; dans le second, on franchirait les Pyrénées et l'on s'assurerait des ports de l'Espagne du Nord.

On s'efforça d'augmenter la capacité défensive à l'Ouest. Un rassemblement de petits bateaux ayant été signalé sur la côte Sud de l'Angleterre, Hitler, qui depuis quelques jours manifestait une grande inquiétude à propos de tentatives éventuelles de débarquement sur la côte atlantique, ordonna le 26 juin le renforcement immédiat du théâtre, et envisagea même le transfert de deux divisions blindées SS de Russie, bien que l'on s'y trouvât à l'avant-veille de l'offensive d'été.

Dans les Balkans, il fallut entreprendre d'innombrables opérations antipartisans.

Qu'il nous soit permis de citer encore un document significatif et, à certains égards, révélateur du travail effectué et de l'attitude adoptée à cette époque du nouveau départ par l'état-major Opérations; il s'agit d'un rapport sur le potentiel militaire 1942 signé en date du

6 juin par son chef adjoint. Nous en retiendrons quelques éléments particulièrement dignes d'intérêt :

Armée : Déficit en personnel à l'armée de l'Est au 1er mai 1942, 625 000 hommes ; impossible de remplacer la totalité des pertes subies au cours de l'hiver. Les divisions blindées des groupes d'armées Centre et Nord ne disposeront chacune que d'un seul bataillon de blindés (c'est-à-dire de 40 à 50 chars). Il faut s'attendre pour le mois d'août 1942 à des difficultés dans le domaine des munitions, qui pourraient influencer les opérations ; secours à puiser dans les stocks du commandement en chef Ouest. Mobilité fortement compromise par les lourdes pertes en véhicules et en chevaux qui ne peuvent être compensées. Impossible d'éviter des mesures de démotorisation. Actuellement plus de réserves en Allemagne.

Marine : Evaluation favorable dans l'ensemble (partiellement contestée par le haut commandement de la marine).

Luftwaffe : Nombre d'appareils opérationnels ramené en moyenne à 50-60 % de la situation existant au 1er mai 1941. Dans l'artillerie antiaérienne, stocks considérablement augmentés, mais pénurie de personnel.

Recrutement : L'appel sous les armes en avril 1942 de la classe 1923 correspond à une avance d'un an et demi sur la normale.

Armements : L'approvisionnement en pétrole constituera au cours de l'année un des points les plus faibles du potentiel militaire et il influencera tant la liberté opérationnelle des trois forces que l'industrie d'armement et les livraisons aux alliés (l'Italie).

Pénurie grave en métaux pour les blindés, les avions, les sous-marins, les véhicules automobiles et les appareils de transmission.

Résumé : Potentiel militaire inférieur à celui du printemps 1941. Compensation à obtenir grâce à une augmentation des pertes infligées à l'ennemi (à l'Est), à la supériorité du commandement allemand et de la valeur individuelle du soldat, à la qualité des armes, au renforcement de la défense antichars. Supériorité assurée ainsi, là où les forces seront concentrées pour l'effort principal.

On constate qu'à côté de quelques progrès, ce tableau fait ouvertement état de la pénurie de personnel et de matériel de la Wehrmacht, ainsi que des pertes impossibles à compenser, lesquelles devaient revêtir, peu avant la fin de la troisième année de guerre, une importance décisive pour l'attitude ultérieure d'un commandement capable de penser d'une manière responsable.

Il est cependant douteux que le commandant suprême de la Wehrmacht ait eu connaissance de cette analyse détaillée, car Jodl ne manifesta jamais qu'un intérêt très limité pour cet aspect du commandement et Keitel ne se serait pas risqué à la transmettre. Le comportement ultérieur de Hitler prouve d'ailleurs à suffisance qu'il s'efforça de soumettre d'autres réalités encore bien plus dures à sa volonté fanatique.

13

Sur le chemin de la plus grande crise

Les débuts

Les événements qui précédèrent le début de la véritable campagne d'été à l'Est dans la seconde quinzaine de juin 1942 – la presqu'île de Crimée presque entièrement occupée; la région autour de Kharkov-Isjum conquise, tremplin important pour la nouvelle offensive, et lourdes pertes infligées à l'ennemi; enfin, victoire éclatante de Rommel sur la 8e armée britannique à Tobrouk – ne firent que renforcer Hitler dans sa conviction que ses espoirs seraient justifiés par l'évolution ultérieure de la situation au cours de l'année.

Le commandant suprême avait beau jeu maintenant à propos de Malte. Il fit part à Mussolini de sa décision – qu'il maintiendra en dépit de toutes les mises en garde – de renoncer à l'opération aéroportée contre l'île. Quant à Rommel, qui s'était lancé à la poursuite de l'armée adverse, il fut stoppé devant El-Alamein.

L'ampleur des succès remportés en Crimée et dans la région de Kharkov-Isjum amena Hitler à penser que la résistance russe serait beaucoup plus faible que l'année précédente et que, dès lors, les objectifs de l'offensive d'été pourraient être atteints plus aisément et plus rapidement que prévu. Il se prit à envisager d'autres opérations, à repenser à Moscou... Les états-majors de l'OKW et de l'OKH ne partageaient pas l'optimisme sans bornes qui avait cours dans l'aire 1 du GQG.

Eté 1942

Le début de la nouvelle offensive d'été, le 28 juin 1942, plaça pour la première fois Hitler devant l'énorme responsabilité qu'il avait prise en s'attribuant le rôle de commandant en chef de l'armée : il lui fallut prendre le risque de lancer d'importantes forces de l'armée dans des opérations offensives hasardeuses. Le coup d'œil pour des possibilités opérationnelles et l'instinct en matière stratégique, qui avaient donné aux forces armées une impulsion nouvelle et qui, selon le jugement quelque peu superficiel d'historiens contemporains, le distinguaient des experts qui l'entouraient, ne pouvaient plus suffire. Il lui fallait prouver à présent qu'il avait réellement ces qualités que possèdent maints profanes; il lui incombait maintenant de maîtriser en outre les tâches confiées jusqu'alors à ces experts et de faire concorder ses conceptions nébuleuses avec les réalités et notamment les forces en présence, les facteurs espace-temps.

On peut se demander si Hitler eut jamais conscience de ces nuances. Il n'a en tout cas jamais envisagé d'utiliser la méthode la plus simple, qui était celle de l'OKH avant toute opération importante et qui consistait à tester ses plans ambitieux et à les aménager en les soumettant à des *Kriegsspiel* et à des exercices sur carte. Il estimait bien plutôt qu'il suffisait de discuter brièvement de ses idées-forces avec les principaux exécutants, ce qu'il fit le 1er juin avec le groupe d'armées Sud, sans y mêler le chef d'état-major général.

Les manifestations extérieures du commandement – rapports, exposés de la situation et ordres – demeurèrent inchangées dans le respect des dispositions et de la routine existantes. Bien qu'il fût immédiatement responsable du sort de l'armée à l'Est, Hitler jugea normal de passer des semaines et des mois au Berghof sans entendre plus d'une fois par semaine environ le chef de l'état-major général de l'armée, qui demeurait pendant tout ce temps en Prusse-Orientale avec tout l'OKH. Seuls eurent lieu plus fréquemment, à partir d'alors, des échanges de vue avec les généraux commandant au front de l'Est, qui durent de ce fait quitter leur poste de commandement des journées entières, principalement en période de crise.

Cela ne signifie pas que Hitler ait négligé consciemment le commandement de l'armée – le temps et l'attention qu'il y a consacrés sont là pour le prouver. Cependant, on distingue aisément la distance qui le sépare d'un véritable commandant en chef *militaire*, qui s'est préparé pendant toute une vie de soldat à exercer pareille fonction et à ne se consacrer qu'à elle. Mis à part le fait que, à maints égards, il ignorait les principes mêmes du commandement, un homme tel que Hitler, absorbé par de nombreuses autres responsabilités, ne pouvait maîtriser l'ampleur de la tâche qu'il avait entreprise ; au surplus, ce n'était pas dans sa nature. Il ne retenait de l'ennemi que ce qui lui convenait et refusait même, dans la plupart des cas, ne fût-ce que de prêter l'oreille à ce qui ne lui convenait pas. Les problèmes de temps et d'espace continuaient à n'être pour lui que des notions des plus vagues, qui ne pouvaient se mettre en travers d'une volonté bien arrêtée. En sa qualité de soldat de la Première Guerre mondiale, il se considérait plus apte qu'aucun de ses conseillers à juger des capacités des troupes et il se livrait à ce sujet à des digressions fréquentes et interminables, pour finir néanmoins par écarter totalement ce genre de considérations. Il négligeait le principe fondamental consistant à concentrer toutes les forces disponibles à l'endroit décisif, dans son souci de ne donner aucune prise à l'ennemi ; cette tendance qui s'était déjà manifestée sur le plan stratégique apparaissait désormais aussi dans le domaine tactique. Cet homme qui avait si longtemps tenu en haleine le monde entier par ses décisions soudaines et aventureuses se montrait, à présent qu'il était confronté avec des événements imprévus, incapable de prendre les mesures les plus urgentes au moment opportun. En outre, il était de moins en moins enclin à donner aux plus hautes autorités militaires les directives à longue échéance qui leur auraient permis de prendre des initiatives personnelles dans le cadre d'une stratégie d'ensemble.

Plus encore qu'au sein de son propre Grand Quartier général, il fournissait la preuve qu'il était dénué d'une des qualités primordiales d'un véritable commandant militaire : la connaissance des hommes, avec la compréhension et la *confiance* qui en découlent.

Les conséquences de ce mode de commandement de l'armée adopté par Hitler apparaissent de plus en plus clairement à partir de cette époque. On peut les décrire comme suit :

Des *missions* étaient déterminées en fonction de considérations de prestige et de mobiles économiques plus que par des nécessités militaires, mettant ainsi au premier plan la conquête et l'occupation de territoires. Les moyens indispensables à la conquête de ces objectifs faisaient fréquemment défaut ; ceux-ci n'en devaient pas moins être poursuivis avec une obstination sans pareille, jusqu'au dernier homme et jusqu'à la dernière cartouche, même lorsque les troupes étaient pressurées depuis longtemps, que les réserves étaient épuisées et que la catastrophe était en vue.

Les *décisions* étaient presque toujours prises trop tard et se voyaient dépassées par les événements avec comme conséquence que l'initiative était abandonnée de plus en plus à l'ennemi et les positions perdues l'une après l'autre.

Des *ordres* donnés dans une forme étouffant tout esprit d'initiative, par quelqu'un qui était persuadé de tout mieux savoir que quiconque et rempli d'autosatisfaction, qui déplaçait çà et là les divisions et les bataillons perdant ainsi des armées entières.

Un *comportement personnel* portant la marque d'une absence totale d'autocritique, caractérisé par des réactions de méfiance se traduisant par des chicaneries et des rages soudaines à l'égard de tout un chacun, de telle sorte que l'armée perdait peu à peu ses meilleurs chefs et que des généraux éprouvés passèrent à l'histoire pour des lâches et des traîtres.

Quelques jours à peine après le début de l'offensive, la situation à Voronej provoqua de sérieuses dissensions entre Hitler et von Bock, commandant du groupe d'armées Sud. Ce dernier fut démis une seconde fois de ses fonctions.

Les états-majors de l'OKW et de l'OKH quittèrent la Prusse-Orientale à la mi-juillet pour occuper le GQG établi à Vinnitza. La chaleur était étouffante en Ukraine et Hitler la supportait mal. Cela contribua, sans doute, à donner à ses éclats une violence jamais atteinte auparavant.

Rommel, qui s'était installé en défensive devant les hauteurs de El-Alamein, songea très vite à reprendre l'offensive, bien que son adversaire fût beaucoup mieux équipé et ravitaillé que lui.

Plus Hitler jugeait importants les succès initiaux de l'offensive à l'Est, plus il pensait devoir s'attendre à ce que les Alliés tentent des opérations de débarquement à l'Ouest dans le but de soulager leurs alliés soviétiques. C'est pourquoi, dès le 6 juillet, le chef d'état-major général avait à noter dans son *Journal*, avec regret et quelque crainte que, comme il l'avait déjà annoncé quelques jours auparavant, le Führer refusait de ce fait de libérer la division SS/Adolf Hitler (*Leibstandarte*), dont la participation à l'offensive de la 1re armée blindée revêtait une grande importance. Trois jours plus tard, Hitler s'était, selon son habitude, renforcé dans ses opinions à tel point qu'il exigea que cette division d'excellente valeur, qui était en outre l'une des rares réserves du commandement derrière l'aile décisive du front d'attaque principal soit transférée à l'Ouest, avec d'autres renforts substantiels. Le point culminant fut atteint le 23 juillet quand Hitler, bravant toutes les règles auxquelles un haut commandement est soumis dans la disposition des forces, ordonna que la division Panzergrenadier *Grossdeutschland*, qui était une unité d'élite de l'armée, interrompe son attaque et se tienne prête à partir pour l'Ouest, et cela en dépit des violentes objections soulevées par Halder et – dans ce cas – également par Jodl.

Il convient de noter à cet égard les détails suivants :

a) l'ordre de transfert de la division SS/Adolf Hitler mentionnait parmi les fronts côtiers les plus menacés, non seulement le pas de Calais et le secteur de Dieppe-Le-Havre, mais aussi la Normandie ;

b) l'attaque surprise effectuée le 19 août 1942 par les troupes britanniques et canadiennes, qui ne dura qu'un seul jour, put être repoussée par les unités déjà en place à l'Ouest avant le 9 juillet ;

c) la division *Grossdeutschland* fut maintenue à l'Est et passée ultérieurement au groupe d'armées Centre, pour des missions défensives.

On trouve également cités dans le *Journal* de Halder, d'autres exemples d'intervention de Hitler affaiblissant l'effort principal. Déjà, lors de la poussée le long du Don en aval de Voronej, les 9e et 11e divisions blindées avaient été cédées au groupe d'armées Centre. D'après la directive n° 43 de l'OKW du 11 juillet 1942 le gros de la 11e armée devait, après le nettoyage de la Crimée, traverser le détroit de Kertch et progresser de part et d'autre du Caucase inférieur dans une direction qui semblait prometteuse de succès ; au lieu de cela, Hitler décida de son propre chef de retarder l'opération *Caucase*, de n'y consacrer que de faibles contingents et de faire participer immédiatement le gros de la 11e armée à l'attaque contre Léningrad.

Ces événements et d'autres similaires donnent une image des profondes divergences de vues qui existaient sur l'appréciation de la situation sur le front à l'Est et qui influençaient fortement les idées et les actes au sein du GQG. D'une part, Hitler considérait que le succès de l'offensive était pratiquement assuré à la suite des énormes gains de territoires obtenus à partir de Voronej, et qui atteignaient le 24 juillet le Don moyen et inférieur jusqu'à l'ouest de Stalingrad et Rostov ; il pensait aussi que la suite des opérations n'aurait plus qu'un caractère de poursuite. Par contre, à l'état-major général de l'armée comme à l'état-major Opérations, on attendait encore la vraie grande victoire ; on y estimait qu'il n'y avait pas eu jusque-là de rencontre réelle avec l'ennemi, ainsi que le prouvaient le nombre relativement peu élevé de prisonniers et la minceur du butin.

Il régnait ainsi un climat fait de désaccords profonds sur des problèmes essentiels. Ces désaccords ne se manifestaient qu'à mots couverts, mais les dissensions concernant des problèmes de commandement et de détail se firent de plus en plus nombreuses et plus profondes.

Le *Journal* de Halder porte la trace des divergences de vues qui s'élevèrent pendant la seconde moitié de juillet entre le commandant en chef de l'armée et son chef d'état-major à propos de la conduite de la bataille en cours dans la région de Rostov.

Le lendemain (soit le 30 juillet), s'ouvre le scénario des conférences orageuses et de l'évolution funeste des événements qui devait aboutir à la catastrophe de Stalingrad, mais dont nul ne percevait à l'époque qu'elle revêtirait une telle gravité. Une fois de plus, c'est Halder qui trouve les mots qui conviennent, lorsqu'il écrit, en stigmatisant au passage l'attitude caractéristique de Jodl :

> A la conférence chez le Führer, la parole est au général Jodl : celui-ci déclare sur un ton solennel que le sort du Caucase sera réglé à Stalingrad. D'où la nécessité de transférer des effectifs du groupe d'armées A au groupe B (le groupe d'armées Sud avait été scindé entre-temps en A et B)... L'idée que j'avais soumise au Führer six jours plus tôt, mais qui n'avait été comprise alors par aucun des grands esprits de l'OKW, se trouve ainsi servie sous une nouvelle forme.

L'importance accordée unanimement à la région de Stalingrad traduisait en fait jusqu'à un certain point une nouvelle conception, puisque dans ses plans initiaux Hitler n'avait considéré la ville que comme un centre industriel et de communications qu'il convenait de masquer en temps opportun pour protéger les flancs de l'opération principale menée dans le Caucase.

Mais au fur et à mesure de l'évolution des événements, la conviction générale se fit jour que seule la conquête de toute la région de Stalingrad pouvait offrir des garanties de sûreté pour tous les mouvements ultérieurs; cette conviction se traduisit d'ailleurs dans l'ordre donné par la directive n° 45 de l'OKW, datée du 23 juillet et relative à la poursuite de l'opération *Braunschweig* (Brunswick). Contrairement à l'opinion généralement admise, ce n'est pas, à notre avis, la directive n° 45 qui fut la cause de la dispersion des forces allemandes, lesquelles furent ainsi exposées au risque de se perdre dans les vastes étendues entre la mer Noire et la Caspienne. Cette situation fut bien plutôt créée par les objectifs poursuivis et par la manière dont ils étaient définis dans les plans originaux de Hitler pour cette opération hautement hasardeuse; la directive ne fit que mettre en évidence de façon particulièrement aiguë les directions divergentes qui devaient intervenir dans le développement ultérieur de la manœuvre.

L'entêtement de Hitler à vouloir s'emparer presque d'une traite de tous les objectifs situés entre la mer Noire et la Caspienne provoqua de nouvelles tensions.

Les conflits ne firent que s'aggraver encore à partir de la mi-août, lorsque, par manque d'effectifs et de moyens de transport, la force vive de l'offensive commença manifestement à diminuer mais qu'au lieu de se rendre à l'évidence et de limiter ses ambitions, Hitler se mit justement à pousser dans tous les sens. En outre, il s'obstina encore davantage à vouloir emporter ce que les groupes d'armées et les armées n'arrivaient plus à atteindre, en manœuvrant de son côté avec de simples divisions.

L'atmosphère, déjà rendue explosive par la chaleur de l'été ukrainien qui régnait au GQG, se fit plus lourde encore du fait que les armées alliées sur le Don ne témoignaient que d'une valeur combative médiocre, tandis que les attaques menées par les Russes dans la région de Rzhev contre le groupe d'armées Centre, en vue de réduire la pression allemande dans le Sud, avaient pris une allure menaçante. Le maréchal von Kluge, commandant du groupe d'armées Centre, fit son apparition à *Werwolf* («Loup-garou») le 8 août et demanda avec insistance à pouvoir engager, pour rétablir la situation, les 9e et 11e divisions blindées qui lui avaient été cédées par le front offensif. Loin de lui donner satisfaction, Hitler s'entêta à vouloir utiliser offensivement ces deux divisions pour réduire le saillant de Ssuchinitschi (restant de la crise d'hiver), ce qui devait, selon lui, fournir un tremplin pour l'avance ultérieure vers Moscou. Von Kluge ne se laissa pas ébranler par ses arguments et lui lança en sortant ces paroles inoubliables : «C'est donc vous, mon Führer, qui en prendrez la responsabilité.» Cette réponse et l'attitude de celui qui avait été pour lui un commandant de corps d'armée hautement respecté apparurent à l'auteur comme exemplaires, mais elles n'empêchaient nullement von Kluge d'être à nouveau convoqué au GQG deux semaines plus tard, pour s'y voir imputer la responsabilité de l'échec de l'entreprise en raison de l'évaluation des forces.

Si l'affaire de Ssuchinitschi avait fait naître de la sorte un abcès supplémentaire, la situation à Rhzev, qui était devenue intenable entre-temps, devait de son côté avoir un épilogue aux conséquences historiques. Deux jours plus tard, le 24 août, au cours de la conférence de midi, Halder réclama une nouvelle fois pour la 9e armée qui combattait près de Rhzev une liberté de manœuvre lui permettant de se retirer sur une ligne plus courte, mieux adaptée à ses forces diminuées. Cette requête donna lieu à un heurt qui, neuf mois seulement après le départ de son commandant en chef, devait priver bientôt l'armée allemande du chef de son état-major général, c'est-à-dire de celui qui avait véritablement préparé ses campagnes victorieuses. Touché au plus profond de son principe de commandement cardinal et visiblement irrité, Hitler lui lança : «Vous revenez toujours avec cette même proposition de repli.» Et sur sa lancée, il se laissa aller à proférer toutes les calomnies imaginables, mettant même en cause en l'occurrence les troupes combattantes.

Il termina sa diatribe par ces mots : «J'attends du commandement qu'il soit de la même trempe que les hommes du front.» Halder éleva la voix pour répliquer : «Je le suis, mon Führer.» L'atmosphère était tendue à l'extrême et, suprêmement irrité à son tour, Halder ajouta : «Mais là-bas dehors, des hommes courageux et de jeunes officiers tombent par milliers, simplement parce que leurs chefs ne sont pas autorisés à prendre les seules décisions raisonnables et qu'ils ont les mains liées.» Hitler recula d'un pas, lança à Halder un long regard chargé de haine, puis il cria d'une voix rauque : «Général Halder, sur quel ton vous permettez-vous de vous adresser à moi! Voulez-vous m'apprendre ce que pense l'homme du front? Que savez-vous de ce qui se passe au front? Où étiez-vous pendant la Première Guerre mondiale? Et vous essayez de prétendre que je ne comprends rien au front. Je ne le tolérerai pas! C'est inouï!»

Les participants à la conférence se retirèrent, consternés. A Rhzev, le combat meurtrier se poursuivit comme avant pour la possession d'un terrain dépourvu de toute valeur depuis longtemps. Mais, entre les deux hommes, qui étaient aussi dissemblables que l'eau et le feu, la rupture définitive était désormais inévitable.

Signes de tempête

Dès la fin du mois d'août, et le début de septembre, se multiplia partout, depuis les fronts les plus éloignés jusqu'au Grand Quartier général d'Ukraine, une série d'événements les plus divers qui, pris séparément ou dans leur ensemble, étaient annonciateurs de tempête.

Il y avait notamment : le bombardement aérien massif de l'Allemagne, l'échec de l'offensive déclenchée par Rommel le 30 août, le raid de Dieppe. Hitler fit envoyer des renforts en Crète, en France... En Finlande, l'espoir de pouvoir couper, avant la fin de l'automne encore, la route de Mourmansk s'évanouissait à vue d'œil.

La prise de Léningrad, prévue pour septembre au plus tard, semblait de plus en plus compromise. L'ennemi avait pris l'initiative dans ce secteur à la fin du mois d'août, et les divisions de l'armée von Manstein amenées de Crimée n'y pouvaient rien changer. Hitler réitéra ses ordres au maréchal von Küchler, commandant du groupe d'armées Nord, et à von Manstein : opérer la liaison avec les Finlandais, ensuite occuper et raser Léningrad.

En remettant au seul Manstein le commandement dans le secteur décisif et en écartant le général von Küchler, commandant du groupe d'armées Nord, dont la personnalité et la manière de présenter une situation avec calme et réalisme semblaient lui avoir donné confiance jusque-là, Hitler intervint directement lui-même dans le commandement dans la région de Léningrad. Les moyens principaux dont il disposait comportaient une seule division de montagne, destinée en réalité à la Finlande, et en tout quatre chars Tigre, les premiers à faire leur apparition au front.

Hitler fondait de grands espoirs sur ces armes nouvelles auxquelles il accordait une valeur décisive. Mais une note consignée dans le journal de campagne de l'état-major Opérations, en ces termes : «Un Tigre est déjà hors d'état», montre clairement ce qu'on pensait à l'état-major de ce trop petit nombre d'engins sans compter que l'on s'aperçut rapidement que ces chars étaient trop lourds pour les ponts de la zone des opérations. L'état-major Opérations devait préparer, pour la prise de Léningrad, la directive n° 47. Mais quand le projet en fut soumis à Hitler le 3 septembre, celui-ci le rangea sans plus. Les choses en restèrent là. Et la deuxième phase de l'offensive d'été fut ainsi abandonnée avant même d'avoir débuté.

Le groupe d'armées Centre restait toujours soumis à une forte pression, mais il devait faire face, en outre, à des activités de plus en plus importantes de bandes de partisans sur ses arrières.

Les plus lourdes nuées qui s'amoncelèrent au-dessus du GQG vinrent cependant du secteur Sud du front de l'Est. Dès le 16 août, Halder avait exhibé à la conférence de midi une vieille carte russe trouvée lors d'un combat et il avait indiqué la similitude que la situation présente offrait avec celle de 1920, lorsque l'Armée rouge, également dirigée par Staline à l'époque, avait attaqué par surprise en franchissant le Don inférieur entre Stalingrad et Rostov et avait ainsi infligé à la garde blanche de Wrangel une défaite décisive. Cela suscita immédiatement l'intérêt de Hitler, mais avec le seul résultat qu'il envisagea d'envoyer aussitôt que possible la 22e division blindée allemande en appui derrière la 8e armée italienne qui se trouvait dans le secteur menacé. Peu après il assigna la même mission à deux divisions d'infanterie, dont l'une fut soustraite à nouveau de l'aile offensive. Il considéra néanmoins que le meilleur moyen d'empêcher la répétition d'une telle initiative russe en un endroit quelconque consistait à prendre rapidement Stalingrad, de façon à libérer un certain nombre d'unités, et en cela il avait parfaitement raison.

Bien que Stalingrad restât le point chaud des combats, il n'y avait eu depuis quelque temps dans ce secteur que de petites progressions locales, mise à part l'avance vers la Volga, au nord de la ville. L'impatience croissante de Hitler fut encore augmentée lorsque Goering, que ses délégués tenaient toujours parfaitement au courant de l'atmosphère régnant au GQG, faisant selon son habitude une entrée solennelle à la conférence du 28 août, lui transmit un rapport du commandant de l'aviation d'appui rapproché (*Nahkampffliegeführer*) à Stalingrad, le général baron von Richthofen. Celui-ci déclarait qu'il ne pouvait être question de forces ennemies importantes dans le secteur et que d'ailleurs la Luftwaffe avait eu de la peine à découvrir la moindre force ennemie lors de ses reconnaissances vers le Nord, bien que la contrée fût totalement dépourvue de couverts. Cette information laissa même Hitler assez sceptique, en dépit de quoi sa méfiance se manifesta une fois de plus par l'ordre qu'il donna de rapprocher du front les postes de commandement les plus importants du groupe d'armées B. On put constater par la suite que ce mauvais coup de Goering avait laissé des traces suffisantes pour faire monter la tension générale.

A la même époque, Hitler se mit dans une colère encore beaucoup plus forte parce que la progression dans le Caucase ne répondait en rien à son attente.

Le maréchal List, commandant du groupe d'armées A, fut prié de venir rendre compte de la situation le 31 août à Vinnitza. Son exposé calma toutes les appréhensions, et Hitler se contenta de lui rappeler ses objectifs.

Les jours suivants, en dépit de quelques progrès qui permirent notamment la prise du port de Novorossisk autour duquel les combats duraient depuis longtemps, l'impatience de Hitler se remit à croître à tel point que le 7 septembre il envoya le général Jodl, dont il ne se séparait presque jamais, au groupe d'armées A avec mission de faire à nouveau accélérer les choses. Le chef de l'état-major Opérations rentra le soir même et le rapport qu'il fit à Hitler devait provoquer la crise la plus grave qui ait jamais secoué le GQG allemand jusque dans son tréfonds avant les derniers mois de la guerre. Ignorant les reproches de Hitler, il signala notamment que le maréchal List s'était tenu strictement aux instructions qu'il avait reçues et que lui, Jodl, partageait les vues du groupe d'armées concernant les mesures à prendre. Se mettant en colère à son tour, il se défendit de s'être laissé influencer par List, chez qui il n'avait été envoyé que comme porteur d'ordres. Tout cela fit que, pour la première fois, Hitler conçut une violente fureur contre Jodl.

L'auteur n'assista pas à cette scène, mais il en eut connaissance le lendemain, par le récit que Jodl lui en fit, comme par les instructions de Hitler qui en résultèrent et il fut dorénavant mêlé à la suite des événements. Le GQG semblait totalement paralysé, Hitler ne quittait plus qu'occasionnellement son blockhaus sans soleil, et il le faisait à la nuit tombée, par des chemins dissimulés. La salle de conférences qui avait été le théâtre, les semaines et les jours précédents, de discours interminables et de discussions orageuses se répétant quotidiennement, était déserte. Les conférences n'avaient plus lieu que dans le petit baraquement de Hitler ; elles ne réunissaient plus qu'un nombre très restreint de rapporteurs indispensables et toute procédure en était absente. Il n'y était prononcé aucune parole qui ne fût nécessaire et l'atmosphère y était glaciale. Hitler ne se montrait plus aux repas qu'il avait pris l'habitude de partager deux fois par jour, depuis la campagne de France, avec les membres de l'aire 1. Contrairement aux conférences, ces repas ne devaient d'ailleurs plus jamais avoir lieu dans leur ancienne forme. La chaise de Hitler, dans la salle à manger, resta vide un certain temps puis ce fut Bormann qui l'occupa. Dans les quarante-huit heures, dix à douze sténographes du Reichstag firent leur apparition au GQG ; ils furent pourvus d'un uniforme, prêtèrent serment devant Hitler et participèrent dorénavant – chaque fois à deux – à toutes les discussions militaires.

Le 9 septembre, Hitler chargea Keitel d'informer *via* Halder le maréchal List qu'il était démis de ses fonctions. Hitler reprit le commandement du groupe d'armées A en personne le soir même ! Par la même occasion, Keitel dut annoncer au chef d'état-major général de l'armée que son poste changerait de titulaire sous peu. En outre, le bruit courut que le chef de l'OKW serait remplacé par Kesselring et le chef de l'état-major Opérations par Paulus, le commandant de la 6e armée, ce dernier changement ne devant toutefois avoir lieu qu'après la prise de Stalingrad. Les deux généraux de l'OKW trouvèrent que l'occasion était bonne pour déroger à leurs habitudes et se confier à Warlimont. Bien que Keitel se fût montré un disciple fidèle inconditionnel et qu'il fût totalement étranger aux événements, il se vit traiter avec le même mépris que Jodl. Il demanda entre quatre yeux au chef adjoint de l'état-major Opérations s'il pouvait encore rester en place sans perdre le respect de soi-même. C'était là une question à laquelle il était seul à pouvoir répondre; telle fut d'ailleurs la réplique qu'il s'attira. De son côté, Jodl reconnut qu'il s'était trompé, qu'on ne pouvait signaler à un dictateur aucune de ses erreurs, sous peine d'ébranler sa confiance en soi qui est le fondement le plus solide de sa personnalité et de ses actes. Après avoir prouvé de la sorte qu'il continuait à croire en Hitler, Jodl ajouta cependant : «Il peut bien me chercher un successeur parmi les généraux de l'armée! Il ne trouvera en tout cas jamais plus de nationaux-socialistes aussi sûrs que Scherff – l'"historiographe" – et moi.» Puis il déclara encore à son interlocuteur : «Tenez-vous désormais à l'écart des conférences; c'est trop éprouvant à supporter.»

Warlimont suivit le conseil et s'abstint pendant plusieurs semaines d'assister aux conférences.

Si les changements de personnel envisagés se limitèrent en fait au remplacement du chef de l'état-major général de l'armée, la raison essentielle en fut sans doute la détérioration continuelle de la situation, car ni Kesselring ni Paulus ne purent être retirés de leurs postes en Méditerranée et à Stalingrad. Le général Halder se vit limogé le 24 septembre, sans aucune promotion ni distinction. Dans son *Journal*, Halder note ce qui suit à propos de sa dernière visite à Hitler : «Mes nerfs sont usés et les siens ne sont plus intacts; nous devons nous séparer.» Il donne ainsi en dépit de toutes les déconvenues, un ultime exemple des grandes traditions de l'état-major général prusso-allemand. Les principes totalement différents que Hitler voulait dorénavant appliquer au commandement de l'armée ne pouvaient être mieux exprimés que dans ces phrases reprises par Halder de façon concise : «Nécessité d'inculquer à l'état-major général une foi fanatique en l'idée. Détermination d'imposer sa volonté intégralement dans l'armée.» Ailleurs encore, Halder rapporte ces autres paroles de Hitler : «Pour les tâches devant lesquelles l'armée se trouve encore, ce qui importe, ce n'est pas tant la compétence professionnelle que l'ardeur et la foi dans le national-socialisme.»

Dans cette optique nouvelle, Hitler choisit, à la grande surprise de tous, le général Zeitzler comme chef d'état-major général. Il faut se souvenir de l'origine de sa nomination pour bien comprendre la situation très différente de celle de Halder dans laquelle Zeitzler se trouva placé dès l'abord, mais aussi et surtout pour apprécier à sa juste valeur son éloignement complet de Hitler qui devait aboutir, en juin 1944, après environ un an et demi de service, à son propre renvoi.

Ainsi qu'on le sait, Zeitzler avait été pendant de nombreuses années avant le printemps 1939, 1er officier d'état-major de l'armée dans la section L de l'OKW. Comme subordonné de Jodl, il avait été l'un des défenseurs les plus acharnés du commandement unifié de la Wehrmacht puis, en tant que chef d'état-major de grandes unités blindées il avait acquis dans toutes les grandes campagnes de la guerre, une expérience et un mérite exceptionnels. En outre, son amitié avec Schmundt, le chef de la maison militaire, avait fait que Hitler, qui ne prêtait généralement que peu d'attention aux officiers brevetés même lorsqu'ils étaient chefs d'état-major, connaissait Zeitzler personnellement et l'avait même entendu quelquefois, contrairement à toutes les règles, en tête à tête, c'est-à-dire hors de la présence de son commandement de formation du moment. A la mi-avril 1942, Zeitzler avait été nommé chef d'état-major du commandant en chef à l'Ouest, à nouveau sur proposition de Schmundt mais aussi par choix personnel de Hitler. Il avait reçu pour mission particulière de secouer l'armée d'occupation à l'Ouest et de la préparer à défendre les côtes de la forteresse Europe. Il accomplit cette tâche avec prudence, mais aussi avec zèle tenant en permanence le GQG au courant de son activité en lui fournissant copie de toutes les instructions émises, qu'elles soient générales ou détaillées.

Cette procédure peu commune atteignit son point culminant lors du raid sur Dieppe, le 19 août 1942, car si l'importance de celui-ci fut grandement exagérée dans les communiqués du GQG à la suite des informations fournies par Zeitzler, ce dernier s'en servit exemplairement en faveur de la défense côtière.

Il y a donc tout lieu d'ajouter foi à un témoignage selon lequel Hitler aurait exprimé, quelques jours après Dieppe et après sa violente altercation avec Halder, le vœu d'avoir dorénavant à ses côtés comme chef d'état-major général de l'armée un homme comme ce Zeitzler, un officier breveté d'état-major qu'il avait toujours connu prêt à tout et optimiste, qui n'hésiterait jamais à demander de l'aide dans les situations difficiles et qui ne s'embarrasserait pas des éternels scrupules d'un Halder. Sans doute cela aurait-il suffi pour que Zeitzler soit nommé mais, en outre, Goering se fit annoncer inopinément. Instruit des questions en cours par son homme de confiance au GQG, le *Reichsmarschall* serait entré dans la salle de conférences en déclarant : «Mon Führer, j'ai passé des nuits blanches à cause des ennuis continuels que vous cause ce Halder. Vous devez vous en débarrasser et je lui connais un successeur qui vous épargnera tout souci : Zeitzler, c'est l'homme qu'il vous faut.»

Le nouveau chef d'état-major général de l'armée confirma dans son allocution d'arrivée aux officiers brevetés de l'OKH les espérances qui avaient présidé à sa désignation. En effet, il déclara notamment : «J'exige de tout officier breveté d'avoir foi dans le Führer et dans sa manière de conduire l'Allemagne. Il doit insuffler cette confiance à ses inférieurs et à son entourage en toutes circonstances. Je n'ai pas besoin à l'état-major général de ceux qui ne satisferaient pas à ces exigences.»

Pour autant qu'il nous en souvienne, Zeitzler adressa un ordre similaire aux officiers brevetés en fonction dans les QG des grandes unités au front, ce qui provoqua une sensation considérable et durable.

Promu au rang de général de corps d'armée, Zeitzler put, au début, se consacrer entièrement aux tâches que requéraient de lui les sévères combats qui se poursuivaient à l'Est, d'autant que Hitler jugea bon à ce moment de quitter le GQG avec son entourage immédiat pour aller passer une semaine à Berlin. La procédure quotidienne consistant à informer la chancellerie du Reich en utilisant les réseaux de l'aire 2 depuis l'Ukraine resta inchangée dans l'ensemble mais ce changement de climat, qui fut conseillé à Hitler par son entourage, cadrait mal avec les devoirs qu'il s'était arrogés en tant que commandant en chef de l'armée ainsi que du groupe d'armées A dans le lointain Caucase.

A son retour, quand la routine quotidienne se réinstalla au GQG, Hitler continua longtemps encore, pendant les conférences, à séparer «les brebis d'avec les boucs», à trier les bons des mauvais. A l'égard de Zeitzler il témoignait d'une amabilité extrême, partagée par Goering et par le reste de la cour. Par contre, Jodl ne parvint à sortir que peu à peu de l'ombre de la disgrâce.

La direction des opérations terrestres fut dès lors assumée au plus haut niveau par deux états-majors parallèles : l'état-major général de l'armée et l'état-major Opérations de l'OKW. Celui-ci n'était pas consulté quand il s'agissait de l'Est, même lorsque les décisions à prendre revêtaient une grande importance pour les autres théâtres d'opérations ou pour la conduite générale de la guerre ; il ne pouvait plus, de ce fait, s'acquitter de sa mission d'appréciation et de coordination à l'échelon du commandant suprême.

Interrogé par le général Scherff sur cette séparation des états-majors et du travail d'état-major à l'échelon suprême, Hitler aurait déclaré que lui-même ne souhaitait pas cette division mais qu'elle était inévitable parce qu'il ne connaissait aucun général capable d'assumer toutes les tâches indispensables. Il considérait Zeitzler plutôt comme le tacticien expérimenté dans les problèmes de l'Est et Jodl comme un conseiller pour les questions de portée plus étendue, comme la défense côtière de la forteresse Europe. Outre qu'il négligeait la réalité des faits, ce raisonnement révélait la volonté bien arrêtée de Hitler de diviser pour régner.

Pendant les premières semaines de son entrée en fonctions, le général Zeitzler fut favorisé de toutes parts et put se considérer sans aucun doute comme la personnalité la plus influente parmi les conseillers militaires de Hitler. Il trouva rapidement le moyen de contourner en douce l'obstacle qu'offraient pour lui les théâtres d'opérations réservés à l'OKW, en se servant de la permutation prévue par Hitler entre les divisions épuisées de l'Est et des divisions fraîches de l'Ouest, pour regarnir exclusivement le front de l'Est. Il n'arriva que trop fréquemment, de la sorte, que des divisions soient transférées à l'Est sans que leur équipement ni leur entraînement ne les désignent comme aptes au combat dans ces régions. Il arriva souvent aussi que l'état-major Opérations n'en soit informé par le chef des Transports de la Wehrmacht qu'au moment où elles étaient déjà en route vers leur point d'embarquement. D'un autre côté, certains ordres, même répétés, de Hitler restaient fréquemment sans suite, lorsqu'il s'agissait de transférer des unités de l'Est vers l'Ouest, fût-ce pour leur permettre de se refaire. Même en tenant compte de la situation menaçante à l'Est et de l'excédent de forces disponibles à l'Ouest en automne 1942, ce système constituait un gaspillage des minces réserves existantes, et il empêchait toute planification à long terme.

L'état-major Opérations tenta à cette époque, sans trouver d'appui auprès de l'état-major général de l'armée, de transfuser plutôt du sang frais à l'armée de l'Est anémiée, en prélevant les hommes superflus dans les autres forces, principalement dans la Luftwaffe. Au départ, il est vrai, un accord intervint, et, après beaucoup d'insistances, le chef de l'OKW finit par s'enhardir jusqu'à soumettre à Hitler un projet d'ordre établi par l'état-major Opérations et selon lequel la marine céderait 10000 ou 20000 hommes à l'armée et la Luftwaffe 50000. Les propositions initiales étaient bien plus élevées mais Keitel les avait réduites de moitié. Mais à peine cet ordre avait-il été diffusé que le chef d'état-major général de la Luftwaffe demanda à mi-voix à Warlimont au cours de la conférence suivante, s'il était en quoi que ce soit à l'origine de cette instruction. A la réponse affirmative de ce dernier, Jeschonnek répliqua en ricanant : « Alors, vous pouvez vous attendre à quelque chose ! » Goering apparut peu après et, sans daigner adresser la parole au chef adjoint de l'état-major

Opérations, il se tourna directement vers Hitler en donnant tous les signes d'une grande indignation. Comme Hitler feignait de ne pas être au courant, le chef de l'OKW se montra immédiatement prêt à battre en retraite et n'éleva aucune objection quand Goering proféra d'une voix tonitruante qu'il ne pouvait demander à ses jeunes nationaux-socialistes de revêtir l'uniforme *feldgrau* – c'est-à-dire réactionnaire – de l'armée. Par contre, il était tout disposé à former des divisions de Luftwaffe, à condition néanmoins que celles-ci soient constituées exclusivement de personnel de sa force, du commandant de division jusqu'au dernier des hommes.

C'est ainsi que naquirent les malheureuses divisions de campagne de la Luftwaffe (*Luftwaffen-Felddivisionen*) ! Hitler accepta aussitôt, sans retirer cependant son ordre précédent, et il exigea de Goering le double d'hommes, ce qui lui permit de renoncer à faire appel à la marine.

Dix divisions de campagne de la Luftwaffe furent créées avec une rapidité étonnante, suivies bientôt de dix autres. Elles n'eurent jamais qu'une valeur opérationnelle limitée. L'arrivée des premières d'entre elles et de minces renforts provenant de l'Ouest permit d'obtenir certains succès locaux à l'aile Sud du front.

Le Grand Quartier général quitta Vinnitza le 31 octobre et regagna la Prusse-Orientale.

Le revirement définitif

La guerre prit un cours nouveau, défavorable à l'Allemagne, en novembre 1942 avec la défaite de Rommel à El-Alamein, le débarquement allié en Afrique du Nord et l'encerclement des forces allemandes assiégeant Stalingrad.

Ces trois événements capitaux, qui firent passer l'initiative dans le camp adverse, prirent le Grand Quartier général complètement au dépourvu. Sans doute estimait-on à l'état-major Opérations – tout comme au Comando Supremo – que l'Afrique du Nord constituait pour les Alliés le meilleur tremplin en vue d'attaques ultérieures contre la forteresse Europe, mais aucune information ne permettait de penser qu'un débarquement y fût imminent.

Un premier coup du sort s'abattit sur le Grand Quartier général au lendemain de son retour au *Wolfsschanze* quand Rommel fit savoir, après huit jours de combats devant El-Alamein, qu'il était menacé d'être défait. Hitler ne put alors que lui opposer des paroles d'« airain ». Le soir du 2 novembre, Rommel n'entrevit plus qu'une seule façon d'éviter l'anéantissement complet de son armée : le repli, de sa propre initiative et à l'encontre de tous les ordres reçus, tant de Rome que de Rastenburg. C'est alors que se répandit dans l'éther le fameux message que lui adressait par radio Hitler, et qui disait notamment : « Le peuple allemand suit avec moi, avec une confiance inébranlable dans la valeur de votre commandement et dans le courage des troupes allemandes et italiennes sous vos ordres, votre héroïque combat défensif en Egypte. Dans la situation où vous vous trouvez, il ne peut y avoir d'autre pensée que de tenir bon, de ne pas céder un pouce de terrain et de jeter dans la bataille toutes les armes et tous les combattants. En dépit de sa supériorité, l'ennemi aussi arrivera au bout de ses forces. Ce ne serait pas la première fois dans l'histoire que la plus forte volonté triompherait des plus puissants bataillons. La seule voie que vous puissiez indiquer à vos troupes est de vaincre ou de mourir. »

Cet appel de Hitler incita Rommel à interrompre le repli déjà entamé ce qui provoqua de lourdes pertes. Mais il eut aussi une incidence particulière à l'aire 2. Le message radio du 2 novembre n'y avait pas été entendu. Il semble donc compréhensible que l'officier de service à l'état-major Opérations recevant le 3 novembre vers 3 heures du matin le message de Rommel au sujet du repli qui avait repris cinq heures auparavant, n'y décela aucun changement essentiel de la situation et négligea d'en faire part aussitôt à ses supérieurs, comme c'était la règle pour toutes les nouvelles importantes. Cet officier était un homme de plus de cinquante ans, un major de réserve fort bien noté à l'état-major Opérations comme dans le civil. Quelque douze heures plus tard, on le vit quitter le baraquement de Hitler, le visage livide. Il avait manqué – de fort peu – être fusillé ; c'est *in extremis* qu'il était parvenu à convaincre Hitler que, contrairement à ce que celui-ci soupçonnait, il n'y avait eu aucun complot entre l'aire 2 et Rommel. Le major fut néanmoins dégradé et transféré comme soldat dans un bataillon disciplinaire (*Bewährungsbataillon*). Le chef adjoint de l'état-major Opérations qui, selon l'usage militaire, avait tout essayé pour endosser la responsabilité de l'affaire – il accompagna son subordonné jusqu'au seuil du baraquement de Hitler mais Keitel l'empêcha d'y pénétrer – fut relevé de ses fonctions par mesure disciplinaire, sans même avoir été entendu par Hitler. Keitel lui exprima ses regrets de le voir partir de la sorte, alors qu'il avait si souvent mais en vain, demandé une autre affectation. Le général Jodl, lui, demeura impassible et se borna à dire à celui qui avait été pendant tant d'années son principal collaborateur : « La volonté du Führer est pour nous tous la loi suprême. » Par contre, quand il apprit la chose, Schmundt obtint de faire considérablement adoucir et diminuer la peine du major de réserve, sans toutefois pouvoir empêcher sa destitution. A Warlimont, qui était parti dès le 4 novembre, Schmundt fit savoir le lendemain par téléphone que Hitler avait admis qu'il avait été traité injustement. Il était donc instamment prié de rejoindre son poste. Keitel lui adressa la même demande dans l'après-midi. Warlimont répondit à l'un comme à l'autre qu'après le traitement qu'il avait subi, il souhaitait au moins un temps de réflexion.

Rommel dépêcha d'urgence à Rastenburg un officier d'ordonnance, haut fonctionnaire du parti au ministère de la Propagande, lequel réussit à faire accepter la décision de son chef. Par la suite cependant, Hitler répéta souvent que Rommel aurait dû demeurer sur place. Il ne voulut jamais admettre qu'il s'était livré dans le désert une bataille de matériel que l'Axe ne put soutenir en raison de la situation catastrophique de ses transports maritimes.

Le deuxième coup dur frappant le GQG survint quelques jours plus tard avec le débarquement en Afrique du Nord française.

C'était la première fois qu'une armée américaine importante faisait son apparition aux confins du théâtre de guerre européen; l'ennemi était à présent installé dans un territoire d'une grande signification politique et stratégique; les Allemands n'étaient aucunement préparés à la défense de ce territoire et ne disposaient ni des effectifs ni des moyens nécessaires. Tout cela fit que le haut commandement allemand se trouva placé face à une situation entièrement nouvelle, d'une portée exceptionnelle.

Si le coup ne put être paré, la responsabilité n'en incombe pas à l'état-major Opérations. Warlimont avait proposé en temps utile que les Français soient autorisés à accroître leurs forces en Afrique du Nord, mais il ne fut pas écouté.

On peut encore ajouter à la décharge de l'état-major Opérations que, durant les premiers jours de novembre, Hitler – et avec lui cette fois Jodl – s'obstina à penser qu'il existait beaucoup d'autres objectifs possibles pour un débarquement en Méditerranée et non seulement l'Afrique du Nord française, territoire le plus proche à tous égards. Il le pensait en dépit des fortes concentrations de navires à Gibraltar, en dépit des récents avertissements de Mussolini concernant l'Afrique du Nord française et, enfin, malgré le fait que l'Armada s'était mise en route le 7 novembre au soir.

Goering, qui s'était fait le porte-parole de Hitler auprès de Kesselring à Rome le 6 novembre au soir, sans avoir pris le moindre contact avec l'état-major Opérations, écarta sans autre forme de procès l'éventualité d'un débarquement en Afrique du Nord française, malgré les protestations de son interlocuteur. Sans tenir compte du fait que les unités aériennes allemandes étaient soumises depuis longtemps à des efforts excessifs et que la flotte italienne était à peine en mesure de prendre la mer, il entendait exiger que le convoi ennemi, qui comportait 190 bâtiments, soit attaqué sans répit de jour et de nuit et anéanti. Le 7 novembre, Hitler lui-même, fidèle à ses conceptions personnelles, chargea à deux reprises le général von Rintelen de dire à Rome, qu'il fallait «tout faire à Tripoli et à Benghazi... pour préparer la défense, y compris élever des barricades». Au même moment, il ordonna une fois de plus l'envoi de renforts en Crète, à l'autre extrémité de la Méditerranée.

Hitler avait quitté Rastenburg le 7 novembre avec tout son entourage de l'aire 1 pour se rendre à Munich, et c'est en cours de route qu'il apprit que les Alliés commençaient à débarquer en Afrique du Nord. Il rappela aux Français qu'ils lui avaient donné l'assurance de défendre leurs territoires d'outre-mer contre tout agresseur. Ses moyens de riposte à lui se réduisaient à quelques sous-marins et à quelques escadrilles d'avions.

Le général Warlimont entendit la nouvelle à la radio chez lui le 8 novembre, tôt dans la matinée. Peu après, il reçut un coup de téléphone de Prusse-Orientale, lui signalant qu'il avait été désigné comme représentant de l'OKW pour se rendre à Vichy et y organiser la défense de la partie Ouest de l'Afrique du Nord, en collaboration avec le haut commandement français. Le soir même, il reçut l'ordre de se rendre le lendemain matin avec ses bagages à Munich, à l'endroit où était garé le train du Führer. Arrivé là, et après quelque recherche dans le train qui se trouvait sur une voie de la gare centrale, en plein milieu du trafic, et qui paraissait complètement vide, il tomba sur Jodl, lequel lui apprit que les circonstances avaient changé et que Hitler ne comptait plus sur les Français. Il était d'autant plus urgent que Warlimont reprenne aussitôt le travail à son ancien poste qu'il n'y avait personne là en dehors des adjoints et que dans la situation où l'on se trouvait, on ne pouvait se passer de ses connaissances et de son expérience. L'état-major, qui avait été entre-temps rappelé de Prusse-Orientale, n'arriverait que dans quarante-huit heures. Il ne restait à Warlimont qu'à se plier à la nécessité du moment mais il insista fermement pour obtenir au plus tôt une autre affectation.

Le Grand Quartier général des forces armées allemandes offrait à l'époque un reflet des errements et du désarroi qui étaient le propre de la situation extérieure. Hitler, qui conférait dans le bâtiment du Führer de l'Arcisstrasse à Munich avec Ciano et Laval, ne parut jamais dans le train ; Keitel et Jodl allaient et venaient entre l'Arcisstrasse et la gare centrale ; le chef adjoint de l'état-major Opérations, isolé dans un compartiment exigu de wagon-lit, rassemblait les nouvelles qui affluaient en abondance et élaborait les premiers ordres destinés à établir une tête de pont à Tunis et à occuper la zone libre de la France. Le fait que l'état-major avait été rappelé prouvait clairement, en outre, que Hitler avait abandonné son projet initial de retour immédiat en Prusse-Orientale et qu'il voulait, dans la solitude du Berghof, méditer sur la situation nouvellement créée.

C'est là, à près de 1 000 kilomètres de l'état-major général et à plus de 2 000 kilomètres de l'événement, que le troisième coup dur frappa, entre le 19 et le 21 novembre, l'homme qui venait de se vanter, dans une Bierkeller de Munich, d'être le maître de Stalingrad : la ville pour laquelle on se battait depuis si longtemps était encerclée par les Russes. Ce qui était devenu prévisible en fait depuis des semaines, avec la rupture sur le Don inférieur, – même si tous les regards étaient alors tournés vers Rostov – aurait pu être paré, mais on avait poursuivi ses propres intentions alors que les moyens pour le faire faisaient défaut. Il fallait maintenant rétablir la situation après coup, comme en Afrique du Nord, et avec des moyens encore beaucoup moins suffisants. Tout ce qu'on pouvait opposer à la marée russe était une seule division blindée allemande déjà très éprouvée et qui, en tant que réserve d'armée, avait d'ailleurs été ballottée depuis longtemps dans le tourbillon des événements, ainsi que les unités d'alerte imaginées par Zeitzler et qui n'étaient qu'un dernier ramassis d'employés, de boulangers et de conducteurs des services de l'arrière.

Ces événements frappèrent le Grand Quartier général allemand alors qu'il était largement dispersé, comme chaque fois que Hitler résidait à Berchtesgaden : lui-même, entouré uniquement d'aides de camp, était au Berghof; Keitel, Jodl et les autres membres militaires de l'aire 1 étaient les hôtes du ministre Lammers à la petite chancellerie du Reich, à la lisière de la localité;

l'état-major Opérations occupait son train spécial dans la gare de Salzbourg. L'état-major général de l'armée, qui était appelé au premier chef à conseiller et à agir, se trouvait néanmoins dans les forêts autour d'Angerburg avec, à proximité, l'OKL, mais évidemment sans son commandant en chef, qui était la plupart du temps occupé ailleurs. Le 21 novembre, Jodl amena l'état-major plus près de Berchtesgaden dans la caserne des chasseurs à Strub, localité qui, tout en étant encore assez éloignée de la petite chancellerie du Reich, devait abriter l'état-major lors de chacun des séjours ultérieurs de Hitler au Berghof. Le lendemain, l'ensemble du GQG émigra de nouveau au *Wolfsschanze*.

Les premières inscriptions faites dans le journal de campagne de l'état-major Opérations après la reprise des conférences en Prusse-Orientale rapportent que : « Le Führer est confiant en ce qui concerne la situation de la 6e armée à Stalingrad. »

L'occupation de la zone libre de la France, qui s'était faite sans à-coups, ainsi que l'établissement d'une tête de pont autour de la ville de Tunis par de très faibles contingents allemands et italiens qui n'avaient rencontré aucune résistance contribuèrent à répandre dans le Grand Quartier général allemand une sécurité fallacieuse. On ne se rendait pas encore compte du retournement complet de la situation, cependant que le recours systématique aux expédients tactiques continuait, sous la baguette de chef d'orchestre de Hitler.

LIVRE V

AU TEMPS DU DÉCLIN

NOVEMBRE 1942 À L'ÉTÉ 1944

14

Les signes du temps

On pourrait caractériser l'action du commandement suprême allemand à partir de la fin de 1942 par l'absence de tout plan de guerre, en dehors de détails infimes. Au lieu d'utiliser le potentiel militaire encore disponible et les vastes étendues de territoires occupés à l'élaboration d'une stratégie intelligente et raisonnable, qui aurait pu aboutir à une fin plus satisfaisante de la guerre, Hitler adopta une attitude fort bien décrite dans la lettre qu'il adressa le 20 novembre à Mussolini : il y explique qu'il appartient à cette race d'hommes dont les coups qu'ils reçoivent ne font que renforcer la détermination et qu'il n'a qu'une idée... combattre.

A cette attitude simpliste de frapper autour de soi dans toutes les directions, s'oppose très nettement la proposition faite alors par Mussolini et réitérée à diverses reprises de clore d'une façon ou d'une autre le chapitre de la guerre contre la Russie, qui n'a plus de but pour concentrer toutes les forces contre l'ennemi n° 1, qui reste toujours l'Angleterre et contre la menace de la supériorité aérienne écrasante des Anglo-Saxons. Son partenaire allemand de l'Axe qualifiait cette opinion de quadrature du cercle et estimait qu'il ne valait pas la peine de charger les instances politiques ou l'état-major Opérations d'une étude plus approfondie d'une telle solution de la guerre, – une guerre qui, moins que jamais, ne pouvait plus être gagnée.

Au contraire, la véritable règle de conduite de Hitler, dans les grandes comme dans les petites choses, ne consistait en rien d'autre qu'à concentrer plus que jamais, au mépris de tous les principes de l'art militaire, ses pensées et ses actes à conserver ce qui avait été gagné, à regagner ce qui avait été perdu et à ne jamais renoncer nulle part. Avec un tel état d'esprit, l'idée qu'il était forcé d'adopter une stratégie défensive ne pouvait même pas l'effleurer : aucune des directives qui étaient sinon élaborées par l'OKW avec tant de diligence, n'a jamais exprimé en termes d'ordre ce passage si lourd de conséquences. Plus l'Allemagne était contrainte à la défensive, plus il était important d'évaluer les moyens et les possibilités de l'ennemi ; malgré les mauvaises surprises récemment endurées, ces considérations ne trouvèrent jamais d'écho. Plus la situation se détériorait, plus souvent Hitler se bornait à décréter que l'ennemi serait bientôt à bout de forces. Il n'imagina pas un instant qu'il fallait abandonner sinon des fronts entiers, du moins quelques positions sans importance ou devenues inutiles, ou au moins de prendre certains risques en en réduisant l'occupation parce que telle était la seule façon de constituer des réserves ; avec celles-ci, et à condition de retrouver une plus grande mobilité et de se libérer de l'obligation de tenir rigidement le terrain, il serait possible de regagner une partie de sa liberté d'action. Non, il fallait persévérer parce que sinon, le matériel lourd serait perdu ; il fallait tenir sur place, parce que c'était la meilleure forme de défense ; il fallait fixer l'ennemi pour qu'il ne surgisse pas à un autre endroit, alors que c'est ainsi qu'on se fixe soi-même jusqu'à ce qu'il soit trop tard ! De ces principes, qui s'accompagnaient d'un abus constant des méthodes de commandement les plus brutales, naquirent des décisions qui ne furent élaborées qu'au jour le jour, avec retard et à l'issue de monologues interminables ; elles n'aboutirent qu'à la perte d'un secteur après l'autre et à une dépendance toujours plus grande à l'égard de l'ennemi.

Les grossières lacunes du système de commandement de Hitler ont déjà été décrites dans cet ouvrage et on a pu constater qu'elles ne cessaient de se multiplier. Mais il ne fut pas question d'une diminution brutale de ses facultés après les événements de novembre, comme on a eu souvent tendance à le croire. Même si, un mois plus tard, on trouve dans les inscriptions du journal de campagne de l'état-major Opérations cette remarque d'une franchise brutale : « Comme auparavant... aucune décision ferme n'est prise : il semble que le Führer n'en soit plus capable », cette constatation ne signifiait en fait rien de neuf. Son état physique ne fut pas non plus d'une manière quelconque la cause décisive du déclin de la stratégie allemande à partir du tournant des années 1942-1943. Il n'est pas vrai non plus que la loyauté des généraux lui ait fait défaut il est à peine besoin de le souligner. Notre sentiment, souvent vérifié, est plutôt que Hitler, avec ses proches, s'est obstiné en dépit de tout, à voir en cette Wehrmacht exsangue le merveilleux instrument toujours efficace des jours anciens, illusion que ses conseillers les plus proches ne firent quasiment rien pour lui enlever.

Le général Jodl resta longtemps sous le coup du différend de septembre et, malgré des emportements passagers, il réussit à se contrôler pour ne plus jamais ébranler la confiance en soi du dictateur. Pour le général Zeitzler, la seule attitude fut désormais de se confiner dans le rôle d'assistant auquel il avait été appelé. Du reste, une observation approfondie de plusieurs années nous permet d'affirmer qu'aucun autre général n'aurait pu, dans sa situation et en raison des circonstances, faire aussi bien et certainement pas mieux que lui. Aussi longtemps que Hitler ne se serait pas laissé convaincre, comme on tenta de l'y amener, de renoncer au commandement militaire qui aurait dû normalement être exercé par l'armée, tout autre que Zeitzler, surtout s'il avait eu une plus forte personnalité, aurait été éliminé plus rapidement encore que Zeitzler lui-même.

Il faut insister une fois de plus, dans ce contexte, sur les effets néfastes de l'organisation au sommet de la Wehrmacht. D'un côté, Zeitzler jetait un voile sur le théâtre des opérations à l'Est, ce qui, combiné avec l'attitude de Hitler à l'égard de ses alliés, empêchait de plus en plus l'état-major Opérations d'avoir une vue d'ensemble, même approximative de la situation ; d'un autre côté, l'état-major était de plus en plus absorbé par les tâches liées à la conduite des opérations sur les théâtres OKW. La section Armée de l'état-major Opérations était devenue depuis longtemps une seconde section Opérations de l'armée et Hitler confiait de plus en plus la responsabilité de problèmes de ravitaillement au service du quartier-maître de l'état-major Opérations. Cependant, démunis de troupes et de moyens propres, ils restèrent tous deux totalement dépendants des contributions et de la coopération des hauts commandements des forces, principalement l'état-major général de l'armée. Eu égard au fait que Hitler sous-estimait constamment l'ennemi, il est particulièrement regrettable qu'il n'ait jamais été possible de forcer l'opposition farouche de Zeitzler et de transférer de l'état-major général de l'armée à l'état-major Opérations la section Armées étrangères Ouest, bien que celle-ci s'occupât presque exclusivement des théâtres d'opérations de l'OKW. Cette section garda son siège à Berlin et son chef dut se borner à une ou deux visites mensuelles à l'état-major Opérations en Prusse-Orientale. Il ne parvint jamais à rencontrer Hitler. Il en fut de même pour l'administration militaire à l'arrière des théâtres de l'OKW : Zeitzler n'accepta jamais que l'état-major Opérations ait la moindre influence sur ces administrations, même quand les zones de combat et de communication commencèrent à se chevaucher de plus en plus.

Si, dans le cas de l'armée, c'était la division des responsabilités, dans celui de la Luftwaffe et de la marine, ce furent à la fois leur unité de commandement et le fait que leur commandant en chef relevait directement de Hitler qui limitèrent, tout comme par le passé, la coopération de l'état-major Opérations au rassemblement des forces journalières. Il en allait de même en ce qui concernait les formations de la Luftwaffe et de la marine qui combattaient sur un théâtre d'opérations OKW ou – comme c'était souvent le cas à la marine – qui y étaient seulement cantonnées. Ce n'est qu'en écoutant ce qui se disait aux conférences, que l'état-major Opérations apprit de quelle manière alarmante la capacité de combat de la Luftwaffe ne cessait de décroître. Quant à la marine, seul domaine où la stratégie allemande pratiquait encore l'offensive, et ce, depuis le printemps 1943, après la reprise du commandement en chef par le fameux commandant des sous-marins, le grand amiral

Dönitz, elle se voyait presque réduite à l'inaction. Il en découle que l'état-major Opérations ne pouvait apprécier préventivement les effets de ces déficiences, pourtant lourdes de conséquences sur le plan stratégique, ni y remédier et pas davantage intégrer les événements à long terme dans la situation générale. Hitler créait ainsi autour de lui une confusion totale, dans laquelle il laissa dépérir et pourrir son propre état-major d'exécution.

Ayant ainsi perdu l'initiative, le Grand Quartier général allemand se trouva réduit, durant de longues périodes, à une activité routinière. Aussi convient-il de se limiter, dans la description de la suite des événements, à des faits précis. La citation de certains fragments de conférences, dont les comptes rendus sténographiques ont été conservés, décrira, mieux que toute relation personnelle, l'histoire du Grand Quartier général allemand, et la lourde atmosphère qui y régnait.

15

De Stalingrad à Tunis

Les sévères défaites de Stalingrad et de Tunis se dressent au seuil de cette période de la guerre telles deux bornes impérissables. Leurs causes, leur déroulement et leur issue sont imputables avant tout à l'homme qui assumait le commandement suprême, à Hitler en personne.

Ces deux foyers de catastrophe n'ont été rassemblés en un seul tableau stratégique qu'à une seule occasion quand, à la suite des changements radicaux intervenus au Sud et à l'Est, le général Jodl ordonna le 29 novembre 1942 à son état-major de rédiger en « trois pages » une nouvelle appréciation générale de la situation, qu'il devança en même temps, en consignant ses propres thèses en ces termes :

> L'Afrique du Nord doit être tenue à tout prix parce qu'elle constitue l'avant-poste de l'Europe. Si elle venait à être perdue, il faudrait s'attendre à une attaque anglo-saxonne contre le Sud-Est de l'Europe à travers le Dodécanèse, la Crète et le Péloponnèse. C'est pourquoi les Balkans doivent être pacifiés et protégés.

Il ajoutait qu'à l'Ouest et au Nord il ne fallait pas craindre d'opérations importantes dans un avenir proche, mais qu'« à l'Est, il faut enfin établir des fronts stables de façon à pouvoir, au printemps, passer à l'offensive au moins en un endroit ».

En ce qui concernait l'Afrique du Nord, qui était un théâtre d'opérations OKW partagé avec les Italiens, les directives de Jodl reflétaient plutôt l'opinion de Hitler que celle de l'état-major général quand il faisait suivre immédiatement les mots « tenue à tout prix », bien entendu sans même consulter Rome, de la proposition « si elle venait tout de même à être perdue », qui les contredisait. Ce qui était tout nouveau, et dû très probablement à l'intuition de Hitler, c'est qu'en la circonstance, les Balkans étaient soudain considérés comme l'objectif principal de la stratégie anglo-saxonne, alors que l'idée qu'une invasion de l'Italie, dont le commandement n'avait pas été non plus consulté à ce propos, semblait beaucoup plus proche et avait été clairement exprimée dans une appréciation générale établie par l'état-major au début de novembre. Un territoire énorme, qui ne devait être traité jusqu'alors que comme une région occupée, en dépit de l'agitation qui y régnait, se trouva ainsi élevé au rang de théâtre de guerre, lequel menaçait d'engloutir de nouveaux effectifs à un moment où il était rigoureusement indispensable de les économiser.

On constatera que, dans ces thèses, significatives à beaucoup d'égard, l'Est n'apparaît qu'en dernier lieu, sans qu'il soit même fait mention de Stalingrad. Quand Jodl parlait simplement de fronts stables, il estimait avoir dit tout ce que l'état-major Opérations avait encore le droit de dire à propos de l'Est – selon les vues de Zeitzler. Contrairement à de nombreuses interprétations fournies après la guerre, il faut souligner que le chef de l'état-major Opérations voulait sans aucun doute obtenir des fronts stables s'établissant sur des lignes plus courtes, c'est-à-dire situées plus en arrière ; il n'a certainement pas cru qu'ils pourraient s'appuyer sur la Volga et inclure de ce fait Stalingrad. Il ressort clairement de ceci que ce n'est pas l'OKW qui insista pour que l'on tienne Stalingrad – et cela contrairement à d'autres !

Fidèle en cela à sa méthode de travail autoritaire, Jodl ne discuta jamais des « trois pages » ni avec son état-major ni avec son adjoint. En fait, il ne s'agissait pas réellement d'une appréciation de la situation, mais en ordre principal, de suggestions quant à une répartition différente des forces ou à une mobilisation de nouveaux effectifs. Néanmoins, l'état-major ne se contenta pas de cela ; il fit tout ce qu'il put pour que des transferts fussent opérés de l'Ouest et du Nord vers l'Est, même si cela allait parfois à l'encontre du vœu de Hitler. Ceci prouve qu'il est injuste de reprocher à l'OKW, comme on le fait communément, d'avoir drainé vers « ses » théâtres d'opérations des effectifs exagérés et d'avoir entretenu une *Army in being* aussi inutile que la *Fleet in being* de la Première Guerre mondiale.

Pas plus qu'il n'avait fait mention de Stalingrad dans ses thèses relatives à l'appréciation de la situation, le général Jodl, pour autant qu'on s'en souvienne, ne s'est jamais occupé par après de l'évolution des événements dans cette région, et son état-major pas davantage. Cela n'exclut pas qu'il ait, en ces circonstances comme en d'autres, soutenu les exigences de Hitler, mais ses propos ne pouvaient être basés que sur ses propres opinions, lesquelles à leur tour s'appuyaient uniquement sur les impressions qu'avaient pu lui laisser les discussions auxquelles il avait assisté entre Hitler et Zeitzler. Ni lui-même, ni son état-major n'auraient été en mesure de faire un examen de la situation indépendamment de l'état-major général de l'armée, ne fût-ce qu'en raison du fait que Zeitzler interdisait à son état-major de leur communiquer les renseignements nécessaires. Il est symptomatique que les inscriptions au journal de campagne de l'état-major Opérations soient des plus rares au sujet des événements de Stalingrad ; retenons particulièrement cet extrait, daté du 21 décembre 1942 :

> Lors de la conférence, on en est venu [...] à une longue discussion entre le Führer et les chefs d'état-major de l'armée et de la Luftwaffe concernant la situation dans la partie Sud du front de l'Est.

Il se peut – mais c'est fort improbable – que le chef de l'état-major Opérations n'ait pas été présent ou qu'il se soit abstenu d'intervenir, mais en tout cas, il apparaît ici très clairement que ni lui ni par conséquent l'OKW n'ont pu exercer aucune influence déterminante sur les décisions de Hitler relatives au sort de Stalingrad. Cela ressort également des comptes rendus sténographiques des conférences, dont les premiers fragments de cette époque qui ont été conservés, à savoir ceux des 1er et 12 décembre 1942 et du 1er février 1943, lendemain de la fin à Stalingrad, sont reproduits ci-après.

Pour autant qu'on en puisse juger en se basant sur des données relatives à 3 jours sur plus de deux mois – mais elles corroborent des souvenirs personnels – ces fragments confirment que l'on n'assista pas en ce temps-là au GQG à de vives explications ni à des différends entre Hitler et son conseiller principal pour le front de l'Est. Il est vrai cependant qu'au cours de ces journées et de ces semaines, le général Zeitzler discuta plus souvent que de coutume avec Hitler de ses préoccupations et de ses plans concernant Stalingrad, sans qu'il en reste aucun écrit. L'auteur de cet ouvrage se souvient aussi parfaitement que Zeitzler était manifestement très affecté par la détérioration progressive de la situation à Stalingrad et que, pendant des jours entiers il réduisit ses rations alimentaires propres et celles de ses proches collaborateurs aux portions très réduites qui étaient allouées aux défenseurs de Stalingrad, dans le but évident de prouver de la façon la plus convaincante possible combien ces rations étaient insuffisantes. (A titre d'information, voici quelles étaient les rations journalières à la mi-janvier 1943, d'après le journal de campagne de l'état-major Opérations : 75 g de pain, 200 g de viande de cheval, 12 g de matières grasses, 11 g de sucre et une cigarette). Par contre, il convient de signaler que les annotations au journal de campagne de l'état-major Opérations datées du 25 novembre attribuent au seul général aviateur baron von Richthofen la proposition que la 6e armée se retire maintenant vers l'Ouest, ce qui signifiait l'abandon de Stalingrad et la rupture de l'encerclement. Deux jours plus tard le même document parle une fois de plus, à l'occasion de la reprise par le général von Manstein du commandement du groupe d'armées Don, de perspectives raisonnablement favorables – ce qui correspond aux impressions recueillies par Warlimont lors de la conférence. Le 2 décembre, le journal de campagne fait état de la confiance la plus grande dans les plans de dégagement de Stalingrad par une attaque du groupement blindé Hoth partant de la région de Kotelnikovo – sans tenir compte du fait que le nombre de sorties aériennes restait loin en deçà de ce qui avait été promis par Goering. Lorsque le 12 décembre, à la date prévue pour cette attaque, Hitler reprit une fois de plus devant son auditoire la thèse qui était la sienne : «Nous ne pouvons sous aucun prétexte l'abandonner (c'est-à-dire Stalingrad). Nous ne la reprendrions jamais.» Et il avança alors de nouveau l'argument de la perte de matériel lourd. Seul Zeitzler l'approuva en disant : «Nous avons là-dedans une quantité énorme d'artillerie d'armée» et Hitler s'empressa de réaffirmer sa volonté en termes encore plus forts : «Nous ne pourrons jamais remplacer ce que nous avons là-bas. Si nous abandonnons Stalingrad, nous renonçons en fait à tout le sens de cette campagne.»

Un autre élément mérite d'être relevé dans ces fragments. Non seulement le nom de Stalingrad n'y apparaît qu'une seule fois – comme si on avait appréhendé de le prononcer – mais on constatera en outre que la situation de la ville, et partant le point chaud de la guerre à cette époque, n'est jamais traitée au début des discussions, mais que des heures de conférence et des pages entières des comptes rendus sont remplies de toutes espèces d'autres sujets, d'un intérêt parfois minime. Il est certain que la débâcle de la 8e armée italienne le 18 décembre – qui exerça une influence décisive sur la situation à Stalingrad, suivie moins d'un mois plus tard, le 15 janvier, par la désagrégation de la 2e armée hongroise et par la rupture de l'investissement allemand autour de Léningrad, causèrent de nouveaux soucis importants au Grand Quartier général, non seulement en raison de ces événements en soi mais aussi à cause de l'effet qu'ils devaient produire sur les alliés de l'Allemagne. Nombreux furent ceux qui se demandèrent – et c'est la question que beaucoup se posent encore probablement aujourd'hui – si, à la lumière des changements qui s'opéraient si rapidement dans la situation, il n'aurait pas fallu justement réexaminer chaque jour et avant tout autre sujet le sort de Stalingrad et des centaines de milliers de soldats qui s'y trouvaient. Et Hitler fit-il davantage qu'un geste quand il chargea, le 15 janvier 1943 seulement, le maréchal Milch, secrétaire d'Etat au ministère de l'Aéronautique d'assurer par tous les moyens l'approvisionnement de la 6e armée, alors que le front allemand avait déjà été refoulé loin en arrière dans cette zone et que l'étau russe se resserrait de plus en plus autour de la ville ?

On a souvent tenté de justifier cette catastrophe en disant que seule la fixation en permanence d'importantes forces russes à Stalingrad avait rendu possible le repli de l'aile Sud du front de l'Est. Même s'il en fut ainsi – et les impondérables de la guerre ne permettent pas d'en juger avec certitude –, cela ne peut nullement compenser ni effacer les lourdes fautes de commandement commises par Hitler les semaines et les mois précédents. Et cela ne peut justifier le fait qu'il ait refusé de toute la force de son obstination, aux chefs militaires nommés encore par lui au dernier moment, les moyens et les pleins pouvoirs nécessaires – particulièrement en ce qui concerne les forces importantes se trouvant à proximité de la limite Nord du Caucase et la 6e armée elle-même – pour maîtriser la situation. En plus de cela, quand, dans la soirée du 22 janvier, à la requête de Manstein, le général Zeitzler lui demanda si on pouvait autoriser maintenant la 6e armée à capituler, Hitler répondit par la négative et il exigea au contraire une nouvelle fois que l'armée poursuive le combat jusqu'au dernier homme. C'est lui encore qui, le 28 janvier, au mépris des vivants qui combattaient encore comme aussi des morts, entreprit la reconstitution de la 6e armée. Et c'est lui qui se répandit ensuite en propos insultants et indignés sur les officiers commandants lorsque arriva la fin, le 31 janvier. Ce que lui avait abandonné depuis longtemps, un autre ne pouvait, à ses yeux l'abandonner de sitôt ! Ses connaissances militaires se situaient au même niveau que ses conceptions morales ; au cours de la conférence du 1er février, il exigea : « Il faut envoyer un "machin" [c'est-à-dire un radiogramme] au commandant de la poche Nord lui enjoignant de tenir la poche à tout prix. La poche doit être tenue jusqu'au dernier homme. » Ce qui n'empêcha pas l'issue fatale de se produire dès le lendemain.

Ce qui figure dans le fragment du 1er février repris ci-après, et qui résonne encore aux oreilles de l'auteur, est particulièrement intéressant à plus d'un égard. On y trouve un exemple de l'attitude qui fut à maintes reprises celle de Hitler par la suite. En ce 1er février déjà, il utilisa des arguments en relation avec l'économie de guerre pour exiger que le bassin du Donetz soit tenu à tout prix et il alla jusqu'à déclarer qu'il ne pourrait poursuivre la guerre s'il ne disposait pas de ce territoire. Les choses continuèrent de la sorte jusqu'à ce que le cœur même de Berlin fût atteint.

Fragment n° 29

Conférence du soir du 1er décembre 1942 au *Wolfsschanze*

ZEITZLER : Au groupe Manstein, près de Kotelnikovo, il n'y a rien eu de particulier. Le front du Tchir a été violemment attaqué ce jour, à partir de la gare de Tchir, où se trouve le colonel Tschuecke, jusqu'au groupement Fiebig, en passant par les groupements Abraham et Schmidt. Tout le long du front relevant du colonel

Tschuecke, toutes les attaques ont été repoussées. Il a été fait 100 prisonniers.

Une légère pénétration a été signalée hier dans le secteur voisin. Cette pénétration devait être résorbée aujourd'hui, mais l'attaque n'a pas progressé parce que l'ennemi a maintenu sa pression. Quelques chars ont été détruits là-bas. Demain, des éléments de la 336e division seront engagés pour repousser l'ennemi. Dans le secteur suivant... a été attaqué. Trois chars ont été détruits. Situation en main. Dans le secteur suivant, celui du général d'armée Schmidt, 6 chars ont été détruits. Toutes les positions ont été tenues. Dans le secteur du groupement Fiebig se trouve un petit village nommé Kirjew : de la cavalerie ennemie, forte d'environ 1 000 hommes, y a pénétré. Ce qui est intéressant, c'est que des prisonniers ont été faits, appartenant à la 40e division de la garde et à la 321e division. Ces deux divisions se trouvaient jusqu'à présent sur le front Nord-Ouest de la 6e armée. Ces prisonniers ont déclaré avoir été amenés de ce côté par marches forcées en trois nuits. On pourrait en conclure qu'ils dégarnissent actuellement le front de la 6e armée afin d'enfoncer cette pointe près de Tchir. Une autre preuve en est que la 6e armée n'a subi ce jour que de très faibles attaques. Une centaine de tonnes ont été envoyées à la 6e armée par la voie aérienne.

En continuant vers le Nord : la 22e division blindée et le groupement Hollidt n'ont pas été attaqués. Par contre, cet après-midi, un grand nombre de bombes ont été lâchées sur le groupement Hollidt, ses communications arrière et les installations de son état-major. Cela constitue toujours chez eux une préparation pour les jours suivants. Chez les Italiens, rien dans l'ensemble. La

Pasubio* a été attaquée par des troupes de choc renforcées – deux à trois compagnies. Il a été fait des prisonniers qui ont déclaré que l'ennemi avait l'intention d'attaquer la Pasubio demain et de faire sauter tout le saillant, que 1 ou 2 divisions et 200 chars se tenaient prêts. J'ai ordonné au groupe d'armées de prendre en tout état de cause des mesures en conséquence. Chez les Roumains, ils avaient aussi commencé par de semblables chiquenaudes. Le groupe d'armées a, en conséquence, envoyé auprès de la Pasubio une compagnie de chasseurs de chars de la 298e division et adjoint à la Pasubio un bataillon de génie de la 298e. Un régiment – la carte mentionne 1/3 298 – est en état d'alerte et a été amené derrière l'aile gauche de la Pasubio. En outre, la Luftwaffe a rendu disponible un groupe de défense antiaérienne qui sera également placé derrière la Pasubio. Voilà ce que nous pouvons faire pour le moment. J'avais envoyé il y a cinq jours aux Italiens un spécialiste de la défense antiaérienne ; celui-ci a encore découvert un nouveau dépôt : 9 000 charges creuses. Il les a amenées aux Italiens dans les bagages d'un détachement d'instruction du génie allemand, de sorte qu'ils disposent sur place de petites troupes de choc du génie allemand avec des charges normales et en outre, des pétards.

[...]

JODL : Le commandant militaire pour la France communique : situation relativement calme dans la journée d'hier. Pas de changement apparent dans l'attitude de la population. Pas d'incidents chez les soldats français démobilisés. Un coup de main contre une mairie dans le département de Seine-et-Loire. La police française a

---

* Nom d'une division italienne.

réussi à cette occasion à arrêter six malfaiteurs armés appartenant tous à un groupement terroriste.

LE FÜHRER : Bien ! La police est bonne. Nous les mettrons au travail et nous ne collaborerons qu'avec la police. Himmler connaît sa police. Il utilise des moyens condamnables, mais il parvient ainsi peu à peu à avoir prise sur les gens. Il se créera une alliance avec la police !

JODL : Elle fait une excellente impression.

LE FÜHRER : La police est haïe plus que qui que ce soit dans le pays et elle cherche appui auprès d'une autorité encore plus puissante que ne l'est son propre Etat ; et cela, c'est nous. La police demandera une fois de plus avec insistance que nous ne quittions pas le pays.

JODL : Le nombre des travailleurs obligatoires français dans le Reich a dépassé il y a quelques jours les 200 000.

LE FÜHRER : Cela augmente aussi. Tout d'abord, les gens n'ont rien ; et d'autre part, ils se disent : pour nous, au moins, il n'y a pas de danger de guerre. Car ils ne veulent pas la guerre. Pourquoi en somme ? Ils ont tous le sentiment que, quoi qu'il puisse arriver, toute cette guerre était une folie.

JODL : Ensuite, je voudrais encore dire à propos de la question du commandement en Afrique : c'est évidemment une question d'organisation. C'est un « Bas les pattes ! » de la part des Italiens. Il ne faudra pas longtemps pour qu'ils disent : il va de soi que nous devons aussi avoir le commandement du théâtre d'opérations. Jusqu'à présent ils n'ont pas soulevé cette question.

LE FÜHRER : D'abord, pour le moment c'est nous qui avons tout fait. Deuxièmement, si en tout état de cause une offensive est lancée là-bas, il est garanti qu'aucun Italien n'y prendra part.

JODL : C'est bien la raison pour laquelle ils ne parlent absolument de rien et que nous commandons en douce sur ce théâtre d'opérations. Ils n'ont jamais dit un mot à ce propos.

LE FÜHRER : Et ils ne le peuvent pas non plus. Alors qu'il y a là-bas au moins *4* de nos divisions motorisées – il y a pratiquement une division de plus si on compte les parachutistes, etc. Cela fait donc 5 divisions. Avec les deux divisions d'infanterie cela fait 7 divisions. Avec 7 divisions, nous faisons de toute façon la guerre tout seuls. Ce ne sont tout de même pas eux qui font la guerre. Sur le plan du matériel, nous devons aussi la faire seuls. Il est vrai qu'ils assurent les transports maritimes. Mais nous y ajouterons aussi du tonnage maintenant que nous avons vaincu les Français. Mais si nous n'avions pas vaincu les Français, nous n'aurions pas le tonnage. Quand les choses seront réglées là-haut...

KRANCKE : ... alors nous pourrons leur donner Tunis et nous prendrons Alger.

LE FÜHRER : Ils pourront alors reprendre le tout entièrement sous leur administration.

BODENSCHATZ : Nous ne devrons assurer nous-mêmes que la défense antiaérienne.

KEITEL : Ainsi que le ravitaillement !

Je voudrais revenir encore une fois sur cette lutte contre les bandes de guérilleros. Un ordre a été préparé hier à ce sujet.

LE FÜHRER : J'estime cependant qu'un certain préambule est nécessaire : en principe – et il faut enfoncer cela dans la tête de tout le monde – dans la lutte contre les bandes armées, tout ce qui donne un résultat est correct. Il faut tenir compte avant tout de ceci : même si quelqu'un pose un acte qui n'est pas conforme à un ordre mais qui peut donner un résultat certain, ou s'il se trouve dans une situation telle qu'il ne puisse y remédier que par des mesures les plus brutales, tous les moyens sont bons pour obtenir le succès. Le but doit être d'exterminer les bandes et de rétablir le calme. Sinon, nous nous retrouverons dans une situation comparable à celle que nous avons connue en politique intérieure avec ce qu'on a appelé le programme de légitime défense. Cette instruction a eu pour conséquence que, finalement, aucun policier ni aucun soldat en Allemagne ne se risquait plus en fait à se servir de son arme. Car c'était un paragraphe tellement élastique que chacun en venait à se dire : si par malheur je descends l'autre, on me tombera dessus ! Si c'est lui qui me descend, on me tombera aussi dessus. Mais comment puis-je m'y prendre pour mettre l'autre hors de combat sans lui faire de tort et sans être mis moi-même hors de combat ? Voilà la fameuse instruction élastique du droit de légitime défense qui a eu pour conséquence qu'en fait c'était toujours celui qui était armé qui était la victime – policier ou militaire, c'était la même chose. Le pire est ce qui s'est produit lors des incidents de Saverne. Mais dans la police, c'est arrivé sans arrêt. D'une part, il y avait l'ordre : tu dois faire cela ; et d'autre part, il y avait transgression du droit de légitime défense.

C'est pourquoi je crois qu'il faut introduire ici un avant-propos : « En dépit de tout cela... le devoir suprême est de détruire les bandes. C'est pourquoi, en fin de compte, tout ce qui aura contribué à l'extermination des bandes sera considéré comme légitime, tandis que tout ce qui n'aura pas servi à les détruire sera jugé illégitime. » De cette façon, chacun jouit de sa liberté d'action. Et comment s'y prendrait-on d'ailleurs dans beaucoup de cas? Que faire quand ces cochons mettent en avant des femmes et des enfants? J'ai eu le cas moi-même à Chemnitz, quand ces cochons rouges nous ont craché dessus en tenant les enfants devant eux. Nous étions totalement sans défense et, si nous avions touché les enfants, Dieu aurait eu pitié de nous!

Il en va de même dans la lutte contre les bandes. S'ils mettent en avant des femmes et des enfants, l'officier ou le sous-officier doit avoir la possibilité de tirer sans ménagements. Ce qui compte uniquement, c'est qu'il se tire de ce mauvais pas et qu'il extermine la bande. Il faut fournir à celui qui porte les armes un appui absolu. On peut lui donner des instructions d'ordre général; mais pour le reste, on doit absolument le couvrir. Il ne faut pas que le pauvre diable puisse se dire que par la suite il devra rendre des comptes.

Que voulez-vous y faire si ces cochons se barricadent dans une maison et qu'il y ait aussi dans cette maison des femmes et des enfants? Un soldat peut-il mettre le feu à la maison, oui ou non? S'il le fait, il brûle des innocents. Il ne peut y avoir de problème! Il doit y mettre le feu. On ne peut pas dire alors : le soldat ne pouvait pas le faire, seul un officier pouvait le faire. Non! le pauvre diable se trouve là avec 6 ou 7 hommes, que doit-il faire? C'était ce qu'il y avait de tragique avec la police, que c'était seulement l'affaire des officiers. Quand un policier a-t-il jamais eu un officier à ses côtés! Le pauvre sous-ordre était toujours désespérément seul. C'est pour cela que le policier français se met du parti de notre police allemande, parce qu'il sent chez nous pour la première fois, que ses arrières sont couverts. La police française n'a encore jamais connu cela! A l'époque où il y a eu des troubles à Paris et que des coups de feu ont été tirés, les policiers français s'y sont cassé les reins. On les a traînés devant le cadi. D'une part, ils avaient ordre de protéger la Chambre et de marcher sur les manifestants. Comment pouvaient-ils protéger la Chambre si les autres avançaient contre eux? Si, les autres ayant avancé, les policiers n'avaient pas protégé la Chambre, ils auraient été punis pour ne pas l'avoir fait. Ils ont donc tiré et puis ils ont été punis parce qu'ils avaient tiré.

Dans des cas pareils, on doit faire extrêmement attention à ne pas léser les petits. Il faut aussi toujours se mettre dans la peau du combattant. Ici devant ce tapis vert, on peut dire qu'il faudrait écouter la voix de la raison. Comment pouvez-vous être aussi déraisonnable? – N'avez-vous pas réfléchi, mon ami? – Vous n'y avez pas pensé? – Le pauvre diable est incapable de réfléchir, il lutte pour sa vie, c'est une question de vie ou de mort! Et c'est justement le petit, l'obscur sous-officier qui a essayé de trancher dans le vif, qui a tiré dans le tas et qui a tué autant de femmes, parce qu'il croyait, sinon, ne pas pouvoir traverser le village.

JODL : Il n'est pas question de cela ici. Au combat, ils peuvent faire ce qu'ils veulent : ils peuvent les pendre, les pendre par les pieds, ou les écarteler, peu importe. La seule restriction concerne les représailles après le combat dans les régions où des bandes ont vécu et il s'agit d'une action que même le Reichsführer envisage avec prudence, parce qu'il se dit : je dois être certain de ne pas étendre ainsi les zones de guérilla et de ne pas chasser toute la population mâle. Car cela se dit de village à village, et alors il y aura 2000 hommes de plus qui se rueront dans les zones de guérilla. A part cela, il n'y a pas un mot là-dedans à propos de ce qui est permis ou non. Il ne s'agit que d'enseignements obtenus en matière de renseignement et d'engagement.

LE FÜHRER : Mais il faut y faire figurer le principe que celui qui croit de son devoir d'intervenir par les moyens les plus violents est absolument dans son droit et qu'il sera en tout cas couvert par la suite.

JODL : C'est plutôt pour le commandement, car la SS a de toute façon la plus grande expérience en l'occurrence.

LE FÜHRER : Elle a la plus grande expérience. Mais voyez plutôt ce qu'on dit de la SS parce qu'elle a cette expérience ! On dit toujours qu'elle se comporte brutalement.

JODL : C'est inexact. Elle s'y prend comme il convient. Elle utilise la méthode du sucre et du fouet comme partout dans le monde !

LE FÜHRER : On lui pardonne le sucre mais pas le fouet.

KEITEL : On ne parle pas beaucoup de tout cela dans la zone des partisans. Nous sommes heureux de constater qu'il y règne une très bonne coopération. Tout se fait en commun, sous un seul commandement. Toutes les actions entreprises par Bach-Zelewski ont été engagées par lui seul, qu'il s'agisse de forces de police ou de troupes des divisions se trouvant là-bas.

LE FÜHRER : Bach-Zelewski est un homme des plus habiles. Dans le parti déjà, je lui ai toujours confié les affaires les plus difficiles. Quand on n'arrivait pas à briser la résistance communiste en l'un ou l'autre endroit, j'ai fait appel à lui et il l'a écrasée !

Fragment n° 8

Conférence de midi du 12 décembre 1942 au *Wolfsschanze*

[...]

Début à 12 h 45.

LE FÜHRER : Est-il arrivé quelque chose de catastrophique ?

ZEITZLER : Non, mon Führer. Manstein a atteint la coupure et il tient un pont. Des attaques se produisent seulement chez les Italiens. Ici il y a un régiment qui a été alerté pendant la nuit et est arrivé sur la position de combat à 10 heures. Heureusement, car les Italiens avaient déjà lancé dans la bataille tous leurs bataillons de réserve.

LE FÜHRER : Cette histoire me cause plus de nuits blanches que les événements dans le Sud. On ne sait pas ce qui se passe.

BUHLE : On ne peut pas compter sur eux.

ZEITZLER : Il faut entreprendre là-bas sans tarder une action semblable à celle d'hier soir. Si les Russes avaient exploité cela, il aurait pu se produire une catastrophe au cours de la nuit. Le groupe d'armées a voulu attendre l'aube pour envoyer le régiment. Nous l'avons donc eu sur place à 10 heures du matin.

Il ne s'est pas passé grand-chose à la 17e armée. Il arrive à nouveau des informations d'agents concernant un débarquement en Crimée, ils veulent choisir un très mauvais temps, des tempêtes de neige, etc.

LE FÜHRER : C'est improbable. Notre marine peut-elle aussi choisir un tel temps ?

JODL : On ne peut pas débarquer là.

LE FÜHRER : Les Russes peuvent le faire, ils peuvent passer. Nous ne débarquerions pas par tempête de neige et des choses de ce genre. J'en conviens. Je crois que les Russes en sont capables.

KRANCKE : Quand les conditions ne sont pas trop mauvaises. Quand il gèle, que tout est converti en glace, c'est mauvais. Mais s'il n'y a que tempête de neige, à zéro degré, cela va.

LE FÜHRER : Cela va sans façon, c'est comme en cas de brouillard, qu'ils débarquent par temps de brouillard... Ce que je voulais encore dire à propos de ce bataillon géorgien, ou de cette compagnie : je ne sais pas du tout, je dois le dire honnêtement, si les Géorgiens sont des gens qui ne sont pas des musulmans. On ne peut donc pas les considérer comme des bataillons de Turcomans. Les Géorgiens sont une tribu caucasienne, qui n'a absolument rien à voir avec la race turque. Je n'ai confiance que dans les musulmans. Je n'ai aucune confiance dans les autres. Cela peut nous arriver partout, il faut être là d'une prudence extrême. Je considère d'ailleurs comme très risquée la constitution de bataillons de ces populations purement caucasiennes, alors que je ne vois aucun danger à former effectivement des unités purement musulmanes. Celles-là seront toujours prêtes à se battre.

ZEITZLER : J'ai envoyé aux échelons inférieurs un certain nombre de questions pour rassembler des informations. Baltiz a interrogé un général russe, à l'esprit large, au sujet des Géorgiens. Il a répondu que nous n'avions ni avantage ni inconvénient des Géorgiens, mais eux non plus.

LE FÜHRER : Je le crois aussi. Ils n'ont qu'une idée, c'est de se libérer de tous les côtés. En outre, d'après ce qu'on en sait, ils sont quand même peu dignes de confiance d'un côté comme de l'autre. J'imagine cependant que comme Staline est lui-même Géorgien, beaucoup d'entre eux lorgnent résolument vers les communistes. Ils ont eu une sorte d'autonomie. Les véritables populations turkmènes sont les musulmans. Les Géorgiens n'appartiennent pas à la race turque, mais sont une tribu turco-caucasienne, avec probablement aussi une teinte quelque peu nordique. Je n'ai pas confiance non plus dans les Arméniens, en dépit de toutes les déclarations, qu'elles viennent de Rosenberg ou des militaires. Je considère les unités arméniennes comme aussi peu sûres et aussi dangereuses. Les seuls en qui j'ai confiance sont les purs musulmans, c'est-à-dire le véritable peuple turc. Autre chose est de savoir s'ils valent tous quelque chose sur le plan militaire ; cela, je ne puis pas en juger.

(Présentation du communiqué de la Wehrmacht)...

LE FÜHRER : Dites-moi encore quelque chose : où sont les blindés qui ont été rongés par les souris dans le temps ?

ZEITZLER : Ils étaient là-haut avec la 22e division blindée. Alors, puis-je ordonner ces préparatifs ici ?

LE FÜHRER : L'important est de prendre cette route.

ZEITZLER : Bloquer cette route ne représente pas grand-chose, car il y a ici une route secondaire. Si nous barrons réellement cette grande route, ils peuvent utiliser ici la route secondaire. Mais il faut tenir le tout, y compris Schikola.

LE FÜHRER : Il faut se maintenir là-haut, pour avoir la route. C'est une affaire désagréable.

ZEITZLER : Il ne sera pas possible de le faire. C'est là que l'on trouve la seule réserve disponible. Je l'ai fait calculer, le régiment de montagne n'arrivera ici que le 20.

LE FÜHRER : Reste à savoir s'ils tiendront jusqu'au 20. S'ils ne se retranchent pas, ils reculeront là aussi.

ZEITZLER : Je crois cependant que c'est une position naturellement assez forte.

LE FÜHRER : En cas de repli, j'ai toujours la même crainte qu'ils n'abandonnent le matériel. On dispose alors d'une troupe, mais pas de matériel ; on ne peut plus entreprendre quoi que ce soit, sans compter l'effet moral.

ZEITZLER : Il faut étaler le repli sur plusieurs jours, alors on récupère le matériel, tandis qu'il y a ici une position et peu dedans.

La 16e division motorisée a réussi une belle pointe en avant, elle a fait 150 prisonniers et est revenue avec eux.

LE FÜHRER : Là en bas, elle n'a pas fait une guerre de mouvement, elle a laissé les blindés derrière et n'a rien fait du tout, guerre de position.

ZEITZLER : On aurait pu avancer les flancs beaucoup plus loin.

Sur ce front, relativement peu. J'ai tiré au clair cette affaire d'ordre de repli. Il sera légèrement atténué. Il voulait donner l'ordre de repli.

La situation s'est développée ici comme suit : le maréchal Manstein m'a appelé ce matin. Il tient le pont à cet endroit. Une légère pression s'exerce déjà maintenant sur la 23e division blindée. Probablement à cause des forces amenées en renfort. Ici, la résistance n'a pas été trop forte. Cependant, au cours de la journée, de violents combats ont éclaté. Ils ont pris Ritschew. Ceci est très désagréable à cause du pont. Car on voulait faire passer par là la ligne de communication. L'attaque s'est aussi étendue plus loin jusqu'ici, tandis qu'ici elle a, en gros, diminué. Nous avons intercepté un message radio du 8e corps de cavalerie disant qu'ils veulent passer à la défensive.

Ici en haut, on ne voit pas encore clairement ce qu'ils font réellement. On peut considérer que c'est une réaction à notre trafic radio. Car il a été particulièrement dense pendant les jours qui ont précédé notre intervention. Mais on peut aussi penser qu'ils ont l'intention de faire quelque chose. A la 6e armée, c'est principalement ici qu'il y a eu des attaques. Le maréchal Manstein a appelé aujourd'hui pour alimenter cette attaque (de Kotelnikovo en direction de Stalingrad) et il a une fois encore mis tout cela par écrit et l'a envoyé.

(Proposition)

LE FÜHRER : Il a 80 kilomètres à vol d'oiseau.

ZEITZLER : Il a envoyé cela par écrit. Vous pourriez peut-être en prendre connaissance. La 16e division est hors de question. Si on retire la 16e, le front roumain tout entier s'écroulera et l'on n'arrivera plus jamais à redresser la situation. Peut-être croit-il, du fait qu'il y a une brèche, que l'armée blindée pourra faire passer quelque chose par là. Sinon, je me demande pourquoi il en serait arrivé à faire cette proposition.

LE FÜHRER : Il faut attendre de savoir de quelles forces il dispose ici. Il a tout de même deux fortes divisions, l'une de 95 chars et l'autre de 138.

ZEITZLER : C'est évidemment un risque de retirer deux divisions.

LE FÜHRER : J'en conviens parfaitement. Mais il a aussi des formations de la Luftwaffe et il faut qu'il en tire quelque chose. Quand arrive la prochaine division d'infanterie ?

ZEITZLER : Cela prendra beaucoup de temps, 8 jours, avant qu'elle n'arrive là. Nous avions espéré que la 11e division blindée aurait pu y intervenir. Cela aurait marché plus ou moins. Si elle ne peut s'y rendre, il est de fait que les deux divisions blindées n'avanceront plus. La 23e sera grignotée sur le flanc et devra faire cela. Il ne restera alors que la 6e, ce qui est grave, surtout si des contre-attaques se produisent et s'il faut maintenir la communication. Si nous retirons la 17e de là-haut, il y aura aussi un risque. Mais cette attaque de deux divisions blindées peut tourner court et il se peut qu'après deux jours on soit quand même obligés de faire venir la 17e, et alors on aura peut-être perdu un jour.

LE FÜHRER : Il voulait placer la 17e ici ?

ZEITZLER : Il voulait la mettre ici et reprendre celle-ci.

LE FÜHRER : Mais la 17e n'a aucune valeur.

ZEITZLER : Eh bien, alors la 11e.

LE FÜHRER : Elle n'a que 45 chars.

ZEITZLER : Elle en avait 49 jusqu'à présent. Quelques-uns sont indisponibles. Elle a laissé là-haut un seul détachement et on pourrait y adjoindre un régiment de la 306e par mesure d'urgence.

LE FÜHRER : Quand la 11e a-t-elle perdu tous ces chars ? Elle en a eu 70 ou 80 là-haut.

ZEITZLER : D'après ce que j'en sais, elle est descendue avec 49 chars.

LE FÜHRER : Il y en a de nouveau qui manquent.

ZEITZLER : Il y en a évidemment toujours qui sont inutilisables temporairement. Leur nombre augmentera de nouveau demain à cause du temps.

HEUSINGER : La 11e division blindée en a eu 57 ici en bas.

LE FÜHRER : Elle est partie de là-haut avec 73 ou 75.

ZEITZLER : Je vérifierai encore une fois. Je n'ai pas le chiffre en tête. Avec le temps qu'il fait, on doit toujours compter, d'après mon expérience, sur 10 à 12 chars en moins.

LE FÜHRER : Je veux d'abord connaître tout le reste de la situation. Je reviendrai à cette affaire à la fin.

J'ai également reçu une information selon laquelle il (maréchal Rommel) se retire ici (en Afrique).

JODL : Oui, c'est déjà fait. Il n'y a aucun doute que l'ennemi a lancé ici sa première attaque de grande envergure et qu'il veut vraisemblablement la poursuivre le 13. Les vols de reconnaissance permettent de conclure que son aviation est prête, qu'il a avancé ses bases. Son groupe principal de chasse, comprenant 130 appareils monomoteurs et 120 bimoteurs, se trouve dans la région au nord d'Agedabia et il y a 100 monomoteurs et 4 bimoteurs dans la région entre Solium et Marina. De plus, l'écoute du trafic radio prouve que, comme avant l'offensive contre la position d'El-Alamein, il est prêt à attaquer ici, de sorte que la Luftwaffe, le commandant de l'aviation en Afrique a acquis la conviction qu'une offensive anglaise ayant pour objectif Tripoli est imminente. Les forces que nous pouvons leur opposer sont faibles, parce que le gros des troupes est en Sicile, et ils se trouvent principalement derrière la position finale.

LE FÜHRER : Qui dit que c'est la position finale ?

JODL : C'est le Duce qui a ordonné cela.

LE FÜHRER : L'entretien qu'a eu le *Reichsmarschall* n'était pas du tout aussi clair.

JODL : Rommel le dit également dans son télégramme.

LE FÜHRER : Que dit-il ?

JODL : Il dit ceci : « Les... se trouvant encore dans la région... se replieront sur la position finale. » Il y a là le mot « finale ». La situation d'ensemble était d'ailleurs telle qu'il pouvait compter là-dessus. Poursuivons : il a repoussé les attaques d'hier, y compris celle au Sud, mais il dit qu'il est hors de doute que les attaques se poursuivront ici aujourd'hui et qu'il ne peut pas se permettre de voir l'ensemble des forces combattre ici, d'autant plus que l'ennemi avance aussi au Sud, fût-ce avec des effectifs réduits, et que, vu le ravitaillement en carburant, lui-même n'est pas en mesure de mener des combats offensifs et mobiles, mais que la situation sur le plan du carburant lui permet uniquement de se retirer sur cette position-ci. Il faut de nouveau qu'il reste là jusqu'au 15 pour retrouver sa mobilité. Il ne peut donc rien entreprendre. Si la situation est telle au point de vue carburant, c'est compréhensible. S'il disposait de toute la mobilité requise, s'il pouvait se déplacer comme il l'entend, il pourrait éviter tout enveloppement.

LE FÜHRER : En fait, je dois tout de même dire qu'en son temps une armée gigantesque a reculé en roulant avec du carburant de la position d'El-Alamein jusqu'ici. Ils n'ont pas roulé à l'eau. Pendant tout ce temps, ils n'ont pour ainsi dire pas reçu de carburant. S'ils avaient amené le carburant vers l'avant, au lieu de reculer ils auraient pu opérer à l'avant. Cela ne fait aucun doute. Car il aurait été plus facile d'opérer à l'avant avec quelques divisions. En fin de compte, il ne faut que les blindés et un peu d'artillerie. Ils ont reculé de 1 500 kilomètres, en emportant le mobilier et tout ce qui était possible, tout ce qu'il y avait et tout ce qu'ils pouvaient ramasser. Parmi les hommes que nous avons ainsi perdus, 50 % l'ont certainement été du fait du repli, de sorte que les pertes réelles à l'avant ont probablement été extrêmement réduites.

Il n'y a aucun doute que cela a été probablement une erreur de ne pas poursuivre l'offensive initiale sous l'effet du torpillage de ce vapeur de 4 000 tonnes. C'est également l'avis de Kesselring, et celui de Ramcke, qui dit : nous ne comprenons pas pourquoi nous ne sommes pas arrivés plus loin, les Anglais étaient de nouveau en pleine déroute, il suffisait de les talonner et de pénétrer par n'importe quel secteur. Mais je crois vraiment qu'on ne peut pas laisser trop longtemps un homme dans un poste à très lourde responsabilité. Avec le temps, cela finit par lui briser les nerfs. C'est différent quand on se trouve loin à l'arrière. Alors, on garde naturellement tous ses esprits. Les nerfs de ces gens doivent craquer. Il faut effectivement appliquer ce principe de ne pas laisser trop longtemps quelqu'un sur le théâtre de guerre. Cela n'a pas de sens. Il vaut mieux le relever. Il en vient alors un autre qui veut gagner ses lauriers et qui est relativement plus frais. C'est pourquoi je suis décidé à relever immédiatement toute une série de généraux, qui sont excellents en soi, dès que la première vague aura passé, et que nous leur imposions tout simplement – même à un maréchal – un congé de tant et tant de mois, de manière qu'ils sortent de là complètement retapés. Il faut se rendre compte de la situation. Il a constamment dû se débattre là-bas avec quelques misérables éléments. Il n'est donc pas étonnant qu'après quelque deux ans les nerfs craquent progressivement et qu'il en arrive à dire : je fais halte... Alors, des choses qui ne semblent pas tellement terribles vues de l'arrière, lui apparaissent impossibles à supporter. Nous en avons eu un exemple l'hiver dernier, quand les hommes du front ont craqué simplement parce qu'ils voyaient se déchaîner sous leurs yeux une véritable catastrophe atmosphérique et qu'ils ont dit : ceux de l'arrière peuvent en parler à leur aise, ils ne subissent pas ce mauvais temps. Et cela est vrai. Mais il faut aussi que ce ne soient pas toujours les mêmes qui soient soumis constamment aux mêmes influences. Si on soumet un état-major de haut niveau à un feu de mortier pendant trois semaines, il ne faut pas s'étonner si les nerfs flanchent. De là les tertres où se retiraient les généraux en chef. A part dans les moments décisifs où le général doit brandir l'étendard parce qu'il s'agit d'une question de vie ou de mort, il doit rester à l'écart. Si on reste au cœur du combat, on finit par ne plus pouvoir commander.

Il est certain que dans cette zone relativement restreinte, un homme doit embrasser presque tout le champ de bataille. Il n'a pas non plus la possibilité de recevoir des renseignements ; et il faut de l'instinct. Mais quand on fait cela pendant deux ans, les nerfs finissent par craquer. C'est aussi l'impression qu'a eue le *Reichsmarschall.* Il dit que les nerfs de Rommel ont complètement lâché.

Ce qui est aussi tragique, c'est ce qui se passe avec les Italiens, cette éternelle incertitude. Nous en faisons également l'expérience. Je n'ai pas fermé l'œil cette nuit à cause de ce sentiment d'incertitude. Si j'avais un front exclusivement allemand, il est possible que quelque chose se passerait, mais on aurait alors le sentiment que cela serait de nouveau stoppé quelque part. De toute façon, une armée ne s'effondre pas tout entière en un jour. Les Russes ont déclaré qu'ils avaient fait 9400 prisonniers parmi les effectifs de l'Axe ; ils n'ont pris pour ainsi dire aucun prisonnier allemand, rien que des Roumains. Les premières informations fournies par l'aviation signalent que d'interminables colonnes grises marchent de ce côté – probablement rien que des prisonniers – que d'autres vont dans la direction opposée, mais on ne sait pas s'il s'agit de Russes ou encore de Roumains. Lorsque des troupes en viennent à fuir, s'il n'y a pas une discipline de fer, les liens créés par l'instruction et l'ordre militaire disparaissent rapidement. Il est mille fois plus facile de foncer en avant avec une armée et de remporter la victoire que de ramener une armée en arrière d'une manière ordonnée après un revers ou une défaite. Le plus grand exploit qui ait sans doute été accompli en 1914 a été de réussir à retirer l'armée allemande après l'idiotie de la Marne et à lui faire exécuter volte-face sur une ligne déterminée pour lui permettre de se reconstituer. Cela a peut-être été l'un des plus grands exploits. On ne peut faire cela qu'avec des troupes tout à fait exceptionnelles et disciplinées.

JODL : Cela a réussi ici aussi avec les forces allemandes.

LE FÜHRER : Cela a réussi avec les Allemands, mais cela n'a pas réussi avec les Italiens, et cela ne réussira nulle part avec eux. C'est comme cela, quand l'ennemi réalise une pénétration quelque part, c'est la catastrophe. Aussi, quand un homme doit supporter constamment une telle tension nerveuse, il finit à la longue par craquer.

JODL : Car il ne s'agit pas, comme avec la 8e armée italienne, d'un petit secteur du front, mais du front tout entier.

LE FÜHRER : Il aurait peut-être mieux valu le rappeler aussitôt et le remplacer par un quelconque autre fonceur, avec comme consigne impérative de tenir.

JODL : Je crois qu'on ne peut rien dire dans ce cas-ci. C'est comme pour un homme qu'on maintient en vie avec un peu de lait et de pain ; on ne peut pas exiger de lui qu'il participe à des jeux Olympiques. Il y a des semaines qu'on ne lui a rien donné. A l'Est, ils poussent les hauts cris dès qu'ils reçoivent deux trains en moins.

Il a l'intention, et la situation en carburant l'y oblige, de se retirer pas à pas, de façon à gagner le temps nécessaire pour organiser cette position. Il y avait encore là des éléments du 31e corps, qui ont à présent reçu l'ordre de se replier également ici. Il attendra ici jusqu'à ce que les Anglais se soient à nouveau rétablis. Ils doivent tout remettre en place, amener de l'artillerie. Cela demandera bien quelques jours.

LE FÜHRER : C'est à espérer.

JODL : Il va de soi que les Anglais savent aussi qu'une partie importante des effectifs s'est repliée. Cela leur a peut-être permis d'attaquer un peu plus tôt ici.

LE FÜHRER : Que retire-t-il maintenant de cette quantité colossale de véhicules allemands dans cette position ? Tout cela se dirige-t-il vers Tripoli ?

JODL : Non, au contraire. Il a fait savoir il y a 6 ou 7 jours qu'il avait dans toute la mesure du possible passé au peigne fin tout le train des équipages et qu'il l'avait conduit dans la position.

LE FÜHRER : Car s'il y a dans une position comme celle-là 10000 à 20000 Allemands, mélangés aux Italiens, une petite halte est possible. Avec les seuls Italiens c'est exclu.

JODL : Il signale aussi qu'il a entamé des opérations de poses de mines de toutes sortes, notamment le long de la via Balbo, et qu'il les poursuivra.

LE FÜHRER : La pose de mines est un problème difficile, car on ne peut y procéder que derrière soi, et quand on bat en retraite, on n'a pas le temps et les autres voient toutes les mines sur la route.

JODL : Non, en avant de la position aussi. Il n'a besoin que d'une amélioration de la situation en essence, parce qu'il n'a aucune liberté de mouvement. Si l'ennemi réussissait à arriver en force par le Sud, il serait en très mauvaise posture. Mais le trafic des péniches à partir de la base de Sfax est plus actif que jamais. Les péniches isolées ne sont pas mentionnées.

LE FÜHRER : Jusqu'à présent, cela n'a cependant pas réussi.

JODL : Des péniches isolées sont arrivées ici. De toute façon, Kesselring était très soulagé ce matin. Il pense que depuis hier son cauchemar concernant la situation générale en matière de ravitaillement est terminé.

LE FÜHRER : Voilà bien les deux extrêmes ! Rommel est devenu le plus grand des pessimistes et Kesselring est résolument optimiste. C'est un progrès énorme.

Fragment n° 47

Conférence de midi du 1er février 1943

[...]

Après avoir discuté de détails tactiques se rapportant au front de l'Est, la conférence en vient au communiqué soviétique annonçant que le maréchal Paulus et d'autres généraux, dont les généraux von Seydlitz et Schmidt, avaient été faits prisonniers dans la poche Sud de Stalingrad.

LE FÜHRER : Ils se sont bel et bien rendus là-bas dans les formes. Car sinon, on se rassemble, on forme un hérisson et on utilise sa dernière cartouche pour se suicider. Quand on pense qu'une femme a assez de fierté, après qu'on lui a lancé quelques mots d'insulte pour aller s'enfermer et se tuer aussitôt, je n'ai aucune estime pour un soldat qui a peur d'en faire autant et qui préfère aller en captivité. Tout ce que je peux dire, c'est que je comprends cela dans un cas comme celui du général Giraud : nous arrivons, il descend de voiture et il est pris. Mais...

ZEITZLER : Je ne puis pas comprendre non plus. J'ai encore toujours l'impression que ce n'est peut-être pas vrai, qu'il gît peut-être là grièvement blessé.

LE FÜHRER : Non, c'est vrai. Ils seront immédiatement emmenés à Moscou, ils seront conduits à la Guépéou et ils griffonneront des ordres pour que la poche Nord se rende aussi. Ce Schmidt signera n'importe quoi. Celui qui n'a pas le courage, dans un moment comme celui-là, de prendre le chemin que tout homme doit prendre un jour ou l'autre, n'a pas non plus la force de résister à cela. Il souffre le martyre. Chez nous, on a trop cultivé l'intellect et pas assez la force de caractère...

ZEITZLER : On n'arrive pas à comprendre ce genre d'hommes.

LE FÜHRER : Ne dites pas cela ! Il y avait une lettre chez moi... C'est Below qui a reçu cette lettre. Je peux vous la montrer. Il (un officier de Stalingrad) disait : « Je suis arrivé à la conclusion suivante à propos de ces gens » – et puis il y avait : « Paulus : point d'interrogation ; Seydlitz : à abattre ; Schmidt : à abattre. »

ZEITZLER : Moi aussi j'ai eu de mauvais échos au sujet de Seydlitz.

LE FÜHRER : Et dans le nombre : « Hube, l'homme ! » Naturellement, on pourrait dire qu'il aurait mieux valu que Hube soit resté là et que les autres en fussent sortis. Mais comme tous les hommes ne sont pas encore d'égale valeur et que nous avons besoin de tout le monde pour la guerre, je suis d'avis sans réserve, que Hube en sorte.

Dans le Reich, en temps de paix, 18 à 20 hommes se suicident tous les ans, sans être dans une situation comme celle-là. Et voilà un homme qui voit 45 000 à 60 000 de ses soldats se défendre jusqu'au bout et mourir en braves – peut-il se livrer aux bolcheviks? Ah, c'est... !

ZEITZLER : C'est une de ces choses qu'on ne peut réellement pas comprendre.

LE FÜHRER : Mais j'avais déjà éprouvé des doutes auparavant. C'était au moment où j'ai entendu dire qu'il demandait ce qu'il devait faire. Comment a-t-il jamais pu le demander? A l'avenir, quand une place forte sera assiégée et que le commandant sera invité à se rendre, demandera-t-il donc toujours ce qu'il doit faire?

Il s'est rendu les choses faciles! (Ces paroles s'appliquent probablement à Udet, qui s'est suicidé après avoir failli dans sa tâche de général responsable de l'équipement aérien). Ou ce Becker : il avait fichu en l'air son magasin d'armements, il a...; et puis il se suicide. C'est bien facile de faire cela! Le revolver... c'est tout de même une facilité. Quelle lâcheté d'avoir peur de cela! Ah! Plutôt se laisser enterrer vivant! Et dans une situation comme celle-ci, où il sait parfaitement que sa mort sera la condition pour qu'on tienne dans la poche voisine. Car s'il donne un tel exemple, on ne peut pas s'attendre à ce que les hommes continuent à se battre.

ZEITZLER : Il n'y a pas d'excuse. Si ses nerfs menacent de flancher, il doit se suicider auparavant.

LE FÜHRER : Quand les nerfs craquent, il ne reste rien d'autre que de dire : je n'en pouvais plus, et se suicider. On peut aussi dire : l'homme doit se tuer, tout comme jadis les chefs se lançaient sur leur épée quand ils voyaient que tout était perdu. Cela va de soi. Même un Varus a dit à son esclave : maintenant, tue-moi!

ZEITZLER : Je pense encore toujours qu'ils l'ont peut-être fait et que les Russes prétendent simplement les avoir tous capturés.

LE FÜHRER : Non !

ENGEL : Ce qui est curieux, si j'ose dire, c'est qu'ils n'aient pas annoncé que Paulus était grièvement blessé quand il a été fait prisonnier. Alors ils pourraient dire demain qu'il a succombé à ses blessures.

LE FÜHRER : A-t-on des renseignements précis au sujet de blessures ?

La tragédie a eu lieu. Cela peut être un avertissement.

ENGEL : Peut-être les noms des généraux ne sont-ils pas tous exacts.

LE FÜHRER : Il n'y aura plus de maréchal dans cette guerre. Tout cela ne se fera qu'après la fin de la guerre. Il ne faut jamais aller trop vite en besogne.

ZEITZLER : On était si certain de la façon dont cela finirait, que l'on voulait sa dernière joie...

LE FÜHRER : Il fallait s'attendre à ce que cela se termine de façon héroïque.

ZEITZLER : On ne pouvait imaginer rien d'autre.

LE FÜHRER : Et comment peut-on agir différemment dans ce milieu fait d'hommes ? Je dois bien dire alors que tout soldat qui risque sa vie, qui ne cesse de risquer sa vie, est un idiot. Je peux comprendre qu'un simple troufion soit dépassé par les événements.

ZEITZLER : C'est beaucoup plus facile que pour le chef d'une formation. Tout le monde a les yeux braqués sur lui. Il lui est tout de même facile de se suicider. Pour un simple soldat, c'est difficile.

LE FÜHRER : Si le petit ver qui prend tous les coups dit dans ce cas... et qu'il se laisse faire prisonnier, je le comprends. Mais je dois dire ceci : combien sont-ils héroïques... On ne peut pas le nier. Beaucoup d'Allemands aussi, bien entendu ! Et dire que nous n'arrivons pas à en finir, avec nos chefs d'unité qui sont réellement si intelligents, nos soldats qui sont tellement excellents et nos armes qui sont finalement supérieures à celles des Russes. Malgré tout, nous avons toujours été les plus forts, si je fais abstraction de Stalingrad.

Dès que j'ai appris ce qui se passait cette nuit, j'ai immédiatement fait vérifier par Puttkamer si l'affaire était déjà connue. Si la radio ne l'avait pas encore annoncée, je l'aurais stoppée aussitôt.

Ce qui me fait tellement de peine, c'est que l'héroïsme de tant de soldats est minimisé par un seul faiblard sans caractère – et voilà ce que cet homme va faire à présent. Imaginez-vous qu'il arrive à Moscou, dans quel piège à rat il va tomber ! Il signera n'importe quoi. Il fera des aveux, il fera des proclamations. Vous verrez : ils iront jusqu'au bout de leur manque de caractère, jusque dans les bas-fonds. On peut bien le dire : une mauvaise action en entraîne toujours une autre.

ENGEL : Une chose : demain, le major von Zitzewitz doit parler de Stalingrad devant la presse intérieure et étrangère. Cela doit-il être annulé ?

LE FÜHRER : Non...

ENGEL : Je soulève le problème parce que naturellement, des questions ont déjà été posées, entre autres une question... Le mieux serait de rester dans des généralités...

LE FÜHRER : ... On ne peut savoir exactement si quelqu'un sait quelque chose, on ne peut pas s'en apercevoir directement. Mais chez les soldats, l'essentiel c'est le caractère et si nous ne leur apprenons pas cela, si nous ne formons que des acrobates et des athlètes intellectuels, des athlètes de l'esprit, nous n'obtiendrons jamais une génération capable de résister vraiment seule aux coups du sort. Cela est décisif.

ZEITZLER : Oui, à l'état-major général aussi. J'ai accordé pour la première fois les insignes d'officier breveté d'état-major à un officier d'ordonnance qui n'en avait pas subi la formation, parce qu'il avait accompli un travail d'état-major formidable lors du repli de sa division. Peu importe qu'il ait ou non suivi huit semaines de cours. Cela a eu immédiatement son effet. J'ai immédiatement fait dire : à partir de ce jour, tu es officier breveté d'état-major.

LE FÜHRER : Oui, il faut prendre des gars courageux et braves, qui sont prêts à risquer leur vie, comme chaque soldat risque la sienne. Qu'est-ce que cela signifie la «vie»? Le peuple? Tout le monde doit mourir. Ce qui reste après la vie des individus, c'est le peuple.

Mais comment peut-on avoir peur de cette seconde où l'on peut se libérer de cette affliction, quand le devoir ne vous retient pas dans cette vallée de misères! Vraiment! Ils annoncent qu'ils ont aussi capturé Paulus. Je veux qu'on fasse une distinction entre prisonnier et disparu. Quand l'ennemi fait irruption et qu'il vainc sans combat, on sait qu'ils sont prisonniers. Les autres doivent être portés disparus... Je ne sais pas ce qu'il faut faire dans le cas de Paulus. Il faut envoyer un machin au commandant de la poche Nord, lui enjoignant de tenir la poche à tout prix. La poche doit être tenue jusqu'au dernier homme...

ZEITZLER : Vous êtes donc d'accord que j'agisse dans ce sens?

LE FÜHRER : Oui! Je repense encore à quelque chose. Le général roumain Lascar est tombé avec ses hommes. Je me réjouis de lui avoir accordé les feuilles de chêne. Comme les choses peuvent se produire! Quand j'ai appris cela cette nuit à 2 h 30 – je m'étais couché tôt –, j'ai immédiatement fait venir Puttkamer pour vérifier si la nouvelle avait déjà été annoncée à la radio. Car les Russes annonçaient : le maréchal Paulus fait prisonnier avec tout son état-major. L'état-major tout entier s'est rendu. Maintenant les Russes vont...

ZEITZLER : J'en avais le pressentiment ! Je pensais qu'ils exploiteraient le cadavre de Paulus... Et voilà que c'est encore pire.

LE FÜHRER : Il ne va pas tarder à parler à la radio, vous allez voir. Le Seydlitz et le Schmidt vont parler à la radio. Ils vont les enfermer dans la cave à rats et en deux jours ils arriveront à les faire parler. Il y avait une belle femme, une vraie beauté, qui n'avait été insultée que par un seul mot. Elle dit alors – et ce n'était qu'une bagatelle : « Dans ces conditions, je peux partir, je suis inutile. » Son mari lui répond : « Eh bien, va-t'en ! » La femme s'en va, elle écrit quelques lettres d'adieu et elle se tue...

La blessure, était-ce avant le départ en avion de Jänecke ou après ?

ZEITZLER : Je vais le vérifier. Je vais appeler Jänecke. Il a dû être au courant si c'était avant.

LE FÜHRER : Il faut s'en assurer ! Ensuite, il faut adopter le point de vue que les états-majors aussi ont combattu jusqu'au dernier homme et que ce n'est qu'une fois blessés et submergés par des forces supérieures qu'ils ont été capturés.

ZEITZLER : C'est d'ailleurs certainement ce que la plupart des états-majors ont fait.

LE FÜHRER : Il faut absolument dire que ce n'était absolument pas une capitulation, mais qu'ils ont été submergés.

ZEITZLER : On peut encore ajouter que les Russes donneront une autre version ; il faut que notre information soit la première à paraître dans la presse mondiale.

LE FÜHRER : Qu'ils ont été privés de ravitaillement depuis des mois et que c'est la raison pour laquelle les Russes sont parvenus à en maîtriser beaucoup.

ZEITZLER : Je pense aussi que c'est la meilleure solution.

[...]

En ce qui concerne le communiqué russe, nous vérifierons aussi s'il ne comporte aucune erreur. Car il suffirait d'une seule erreur – un général qui ne pouvait absolument pas se trouver là – pour prouver que le tout a été fabriqué d'après une liste qu'ils auraient trouvée quelque part – et que c'est cela qu'ils ont publié.

LE FÜHRER : Ils annoncent qu'ils ont capturé Paulus, ainsi que Schmidt et Seydlitz.

JODL : Je ne sais pas ce qu'il en est de Seydlitz. On n'est pas certain qu'il ne soit pas dans la poche Nord. On s'en assure pour le moment par radio. Quels sont d'ailleurs les généraux qui se trouvent dans la poche Nord ?

LE FÜHRER : Il était certainement auprès de Paulus. Je vais vous dire une chose : je ne comprends pas qu'un homme comme Paulus n'ait pas préféré mourir. L'héroïsme de tant de dizaines de milliers d'hommes, officiers et généraux est étouffé par un tel homme qui n'a pas le courage de faire au moment voulu ce qu'une faible femme a fait.

JODL : Mais je ne suis pas encore convaincu que ce soit vrai...

LE FÜHRER : ... Un homme et une femme étaient unis. Puis, l'homme est mort de maladie. Et j'ai reçu une lettre de cette femme ; elle me demandait de prendre soin de ses enfants. Il ne lui était plus possible de continuer à vivre, malgré ses enfants... Et elle s'est suicidée.

Voilà ce que peut faire une femme, elle trouve la force, et des soldats n'ont pas cette force ! Vous verrez : il ne faudra pas huit jours pour que Seydlitz et Schmidt, et même Paulus parlent à la radio.

JODL : J'en suis bien convaincu.

LE FÜHRER : Ils vont être emmenés à la Loubianka et là ils seront dévorés par les rats. Comment peut-on être aussi lâche ? Je ne comprends pas cela.

JODL : J'ai encore toujours des doutes.

LE FÜHRER : Moi pas, malheureusement. Vous savez, – je ne crois plus à cette histoire de blessure de Paulus. Cela ne semble pas exact. Car ils doivent tout de même se dire que... Que faut-il faire ? Ce qui me peine le plus personnellement est de l'avoir encore promu maréchal. Je voulais lui procurer une dernière joie. Il sera le dernier que j'aurai nommé maréchal au cours de cette guerre. On ne peut chanter victoire qu'après le combat. Je n'y comprends absolument rien. Quand on voit mourir tant de gens, – je dois dire réellement : comme cela a été facile pour notre..., il n'a réfléchi à rien. C'est plus ridicule que tout. Tant d'hommes doivent mourir, et voilà qu'arrive un homme comme celui-là et à la dernière minute il ternit l'héroïsme de tant d'autres. Il pouvait se libérer de toute cette détresse et entrer dans l'éternité, conquérir une gloire nationale immortelle, et il préfère aller à Moscou. Comment peut-on hésiter. C'est fou.

JODL : C'est la raison pour laquelle je doute encore...

LE FÜHRER : ... C'est comme si je disais aujourd'hui que je vais confier une forteresse au général Förster. Je saurais alors aussitôt qu'il serait le premier à baisser pavillon. Il y en a d'autres qui ne le feraient pas. C'est tragique de penser qu'à un moment comme celui-ci un tel héroïsme est si horriblement souillé.

JESCHONNEK : Je crois cependant possible que les Russes aient annoncé cela à dessein. Ils agissent de manière tellement raffinée.

LE FÜHRER : Ils parleront à la radio dans huit jours.

JESCHONNEK : Les Russes se débrouilleront pour faire parler quelqu'un d'autre.

LE FÜHRER : Non, ils parleront personnellement à la radio. Vous l'entendrez bien. Ils parleront tous personnellement à la radio. Ils inciteront d'abord les gars qui se trouvent dans la poche à se rendre et ils diront les pires choses contre la Wehrmacht allemande. Il faut vous rendre compte qu'ils seront emmenés à Moscou, à la Loubianka, et que là ils seront manipulés. Quand un homme n'a pas le courage, en un tel moment... J'ai déjà dit à Zeitzler également qu'il doit envoyer un machin à Heitz qu'ils doivent tenir dans la poche Nord.

KEITEL : Heitz a été dans la poche Sud et n'est pas cité dans le communiqué russe.

LE FÜHRER : S'il n'a pas été cité, c'est qu'il est mort.

JODL : Oui et c'est pourquoi il faut maintenant s'informer en vue de savoir qui se trouve pour le moment dans la poche Nord.

S'il y a là, dans le communiqué soviétique les noms de gens qui se trouvent dans la poche Nord, c'est qu'il s'agit d'une liste qu'ils ont trouvée quelque part et qu'ils ont publiée. Une chose est certaine : ils n'ont pas cité un homme qui a sûrement été tué et qui était dans la poche Sud : Hartmann.

KEITEL : Il est tombé il y a quatre jours.

JODL. Oui !

LE FÜHRER : Si Heitz était dans la poche Sud et qu'il n'a pas été cité... Je suis convaincu que tout l'état-major s'est comporté bravement et loyalement...

Rommel souleva, dès le 29 novembre 1942, le problème de l'évacuation totale de l'Afrique du Nord. Rassuré par Goering, pour qui il n'y avait qu'un saut de panthère jusque Tunis, sur les possibilités de ravitaillement par mer d'une tête de pont, Hitler l'arrêta net et chargea quelques jours plus tard le général von Arnim de pousser avec sa 5e armée blindée jusque Casablanca et de rejeter les Alliés à la mer.

Lorsque Rommel, au terme de son long repli, rejoignit von Arnim, la situation à terre et sur mer aurait encore permis d'évacuer la masse des forces italo-allemandes. Mais, renforcé dans sa détermination de tenir la Tunisie par l'optimisme dont témoignait Kesselring, commandant en chef du Sud, Hitler estima, au contraire, que le moment était venu de passer à l'offensive.

Warlimont obtint de Jodl, fin janvier 1943, l'autorisation d'aller s'informer sur place de la situation.

Les impressions que l'auteur recueillit au cours de cette tournée de dix jours qu'il fit en avion pendant la première quinzaine de février et qui le conduisit auprès du Comando Supremo et du commandant en chef Sud à Rome, des deux commandants en chef allemands à Tunis et surtout des unités dans toutes les régions du pays, l'amenèrent à la conviction, tout comme le maréchal Rommel avant lui, que la situation commandait non pas l'offensive, mais uniquement l'évacuation de l'Afrique du Nord. Warlimont interrompit son voyage de retour pour rencontrer Kesselring à Rome. Les deux hommes eurent un tête-à-tête dans le petit bureau de Kesselring, dans une maison modeste de Frascati, sur les hauteurs de Rome, et Warlimont lui exposa très franchement la conclusion qu'il avait retirée de son voyage. Mais, à peine avait-il prononcé quelques mots, que Kesselring l'empêcha de développer davantage son point de vue en lui lançant cet avertissement qui résonne encore aujourd'hui dans sa mémoire : «Les murs ont des oreilles.» Il est hors de doute que Kesselring était particulièrement bien placé pour opposer son propre jugement aux impressions résultant d'un voyage de quelques jours à peine. Mis à part son optimisme habituel, il pouvait invoquer l'expérience et les impressions acquises au cours d'innombrables visites faites au front. Il ne réussit toutefois pas à convaincre son interlocuteur.

Au cours du trajet en avion entre Rome et Rastenburg, Warlimont résolut de rendre compte à Hitler dans le même sens qu'au commandant en chef Sud et s'y prépara. Il dut y renoncer brusquement, lorsque, le lendemain, il vit à son grand étonnement que le maréchal Kesselring assistait à la conférence de midi au GQG de Prusse-Orientale. Hitler salua le commandant en chef Sud avec joie et lui donna aussitôt la parole pour qu'il puisse exposer son point de vue concernant les derniers développements de la situation sur le théâtre des opérations Tunis – Méditerranée. Cela fit apparaître une fois de plus la tendance naturelle qu'avait Kesselring à considérer que les pires faiblesses et difficultés d'une situation étaient déjà partiellement surmontées au moindre signe d'amélioration et à parler déjà de victoire quand il n'existait encore que des plans et des perspectives de succès. Contre toute attente, Hitler se retourna alors vers le chef adjoint de l'état-major Opérations et lui lança cette brève question réservée aux officiers de grade inférieur : «Et vous?» Warlimont cependant ne parvint même pas au bout de sa première phrase, qui ne faisait qu'indiquer son opposition aux conceptions de Kesselring. Se rendant compte où il voulait en venir, Hitler mit brutalement fin à l'exposé en prononçant les mots qu'il utilisait généralement en pareil cas : « Avons-nous encore autre chose ? » Le chef adjoint de l'état-major Opérations quitta alors la salle des cartes, non sans essuyer une nouvelle semonce de la part de Goering – cette fois pour avoir essayé de contredire un maréchal de sa Luftwaffe et d'« inquiéter » Hitler. A son grand étonnement néanmoins, Warlimont constata que Schmundt le suivait dehors. Ce dernier l'arrêta et lui dit : « Vous vouliez manifestement développer un tout autre point de vue que celui de Kesselring ? Il faut que le Führer l'entende. Je vous arrangerai aujourd'hui encore un rendez-vous particulier, vous pouvez y compter. » Mais ce projet resta également sans suite – principalement parce que, le lendemain matin, Hitler partit avec une suite réduite, dont faisaient partie Jodl et Schmundt, pour un QG avancé en Ukraine, où il devait rester environ quatre semaines.

N'ayant pu se faire entendre, Warlimont fit un rapport écrit dans lequel, après avoir soutenu que ni l'attaque, ni la défense sur les positions actuelles ou sur un périmètre réduit ne pourraient tenir en échec l'offensive concentrique que les deux armées alliées seraient en mesure de déclencher à la mi-mars, il concluait, évitant à dessein d'utiliser le mot « évacuation », à la nécessité d'une préparation méthodique de la conduite ultérieure, seule capable d'éviter des répercussions politiques graves et de permettre de préparer la défense de l'Italie du Sud.

Remis à Keitel, et transmis par celui-ci au QG avant, le rapport resta sans écho. On attaqua donc et, lorsque la manœuvre de Rommel tentant de battre successivement les deux armées adverses eut échoué, Hitler donna l'ordre de tenir Tunis par tous les moyens. En maintenant cette exigence jusqu'au bout, il provoqua la catastrophe de la mi-mai qui se solda pour l'Axe par la perte de deux armées et la capture d'environ 300 000 hommes.

Hitler s'abstint cette fois de récriminer ouvertement contre les généraux qui avaient assumé le commandement.

Par contre, lorsque Warlimont, qui remplaçait, pour l'Exposé de la situation, le chef de l'état-major Opérations, en congé en ces jours-là, voulut faire rapport sur les événements les plus récents et sur les pertes subies, comme il était de son devoir de le faire, Keitel lui fit signe de se taire : il convenait apparemment que fût épargné au commandant suprême de la Wehrmacht l'exposé en termes sobres et militaires des résultats de son commandement.

Hitler déclara deux mois plus tard devant une assemblée d'officiers supérieurs que l'occupation de la Tunisie retarderait l'invasion de l'Europe de six mois, qu'elle avait maintenu l'Italie dans l'Axe et empêché par là que les Alliés puissent débarquer sans coup férir dans la Botte et pousser vers le Brenner à un moment où les Allemands, fixés à Stalingrad, n'avaient rien à leur opposer. L'argumentation était inexacte et, de plus, elle n'expliquait pas l'essentiel : pourquoi, pas plus qu'à Stalingrad, on n'avait évité le désastre en évacuant à temps.

Comme la coopération militaire italo-allemande dans les Balkans, et plus particulièrement la lutte contre les groupes nationalistes de Mihaïlovitch, pâtissait de plus en plus de la rivalité politique des deux pays dans la région, von Ribbentrop et Warlimont furent envoyés à Rome à la fin du mois de février 1943 pour mettre les choses au point avec le partenaire italien.

Le général Ambrosio, chef du Comando Supremo, se montra beaucoup moins conciliant que Mussolini. Un accord conforme aux vœux allemands put cependant être conclu finalement, mais les militaires italiens étaient fermement décidés à ne pas le respecter.

La rencontre qui se déroula du 8 au 10 avril 1943 à Salzbourg entre Hitler et Mussolini ne fut qu'une parmi plusieurs visites officielles qui eurent lieu au cours de ces semaines à Berchtesgaden et dans les environs. Pour autant que l'auteur s'en souvienne, les principaux hauts représentants des puissances alliées y firent, à tour de rôle, des séjours d'un ou deux jours pour être mis au courant de la situation et débattre des perspectives ultérieures de la guerre. Les documents détaillés que l'état-major Opérations prépara, à la manière de tout état-major, à l'occasion de ces discussions avec les alliés – qui étaient loin d'être fréquentes – abordaient tous les sujets d'intérêt militaire commun tels que l'organisation du commandement, la distribution des forces, les livraisons d'armes, les problèmes administratifs et économiques ; mais ils lui revenaient sans que, le plus souvent, Hitler les ait même regardés, ou sans qu'ils aient manifestement suscité le moindre intérêt de sa part. Hitler menait ces entretiens, à sa manière, c'est-à-dire qu'il s'attachait surtout à en faire des réunions de propagande. En général, Keitel n'y assistait même pas et Hitler ne donnait à son état-major militaire ni le mandat ni, au moins, l'occasion de discuter des questions militaires essentielles avec les membres de la suite de ses visiteurs.

Les rencontres se déroulaient généralement au château de Klessheim près de Salzbourg. C'était un magnifique édifice baroque, construit par Fischer von Erlach, qui servait de résidence pour les hôtes du gouvernement du Reich ; les visiteurs y étaient logés dans des appartements aménagés à cet effet. L'heure de midi était réservée ces jours-là, comme de coutume d'ailleurs, à la conférence, mais celle-ci prenait la tournure d'un véritable *show* à l'intention des invités, c'est-à-dire que tout ce qui était favorable était mis en évidence, tandis que ce qui était défavorable était minimisé autant que possible. Cette conférence était alors suivie d'un repas pris en commun, qui se déroulait très sobrement, généralement sans cérémonial ni discours ni toasts. Le restant du temps, les officiers supérieurs des deux parties étaient condamnés à attendre dans les couloirs et les halls environnants que Hitler ait terminé ses discussions.

Quelques mois avant sa mort, le roi Boris de Bulgarie mit Warlimont dans une situation embarrassante, à Klessheim précisément. A l'issue d'un dîner que von Ribbentrop y avait donné en son honneur, le roi prit le général par le bras, se retira avec lui et l'interrogea longuement sur la guerre et ses perspectives. L'auteur éprouva pas mal de difficultés à concilier son respect de la vérité et son sens du devoir.

C'est à la même époque que les Alliés décidèrent à la conférence de Casablanca d'exiger des puissances de l'Axe une capitulation sans conditions. Pour autant que l'auteur s'en souvienne, il n'en fut pour ainsi dire pas question au GQG allemand. En tout cas, cette décision ne donna lieu à aucune étude de l'état-major Opérations concernant ses conséquences sur le plan militaire. Etant donné la censure de la presse, à laquelle n'échappait que le cercle le plus restreint du Grand Quartier général, il semble douteux que l'état-major Opérations ait jamais eu connaissance de l'exigence des Alliés.

16

Entre le Sud et l'Est jusqu'à la défection de l'Italie

Nouvelles bases et nouveaux conflits

En dépit des affirmations de la propagande, le commandement suprême allemand ne méconnut pas un instant la pleine signification de la perte de l'Afrique du Nord. Avec la chute de la tête de pont tunisienne, le champ de bataille relativement étroit de la zone côtière nord-africaine avait fait place à un nouveau théâtre de guerre qui englobait tout l'espace méditerranéen. Des forces alliées importantes étaient devenues disponibles. L'ouverture des lignes de communication et de rocade à travers la Méditerranée, qui avaient été longtemps interrompues, signifiait pour l'ennemi un gain, particulièrement appréciable à l'époque, de quelque 2 millions de tonnes de jauge brute, utilisables pour le transport de troupes et de ravitaillement. En plus de tous les dangers qui existaient déjà, les événements récents et, par-dessus tout, l'évolution ultérieure probable de la situation dans la zone méditerranéenne faisaient apparaître plus clairement que jamais la menace qui pesait sur l'existence même de l'alliance de l'Axe.

C'est dans cette perspective que, immédiatement après la chute de Tunis, l'état-major Opérations rédigea une appréciation générale de la situation en cas de retrait de l'Italie de la guerre, dont le titre à lui seul prouve qu'elle n'a pu être établie sans un ordre de Hitler. Son point de départ reposait sur l'opinion qui prévalait au GQG et selon laquelle les Balkans constituaient le véritable objectif de la stratégie occidentale dans l'espace méditerranéen : ses côtes étaient à peine défendues, la population était en insurrection, la région contenait de précieuses matières premières et, en outre, elle offrait la possibilité – non négligeable sur le plan stratégique et politique – de pénétrer dans la forteresse Europe par le sud-est. Et le texte continuait en soulignant que les premières opérations de débarquement auraient vraisemblablement pour objectif les grandes îles italiennes qui, avec l'Italie du Sud et peut-être aussi l'Italie centrale, serviraient aux Alliés de tremplin et de pont pour une avance par-dessus l'Adriatique. Du côté de l'Axe, par contre, le rapport des forces sur terre, sur mer et dans les airs ne permettait d'envisager que la défensive. Mais, si on voulait que la guerre reste aussi éloignée que possible du cœur de l'Europe et donc des frontières allemandes, il fallait envoyer en Italie et dans la péninsule Balkanique au moins temporairement des renforts d'une importance telle qu'ils devaient provenir en partie de l'Est. Des groupes d'intervention, récupérés principalement à Tunis, étaient déjà en formation en Sicile et, dans une moindre mesure, en Sardaigne et en Corse, mais il fallait rapidement y adjoindre des unités prélevées à l'Ouest, où aucun débarquement sérieux n'était à craindre tant que la puissance alliée était concentrée en Méditerranée. Mussolini, Kesselring et l'OKM suggérèrent de redresser la situation en Méditerranée en lançant une offensive sur Gibraltar par l'Espagne, mais cette proposition fut repoussée (à juste titre) par Hitler, qui estimait ne pas être en mesure de mener à bien une opération de ce genre.

Hitler, initialement, approuva dans l'ensemble l'appréciation qui avait été faite et les propositions qui en découlaient. Mais, contrairement à son état-major et à Mussolini, qui pensaient que le premier débarquement aurait lieu en Sicile, il estimait que le premier objectif allié serait la Sardaigne. Il fut encore renforcé dans son opinion lorsque les services de renseignements anglais lui jouèrent le mauvais tour – bien connu – de faire tomber entre ses mains des documents d'un courrier apparemment abattu sur les côtes espagnoles et où figurait le mot code «Sardine». Il crut aussi voir dans ce document, d'ailleurs forgé dans ce but, la confirmation de son point de vue selon lequel l'objectif le plus probable des Alliés dans la péninsule des Balkans serait le Péloponnèse ainsi que le Dodécanèse. Lorsqu'il discuta des positions qui devaient être tenues, même sans l'Italie, il fit preuve tout d'abord d'une prudence inhabituelle : c'est ainsi que le 19 mai, il déclara qu'une attaque contre les Balkans «était encore plus dangereuse que le problème posé par l'Italie que, dans le pire des cas, nous pourrions toujours verrouiller quelque part [*sic*]». Au fur et à mesure que le souvenir de la catastrophe de Tunis s'estompa, il reprit confiance et revint à sa méthode du «tout tenir», exigeant que, même au cas où l'Italie se retirerait, la forteresse Europe soit défendue sur l'ensemble de son périmètre. Animé de ce dessein, il se montra prêt à subordonner n'importe où et aussi longtemps qu'il le faudrait, les intérêts de tous les autres théâtres d'opérations, y compris l'Est, aux nécessités méditerranéennes. Comme il n'existait toujours pas d'état-major supérieur coordonnateur, il ordonna lui-même verbalement à la mi-mai à l'état-major général de l'armée de se tenir prêt à transférer rapidement six divisions blindées de l'Est au Sud ; au nombre de celles-ci devaient se trouver trois divisions de Panzergrenadier SS – citées nommément – sur lesquelles il comptait pour exercer un effet considérable sur les éléments fascistes de l'armée et de la population italiennes. C'est pour des raisons semblables qu'il chargea le maréchal Rommel, rétabli entre-temps, de prendre en collaboration avec l'état-major Opérations toutes dispositions en vue de reprendre à Kesselring le commandement en chef en Italie au cas où il se produirait un effondrement à l'italienne toujours possible. Il mit personnellement Rommel ainsi que le commandant en chef dans les Balkans, le général d'armée Löhr, au courant de leurs missions particulières. Par contre, soucieux du maintien du secret à l'égard de ses propres alliés, il interdit toute directive écrite. Des textes préparés par l'état-major Opérations, on retint uniquement les mots code « Alarich » – pour les mesures de sûreté allemandes dans la péninsule Apennine – et « Konstantin » – pour les Balkans.

Le compte rendu sténographique repris ci-dessous donnera une vue détaillée de ces événements et une idée exacte de l'atmosphère qui régnait à l'époque au Grand Quartier général allemand.

Fragment n° 5

Discussion avec le *sonderführer** von Neurath au sujet de l'Italie, le 20 mai 1943

Présents :

Le Führer

Maréchal Keitel

Maréchal Rommel

Général d'armée Löhr

Général de division Breuer

Général de division Warlimont

Ambassadeur Hewel

Général de brigade Schmundt

Colonel Scherff

Lieutenant-colonel Langemann

Sonderführer von Neurath

Hauptsturmführer Günsche

Début à 13 h 19.

LE FÜHRER : Vous avez été en Sicile?

VON NEURATH : Oui, mon Führer, je suis descendu là-bas, j'ai parlé avec Roatta que je connais bien depuis longtemps, quand il était chef du groupe des attachés à Rome, où je l'ai rencontré à l'époque. Il m'a raconté entre autres qu'il n'a pas trop confiance dans la possibilité de défendre la Sicile. Il prétendait qu'il était trop faible, que l'équipement des troupes n'était pas... Avant tout, il n'a qu'une seule division motorisée; les... (autres?) sont des troupes statiques. Les Anglais pilonnent tous les jours... avec acharnement les locomotives des trains... de sorte que le transport venant de l'arrière et le ravitaillement en pièces de rechange pour locomotives ne sont

* *Sonderführer* était un titre utilisé pour certains experts civils qui jouissaient momentanément d'un statut militaire.

presque plus possibles ou plus possibles du tout. De plus, mon impression au cours de la traversée de Giovanni à Messine a été qu'on peut vraiment dire que presque tout le trafic est arrêté sur la courte distance entre les deux rives. Il ne reste qu'un seul des bacs qui assuraient le passage – je crois qu'il y en a eu six. Ce bac était, comme ils ont dit, conservé comme une pièce de musée ; on le ménageait autant que possible et il devait être conservé pour un meilleur usage.

LE FÜHRER : Qu'est-ce que ce meilleur usage ?

VON NEURATH : Eh bien, mon Führer, voilà : les Italiens disent fréquemment « Quand la guerre sera finie » et d'autres fois ils disent « On ne sait pas ce qui peut encore arriver ». En tout cas, cet unique bac n'est pas en service. Il se peut aussi qu'il ait subi une légère avarie. Mais les Allemands à qui j'ai parlé là-bas m'ont affirmé que non. Les troupes allemandes en Sicile sont sans nul doute devenues relativement impopulaires. C'est très facile à comprendre, car les Siciliens sont d'avis que nous avons amené la guerre dans leur pays, que nous avons plus ou moins mangé tout ce qu'ils avaient et que maintenant c'est à cause de nous que les Anglais peuvent arriver. Je dois cependant souligner que dans l'ensemble cela plairait plutôt aux paysans siciliens ; ils en concluent que cela mettrait rapidement fin à leurs souffrances. Cela se comprend fort bien pour le simple paysan, car il ne voit pas plus loin que le bout de son nez et il essaye d'avoir au plus vite ce qu'il y a de mieux. Quand les Anglais seront là, la guerre cessera ; l'opinion courante en Italie du Sud est que, si les Anglais arrivent, les choses finiront plus vite, que, si les Allemands sont encore là, les désagréments subsisteront.

LE FÜHRER : Que fait-on du côté officiel italien contre cette opinion?

VON NEURATH : Mon Führer, pour autant que je sache, je crois que les préfets et les organes officiels là-bas ne font pas grand-chose; car ils voient et ils entendent tout cela, mais ils répètent toujours – et j'ai attiré leur attention là-dessus plus d'une fois et j'ai dit : «Quand un soldat allemand est insulté en pleine rue et traité d'antagoniste ou de quelque chose comme cela, ce qu'on entend fréquemment, surtout en Sicile, que fait-on à ce sujet? On ne peut pas toujours laisser faire cela.» On me répond : «Que faire? C'est l'opinion publique! C'est ce que le peuple ressent, et vous ne vous êtes pas rendus populaires, vous avez réquisitionné par-ci et mangé les poulets par-là.» – «Nous ne sommes pas ici pour notre plaisir, en touristes, mais parce que c'est la guerre!» Mais à cela il y a toujours une réponse toute prête. On dit simplement : «Nous n'y pouvons rien non plus, les soldats allemands insultent aussi les soldats italiens.» A mon avis, on pourrait intervenir un peu plus sévèrement que les autorités officielles, précisément, en demandant des comptes sous n'importe quelle forme dans les cas flagrants, plus qu'elles ne l'ont fait jusqu'à présent.

LE FÜHRER : Elles ne séviront pas.

VON NEURATH : C'est très difficile. On intervient au sommet. Avec le tempérament sicilien, c'est encore autre chose qu'avec les Italiens du Nord. Mais dans l'ensemble, il est très regrettable qu'ils laissent aller les choses de la sorte.

La menace aérienne ou la supériorité aérienne en Sicile est extrêmement sérieuse. Il n'y a aucun doute à ce sujet. Je crois qu'en cela, je ne dis rien de neuf.

Palerme est passablement aplatie, de grandes parties de la ville et nombre de bâtiments anciens, le port surtout ; et cela donne l'impression, d'après ce que beaucoup m'ont dit, que les Anglais ont mis le port dans un tel état qu'ils ne pourront pas l'utiliser non plus.

Ce ne serait pas pareil pour les bombardements anglais de Cagliari, en Sardaigne : là, il est évident que la ville et les entrepôts des environs de la ville ont été en grande partie détruits, mais que les installations portuaires et les môles sont encore relativement intacts.

LE FÜHRER : Cela figure dans le compte rendu.

WARLIMONT : C'est ce que rapporte également l'amiral Ruge.

VON NEURATH : Et puis, mon Führer, il y a le prince héritier d'Italie qui est commandant en chef des troupes italiennes – je ne suis pas bien informé : est-il commandant en chef des troupes italiennes en Sardaigne ou en Sicile, ou en Sicile et en Italie du Sud, ou seulement en Italie du Sud ?

Il est frappant qu'il procède là-bas à de nombreuses inspections et que le général Roatta s'occupe beaucoup de lui, et qu'il y a dans l'état-major du général Roatta beaucoup d'officiers – des officiers d'état-major italiens – qui sont connus comme étant assez anglophiles ; certains d'entre eux ont des femmes anglaises et certains ont d'une façon ou d'une autre des relations anglaises.

LE FÜHRER : Qu'est-ce que j'ai toujours dit !

VON NEURATH : Personnellement, je peux ajouter que, pour autant que je le (Roatta) connaisse, je ne m'y fierais pas un instant.

LE FÜHRER : Non !

VON NEURATH : J'ai toujours pensé qu'il était très rusé.

LE FÜHRER : Rusé ? Il est le Fouché de la révolution fasciste, c'est un espion au caractère versatile. C'est vraiment un espion.

VON NEURATH : C'est un mouchard né, le prototype du mouchard. En tout cas, je suis personnellement convaincu qu'il joue un jeu quelconque. Les Allemands là-bas m'ont confirmé qu'il était évident qu'il essayait de plus en plus de créer une espèce de plate-forme qui rende les choses supportables pour lui si les Anglais attaquaient la Sicile. Je ne peux pas juger jusqu'à quel point il est en mesure d'y parvenir, cela m'échappe, je n'en sais rien – mais je crois pouvoir attirer l'attention sur le fait qu'il joue certainement un jeu dangereux.

LE FÜHRER : J'en suis profondément convaincu !

VON NEURATH : Et il est tout-puissant en Sicile, cela ne fait aucun doute. Cela, il l'a compris. Il est à Enna, il a ses quartiers là. On lui obéit à la baguette, cela m'a souvent été confirmé, et tout le monde dit du général Roatta : rien ne se fait sans son accord et sa permission, etc.

LE FÜHRER : Avez-vous parlé de ce problème avec Kesselring ?

VON NEURATH : Je l'ai dit au général von Rintelen, mon Führer.

LE FÜHRER : Il faut être très prudent. Kesselring est un colossal optimiste, et il faut faire très attention que dans son optimisme, disons, il ne voie pas le moment où l'optimisme est dépassé et doit faire place à la rigueur.

VON NEURATH : Il est certain que la Luftwaffe est en mauvaise posture en Sicile pour le moment, car les attaques sont tellement violentes que là aussi, je présume, les pertes au sol doivent être élevées. Ils ne peuvent presque plus prendre l'air.

WARLIMONT : Hier, cela a été à peu près le contraire... Attaque par 27 avions, 7 appareils abattus, aucune perte de notre côté.

LE FÜHRER : Tout d'abord, il n'y a pas assez de champs d'aviation.

KEITEL : Ils sont trop concentrés.

VON NEURATH : Ils sont concentrés.

L'atmosphère à Rome est variable, mon Führer. C'est très désagréable : la clique des ploutocrates, dont nous savons ce qu'elle pense, ne pense naturellement aussi que dans la ligne anglaise et le peuple voit sûrement, dans les mesures que le Duce applique avec une grande énergie, une distribution équitable des charges de la guerre. Mais par ailleurs, je crois qu'il est peut-être un peu tard pour entreprendre tout cela maintenant. Ce marché noir et tout ce trafic illicite sont tellement ancrés dans les habitudes, ils se sont tellement répandus qu'il sera terriblement difficile d'entreprendre une grande action pour les supprimer. Cette action ne le rend certainement pas populaire actuellement.

LE FÜHRER : Comment peut-on supprimer cela dans un pays où les dirigeants des forces armées aussi bien que de l'Etat, etc., où tout est un foyer de corruption ? Etes-vous allé également en Italie du Nord ?

VON NEURATH : Non, mon Führer, je n'ai fait qu'y passer.

LE FÜHRER : Combien de temps êtes-vous resté à Rome ?

VON NEURATH : Je suis resté sept jours à Rome cette fois-ci.

LE FÜHRER : Sept jours. Quelle est l'attitude des gens à l'égard des Allemands à Rome ?

VON NEURATH : Elle est telle que les soldats allemands ont maintenant disparu des rues. Il reste des soldats allemands en uniforme au centre de regroupement* et à la gare, à la suite de tous ces arrangements, que je ne connais d'ailleurs pas en détail, et qui ont eu pour résultat que les postes de commandement ont été transférés en dehors de la ville, pour que l'aspect militaire de la ville...

WARLIMONT : Cela remonte à l'époque...

VON NEURATH : Non, ce n'est pas nouveau. Cela a été souhaité par le Vatican, je crois. A part cela, l'aspect de Rome est en fait le même que par le passé...

LE FÜHRER : Comme en temps de paix ?

VON NEURATH : Comme en temps de paix, oui ; sans aucun doute. On a toujours été étonné, quand on venait d'Afrique, de trouver un spectacle dans les rues comme s'il ne s'était rien passé depuis deux ans. Mais on vous explique toujours : nous sommes une nation pauvre, nous n'avons pas d'uniformes ni de bottes pour habiller nos soldats, c'est pourquoi il vaut mieux les laisser se promener en rue.

LE FÜHRER : Si au moins ils nous avaient fourni des travailleurs ; alors on aurait pu travailler.

ROMMEL : Cela ne convient pas aux ploutocrates. Ils auraient été « pourris » chez nous.

VON NEURATH : Avec notre système social progressiste, les gens auraient naturellement été complètement « pourris » selon l'optique italienne.

LE FÜHRER : Combien de travailleurs avons-nous en somme en Allemagne actuellement ? Le savez-vous, Hewel ?

---

* Centre où les permissionnaires étaient regroupés et dirigés vers leurs unités.

HEWEL : Nous en avions 230000. Ce nombre devrait diminuer lentement à partir de juin.

LE FÜHRER : A partir de juin?

HEWEL : Je ne suis pas bien au courant. Je peux me renseigner.

LE FÜHRER : Vous pouvez examiner cela plus tard.

KEITEL : Appelez Sauckel. Il est au courant.

LE FÜHRER : Et Roatta lui-même? Mon opinion est claire et nette : dès le début, cette guerre a été sciemment sabotée dans ce pays par une certaine clique. Dès le début! Elle a d'abord été sabotée en 1939. Grâce à ce sabotage, ces gens sont parvenus à empêcher bel et bien l'entrée en guerre de l'Italie à ce moment-là. C'est-à-dire qu'elle ne devait même pas y entrer; car si, à l'époque, l'Italie avait déclaré qu'elle était solidaire avec l'Allemagne, ce à quoi elle était obligée par les traités, la guerre n'aurait pas éclaté; les Anglais n'auraient pas commencé, et les Français n'auraient pas commencé. Car voici ce qui s'est passé avec les Anglais : deux heures après que la décision de non-participation de l'Italie eut été prise – cela fut communiqué immédiatement à Londres – le traité d'assistance a été signé en toute hâte en Angleterre avec la Pologne. Il n'avait pas été signé jusqu'alors. Deux heures après la conclusion de ces entretiens, le traité a été signé. Nous avons vu la même chose se produire ultérieurement : tous les mémoires que j'ai adressés au Duce ont été immédiatement transmis en Angleterre. Je n'ai plus écrit par la suite que des choses qui devaient absolument arriver en Angleterre. C'était la meilleure façon de les faire parvenir rapidement en Angleterre.

VON NEURATH : Ce fait joue encore aujourd'hui un grand rôle dans le trafic avec l'Angleterre. Avant-hier soir, quand j'étais dans le train, ces messieurs les commandants de sous-marins de la base de La Spezia ont déclaré avoir eu la preuve certaine que chaque matin, de 8 à 10 heures, le cuirassé *Ventroy* (?) est en communication avec Malte et qu'un officier allemand de l'Abwehr qui était venu contrôler la chose et qui avait découvert la vérité avait été arrêté lui-même par les autorités italiennes pour espionnage, parce qu'elles avaient constaté qu'il avait dépisté la chose. Cette histoire est tout ce qu'il y a de sûr.

LE FÜHRER : N'y a-t-il personne de la marine ici ? – Cela n'est pas indispensable. Mais nous devons veiller à ce que les sous-marins dans la mer Egée...

KEITEL : J'ai déjà fait une note. Nous y reprendrons tout cela. Il y a sans cesse de nouveaux points et de nouvelles idées (en ce qui concerne l'ordre pour le cas d'une défection de l'Italie).

LE FÜHRER : Les navires et toutes les choses, surtout les sous-marins.

KEITEL : Nous avons déjà inclus dans nos notes tous les bâtiments auxiliaires.

WARLIMONT : A la côte française...

LE FÜHRER : S'ils se trouvent à la côte française méridionale, ils peuvent y rester, mais pas dans les ports italiens, La Spezia, etc. Günsche, mesurez sur la carte la distance entre l'Angleterre et Munich et la distance à vol d'oiseau de la Corse à Munich ! Ce Roatta, quel espion !

VON NEURATH : C'est la même chose avec la division « Goering ». L'ennui est que nous n'arrivions pas à la faire sortir de Sicile si ces messieurs ne coopèrent pas.

LE FÜHRER : Ainsi que je l'ai dit, il faut bien réfléchir si nous devons ramener (sur le continent) la division « Goering ». Je suis d'avis que, vu les circonstances, nous ne devons pas la faire revenir.

KEITEL : Mon impression a toujours été qu'il fallait la maintenir en Italie du Sud.

ROMMEL : Elle ne reviendra plus. Je ne crois pas à ce qu'à dit le maréchal Kesselring, qu'elle pourrait traverser le détroit sous la pression de l'ennemi. Il en reviendra peut-être quelques hommes, mais le matériel et la grande partie des troupes ne reviendront pas. Tout cela sera fichu.

KEITEL : Oui, tout sera fichu. Ma proposition était d'ailleurs de faire passer tranquillement dans le sud de l'Italie des parties de la division « Goering », de façon à avoir encore en main la division en tant que telle, mais de ne rien faire de plus. Peut-on remettre ce bac en état ?

VON NEURATH : Monsieur le maréchal, cela doit être possible sans aucun doute.

LE FÜHRER : Bien !

VON NEURATH : On peut aussi se tirer d'affaire sans un tel bac.

LE FÜHRER : C'est cela : ce ne sont pas les bacs qui sont décisifs, l'essentiel c'est la volonté !

VON NEURATH : Il n'y a que cela qui compte !

LE FÜHRER : Si on le veut vraiment, on trouvera un bac. C'était tout de même ainsi : sur 20 ou 30 péniches en service chez les Italiens ou chez nous, 60 % étaient en ordre de marche chez nous et 10 % chez les Italiens. Il leur manquait toujours quelque chose. Cela aura probablement été la même chose avec les chars. J'ai vu à quelle vitesse les chars italiens ont fondu à chaque engagement ; deux ou trois jours plus tard, il n'y avait pratiquement plus un char italien, ils étaient tous en réparation. C'est tout de même un problème de volonté.

SCHMUNDT : La distance de l'Angleterre à Munich est de 1000 kilomètres et il y a 750 kilomètres de la Corse à Munich.

LE FÜHRER : Un autre point – écrivez – est celui-ci : l'approvisionnement en munitions de l'artillerie antiaérienne que nous avons là en dessous doit être organisé de telle sorte qu'il puisse être interrompu à tout moment et qu'il n'y ait pas trop de stock là-bas. Juste ce qu'il faut !

WARLIMONT : Oui, l'artillerie antiaérienne que nous avons transférée aux Italiens.

LE FÜHRER : Toute l'artillerie antiaérienne en bloc.

ROMMEL : Ne serait-il pas possible, mon Führer, que les Italiens fassent passer plus de troupes en Sicile et qu'ils tiennent la Sicile à notre place ?

LE FÜHRER : Tout est naturellement possible. La seule question est de savoir s'ils veulent la défendre. S'ils veulent vraiment la défendre, tout pourrait se faire. Ce qui m'inquiète n'est pas qu'on ne puisse pas la défendre – car si on le veut vraiment on le peut, cela ne fait aucun doute, nous pourrions aussi y envoyer des troupes immédiatement – mais ce qui m'inquiète, c'est que ces gens ne le veulent pas, et cela, nous nous en rendons compte. Le Duce peut bien avoir la meilleure volonté du monde ; mais il sera saboté. J'ai lu le discours de Bastianini. Ce discours est naturellement puant ; cela ne fait aucun doute. Ce discours est – je ne sais pas si vous l'avez lu...

KEITEL : Non, je ne l'ai pas lu ; j'ai simplement vu une petite note ce matin, signalant qu'il avait parlé.

LE FÜHRER : Il est arrivé une dépêche. Elle est chez moi là-haut. Le thème de ce discours est à peu près celui-ci : l'Italie et l'Allemagne se battent pour la justice, etc., les autres pour l'injustice, et pour les Italiens toute capitulation sans condition serait intolérable – à peu près dans ce style – et l'Italie se serre autour de son roi et elle défendra son armée et son roi. Au mot de «roi», certaines gens au Sénat ont ostensiblement applaudi. – Voilà!

En somme, un discours pourri, un discours très pourri, et cela me renforce dans mon sentiment qu'une crise peut se produire là-bas à tout moment, dans le sens dont nous avons déjà parlé.

Löhr, il faudra réfléchir à votre objectif et à tous les problèmes en partant de ce point de vue, et notamment...

KEITEL : Nous avons examiné ensemble les idées que vous lui avez exposées hier, ainsi que le texte écrit que je vous ai montré hier, mon Führer; il connaît vos idées.

LÖHR : Oui!

LE FÜHRER : Et vous aussi?

BREUER : Oui!

LE FÜHRER : Il faut nous tenir sur nos gardes, comme une araignée au milieu de sa toile. Dieu merci, j'ai pas mal de flair pour toutes les choses, de sorte que je renifle le danger avant qu'il ne se présente.

Jusqu'à présent, chaque fois que la situation s'est aggravée, cela a fini par tourner bien pour nous.

KEITEL : C'est pourquoi je ne me fais guère de souci. Mais nous devons tout de même l'aider : principalement la Crète, Rhodes et le ravitaillement vers le Sud.

LE FÜHRER : Il est réellement essentiel pour nous de tenir les Balkans : le cuivre, la bauxite, le chrome, et surtout l'assurance que si l'affaire italienne se produit, nous ne subissions pas là une banqueroute.

LÖHR : Il y a un moment difficile à passer tant que la 117e division n'est pas opérationnelle. Elle n'est pas encore sur place et elle... n'est pas encore prête.

LE FÜHRER : Peut-être qu'entre-temps nous pourrions faire descendre la 1re là-bas.

LÖHR : Si seulement nous avions quelques chars !

LE FÜHRER : La 1re fera mouvement de sorte que...

KEITEL : Les échelons de combat ! Nous avons établi tout cela cette fois à l'exemple de ce qui a été fait déjà à l'Est. Il ne reste plus qu'à dire au général Löhr qu'il ne peut mettre dans le secret des instructions particulières, à propos desquelles il ne doit pas être rendu compte, que ceux qui doivent les connaître. Personne ne doit rien savoir.

LE FÜHRER : Personne ne doit savoir pourquoi, aussi toutes les instructions que vous donnez, vous les donnez uniquement de votre propre chef. Personne ne doit savoir davantage que ce qui est indispensable pour la tâche qui lui incombe. C'est-à-dire que si quelqu'un veut savoir quelque chose à propos de l'occupation, cela ne le regarde pas. Toute mesure doit être examinée à partir de ce point de vue : le principe doit toujours être qu'il nous faut être prudents et qu'au cas où il se produirait un effondrement, sur lequel nous devons toujours compter, nous puissions intervenir pour sauver la situation. Voilà ce qui doit être le thème dominant, n'est-ce pas ?

LÖHR : Oui !

LE FÜHRER : Tout peut bien entendu se passer différemment. – Avez-vous encore quelque chose ?

KEITEL : Le Duce s'est rendu ce matin chez le roi et il a convoqué Rintelen pour plus tard.

LE FÜHRER : Pour quelle heure a-t-il convoqué Rintelen ?

WARLIMONT : Il devait appeler immédiatement qu'il serait mandé en audience, mon Führer. La dernière fois que je lui ai parlé, il était 11 h 15.

LE FÜHRER : Quelle heure est-il maintenant ?

WARLIMONT : 14 heures.

LE FÜHRER : Quand arrive Zeitzler ?

KEITEL : Le général Zeitzler arrive à 15 h 30.

(L'ambassadeur Hewel soumet un document.)

HEWEL : Ce ne sont que quelques idées à moi.

LE FÜHRER : Ces deux mondes ne sont pas nouveaux. Ils ont toujours existé depuis l'année... de son offensive en Abyssinie. Si j'avais été à ce moment-là contre l'Italie, elle se serait immédiatement écroulée. Je lui ai fait remarquer à ce moment-là qu'il ne... J'ai dit à l'époque : « Vous pouvez être sûr que je m'en souviendrai toujours ! » Et de cela aussi nous nous souviendrons.

J'ai ressenti cela clairement à l'époque, à la réception à Rome – je m'en souviens encore : ces deux mondes sont apparus dans toute leur opposition : d'un côté la chaleur manifeste de l'accueil fasciste, etc., et de l'autre l'atmosphère absolument glaciale des militaires et de la cour, des gens qui étaient de toute façon insignifiants ou qui étaient des lâches. Tous ceux qui possèdent plus de 250 000 marks deviennent généralement des lâches, à mes yeux, parce qu'ils veulent vivre pour pouvoir s'asseoir sur leurs 250 000 marks. Ils perdent tout courage. Quand un homme a un ou deux millions, on peut être tranquille : ces gens ne font pas la révolution, ni rien d'autre. Ils sont donc opposés à toute guerre, même s'ils voient leur peuple mourir de faim ; cela leur est égal. Ils ont une peau d'éléphant. Si tout était partagé équitablement dans un pays comme celui-là – si du moins chacun obtenait ce qui lui revient, même en Angleterre, les gens auraient un sentiment favorable quant à la possibilité d'une extension impériale. Mais tel n'est pas le cas. Ces gens mènent grand train. Ils ne se refusent rien, ils ont tout; cela ne va mal que pour les pauvres diables. J'ai bien vu à Rome ce qu'il en est du fascisme. Il n'a pas su s'imposer aux milieux de la cour. Ainsi, une réception à la cour offre une image révoltante à des gens qui ont nos principes – sinon je n'en parlerais pas. Mais chez le Duce aussi, et pourquoi? Parce que tout le monde de la cour s'y faufile. Ciano est tout pareil. Je devais conduire la comtesse Edda Ciano à table. Soudain arrive Philippe avec sa Mafalda, et d'un coup tout le programme est bouleversé. Grande agitation. Je devais maintenant prendre la Mafalda comme voisine de table. Qu'est-ce que j'ai affaire de la Mafalda? Pour moi, la Mafalda est la femme d'un premier président allemand, point final, rien de plus! En outre, ses qualités intellectuelles ne sont pas éminentes au point que je puisse dire que cette femme pourrait charmer un homme, je ne parle pas de beauté physique, mais seulement de qualités intellectuelles. Mais on a vu là ce qui se passe partout : complètement dominés et noyautés par cette clique du Quirinal, bien que tous les fascistes et la garde du corps étaient là également; on a pu voir très nettement la scission. Les fonctionnaires de la cour ont traité les... de...

Pour moi, la première question qui se pose est la suivante : quel est l'état de santé du Duce lui-même? Voilà l'essentiel pour un homme qui doit prendre des décisions aussi importantes : comment juge-t-il les chances... dans le cas, disons, où la révolution fasciste succombe? Voilà les deux problèmes.

Car, ou bien la maison royale défait la nation fasciste – et comment pèse-t-il alors les chances de son peuple – comment les estime-t-il si la maison royale reprend seule le pouvoir. C'est difficile à dire. Il a fait une déclaration un jour que nous étions ensemble à table à Klessheim. Il a dit tout à coup : « Mon Führer, je ne sais pas, je n'ai pas de successeur dans la révolution fasciste, je peux avoir un successeur comme chef d'Etat, on en trouvera un, mais il n'y a pas de successeur dans la révolution. » C'est évidemment très tragique.

Ses ennuis ont commencé dès 1941, quand nous sommes descendus au deuxième GQG, dans le... de chemin de 1er... pendant la campagne de Russie déjà.

KEITEL : Oui, là en bas, en Galicie, où il y avait ce grand tunnel.

LE FÜHRER : Nous avons parlé là, dans la soirée, des commissaires russes ; il ne pouvait pas y avoir deux autorités, etc. Alors, il est devenu très pensif et je me suis assis avec lui dans le train. Il m'a dit soudain : « Ce que vous dites est juste, mon Führer, il ne devrait jamais y avoir deux autorités dans une armée ; mais que pensez-vous, Führer, que doit-on faire quand on a des officiers qui ont une attitude... réservée à l'égard du régime, de la conception de l'Etat ? » Ils disent que parce qu'ils sont officiers, ils se tiennent à l'écart ; au moment où on évoque la conception de l'Etat ou la raison d'Etat, ils disent : « Nous sommes monarchistes, nous sommes sous les ordres du roi. » C'est toute la différence. Le problème existait déjà en 1941. Ce fut encore pire en 1940, le 28 octobre, quand je... revins – c'était en 1940. Il dit tout à coup : « Voyez-vous, j'ai confiance dans les soldats, mais je n'ai pas confiance en mes généraux ; je ne peux pas avoir confiance. » Voilà ce que m'a dit cet homme le jour où débuta l'offensive contre la Grèce ou l'Albanie.

On se demande naturellement – si le Duce avait aujourd'hui quinze ans de moins il n'y aurait sans doute pas de problème ; mais à soixante ans c'est plus difficile on se demande comment il se sent au point de vue santé.

Mais à mes yeux, ces deux mondes ont toujours existé. L'un de ces mondes n'a jamais été écarté et il n'a jamais cessé de tisser sa toile. Ce soir, il y aura probablement – comment s'appelle-t-il ?

KEITEL : Djurisic !

LE FÜHRER : Il sera probablement chez le roi aujourd'hui. Peut-être trouvera-t-on que ce chef de brigands est apparenté à la famille royale. Oui, dans la vie civile, il serait naturellement très difficile de marier une fille si le père est un voleur de moutons et qu'il a été *x* fois en prison, mais dans les milieux de la cour, ce n'est pas une honte mais un grand honneur : là, les princes s'arrachent les princesses, même si le brave Nikita n'est rien d'autre en fait qu'un vagabond qui a fui l'Autriche, qui a commis l'une extorsion après l'autre et qui n'a cessé de jouer l'Italie et l'Autriche l'une contre l'autre. C'est le type qui s'est même servi de l'Union postale internationale pour frauder et qui a escroqué l'Etat autrichien pour près d'1,75 million de couronnes. L'empereur a dû payer cela de sa cassette privée. Un énorme scandale ! Chez les gens bien, cela n'a pas d'importance...

KEITEL : Mon Führer, nous avons encore les grandes lignes – rien n'est bien mûr – pour la directive générale au sujet de l'utilisation éventuelle de l'armée Rommel et ce que je vous ai montré hier soir, l'affaire Löhr. Löhr est au courant des idées générales, il sait à quoi s'en tenir, mais il ne peut emporter aucun écrit.

LE FÜHRER : Nous devons être terriblement prudents avec les écrits cette fois-ci.

KEITEL : Je sais que vous le souhaitez. Il vient s'ajouter tous les jours de nouvelles affaires, par exemple le problème des sous-marins.

(Présentation d'une proposition).

Il s'agit d'une introduction générale, qui ne signifie rien et qui est la plus anodine possible. Mais la question principale qui vient ensuite est l'exercice du commandement, les forces, les mesures de précaution auxquelles il faut penser et auxquelles s'ajoutent chaque jour toutes sortes de choses, comme aujourd'hui encore, le problème des sous-marins, le problème de l'artillerie antiaérienne, etc. Nous aimerions y consacrer encore de la réflexion.

Rommel l'a déjà lu une fois. Il en connaît les grandes lignes.

ROMMEL : Oui, on me l'a soumis.

KEITEL : Il voudrait y ajouter encore certains éléments. C'est un travail purement intellectuel ; ensuite les ordres à cet effet qui déclenchent cela, l'amenée de troupes et ce genre de choses. Mais nous devons faire des choses particulières. Il faut que quelqu'un se rende auprès du commandant en chef Ouest et discute avec lui comment il peut... éventuellement amener les forces, reprendre la partie de la côte méditerranéenne occupée par l'Italie. Les points particuliers n'apparaissent que petit à petit ; on n'en prend conscience qu'en les mettant sur papier. C'est pourquoi nous les avons notés par écrit.

LE FÜHRER : Mais vous êtes cependant aussi d'avis, Rommel, qu'il vaut mieux retenir pour le moment les deux divisions de parachutistes ?

ROMMEL : Oui, absolument !

LE FÜHRER : Alors, vous pourrez disposer de ces deux divisions pour les faire participer à vos propres opérations.

KEITEL : On peut les envoyer dans le nord de l'Italie.

ROMMEL : Je suis très inquiet, mon Führer, à l'idée que les Italiens pourraient tourner casaque brusquement et fermer les frontières, particulièrement le Brenner ; les gars y ont travaillé pendant des années et Gambarra ainsi que Navarini ont laissé à l'occasion échapper quelques remarques laissant entendre qu'ils pourraient le cas échéant se retourner contre nous. Je n'ai pas confiance dans ces types ; s'ils retournent leur veste ils pourraient vouloir faire un cadeau aux Anglais et leur dire : nous fermons les frontières et ne laissons plus entrer ni sortir aucun Allemand.

Il serait bon donc que les divisions restent d'abord hors de...

LE FÜHRER : J'examinerai cela à l'aise.

KEITEL : Oui ! Ce document n'est pas encore dans sa forme définitive et peut encore être amélioré. Mais nous souhaiterions néanmoins que les lignes générales soient peu à peu déterminées. Il faut les noter par écrit, sinon on oubliera certaines choses. On peut encore modifier l'introduction si vous le désirez. Mais les lignes générales...

LE FÜHRER : Je lirai tout cela à mon aise.

WARLIMONT : La partie qui concerne le Sud-Est se trouve là en dessous.

KEITEL : Ce serait la base du travail de Rommel.

WARLIMONT : Si vous voulez les cartes correspondantes...

LE FÜHRER : Non, je n'en ai pas besoin.

WARLIMONT : Ce sont d'excellentes cartes. Peut-être puis-je alors les envoyer, mon Führer.

LE FÜHRER : Très bien, si vous voulez.

(Fin : 15 h 30.)

Pour pouvoir défendre, au besoin seuls, l'Italie et les Balkans, les Allemands devaient y augmenter le volume de leurs forces, en évitant toutefois d'éveiller les soupçons des Italiens ou de leur fournir un prétexte quelconque pour quitter l'Axe.

On décida tout d'abord de constituer trois divisions avec les unités allemandes stationnées en Italie qui n'avaient pas été envoyées en Tunisie. Puis, à la mi-mai, on demanda à Mussolini l'autorisation d'amener des grandes unités supplémentaires dans la péninsule. Le Duce refusa mais il se ravisa à la fin du mois de juin et marqua son accord à l'arrivée en Italie de deux divisions blindées et de deux divisions Panzergrenadier provenant de l'Ouest.

Dans les Balkans, on se contenta de faire serrer les troupes allemandes, dont la plupart n'étaient pas opérationnelles, sur les côtes, tenues partout par les Italiens. Sur l'ordre de Hitler, on transféra dans le Péloponnèse une division blindée de l'Ouest.

Les six divisions blindées qui, en cas de nécessité, seraient retirées du front russe au profit du théâtre méditerranéen, constituaient le noyau des forces destinées à attaquer le saillant de Koursk (opération Citadelle). Comme la date de cette offensive était postposée sans cesse, les risques de concomitance avec un débarquement allié en Europe méridionale apparaissaient de plus en plus grands à l'état-major Opérations qui, pour cette raison, proposa le 18 juin à Hitler de renoncer à Citadelle. Fin juin, à son retour de congé de convalescence, Jodl tenta lui aussi d'obtenir l'annulation de l'offensive ; il fit hésiter le commandant suprême, mais d'autres influences intervinrent ensuite et firent maintenir la décision.

Déclenchée le 5 juillet, soit cinq jours avant le débarquement allié en Sicile, Citadelle fut une opération malheureuse ; elle réduisit à l'état de scories les formations d'attaque, qui étaient précisément les réserves opérationnelles de l'armée, et fit basculer définitivement l'initiative dans le camp soviétique.

La chute de Mussolini

La confiance de Hitler en l'Italie avait toujours été basée presque exclusivement sur la seule personne de Mussolini. C'est pourquoi tous ceux qui entendirent Hitler demander le 14 mai au grand amiral Dönitz qui venait de rentrer de Rome s'il croyait que le Duce était décidé à rester aux côtés de l'Allemagne jusqu'au bout y virent une grave atteinte au principe même de la coalition militaire. Bien que les renseignements fournis par le commandant en chef de la marine n'eussent guère été de nature à susciter ce doute inouï, Hitler le manifesta à nouveau quelques jours plus tard devant un auditoire plus large. Ce furent sans doute ses propres observations et préoccupations qui l'y poussèrent, plutôt que la situation militaire défavorable dans laquelle se trouvait l'Italie ainsi que les conséquences qu'on pouvait en redouter. Sa suspicion avait pris naissance en raison du mauvais état de santé de Mussolini, qui n'était apparu que trop clairement lors de leur rencontre au mois d'avril, et elle s'était aggravée encore à la suite des dissensions au sujet des Balkans, qui venaient de se traduire par un échange de lettres du ton le plus vif, et surtout du refus opposé par Mussolini à l'arrivée de nouvelles troupes allemandes en Italie. Même le personnel instructeur de la Waffen-*SS* que Hitler lui avait donné en même temps que le matériel d'une division blindée n'était pas bien accueilli. Sans doute cette attitude pouvait-elle s'expliquer par le fait que le chef d'Etat italien pouvait croire qu'il ne devait faire défendre l'Italie que par des Italiens, mais cette raison se trouvait démentie par l'information réitérée que les travaux de fortification aux frontières italiennes des Alpes, qui pour leur plus grande partie étaient manifestement dirigés contre l'Allemagne, avaient repris depuis la fin du printemps 1943. Chose curieuse, Hitler s'efforçait de fermer les yeux sur cette affaire et sur la signification d'une grande portée qu'elle revêtait. Par contre, il se montra des plus inquiet lorsque Mussolini ne consentit à accepter que sous réserve une invitation à une nouvelle rencontre dans la seconde quinzaine de mai. En dépit de tous les préparatifs – tout le Grand Quartier général qui venait de regagner la Prusse-Orientale fut ramené en toute hâte à Berchtesgaden – la rencontre n'eut pas lieu, prétendument parce que Mussolini n'était disposé qu'à une entrevue en territoire italien, alors que Hitler s'y opposait pour des raisons de sécurité personnelle. Enfin, les exigences italiennes en matière de livraison de matériel de guerre allemand étaient également irréalisables; du côté allemand, on y voyait plutôt un prétexte de plus à un retrait de la guerre que la volonté de prendre un nouveau départ.

Au cours des semaines qui suivirent, les Alliés se contentèrent d'occuper la petite île italienne de Pantelleria, le «Gibraltar italien», qui était solidement fortifiée mais qui se rendit presque sans combat. Bien qu'avec des fluctuations, la confiance de Hitler en son allié italien augmenta à nouveau. Il déclara à maintes reprises à cette époque que s'ils étaient appelés à défendre le sol de leur patrie, le simple soldat italien et le jeune officier formé à l'école du fascisme feraient peut-être preuve de qualités militaires qui surprendraient leurs amis aussi bien que leurs ennemis. Cette appréciation idéaliste basée sur des motifs qui n'étaient guère pondérables, cacha de plus en plus la réalité militaire, qui se traduisait cependant par le fatal déséquilibre existant entre l'armement italien et celui des Alliés. Aucun jugement sensé et fondé objectivement comme celui que défendait Kesselring dans cette situation ne s'éleva à ce propos.

Le débarquement ennemi du 10 juillet 1943 en Sicile devait déchirer ce voile d'illusion et de fausses espérances. Dès le troisième jour de l'offensive, le commandant en chef Sud était obligé de reconnaître non seulement que la défense côtière italienne avait complètement failli, y compris celle du port de guerre récemment fortifié d'Augusta, mais aussi que l'île «ne pourrait être tenue... avec les... forces allemandes... seulement».

En émettant ce jugement, Kesselring exprimait sa déception à l'égard des Italiens auxquels il ne ménageait plus ses reproches, mais également à l'égard de Hitler parce que celui-ci n'avait pas libéré, pour défendre la Sicile, une partie des formations allemandes rassemblées entre-temps dans le sud de l'Italie. D'excellentes raisons avaient été données pour ce refus, mais elles ne furent pas admises à Rome; elles le furent d'autant moins que, sous le coup du succès du débarquement, Hitler prit brusquement la décision surprenante d'ordonner ce qu'il avait refusé précédemment par crainte d'un effondrement italien. En plus des deux divisions et des importantes formations antiaériennes qui opéraient déjà dans l'île, deux divisions allemandes supplémentaires ainsi que d'autres unités devaient être transférées de toute urgence en Sicile, par la voie aérienne ou maritime. Un renforcement important de la Luftwaffe, sur lequel Mussolini insistait à nouveau par priorité, fut réalisé par prélèvement à l'Ouest, au Sud-Est et au Nord. Dans l'exubérance créée par cette activité tardive, les deux dictateurs en revinrent rapidement à une vue complètement irréaliste des choses, notamment quand Hitler s'imagina qu'il pourrait rejeter l'ennemi à la mer ou lorsque Mussolini télégraphia que les répercussions morales et militaires d'une défaite subie par l'ennemi à sa première tentative de pénétrer en Europe seraient incalculables. Ces illusions s'étant rapidement envolées, Hitler émit le 13 juillet, un ordre par lequel il prenait personnellement en mains le commandement en Sicile. Contrairement à Kesselring qui ne voulait plus se battre que pour gagner du temps, il assigna pour objectif de stopper l'avance ennemie en avant de l'Etna. Un officier de l'état-major Opérations fut chargé d'aviser oralement le général Hube, commandant le 14e corps blindé, auquel incombait cette mission, qu'il avait à reprendre personnellement le commandement d'ensemble dans la tête de pont sicilienne... en éliminant en douce les QG italiens. Par ces instructions, complétées encore par la désignation d'un commandant allemand du détroit de Messine, habilité, si besoin était, à placer ses propres hommes aux batteries côtières italiennes restantes, le commandement suprême allemand empiétait profondément – depuis la Prusse-Orientale ! – sur les attributions de commandements subordonnés italiens dans l'île. Ni Mussolini, ni le Comando Supremo n'élevèrent de protestations. Hitler dut se sentir plus persuadé encore de la justesse des mesures qu'il avait prises quand il apprit – *via* Kesselring – que Mussolini avait insisté sur les lourdes conséquences que la perte de la Sicile aurait sur le moral du peuple italien, mais également du peuple allemand.

Dans ces circonstances, où le sort du théâtre d'opérations méditerranéen ainsi que celui de l'Axe – et d'autres choses encore plus importantes peut-être – semblaient liés étroitement à une petite tête de pont devant l'Etna, le chef de l'état-major Opérations rédigea de sa main le 15 juillet une de ses rares appréciations écrites de la situation. Manifestement soucieux de pousser à l'avant-plan les grands facteurs stratégiques, il alla plus loin encore que Kesselring en déclarant sans détours que selon toute prévision, la Sicile ne pouvait plus être tenue. Il ajoutait qu'on ne pouvait savoir si l'objectif suivant de l'ennemi serait la Sardaigne ou la Corse, le continent italien ou la Grèce, mais qu'en tout cas le commandement allemand devait veiller avant tout à faire du sud de l'Italie un avant-poste de la défense de la péninsule Balkanique. Par ailleurs, poursuivit Jodl – reprenant ainsi à son compte le jugement porté pour des raisons purement militaires par son état-major dès le 19 juin, au lendemain de la décision malheureuse concernant l'opération Citadelle, il serait irresponsable de maintenir plus longtemps des troupes allemandes au sud des Apennins – c'est-à-dire au sud de la chaîne de montagnes orientée est-ouest au nord de l'Arno – tant que la situation politique ne serait pas totalement éclaircie. La première condition à réaliser à cet effet consistait surtout à assainir l'appareil de commandement militaire italien... et à prendre les mesures les plus énergiques contre tout signe de décomposition au sein de l'armée italienne. Conformément aux multiples déclarations faites dans ce sens par Hitler à l'époque, il accusa des cercles étendus du corps des officiers italiens de trahison encore provisoirement dissimulée, et il prêta au Comando Supremo le dessein d'engager les formations allemandes se trouvant en territoire italien dans des conditions telles qu'elles courent à la destruction. Ensuite, le chef de l'état-major Opérations, qui se plaisait à copier le langage violent de Hitler, alla jusqu'à exiger un nettoyage général en Italie comme deuxième phase de la révolution fasciste qui devait s'achever par l'élimination du Comando Supremo existant et l'arrestation de toutes les personnalités hostiles. Dans tous les postes importants de la zone méditerranéenne le commandement devait être repris par des généraux allemands avec à leur tête le maréchal Rommel qui était le seul chef auquel se soumettraient volontiers de nombreux officiers et soldats italiens.

Suivaient alors des propositions plus détaillées concernant l'unité de commandement qui, en Italie serait exercée nominalement par Mussolini, mais qui, dans les Balkans, devrait passer aux mains des Allemands. Une autre exigence à l'égard de l'Italie était liée à cela à savoir que les troupes italiennes soient renforcées dans la même mesure et selon le même rythme que les troupes allemandes dans les secteurs menacés, tel par exemple celui du sud de l'Italie. Cette exigence devait rester à l'ordre du jour jusqu'à la dissolution de l'Axe sans qu'il y fût jamais donné aucune suite.

Ces considérations ne faisaient que refléter, dans leurs parties politico-militaires, des opinions fréquemment émises depuis peu dans des cercles restreints et elles faisaient apparaître plus que jamais les discordances qu'a connues, à travers l'histoire, toute coalition militaire au bord de la défaite. Mais Hitler recula devant les conclusions de Jodl, ne fût-ce que par souci du prestige de Mussolini et il manda au Grand Quartier général certaines autorités militaires ainsi que des personnalités politiques qui avaient sa confiance, dans l'espoir d'obtenir une image rassurante de la situation en Italie. Au cours des discussions qui eurent lieu, le grand amiral Dönitz et le maréchal Rommel exprimèrent des opinions semblables à celles de Jodl, Rommel allant même jusqu'à dire qu'aucun général italien ne lui semblait offrir la garantie d'une, coopération sans réserve avec l'Allemagne. Hitler voyait ainsi s'effondrer les principes mêmes de sa politique de l'Axe et il fit preuve d'une modération rare, en remarquant simplement qu'il devait néanmoins y avoir encore en Italie des hommes de mérite, qu'ils ne pouvaient pas être tous devenus mauvais d'un seul coup. D'autre part, il sembla, sous le coup de ces impressions, arriver à la conclusion que, si elle était livrée à elle-même en Méditerranée, l'Allemagne ne pourrait plus défendre que l'Italie du Nord. La meilleure solution paraissait toujours, comme auparavant, de maintenir son allié dans l'Axe, à condition d'être assuré de sa loyauté. Des entretiens eurent lieu avec l'ambassadeur allemand qui avait été rappelé de Rome et avec le prince Philippe de Hesse qui était l'homme de confiance de la cour d'Italie; ils aboutirent à la décision d'organiser l'entretien avec Mussolini qui avait été postposé depuis Tunis, pour essayer d'éclaircir définitivement la situation. Accord fut pris d'urgence concernant une rencontre dans le nord de l'Italie et le même jour, le 18 juillet, ce fut le départ pour Berchtesgaden. Hitler écarta même en l'occurrence tout souci de sécurité personnelle. Cependant, avant de prendre l'envol, il dut faire une concession à Goering et à l'ambassadeur d'Allemagne à Rome qui estimaient mieux connaître que lui l'état d'esprit de Mussolini ainsi que l'opinion publique italienne et il renonça à annoncer que Rommel avait été choisi comme défenseur de la péninsule Apennine.

La rencontre en Italie du Nord porta le nom du lieu où eurent lieu les entretiens – une maison de campagne de Feltre. Elle fut la dernière des trois qui précédèrent la rupture de l'Axe, mais elle fut également la dernière d'une longue série d'entrevues où Hitler et Mussolini apparurent dans l'éclat de leur ancienne puissance. Mais la journée de Feltre se déroula sous de mauvais auspices Elle débuta par la décision de Hitler d'arrêter l'opération *Citadelle* à l'Est parce qu'elle n'offrait plus de perspectives de succès, sans que la situation en Méditerranée ni les nécessités d'autres théâtres OKW n'y aient joué aucun rôle; elle se termina par une aggravation des désaccords entre les deux alliés. Avec le recul, on ne peut que constater que Mussolini – et plus encore ses conseillers – étaient venus à Feltre avec l'intention de se retirer de la guerre, avec ou sans l'Allemagne, tandis que Hitler avait pour objectif principal, comme on le verra, de renforcer l'échine de son ami et allié, et de s'assurer son soutien ultérieur.

Après une nuit passée à Berchtesgaden, on atterrit, de grand matin en raison du danger aérien, sur un aérodrome proche de Trévise; Hitler y fut accueilli par Mussolini, vêtu de son fameux uniforme gris foncé de la Milice. On fit ensuite un voyage d'au moins deux heures, en voiture puis en chemin de fer, et à nouveau en voiture, qui n'offrit que peu d'occasions d'une première prise de contact. A l'arrivée à la maison de campagne, on se réunit librement dans un pavillon, mais uniquement pour entendre un de ces monologues interminables dont Hitler était coutumier. La plus grande partie de son exposé eut trait à la situation en matières premières, à une comparaison des armements, aux effectifs dans les deux camps, aux pertes subies, au passé et à l'avenir, le tout sur un ton de propagande et en termes didactiques. Il ne souffla mot des propositions militaires urgentes que, sous le titre «Unité de commandement», le chef adjoint de l'état-major Opérations avait rédigées la veille au soir à son intention, en se basant sur le mémorandum de Jodl, sans en reprendre toutefois les aspects politiques. Hitler ne précisa ses intentions qu'au sujet de la situation en Sicile et, à la plus grande surprise de sa suite, il affirma entre autres qu'un certain nombre de formations allemandes supplémentaires pourraient y être transférées et que l'on pourrait passer finalement à l'attaque. Il posa cependant à cet égard des exigences très strictes, demandant notamment que le ravitaillement vers la Sicile soit assuré et que la pugnacité des forces italiennes soit augmentée. Il conclut en disant que, dans le pire des cas, les combats devaient se poursuivre sur le continent et que, dans les Balkans, l'arrière-pays devait être complètement pacifié de manière à libérer toutes les forces pour la défense des côtes.

Hitler avait été le seul à prendre la parole. Un officier d'ordonnance italien était venu apporter une information selon laquelle les Alliés avaient lancé la première attaque aérienne contre Rome le matin même ; Mussolini remit le message à Hitler, mais celui-ci n'en tint même pas compte et, après une pause de quelques secondes à peine, il se remit à discourir.

Péniblement impressionné par la tournure prise par la discussion, l'auditoire se rendit à table. Mussolini et Hitler prirent leur repas à part de leur suite. Le retour eut lieu immédiatement après. Soucieux de voir régler la question de l'organisation du commandement qui, pour l'état-major Opérations, était la plus pressante, Warlimont profita du moment où l'on quittait les voitures et prenait place dans le train pour obtenir du chef de l'OKW qu'il traverse la voie ferrée et aille rappeler la chose à Hitler. La seule réponse que Keitel rapporta fut « que les préalables pour la réalisation... des exigences... n'existaient pas ». De même, les discussions qui se déroulèrent dans le train entre les hauts représentants des deux commandements suprêmes se limitèrent, par la force des choses, à approfondir certaines des questions déjà traitées précédemment par Hitler.

Des témoignages ultérieurs ont fait apparaître qu'à son retour de Feltre, Mussolini se serait rendu à l'avis de ses conseillers et aurait fait savoir au roi dès le 20 juillet qu'il espérait mettre fin à l'alliance avec l'Allemagne à la mi-septembre 1943. De son côté, Hitler emporta de cette rencontre la conviction d'avoir à nouveau ramené dans le rang son ami et allié. Il fut d'autant plus disposé à satisfaire au désir du Comando Supremo de voir envoyer de nouvelles troupes allemandes en Italie, que, dans les jours qui suivirent, des assurances répétées lui parvinrent de Rome selon lesquelles la Sicile serait tenue par tous les moyens et jusqu'au dernier homme. En ce qui concernait les Balkans, l'Italie se déclara d'accord sur la nouvelle organisation du commandement préconisée depuis longtemps par l'OKW. Tant et si bien que le chef de l'état-major Opérations lui-même se laissa influencer par cette confiance renouvelée dans la loyauté et la détermination de l'allié italien. Alors qu'il avait déclaré peu auparavant que Rommel était le seul chef allemand qualifié pour le cas où la situation se développerait de façon inquiétante en Italie, il proposa maintenant à Hitler, en dépit de tous les préparatifs effectués dans ce sens depuis des semaines, de confier au maréchal le commandement en chef en Grèce. Il ordonna en outre à son état-major d'annuler les ordres relatifs aux plans *Alarich* et *Konstantin*.

Il ne fallut cependant pas plus de quelques jours pour que les renseignements fournis par le général de liaison allemand à Rome donnent à nouveau une image toute différente. Le général von Rintelen signalait entre autres qu'on était déçu au plus haut point à Rome par la modicité de l'assistance allemande nouvellement annoncée, qui était de loin inférieure aux espérances. Les perspectives d'un succès en Sicile n'étaient de ce fait considérées que comme extrêmement minces. En outre, on doutait fortement dans tous les milieux militaires et politiques influents que l'Allemagne soit encore en mesure de contribuer efficacement à la bataille défensive contre l'invasion de l'Italie. Il était frappant de constater que, simultanément, les autorités militaires italiennes supérieures recommençaient à exprimer avec une insistance accrue leur volonté de disposer entièrement de toutes les formations allemandes se trouvant dans la péninsule Apennine. Il était encore plus surprenant de constater que, selon de nombreux renseignements, les fortifications italiennes des Alpes étaient approvisionnées en munitions et que les garnisons de la frontière avaient été mises en état d'alerte, tandis que les transports ferroviaires allemands par le Brenner étaient interrompus sans raison apparente.

Finalement, le 24 juillet, l'attention de Hitler fut principalement retenue par la nouvelle, politiquement importante, que le grand conseil fasciste avait été convoqué à Rome ainsi que par une information selon laquelle le bruit courait que le Duce aurait été incité à abandonner le commandement personnel des trois forces.

Cette réunion inquiétait fort Hitler. Le 25 juillet, à la conférence de midi, il interrompit un exposé de Jodl pour s'enquérir des dernières nouvelles de Rome auprès de Hewel, le délégué des Affaires étrangères. Celui-ci répondit qu'il ne possédait encore aucun renseignement précis sur le déroulement de la séance, lui fit part de certaines rumeurs et, ayant prononcé le nom de Goering, provoqua ce commentaire :

LE FÜHRER : ... Le *Reichsmarschall* a traversé beaucoup de crises avec moi, il est de glace en période de crise. On ne peut trouver de meilleur conseiller que le *Reichsmarschall* en période de crise. En cas de crise, le *Reichsmarschall* est brutal et reste parfaitement froid, j'ai toujours constaté que quand il s'agit d'y aller à fond, c'est un homme radical et d'airain. Vous n'en trouverez donc pas de meilleur; il n'y en a pas de meilleur. Il a traversé avec moi toutes les crises, les crises les plus graves, il est alors impassible. Lorsque cela tournait vraiment mal, il est toujours devenu de glace.

Les nouvelles qui affluèrent de Rome dans la soirée, dans la nuit et dans la matinée du lendemain concernant la démission de Mussolini et la formation d'un nouveau gouvernement sous le maréchal Badoglio furent interprétées au Grand Quartier général allemand comme un signe que l'Italie s'apprêtait à déposer les armes. La confusion qui régna, principalement chez Hitler lui-même, au cours des trois conférences qui eurent lieu dans ce laps de temps offrit à ceux qui y assistèrent, un spectacle humiliant et bouleversant. Il est vrai que des décisions difficiles devaient être prises, d'autant plus que Rommel venait d'être envoyé à Salonique et que les plans *Alarich* et *Konstantin* – qui n'avaient pas encore été annulés contrairement aux ordres donnés par Jodl – ne pouvaient être mis à exécution sans plus en raison des assurances données par Rome que la guerre serait poursuivie aux côtés de l'Allemagne. Grâce à un hasard de l'histoire, le comportement de Hitler a pu passer à la postérité, les comptes rendus des trois conférences successives ayant été intégralement conservés ; en fait, elles furent marquées en premier lieu par ses cris de vengeance et sa soif de représailles. Le chef de l'état-major Opérations éprouva la plus grande peine à lui opposer un raisonnement militaire sensé et à faire valoir les nécessités les plus urgentes de la situation.

Fragment n° 14

Conférence du 25 juillet 1943, 21 h 30

LE FÜHRER : Vous êtes déjà au courant des développements de la situation en Italie ?

KEITEL : Je n'ai entendu que les derniers mots.

LE FÜHRER : Le Duce s'est retiré. Ce n'est pas encore confirmé, mais Badoglio aurait repris le gouvernement, le Duce s'est retiré.

KEITEL : De sa propre initiative, mon Führer ?

LE FÜHRER : Probablement à la demande du roi, sous la pression de la cour. J'ai déjà dit hier quel était le sentiment du roi.

JODL : Badoglio a repris le gouvernement.

LE FÜHRER : Badoglio a repris le gouvernement, donc notre plus farouche ennemi. Il faut voir clair immédiatement, trouver un moyen quelconque de ramener les hommes de Sicile ici, sur le continent.

JODL : L'important est de savoir s'ils (les Italiens) se battront ou pas !

LE FÜHRER : Ils déclarent qu'ils se battront, mais c'est de la traîtrise ! Nous devons voir les choses clairement : c'est pure traîtrise ! J'attends simplement des informations sur ce que dit le Duce. Chose doit parler avec le Duce. Espérons qu'il le trouvera. Je voudrais que le Duce vienne immédiatement ici s'il met la main dessus, que le Duce vienne immédiatement en Allemagne.

JODL : S'il y a le moindre doute, il n'y a qu'une chose à faire.

LE FÜHRER : J'y ai déjà réfléchi, mon idée est que la 3ᵉ division Panzergrenadier occupe immédiatement Rome et qu'elle enlève immédiatement tout le gouvernement.

JODL : Les troupes qui se trouvent ici resteront jusqu'à ce que celles-là se retirent...

LE FÜHRER : Tout ce qu'on peut faire est d'essayer d'amener les hommes dans des bateaux allemands en abandonnant le matériel – le matériel ici ou là, cela ne joue aucun rôle, les hommes sont plus importants. J'attends encore des nouvelles de Mackensen. Nous verrons alors pour la suite... Mais en tout cas, ceci doit partir immédiatement (c'est-à-dire de Sicile) !

JODL : Oui !...

LE FÜHRER : Le plus important est d'abord que nous nous assurions immédiatement des points de passage des Alpes, que nous soyons prêts à entrer immédiatement en contact avec la 4e armée italienne, que nous mettions immédiatement la main sur les points de passage français. C'est le plus important de tout. Pour cela, nous devons tout de suite envoyer des formations là en bas, même la 24e division blindée si c'est nécessaire.

KEITEL : C'est ce qui pourrait arriver de pire : que nous n'ayons pas les points de passage.

LE FÜHRER : Rommel est-il déjà parti ?

JODL : Rommel est parti.

LE FÜHRER : Où est-il maintenant ? Encore à Wiener Neustadt ?

KEITEL : On peut s'en assurer.

LE FÜHRER : Vérifiez immédiatement où se trouve Rommel ! Il faut voir que maintenant nous... Donc : une division blindée, la 24e est prête. Le plus important est d'envoyer immédiatement dans cette zone la 24e division blindée, de sorte qu'on la fasse passer immédiatement ici, par n'importe quelle voie de chemin de fer, qu'elle soit concentrée ici et que la division de grenadiers *Feldherrnhalle*, qui doit se trouver ici, puisse au moins s'emparer des passages. Car nous n'avons ici qu'une seule division, qui se trouve près de Rome. La 3e division Panzergrenadier est-elle tout entière là, près de Rome ?

JODL : Elle est là, mais elle n'est pas complètement mobile, seulement partiellement.

LE FÜHRER : De quelles armes et de combien de canons d'assaut dispose-t-elle ?

BUHLE : La 3e division Panzergrenadier a 42 canons d'assaut...

LE FÜHRER : Dieu merci, nous avons encore ici la division de parachutistes. Il faut donc à tout prix sauver les hommes qui se trouvent ici (c'est-à-dire en Sicile). Ils ne servent à rien ici, ils doivent traverser, spécialement les parachutistes et aussi les hommes de la « Goering ». Leur matériel n'a aucune importance, ils doivent le faire sauter ou le détruire. Mais les hommes doivent passer. Il y a là 70000 hommes pour le moment. Si on peut voler, ils passeront plus vite. Ils doivent établir un écran ici et alors tout replier. Rien que les armes portatives, tout le reste peut rester, ils n'ont besoin de rien d'autre. Contre les Italiens, les armes à main suffiront. Tenir ici n'a pas de sens. Si on veut tenir quelque chose, on ne peut le faire qu'à partir d'ici, mais pas d'ici. Ici, nous n'y arriverons pas. Plus tard, nous devrons naturellement nous retirer quelque part ici, cela va de soi... Le plus important est de faire passer rapidement les formations, de retirer la *Leibstandarte* et de la transporter !

ZEITZLER : Oui, je vais immédiatement donner l'ordre.

KEITEL : Avec comme direction générale l'ancienne...

ZEITZLER : D'abord les préparatifs, je dois d'abord amener le matériel ferroviaire. Je peux rouler à l'allure 36,

36 trains, il faut 2 à 3 jours pour que je dispose du matériel ferroviaire. Je vais le faire tout de suite.

(Le général Zeitzler se retire).

JODL : Il faut vraiment attendre des informations précises sur ce qui se passe.

LE FÜHRER : Cela va de soi, mais de notre côté, nous devons commencer à réfléchir. Une chose est certaine : ce sont des traîtres et ils affirmeront qu'ils restent fidèles, c'est certain. Mais c'est de la traîtrise, ils ne resteront pas fidèles.

KEITEL : A-t-on déjà parlé avec ce Badoglio?

LE FÜHRER : Nous avons reçu entre-temps l'information suivante : le Duce s'est rendu hier au grand conseil. Au grand conseil, Grandi, que j'ai toujours considéré comme un «porc», Bottai et surtout Ciano ont tous parlé contre l'Allemagne à ce grand conseil, ils ont dit que cela n'avait plus aucun sens de poursuivre la guerre, qu'il fallait essayer de trouver un moyen pour en retirer l'Italie. Quelques-uns étaient contre. Farinacci etc. s'y sont d'ailleurs opposés, mais ils n'ont pas été aussi efficaces que ceux qui se sont prononcés en faveur de cette tendance. Le Duce a fait savoir ce soir encore à Mackensen qu'il continuerait en tout cas le combat et qu'il ne capitulerait pas. Puis, j'ai soudain appris que Badoglio souhaitait s'entretenir avec Mackensen. Mackensen a dit qu'il n'avait rien à discuter avec lui. Badoglio s'est fait encore plus pressant et finalement il a envoyé un homme...

HEWEL : Mackensen a envoyé un de ses hommes chez Badoglio.

LE FÜHRER : Il a signalé qu'il venait d'être chargé par le roi de former un gouvernement, après que le Duce eut de son côté quitté le gouvernement. Que veut dire «quitté»? Probablement ce voyou a-t-il... J'ai dit que la déclaration faite par ce Philippe..., là on a déjà conclu cela.

KEITEL : C'est bien l'attitude de la maison royale!

[...]

Le Duce ne dispose d'aucun moyen d'action en ce moment, rien, pas de troupes.

LE FÜHRER : Rien! Je le lui ai toujours dit : il n'a rien! Ce n'est pas vrai, il n'a rien. Ils y ont d'ailleurs veillé, pour qu'il ne dispose d'aucun moyen d'action.

A présent le ministre a ordonné que Mackensen se rende d'abord aux Affaires étrangères. Sans doute cela lui sera-t-il notifié là. Je présume qu'il en sera ainsi. Deuxièmement, le ministre a demandé si j'étais d'accord qu'il (Mackensen?) se rende immédiatement chez le Duce. J'ai dit qu'il devait se rendre immédiatement chez le Duce et le convaincre, si possible, de venir immédiatement en Allemagne. J'imagine qu'il souhaiterait me parler. Si le Duce vient, très bien, s'il ne vient pas, alors je ne sais pas. Si le Duce vient en Allemagne et s'il parle avec moi, tant mieux. S'il ne vient pas ou s'il ne peut pas partir ou s'il renonce parce qu'il ne se sent de nouveau pas bien, ce qui n'aurait rien d'étonnant avec ce tas de traîtres, alors on ne peut pas savoir. Chose a néanmoins déclaré aussitôt que la guerre serait poursuivie, cela ne change rien – ils doivent le faire, car c'est une traîtrise – mais de notre côté, nous poursuivons le même jeu, nous préparerons tout pour nous emparer de toute la racaille en l'espace d'un éclair, pour enlever toute la clique. Demain, j'enverrai un homme chez le commandant de la 3e division Panzergrenadier pour lui donner l'ordre d'entrer carrément à Rome avec un détachement spécial, d'arrêter *illico* tout le gouvernement, le roi et tout le paquet, et surtout d'arrêter immédiatement le prince héritier et sa valetaille, de se saisir de Badoglio et de toute la racaille. Vous verrez qu'alors ils n'auront plus ni bras ni jambes et qu'en deux ou trois jours il y aura un nouveau renversement.

KEITEL : Nous n'avons plus pour le moment dans le plan *Alarich* que la 715e encore en mouvement.

LE FÜHRER : Dispose-t-elle au moins de tous les canons d'assaut, les 42 ?

BUHLE : Elle doit avoir 42 canons d'assaut, les canons ont tous été envoyés.

JODL : Voici l'articulation.

(Présentation du document).

LE FÜHRER : A quelle distance se trouve-t-elle de Rome ?

JODL : Environ 100 kilomètres.

LE FÜHRER : 100 ? 60 kilomètres ! Il n'en faut pas plus. S'il démarre avec des troupes motorisées, il pourra entrer et arrêter immédiatement toute la clique.

KEITEL : Deux heures !

JODL : 50 à 60 kilomètres.

LE FÜHRER : Ce n'est pas une distance.

WAIZENEGGER : 42 canons d'assaut dans la division.

LE FÜHRER : Ils sont là, avec la division.

(WAIZENEGGER : Oui, avec la division.)

LE FÜHRER : Jodl, mettez cela au point immédiatement !

JODL : 6 bataillons.

KEITEL : Prêts à l'action sans restriction, 5 prêts partiellement.

LE FÜHRER : Jodl, mettez immédiatement au point l'ordre pour la 3e division Panzergrenadier. Un ordre : ne rien dire à personne, mais entrer dans Rome avec des canons d'assaut... et arrêter le gouvernement, le roi et toute la compagnie... C'est surtout le prince héritier que je veux avoir !

KEITEL : Il est plus important que le vieux.

BODENSCHATZ : Il faut s'organiser pour qu'ils soient immédiatement fourrés dans un avion et emmenés.

LE FÜHRER : En avion, et en route tout de suite, à l'instant même !

BODENSCHATZ : Avec cela que le *bambino* ne soit pas perdu sur le terrain d'aviation !

LE FÜHRER : Dans huit jours, il y aura de nouveau du changement ici, vous verrez !... Mais je voudrais tout de même parler au *Reichsmarschall* !

BODENSCHATZ : Je vais l'en informer immédiatement.

LE FÜHRER : Naturellement, le moment décisif sera celui où nos effectifs seront suffisants pour entrer en action et désarmer toute la clique. Le mot d'ordre de toute l'affaire doit être que les généraux félons, avec Ciano – qui est de toute façon détesté – à leur tête, exécutent un coup contre le fascisme.

Conversation téléphonique du Führer avec le maréchal Goering.

(Questions et réponses du maréchal non entendues par le sténographe).

LE FÜHRER : Allô, Goering ! Je ne sais pas : avez-vous déjà reçu des informations ? – Eh bien, il n'y a pas encore de confirmation, mais il n'y a presque plus aucun doute que le Duce s'est retiré et que Badoglio a pris sa place – Il ne s'agit plus maintenant à Rome de probabilités, mais d'une réalité ! – C'est un fait, Goering, il n'y a pas à douter ! – Comment – Je n'en sais rien, nous allons nous en assurer ici. – Ce sont évidemment des sornettes. Il continuera, mais comment ! Ils verront un peu comment nous continuons ! – Bon, c'est tout ce que je voulais vous dire. Dans ces conditions, je crois en tout cas qu'il serait peut-être bon tout de même que vous veniez ici le plus vite possible. Comment ? – Je n'en sais rien ! Je vous le dirai alors. Mais envisagez en tout cas la possibilité que ce soit vrai !

(Fin de la conversation téléphonique)

Nous avons déjà vécu une telle saloperie : le jour où a eu lieu ici cette chute de gouvernement (c'est-à-dire à Belgrade, fin mars 1941).

(KEITEL : Le matin à 10 heures, dans la grande salle)

C'était un peu différent.

J'espère seulement qu'ils n'ont pas emprisonné le Duce ! Mais s'ils l'ont emprisonné, il est d'autant plus important que nous intervenions.

JODL : Cela serait naturellement une autre histoire. Dans ce cas, on devrait immédiatement intervenir… Le plus important est que les transports bloqués ici pour le moment passent. Ordre a déjà été donné hier que tout soit transporté ne fût-ce que dans le nord de l'Italie, même si cela ne peut aller plus loin, de telle sorte que nous amenions encore des effectifs ici, en Italie du Nord, Car dans ce cas…

BUHLE : Ceux-ci sont également disponibles à nouveau pour cela.

LE FÜHRER : Ceux-ci tout de suite ! Ceux-ci aussi, tout de suite, si nécessaire évidemment !

KEITEL : Ce n'est que pour cette raison que nous ne les avions pas retirés là.

LE FÜHRER : On peut le faire immédiatement, c'est certain.

KEITEL : La division d'infanterie la plus proche.

LE FÜHRER : Magnifique, qu'est-ce qui les attend ! S'ils ne sont pas utilisés là, ils seront probablement... bien sûr, la traîtrise change tout... Il faut se rendre compte que ce porc de Badoglio a sans cesse travaillé contre nous, ici en Afrique du Nord, et ici, partout.

Rommel est-il déjà parti ?

DARGES : On va vérifier immédiatement, mon Führer.

LE FÜHRER : S'il n'est pas encore parti, il va de soi que nous le ramènerons immédiatement.

KEITEL : Possible qu'il soit encore à Wiener Neustadt demain matin ; il voulait encore aller chercher ses affaires.

LE FÜHRER : Alors je le ferai amener ici demain matin par un Condor et je lui donnerai des instructions. Quand l'affaire sera mûre, tout sera naturellement placé aussitôt sous le commandement du maréchal Rommel et les ordres ne seront donnés que par lui seul. Le Reichsführer est-il ici ?

DARGES : Non, il est en route, il devrait être revenu demain.

LE FÜHRER : Vérifiez cela !

(DARGES : Oui.)

Nous devons établir une liste tout de suite. Ce Ciano est évidemment du nombre, Badoglio est aussi du nombre et beaucoup d'autres, en premier lieu naturellement toute la racaille. Badoglio évidemment, mort ou vif !

(HEWEL : Oui.)

Les premières mesures qui sont à prendre : 1. Il faut mettre immédiatement les formations en mouvement à la frontière, afin que ce qui peut encore passer passe, mais il faut immédiatement que ces formations ici...

JODL : Ici en bas, ces formations doivent aussi être informées d'urgence de la tâche qui leur incombe, que dans n'importe quelles conditions elles prennent immédiatement possession de tous les points de passage.

KEITEL : Cela figurait dans les instructions secrètes de ce bataillon à Innsbruck.

LE FÜHRER : Est-il toujours là ?

KEITEL : Il est toujours là, l'école de montagne a été dissoute... instructions ont été données aussi à la 715e, à celle-ci aussi, à la 3e division Panzergrenadier, à l'état-major ou à un régiment de la *Feldherrnhalle*. Toutes trois sont au courant, elles ont eu à l'époque une instruction secrète du commandant en chef Ouest pour le plan *Alarich*. Il était simplement interdit de procéder à des reconnaissances et à d'autres choses pour ne pas attirer l'attention sur la chose. C'était la 3e qui devait faire cela. Nous espérons faire cela en commun avec les...

LE FÜHRER : Ils ne sont pas là ?

KEITEL : Non, ils ne sont pas là.

VON PUTTKAMER : On devrait prévenir la marine à cause du passage d'une rive à l'autre. Ils sont répandus partout parmi les Italiens à l'intérieur des ports.

LE FÜHRER : Cela va de soi ! Mais il faut continuer à assurer le passage (d'une rive à l'autre) ici, tant que cela va.

GÜNSCHE : Le maréchal Rommel est parti ce matin pour Salonique, il est arrivé là-bas.

LE FÜHRER : Alors il peut revenir demain, il a de toute façon son avion.

CHRISTIAN : Son vieux bac de 111.

LE FÜHRER : Combien de temps lui faut-il de Salonique ?

CHRISTIAN : Il peut être ici vers 15 ou 16 heures, avec une escale.

LE FÜHRER : Donc six à sept heures ?

BUHLE : Six heures !

JODL : De... à Salonique, nous avons mis deux heures et demie de vol avec le Heinkel.

SPEER : Il n'a pas mon « canard boiteux ». C'est autre chose !

LE FÜHRER : Vous et votre « canard boiteux » ! Si ce brave Mackensen ne l'avait pas eu récemment, il n'aurait pas pu se poser. D'après ce que j'ai entendu dire, notre brave Hewel a aussitôt appelé la femme de Mackensen et il a dit : « L'appareil de Mackensen n'est pas rentré. » Voilà qui est très diplomatique. Il faut avoir été nommé ambassadeur pour cela ! Tout le reste marchera. – Donc, Jodl, je répète : *primo*, ordre à la 3e division Panzergrenadier et éventuellement aux formations ici d'appuyer l'action de Rome ; ordres similaires à la Luftwaffe qui se trouve autour de Rome, pour autant qu'elle soit là, à l'artillerie antiaérienne, etc., de sorte qu'ils soient tout de suite au courant. Voilà une série de choses. Ensuite, amener immédiatement les autres formations ; cela doit évidemment être lié à cela. En troisième lieu, préparation immédiate de l'évacuation de tous ces territoires par les formations allemandes qui doivent être embarquées ici, sous la couverture bien entendu de l'écran qui doit être tenu. Toutes les troupes de l'arrière doivent être immédiatement retirées, elles passeront ici. Cela n'a aucune importance ! Emporter les armes portatives et les mitrailleuses, rien d'autre, on peut laisser tout le reste. Cela fait 70 000 hommes que nous avons là en bas, dont les meilleurs qui soient. Il faut faire en sorte que les derniers reviennent avec les véhicules et puissent embarquer rapidement ici. Nous avons assez de bateaux allemands ici en tout cas, il y a là énormément de tonnage allemand.

JODL : Presque exclusivement.

LE FÜHRER : L'artillerie doit rester ici et assurer une protection continue. L'artillerie antiaérienne qui se trouve de l'autre côté sera la dernière à partir. Elle doit tout faire sauter et traverser la dernière.

CHRISTIAN : Mais aucun Italien ne doit passer avec les troupes allemandes ?

LE FÜHRER : Il faut agir assez rapidement pour qu'ils traversent si possible en une nuit. S'ils ne font traverser que des hommes qui n'ont pas de matériel, qui n'ont rien avec eux, ils auront terminé en deux jours, en un jour...

BUHLE : Ici aussi, mon Führer, on devrait donner des instructions aujourd'hui encore ou demain à l'état-major général pour que la priorité soit transférée ici en ce qui concerne les véhicules, c'est-à-dire à tout ce qui est assemblé ou qui se dirige vers l'Est ; sinon ces formations n'arriveront pas là.

LE FÜHRER : Nous pourrons encore faire cela demain. Et puis, je dois encore prévoir autre chose par mesure de précaution ; il faut être prudent dans l'affaire avec les Hongrois.

JODL : Alors le commandant en chef Sud doit avoir une garde.

LE FÜHRER : Oui.

JODL : La 3e division Panzergrenadier doit fournir d'urgence une protection solide à tout le Centre de commandement.

LE FÜHRER : Oui.

JODL : Sinon, ils enlèveront le commandement !

LE FÜHRER : Oui, nous pourrions également en faire autant. J'enlèverai leur commandement. Ils n'en reviendront pas !

JODL : Il faut réfléchir à tout cela à l'aise pendant une demi-heure.

BODENSCHATZ : Et les travailleurs italiens ?

LE FÜHRER : Ils ne sont pas encore là.

SPEER : Nous avons besoin de main-d'œuvre.

JODL : Il ne faut plus laisser aucun Italien passer la frontière, ceux qui sont encore là, qui sont en Allemagne !

SPEER : Ils travaillent très bien, ils peuvent nous être utiles pour l'organisation Todt, etc.

LE FÜHRER : Au moment où cette affaire éclatera, je ne devrai plus tenir compte des Belges non plus. Je pourrai immédiatement aussi faire emmener ce roi, j'emprisonnerai toute la parenté ensemble...

JODL : Des hommes de confiance ont signalé une séance secrète au Quartier général du Caire le 20 juin : le roi d'Angleterre et le général Wilson, commandant de la 12e armée, destinée à opérer en Grèce.

LE FÜHRER : En liaison avec les gens d'ici, avec la trahison !

JODL : Et il y a cette autre information, qui est peut-être en rapport avec cela ; une personnalité suisse contestée, mais qui a souvent fourni de bons et impeccables renseignements, communique ceci : « Après stabilisation de la situation des Alliés en Sicile... Attaque envisagée à partir de l'Afrique du Nord, avec des troupes fraîches, sur le continent en direction de Rome. Occupation de Rome considérée comme action la plus importante sur le plan psychologique. A Rome, un gouvernement national provisoire serait installé immédiatement. Le parti fasciste serait dissous, l'Italie et l'Albanie libérées de la dictature fasciste. De nouveaux contingents importants de troupes et d'armements seraient arrivés d'Amérique et du Canada en Afrique. »

LE FÜHRER : Tout cela correspond certainement avec cela... Ne faut-il pas maintenant tenir prête la 2e division de parachutistes, la mettre en état d'alerte immédiatement ?

JODL : Oui, elle pourrait servir éventuellement à renforcer Rome.

LE FÜHRER : Oui, qu'on l'envoie immédiatement à Rome.

JODL : On ne pourra rien lui (c'est-à-dire au maréchal Kesselring) dire d'autre pour le moment.

LE FÜHRER : Non, rien d'autre, il doit tenir prête une forte garde. Il ne peut aller nulle part, à aucune réunion, il n'a qu'à recevoir à son Quartier général. Le mieux serait de dire qu'il est tombé malade, ou bien on pourrait dire qu'on l'a convoqué ici pour faire rapport.

JODL : Il doit rester là-bas.

KEITEL : Je le laisserais là : quelqu'un qui peut diriger, ordonner immédiatement. Il a tout l'appareil en main. Il ne faut pas qu'il quitte son Quartier général, absolument pas, et n'importe qui viendra le voir ne lui sera présenté que sous escorte militaire. Il ne recevra personne d'autre, et bien entendu, il ne se rendra à aucune réunion hors de son Quartier général... Nous préciserons tout cela.

LE FÜHRER : Eh bien, Jodl, préparez cette affaire !

JODL : Ces ordres, oui !

LE FÜHRER : Nous devons naturellement jouer le jeu maintenant comme si nous croyions qu'ils continueront !

JODL : C'est ce que nous devons faire.

(Fin à 22 h 13).

Une nouvelle conférence s'ouvrit à minuit. On y aborda différentes questions : les mesures de sécurité à prendre, la couverture du retrait de Sicile et, surtout, le bouclage de Rome par la 2e division para, suivi de l'occupation de la ville par la 3e division Panzergrenadier. Il fut question, dans le cadre de cette entreprise, du Vatican :

HEWEL : Ne devrions-nous pas dire que les issues du Vatican doivent être occupées ?

LE FÜHRER : Cela n'a aucune importance, j'entrerai immédiatement au Vatican ! Croyez-vous que le Vatican m'embarrasse ? Il sera pris immédiatement. Tout le corps diplomatique s'y trouvera. Je m'en balance. Toute la bande sera là, nous en sortirons toute cette bande de porcs... Ce qui est déjà... Nous nous excuserons par après, cela peut nous être égal. Nous menons là une guerre...

BODENSCHATZ : Là se trouvent la plupart... ils pensent qu'ils sont en sécurité.

HEWEL : Nous y trouverons des documents !

LE FÜHRER : Là ? Oui, nous trouverons des documents, nous trouverons des preuves de leur traîtrise !

Une partie importante de la conférence du lendemain à midi, à laquelle assistaient, outre les participants de la veille, Goering, Himmler, Dönitz et Rommel, fut encore consacrée à l'opération Rome, et plus particulièrement à l'amenée à pied d'œuvre de la 2e division para. On y parla également de l'évacuation de la Sicile, de la valeur des jeunes divisions SS, de l'organisation du commandement dans la péninsule, de la constitution de grandes unités fascistes, de dispositions à prendre en vue de mettre la main sur la flotte italienne, des mesures édictées par le commandant en chef du Sud-Est...

La lecture des trois comptes rendus permet de déterminer pour l'essentiel quels sont les objectifs que se fixa le commandant suprême allemand, après que les premiers moments de confusion eurent été surmontés :

— en Italie, mettre dans toute la mesure du possible en action le plan *Alarich*, y compris le contrôle des cols alpins, sans pour autant fournir à Rome un prétexte à se retirer finalement de l'alliance avec l'Allemagne et sans laisser par conséquent le maréchal Rommel sortir de sa position d'attente à Munich ;

— préparer l'évacuation de toutes les troupes allemandes des grandes îles ;

— limiter la défense future aux Apennins septentrionaux et par conséquent ne pas envoyer plus au Sud les formations allemandes nouvellement arrivées ;

— entamer la reprise de tous les secteurs tenus par les troupes italiennes sur la côte française de la Méditerranée et dans l'ensemble des Balkans, conformément au plan *Konstantin*.

Tandis que, du fait de ces tâches, l'état-major Opérations entrait dans une des périodes les plus chargées de son existence, Hitler poursuivit la mise au point de ses plans concernant un coup de force à Rome et le rétablissement du régime fasciste, y compris la libération de Mussolini. Il était malaisé d'imaginer comment ces projets aventureux pouvaient être conciliés avec les directives données en vue de la poursuite momentanée d'une stratégie commune germano-italienne, d'autant plus que l'état-major ne prit aucune part à l'élaboration de ces plans spéciaux.

Pendant cette période, la salle des conférences fut fréquemment évacuée après la fin des exposés militaires pour laisser la place à un petit auditoire très restreint.

Seuls restaient les initiés, parmi lesquels le général Jodl qui, pas plus que le maréchal Kesselring, ne faisait cependant mystère de son opposition au coup de main projeté contre le gouvernement de Rome, bien qu'il eût commencé par l'approuver. A la date du 5 août, Hitler se rendit également compte que cette partie de ses plans serait impossible à réaliser selon les modalités prévues si on voulait aboutir à un résultat satisfaisant dans l'acheminement de nouvelles unités allemandes destinées à la défense de l'Italie. Seule la libération de Mussolini, dont le lieu de détention restait toutefois inconnu, continua à donner lieu à une curieuse activité justement désignée par un membre du GQG sous le vocable de jeu des gendarmes et des voleurs.

La rupture de l'axe

Les quelques semaines qui s'écoulèrent entre la fin juillet et la défection définitive de l'Italie le 8 septembre 1943 mirent particulièrement en lumière l'absurdité lourde de conséquences du mode de direction (des opérations terrestres) au GQG allemand. Deux guerres se déroulaient pour ainsi dire l'une à côté de l'autre, l'une à l'Est et l'autre au Sud. L'une et l'autre exigeaient de la part des états-majors travaillant au sommet une telle concentration d'esprit qu'aucun d'entre eux n'arrivait à prendre conscience des tensions auxquelles l'autre était soumis. C'est ainsi, par exemple, que Jodl avait fait peu de cas dans sa proposition de répartition des forces pour l'automne, de la situation telle qu'elle se présentait à l'Est avec l'assaut de forces soviétiques nettement supérieures contre le saillant d'Orel, tandis que, de son côté,

Zeitzler ne consentit à libérer qu'une seule division Panzergrenadier, la Leibstandarte SS, en dépit de l'extrême gravité de la situation au Sud. Dans un cas comme dans l'autre, il n'y eut aucune prise de contact préalable entre les hauts états-majors ; Hitler fut seul à décider.

Dans la zone méditerranéenne, les combats se circonscrivirent encore pendant des semaines à l'étroite tête de pont de l'Etna et l'état-major Opérations se préoccupa essentiellement d'imposer la volonté de Hitler à son allié et de prévenir les contre-mesures prises par Rome. Dans une note établie après la guerre, le chef du Comando Supremo de l'époque mentionne également que dans ses ordres, fin juillet 1943, les précautions à prendre contre un coup de main allemand avaient la priorité sur les mesures de défense contre un quelconque débarquement anglo-américain. Cette double mission interne et externe, à laquelle s'entremêlaient dans les deux cas les mesures de précaution que nécessitait l'évolution probable de la situation, créa des tensions d'autant plus grandes lorsque, dans le camp allemand, les opinions commencèrent à diverger au sujet des buts ultimes des Italiens. Seuls Hitler et Goering restèrent inébranlablement convaincus qu'il y avait traîtrise ; néanmoins, Hitler lui-même continua à estimer préférable de maintenir autant que possible l'Italie dans le camp allemand, parce qu'il espérait que la libération de Mussolini provoquerait un retournement de situation. Ses conseillers les plus intimes, au premier rang desquels figurait, à côté de Jodl, le grand amiral Dönitz qui faisait de fréquentes apparitions au GQG, étaient poussés, par des raisons d'ordre purement militaires, à souhaiter le maintien de l'alliance même avec une Italie non fasciste.

Ils étaient d'accord en cela avec Kesselring et von Rintelen à Rome qui, de leur côté, ne voulaient laisser planer aucun doute sur la sincérité du nouveau régime, ainsi que, dans une moindre mesure cependant, avec les maréchaux Rommel et von Rundstedt. Tous insistaient cependant pour qu'il soit mis fin au plus tôt à cette situation ambiguë et que toute la clarté soit faite ; ils se trouvaient ainsi en désaccord avec Hitler qui, par exemple, postposait continuellement à présent l'évacuation de la Sicile – rejoignant d'ailleurs en cela les considérations de stratégie navale de Dönitz – pour ne fournir aucun prétexte de défection aux Italiens.

Dans ces conditions, la première tâche qui incomba à l'état-major Opérations fut d'adapter les plans *Alarich* et *Konstantin* à la nouvelle situation. A la fin juillet, complétés en tenant compte de l'expérience acquise entre-temps, ils furent réunis en un plan unique, portant le nom code « Axe », qui englobait l'Italie, les Balkans et l'Ouest et qui fut diffusé, cette fois par écrit. Le maréchal Rommel put enfin être doté à ce moment-là d'un état-major complet de groupe d'armées, il se vit attribuer quelques unités d'intervention dans la région d'Innsbruck et fut chargé de garder avec elles les points de passage des Alpes, particulièrement le Brenner, mais il ne fut toujours pas autorisé à paraître en personne.

Cette mission confiée à Rommel, ainsi que les tentatives allemandes de poursuivre l'infiltration du plus grand nombre d'unités possible en Italie septentrionale devaient provoquer à partir de la fin juillet des heurts répétés avec les autorités militaires de Rome et parfois avec les commandements locaux italiens. Le processus était presque invariablement identique. Hitler se répandait en menaces et en insultes, après quoi l'état-major

Opérations s'efforçait de faire accepter à Rome les mesures militaires indispensables par l'intermédiaire du général von Rintelen, lequel avait ainsi à remplir une tâche aussi difficile que pénible ; les Italiens parvenaient au moins à gagner ainsi un peu de temps, ce qui n'était pas négligeable dans la situation périlleuse où ils se trouvaient. Nous pûmes de cette manière mener finalement à terme notre concentration pour raison de sûreté au nord des Apennins, qui était un élément essentiel du plan *Axe*. Mais, pour le reste, l'état-major Opérations ne parvint pas à imposer une conception claire de la manière dont les opérations devaient être conduites ultérieurement, en cas de défection de l'Italie. Hitler, qui n'avait déjà que trop tendance à éviter toute décision à long terme, put dans ce cas se retrancher derrière l'excuse que de semblables ordres ne pourraient rester ignorés des Italiens. On pourrait appliquer à d'innombrables situations similaires les propos de Hitler que le grand amiral Dönitz a consignés à cette occasion – et qui s'appliquaient également au maintien en Sicile : « Le Führer admet que les deux points de vue se défendent, c'est pourquoi il n'a pris aucune décision définitive. »

Les moments cruciaux qui suivirent la chute de Mussolini furent les deux rencontres italo-allemandes à Trévise et à Bologne. L'auteur participa à la première d'entre elles qui eut lieu le 6 août, un peu plus de deux semaines après Feltre ; la deuxième, qui fut aussi la dernière, se déroula le 15 août et seuls Jodl et Rommel y assistèrent. Il est à peu près certain que les Italiens étaient déjà décidés à Trévise à trouver un moyen de se retirer tout à la fois de l'alliance avec l'Allemagne et de la guerre, mais peut-être espéraient-ils encore le faire en accord avec leur partenaire de l'Axe ; tandis que Hitler

– et l'Allemagne – continuaient toujours à écarter l'idée d'une issue autre que victorieuse. Cependant, au moment de la rencontre de Bologne, les Italiens avaient déjà présenté depuis cinq jours – secrètement – une offre d'armistice aux Alliés. Il est évident que, dans ces conditions, aucune des deux rencontres ne pouvait aboutir à un succès.

A Trévise, ce furent les deux ministres des Affaires étrangères qui se rencontrèrent, ainsi que les chefs du Comando Supremo et de l'OKW, Ambrosio et Keitel, après que Hitler eut décliné sèchement l'invitation que lui avait adressée Badoglio en arguant de sa qualité de chef d'Etat.

L'objectif poursuivi par les Allemands étant d'arriver à une clarification des relations avec l'Italie, l'état-major Opérations avait préparé pour la partie militaire un programme qui différait à peine de celui de Feltre. Il consistait à maintenir l'ennemi à distance du continent italien et des Balkans – à utiliser un nombre égal de formations allemandes et italiennes dans le sud de l'Italie et un nombre supérieur de troupes allemandes dans le centre et le nord – à exercer le commandement en commun dans tous les états-majors de haut rang. Cependant, Hitler refusait à nouveau qu'on aille au-delà d'un tour d'horizon politico-militaire général. Il fallait se contenter d'écouter et de faire étalage de bonne foi; il insista principalement pour qu'il ne soit fait aucune mention d'une quelconque évacuation de la Sicile. Ses instructions concernant la sécurité des délégués allemands étaient d'autant plus détaillées; il fallait se présenter uniquement en groupe, ne mener aucune négociation séparée et sous aucun prétexte ne rien manger ni boire qui n'eût été goûté au préalable par les hôtes italiens.

Lorsque le train spécial allemand fit son entrée dans la gare de Trévise, où le train italien attendait déjà, un SS était posté, mitraillette au poing, entre chaque paire de fenêtres le long des couloirs des deux voitures !

Au cours de la conférence du matin, à laquelle participèrent uniquement les chefs de délégation politiques et militaires des deux parties, Ambrosio éluda toutes les questions qui lui furent posées concernant son appréciation de la situation et les intentions futures de l'Italie. En revanche, il s'indigna au sujet de la rapidité et de la nature des récents mouvements de troupes allemandes en direction de l'Italie, allant jusqu'à déclarer qu'on avait l'impression à Rome que les Italiens n'étaient plus maîtres chez eux et que l'OKW semblait ne plus considérer le territoire italien que comme un glacis pour la défense de l'Allemagne. Keitel se défendit contre ces accusations mais, lié par les instructions de Hitler, il ne put exposer en détail ses propres vues. Après un repas pris en commun dans le wagon-restaurant du train italien, où il ne fut d'ailleurs tenu aucun compte des recommandations de Hitler, il y eut une conférence militaire où chacun des partenaires se montra plein de compréhension pour les souhaits exprimés par l'autre au sujet de la répartition des forces mais où le problème de l'organisation du commandement ne fut toujours pas abordé. La rencontre se termina par une conférence finale commune au cours de laquelle Ribbentrop déclara que l'Allemagne poursuivrait la guerre aux côtés de l'Italie jusqu'à sa conclusion victorieuse et où Ambrosio donna l'assurance expresse que l'Italie poursuivrait le combat aux côtés de son allié dans la mesure de ses possibilités. Les plans pour la défense commune de la péninsule Apennine ne seraient examinés qu'à une date ultérieure, à fixer de commun accord.

En dépit de cet atermoiement significatif dans ce qui était l'essentiel, on avait tendance, du côté allemand à considérer que les assurances données par Ambrosio et ses concessions aux souhaits allemands constituaient un pas en avant dans la voie de la clarification. Ribbentrop retourna avec sa suite au lac de Wörther pour y passer un ou deux jours au *Schlosshotel*, dont toute la clientèle avait été, paraît-il, renvoyée à cet effet. Le chef de l'OKW et les officiers de son état-major passèrent la nuit dans le train et décollèrent le lendemain matin de l'aéroport de Klagenfurt pour rentrer au *Wolfsschanze*.

Dès le retour au GQG allemand, les informations données par Keitel furent démenties le jour même par de nouveaux renseignements : deux divisions *Alpini* étaient arrivées dans la région du Brenner et, à l'encontre des accords qui venaient d'être pris au sujet du contrôle commun des défilés, les Italiens exigeaient à présent que les Allemands retirent leurs postes. Cela ne manqua pas de provoquer de nouvelles et graves dissensions ; par contre, au même moment, des unités navales légères italiennes déployèrent une grande activité, allant jusqu'à Gibraltar, et on signalait dans le sud de la France et même dans les Balkans des contacts satisfaisants entre les deux alliés.

Ces contradictions poussèrent l'état-major allemand à souhaiter vivement une fois de plus que la situation soit enfin clarifiée. Jodl notamment, laissait entendre à mi-voix que les négociations devaient être menées tout différemment qu'elles ne l'avaient été jusque-là et qu'il ne lui serait pas difficile de réussir lui-même là où l'on avait échoué à Trévise. Partant des projets immédiats sur lesquels un accord avait été conclu à Trévise, on estima que les Italiens seraient obligés d'annoncer la couleur si on leur fournissait, du côté allemand, une appréciation de la situation et un plan de répartition des forces allemandes établi avec la collaboration de Rommel et de Kesselring. Il convient de relever que, dans le nouveau mémorandum qui fut établi à cet effet, il était question pour la première fois de la possibilité de débarquements alliés dans la baie de Salerne et les Apennins septentrionaux y étaient à nouveau mentionnés comme la ligne de défense principale et finale. Kesselring alla plus loin et répéta à cette occasion sa proposition d'envoyer de nouvelles troupes en Sardaigne et dans le sud de l'Italie, mais Hitler la rejeta sans appel et persista en outre dans ses hésitations quant à l'évacuation de la Sicile, laquelle avait néanmoins déjà fort progressé entre-temps en sous-main.

Les Italiens fournirent eux-mêmes le prétexte souhaité pour une nouvelle rencontre, en annonçant le 11 août leur décision de rapatrier leur 4e armée du sud de la France et quelques-unes de leurs divisions des Balkans. Dans sa réponse, l'OKW réclama une discussion à ce sujet, exprimant en même temps le vœu de faire à cette occasion la pleine clarté sur la stratégie d'ensemble et sur l'organisation du commandement pour la défense de l'Italie et par là, du bastion Sud de la forteresse Europe. Rome marqua son accord et désigna comme représentant le chef d'état-major général de l'armée, le général Roatta. Du côté allemand, Hitler attendait un effet particulier de l'apparition, à cette occasion, du maréchal Rommel aux côtés de Jodl, en tant que commandant en chef des forces allemandes en Italie.

La nouvelle conférence se déroula comme on pouvait s'y attendre, compte tenu des conditions dans lesquelles elle avait eu lieu. Avec le recul, on se rend compte que les méthodes appliquées par les Allemands ne signifiaient pas grand-chose, puisque les Italiens étaient en rapport avec les Alliés depuis plusieurs jours à l'insu de celui qui avait été leur partenaire jusque-là. En guise d'introduction à cette rencontre, les Allemands firent escorter leurs généraux, de l'aérodrome au lieu de la conférence, par tout un bataillon motorisé de *Waffen-SS*. Arrivé sur place, le bataillon établit un cordon de sécurité qui entourait même le détachement de sûreté italien. Devant la porte ouverte de la salle de conférences, des SS se déployèrent au pas de l'oie, à côté des gardes d'honneur italiens qu'ils dépassaient d'une tête. C'est porteur d'une arme que les délégués allemands s'installèrent finalement à la table de conférence. Jodl prit la parole et se montra brutal ; ainsi, après avoir signifié l'accord des Allemands sur le retrait des troupes italiennes du sud de la France, il demanda si celles-ci seraient utilisées contre les Anglais dans le sud de l'Italie ou contre les Allemands au Brenner. Non seulement le général Roatta conserva son calme, mais il souleva un certain nombre d'objections fondées mettant à mal les conceptions allemandes indubitablement basées sur le plan *Axe*, ce qui obligea Jodl à admettre qu'il valait mieux confier aux deux commandements suprêmes le soin de régler définitivement les problèmes qui avaient été abordés. Ses grands espoirs furent ainsi réduits à néant, et, dès le début de l'après-midi, il se vit contraint de télégraphier au chef de l'OKW que les intentions de l'Italie n'étaient pas plus claires qu'auparavant, ajoutant néanmoins que les motifs de suspicion subsistaient dans toute leur ampleur.

Cette incertitude devait persister pendant plusieurs semaines. Entre-temps, les deux alliés continuèrent à se préparer avec soin au revirement qui se dessinait. Les Italiens – ou du moins certains parmi les plus haut placés d'entre eux – donnèrent aux Allemands l'impression qu'ils essayaient non seulement de paralyser de plus en plus tout mouvement de la Wehrmacht susceptible de gêner la conclusion de leur accord avec les puissances occidentales, mais encore, comme l'avait déjà présumé Rommel, de confiner dans un espace déterminé les centaines de milliers de soldats allemands se trouvant dans le sud et le nord de l'Italie, de façon à pouvoir les livrer aux Alliés en temps opportun. De son côté, le commandement allemand alla jusqu'à la limite de l'utilisation de la violence armée dans la poursuite de son intention de défendre l'Italie sans les Italiens et, au besoin, en dépit de leur opposition ; il élargit les préparatifs du plan *Axe* à des domaines toujours plus étendus.

La première mesure de cette nature consista à permettre au maréchal Rommel et à son état-major de franchir la frontière le 16 août, tout en limitant momentanément sa zone de commandement au nord de l'Italie. Il y avait de la sorte dans la péninsule Apennine deux grands commandements allemands disposés l'un derrière l'autre, tandis que subsistait à leurs côtés l'appareil de commandement italien avec lequel leurs rapports étaient des plus lâches. Au même moment, devant l'indécision dont Hitler continuait à faire preuve, Jodl et Kesselring prirent sur eux d'autoriser le 17 août les dernières troupes allemandes en Sicile à se replier sur le continent, tout en combattant. Cette décision ne fut plus précédée d'aucun accord entre l'OKW et le Comando Supremo. Chose surprenante, Hitler lui-même accepta en silence cet événement d'une grande importance stratégique, s'inclinant ainsi, à l'encontre de toute habitude, devant l'inévitable. C'est au même moment aussi que la directive du 18 août de l'OKW attira à nouveau l'attention du commandant en chef Sud, dont les yeux restaient fixés sur l'Apulie et ses bases aériennes, sur la zone côtière Naples-Salerne la plus menacée et lui signifia clairement d'y amener le gros de ses unités blindées. Le commandement en fut confié au général d'armée von Vietinghoff, un chef expérimenté de haut rang, que l'on avait libéré dans ce but en temps voulu, et on reconstitua sans hésiter sur place, à son intention, le commandement de la 10e armée.

Par ailleurs, l'OKW qui ne possédait toujours aucun indice ferme de ce qui se tramait entre Rome et les Alliés, poursuivit ses propres négociations avec le Comando Supremo et le général Roatta, laissant ainsi aux Italiens, comme auparavant, la possibilité de demeurer aux côtés de l'Allemagne. Les puissances de l'Axe restèrent de la sorte étrangement enlacées au sein d'une alliance depuis longtemps altérée dans le fond et dans la forme. Du côté italien, on attendait simplement que les Alliés veuillent bien prendre une décision, tandis que du côté allemand, on était toujours déterminé à ne pas faire le premier pas vers une rupture définitive. Le 4 septembre, au lendemain du débarquement anglais sur le continent italien à Reggio di Calabria, les plus hautes autorités militaires de Rome renouvelèrent leurs assurances à l'adresse de l'Allemagne, alors qu'il put être établi ultérieurement que l'acte de capitulation avait été signé dès la veille. Au même moment, en plus de toutes ces incertitudes et de toutes ces menaces dans la zone méditerranéenne, la situation à l'Est où de sévères combats défensifs étaient menés sans répit, prit une tournure critique et on y réclama – une fois de plus – des renforts urgents, ce qui obligea le haut commandement allemand à revoir son attitude. Dans une étude qu'il fit à ce sujet, le chef de l'état-major Opérations arriva le 6 septembre à la conclusion qu'il ne se justifiait plus de laisser inemployées pendant une période indéterminée des réserves importantes dans le sud de l'Italie. Il proposa à Hitler de prendre l'initiative de trancher les nœuds dans lesquels l'Allemagne était empêtrée en Italie et il parvint à le gagner le lendemain à son point de vue. L'ultimatum prévu à cette fin n'était cependant pas encore entièrement rédigé lorsque fut rendue publique, dans l'après-midi du 8 septembre, l'annonce de la capitulation sans conditions de l'Italie, qui mit fin à l'axe Rome-Berlin.

Parmi les incidences qu'eurent les événements de cette époque sur le plan des personnes, il convient de mentionner le fait que le 31 août, le très méritant général von Rintelen avait été démis de ses fonctions d'une façon qui ne devait pas tarder à se généraliser : son successeur se présenta à sa porte, une lettre de Keitel à la main, sans avoir été annoncé. En dépit de tous les efforts qu'il déploya pour être envoyé au front, von Rintelen fut mis à la retraite sur ordre personnel de Hitler, avant même que la guerre ne soit terminée.

Le chef adjoint de l'état-major Opérations avait pu quitter le Grand Quartier général le 5 septembre pour subir une intervention chirurgicale. Il insista vivement pour que l'on profitât de son absence, dont il évaluait la durée à trois mois, pour lui trouver le successeur qu'on lui avait si souvent promis et sa requête sembla devoir enfin aboutir. Cependant, il était encore à l'hôpital lorsque lui parvint un ordre de Hitler selon lequel une vingtaine d'officiers du haut commandement, nommément cités, parmi lesquels il figurait aux côtés de Jodl, Zeitzler et Heusinger, devaient être maintenus dans leurs fonctions pour la durée de la guerre.

Le prince Philippe de Hesse, qui avait été retenu jusqu'alors à l'aire 1, fut arrêté par le SD qui l'attendait à sa sortie du baraquement de Hitler, le jour de la défection de l'Italie. Goebbels nota à ce sujet le 10 septembre dans son *Journal* : « Le Führer a tiré les conséquences qui s'imposaient à l'encontre de la famille royale ; le prince a été transféré à Königsberg et remis entre les mains de la Gestapo. »

17

Vers la guerre sur trois fronts et davantage

Jusqu'au tournant de 1943-1944

Après toutes les tensions qui l'avaient précédée, la capitulation de l'Italie, troisième crise grave de l'année 1943, fut accueillie avec calme au GQG allemand, bien qu'elle signifiât aussi l'écroulement de la politique européenne de Hitler. Dès le soir du 8 septembre, l'OKW mit en application, sous le nom de code «Axe», dans toute la zone méditerranéenne, du golfe du Lion jusqu'à la Crète et à Rhodes, «les ordres élaborés depuis des mois... et adaptés le 29 août à la situation du moment». En conséquence, la responsabilité et la défense passèrent, dans l'ensemble de ces territoires, exclusivement dans les mains des Allemands. Si la neutralisation totale des Italiens se fit sans heurt, ainsi qu'on put s'en rendre compte dès le lendemain, le mérite en revint à la fois à l'état-major Opérations et au comportement habile et intelligent des commandants allemands locaux, mais aussi, dans une mesure non moins négligeable, aux Alliés qui avaient ruiné fondamentalement les plans du gouvernement Badoglio en annonçant prématurément la capitulation, en renonçant à lancer des parachutistes américains dans la région de Rome et en limitant leurs débarquements à la partie Sud du continent italien. Le seul véritable échec dans l'application du plan *Axe* consista dans le fait que, par manque de moyens, la marine et la Luftwaffe ne purent empêcher la flotte italienne de passer à l'ennemi ; celle-ci devait amener le pavillon à Malte. Par ailleurs, Hitler fut trompé dans son espoir de voir une grande partie de la jeunesse, que l'on supposait imprégnée de l'esprit fasciste, s'engager dans l'armée allemande. Il fut également déçu par la libération de Mussolini en dépit de l'exploitation qui en fut faite à des fins de propagande ; lorsque celui-ci se présenta peu après au GQG, il donnait en effet l'impression d'un homme brisé, manifestement incapable d'exercer encore une influence mobilisatrice sur le peuple italien. Hitler lui-même devait le traiter par la suite en grandeur déchue : il le fit entourer de gardes et ne le laissa plus apparaître en public que quand il le jugea utile. Il limita en particulier la constitution d'une nouvelle armée, que Mussolini souhaitait voir atteindre 500000 hommes, à un total de quatre divisions et de quelques plus petites unités de marine et d'aviation.

L'OKW avait initialement l'intention de tenir la ligne des Apennins, dans la partie supérieure de la Botte. Rommel devait reprendre le commandement du théâtre des opérations dès que la masse des forces allemandes d'Italie serait regroupée derrière cette position.

Le plan fut modifié par la suite en raison des problèmes posés par les Balkans. Hitler voulait que l'on s'y défende le long de la côte et qu'on tienne, en outre, pour une série de raisons politico-militaires, le chapelet d'îles allant de Cythère à Rhodes en passant par la Crète. Les moyens alloués au commandant en chef Sud-Est ne permettaient pas, et de loin, de résister sur ce double périmètre. Hitler ayant refusé de modifier la mission, Dönitz émit l'opinion que, sans le tremplin que constituaient l'Apulie et Foggia, les Alliés ne pourraient attaquer au travers de l'Adriatique. On décida, dès lors, de leur en interdire l'usage en les contenant en deçà.

Le sort de la zone méditerranéenne fut définitivement réglé par une série d'ordres, dont le premier, émis le 1er octobre, stipulait que l'Italie serait défendue dorénavant beaucoup plus au Sud, sur la ligne Gaeta-Ortona, et non sur les Apennins septentrionaux, comme cela avait été envisagé et préparé depuis des mois. Cette succession d'ordres se clôtura provisoirement à la fin du mois d'octobre lorsque, à l'encontre également de tous les plans établis, le commandement en chef pour toute l'Italie fut confié au maréchal Kesselring et que Rommel fut retiré du théâtre d'opérations pour se voir attribuer d'autres tâches.

Les ordres pour le Sud-Est renfermaient une nouvelle exigence : l'occupation d'un grand nombre d'îles des mers Ionienne et Egée. Certaines d'entre elles ne purent être enlevées aux Anglais qu'au prix de combats meurtriers.

En Italie, les nouveaux ordres de Hitler provoquèrent pendant une période de plus de six mois, une guerre de position dans la région située au sud de Rome et à laquelle – entièrement à l'encontre de sa haute destination – le monastère de Cassino, qui se trouvait au centre de la zone, donna son nom. Celui-ci est devenu le symbole d'une bravoure mémorable, de part et d'autre, mais sur le plan stratégique, ce fut un épisode de la guerre dénué de sens à partir du mois de novembre, quand le prétendu danger d'une attaque dans les Balkans ne sembla plus à craindre. Les combats épuisants qui se déroulèrent encore dans le sud de l'Italie imposèrent certes un arrêt prolongé à l'adversaire mais, du point de vue allemand, ils se justifiaient d'autant moins, dans cette cinquième année de guerre, qu'un débarquement allié sur les longues côtes de l'Italie pouvait à tout moment déclencher une nouvelle catastrophe. En outre, ils privaient les théâtres Est et Ouest des forces qui auraient pu être libérées en nombre important grâce à un retrait en temps opportun sur les Apennins septentrionaux.

La situation sur les théâtres Sud et Sud-Est entraîna pour l'état-major Opérations un surcroît toujours plus important de travail, car elle était particulièrement de nature à favoriser la propension toujours accrue de Hitler aussi bien que de Jodl à régler les moindres détails «d'en haut». Chaque division était déplacée, nommément, à partir de la salle des cartes du *Wolfsschanze*; tout fractionnement des formations devait être soumis à l'approbation de Hitler, en raison sans aucun doute des mauvaises expériences faites dans la zone italienne des combats. Dans les Balkans, le commandement suprême réglait l'emploi des forces contre les insurgés et l'acheminement des transports dans la mer Egée; dans les Abruzzes, il fixait lui-même le tracé des positions et des bretelles défensives. A partir du 15 décembre, il exigea que le commandant en chef Sud-Ouest* lui communique quotidiennement l'état d'avancement des travaux sur la ligne de Cassino.

La situation s'était fortement détériorée en Union soviétique. Sortant de sa réserve, le chef de la section Armée tenta de convaincre Jodl de la nécessité d'organiser une forte position défensive derrière la barrière du Dnieper; on la garnirait avec des unités de l'armée de l'intérieur et du personnel prélevé sur la Luftwaffe et la marine qui recueilleraient les divisions exténuées de l'Est et leur permettraient de reprendre leur souffle. Jodl resta insensible aux arguments de son interlocuteur.

Au début de l'automne, les Soviétiques atteignirent et franchirent le Dnieper. Quatre divisions d'infanterie, sept divisions blindées et de Panzergrenadier, la moitié d'une huitième ainsi qu'une formation para furent prélevées, entre octobre et décembre 1943, sur les théâtres OKW au profit de l'Est.

---

* Le théâtre d'opérations italien portait la dénomination de Sud-Ouest depuis le 21 novembre 1943.

Engagés par bribes et morceaux, souvent trop tard en raison du refus de Hitler de prendre en temps utile les décisions nécessaires, ces renforts ne permirent pas de stabiliser les positions. Le 27 décembre, l'examen de la situation inquiétante qui se développait à l'aile Sud du front fut interrompu par la digression que voici, qui fait apparaître de nouvelles préoccupations :

LE FÜHRER : J'ai lu ce rapport. La chose décisive à mes yeux, c'est qu'en fait le moral des troupes n'est pas bon. C'est cela qui est décisif.

ZEITZLER : C'est bien pourquoi je fais toujours passer ces rapports. Car je dois compter avec des choses comme celles-là.

LE FÜHRER : Finalement, c'est moi qui ai toujours attiré l'attention là-dessus. J'ai aussi parlé avec ces messieurs des forces blindées. Ils disent que l'infanterie ne se bat tout simplement pas. Cela dépend. Il y a des divisions qui se battent bien, rien ne se passe là. Quand quelqu'un me dit que cela n'a pas de sens de chercher à exercer quelque influence sur le moral de l'infanterie. Zeitzler, je vais vous dire quelque chose. Je suis un homme qui a personnellement créé et dirigé ce qui est peut-être la plus grande organisation qui existe sur terre, et qui la dirige encore aujourd'hui. Il est arrivé dans ce temps-là qu'on m'apporte des informations de certaines régions ; ici, la social-démocratie ne peut être battue. Ou bien : ici, il est impossible de lutter contre le communisme, c'est totalement exclu, on ne pourra pas l'extirper. Et on s'apercevait que c'était toujours le chef qui décidait. S'il s'agissait d'une opinion générale, ce serait en ordre, une action sur le moral de l'infanterie n'aurait pas de valeur, alors je peux simplement vous dire : j'ai un jour entendu parler un major et je me suis dit, c'est absurde de parler à la troupe, j'ai écouté X fois, c'est absurde. Evidemment, quand un officier me dit que cela n'a pas de valeur chez l'homme, tout ce que je peux dire : cela prouve que votre influence n'a pas eu de valeur. Car à côté, il y a une autre compagnie, et son commandant a ses hommes bien en mains. Quand vous n'avez aucune influence, vous devez partir.

ZEITZLER : Oui, les troupes sont le reflet de leur chef.

LE FÜHRER : Toujours, fondamentalement.

ZEITZLER : Et je suis convaincu que si les troupes sont mauvaises, ou bien leurs chefs sont morts ou bien ce sont de mauvais chefs.

LE FÜHRER : S'ils sont morts, un mauvais chef est venu. C'est certain. S'il est à bout de souffle ici et que l'on peut faire cela avec les moyens (dont nous disposons), nous nous arracherons les cheveux plus tard. Car le fait est que ce ne sera pas terminé ainsi, mais si nous détournons l'affaire ici, – ces formations-ci, Manstein s'en fiche. Il sait parfaitement qu'ils attaqueront ici. Il dit qu'ils attaqueront peut-être frontalement, qu'alors ils s'useront. Il ne veut pas l'admettre, il s'en désintéresse pour avoir le cœur léger. Moi, malheureusement, je ne le peux pas, mais je vois arriver le moment où cette affaire tournera à la crise à son tour et les conséquences que cela aura. Il faut prendre des décisions. Quand on répète sans cesse que la lutte se poursuivra jusqu'à la victoire, à mes yeux, lutter jusqu'à la victoire signifie bloquer cette histoire d'une façon ou d'une autre.

ZEITZLER : C'est bien certain. Si nous arrivons à arrêter les choses, ce sera une victoire à nos yeux. Mais nous n'arriverons pas à les vaincre.

LE FÜHRER : On ne peut pas espérer davantage pour le moment. Mais il ne faut pas oublier non plus que l'hiver dernier, nous étions dans une situation tragique. Malgré cela, en mai nous en étions arrivés à croire que nous pourrions peut-être attaquer nous-mêmes et en juillet nous avons fini par passer à l'attaque.

ZEITZLER : C'est simplement que la corde est tellement tendue ici. Si on peut mettre cela un peu en ordre et qu'il se passe quelque chose de neuf, nous serons de nouveau sous pression.

LE FÜHRER : Une fois que les troupes se seront retranchées et auront organisé les positions, tout ira de nouveau bien. Il suffit de débarrasser au plus vite de leurs commandants les divisions entièrement misérables ; voilà ce qu'il faut faire. J'ai étudié le rapport à fond et tout ce que je peux dire, c'est qu'il en ressort clairement qu'il y a ici des divisions qui sont misérables. Mais quand un chef dit qu'il est vain de vouloir influencer les hommes, je dis simplement : votre influence est nulle. Vous n'avez pas la force d'influencer. Ce qu'il dit est la pure vérité. Mais ce qu'il y a, c'est qu'il voit cela de son point de vue. Il a perdu toute influence. Je le sais bien. Pendant la première guerre j'ai rencontré des commandants de régiment dont l'influence était ridicule parce que personne ne les prenait au sérieux. Nous avons eu d'autres commandants de régiment qui ont rétabli en un tournemain les situations les plus désespérées et rendu leurs troupes inébranlables. Cela dépend essentiellement de l'homme. Dans les formations qui sont proches de moi (c'est-à-dire la *Waffen-SS*), je sais très précisément si une formation a un bon chef ou pas. Car on peut lire dans une formation comme dans un miroir.

Ou bien je pense à mes sections locales. J'avais dans le temps à chaque élection des districts où je savais pertinemment que le soir de l'élection, ce serait un succès.

Pourquoi ? Je ne peux pas dire : oui, c'était la Franconie, ou c'était Cologne – car Cologne, c'était la Cologne noire et rouge – ou la Prusse-Orientale. Qu'était-ce la Prusse-Orientale ? Elle était totalement réactionnaire, contre nous. Ou le Mecklembourg, ou la Thuringe. La Thuringe était rouge vif. Mais dans un cas, j'ai eu Koch, dans un autre cas j'ai eu Sauckel, j'ai eu Ley. Cela, c'étaient des hommes. Ailleurs, je n'ai malheureusement pas eu d'homme capable et c'était mauvais. Je savais parfaitement que les bons districts étaient ceux qui avaient de bons chefs de district (*Gauleiter*).

C'est exactement la même chose aujourd'hui. J'ai eu récemment un échec à Cassel. On peut en parler à l'aise. L'homme a naturellement été révoqué. Il n'était pas à la hauteur de sa tâche. On ne peut pas dire : bon, les choses ont été faciles à Berlin et à Hambourg. Au contraire, à Hambourg, c'est encore plus dur. Mais il y a là-bas un garçon aux nerfs d'acier que rien ne peut abattre, tandis que l'homme qui est à Cassel s'est tout simplement effondré. Il n'était pas à la hauteur de la situation. Au fond, le chef est le miroir de l'état de ses troupes, ou l'état des troupes est le miroir du caractère de leur chef.

Cela peut aussi souvent être catastrophique. Il y a par exemple un bon chef, il est tué, il en vient un autre, il meurt aussi. A chaque fois, cela se répercute sur la troupe. Quand une troupe aime particulièrement son chef... Quand un bon chef meurt, le résultat est toujours pire que dans le cas où un mauvais chef disparaît. C'est une vieille expérience. Cela peut aussi arriver. Mais une chose est certaine : quand un mauvais état d'esprit persiste dans une troupe, cela dépend toujours de son chef.

Il est à remarquer qu'à l'époque, les questions intéressant à la fois l'Est et les autres théâtres d'opérations ne pouvaient être soumises à Hitler qu'en présence des deux chefs d'état-major, Zeitzler et Jodl.

Au cours de l'automne, certaines informations donnèrent à penser que la Finlande, la Hongrie et la Roumanie pourraient se retirer de la lutte. L'OKW prépara ses réactions : l'état-major Opérations mit au point des plans pour l'évacuation éventuelle de la Finlande du Nord et pour l'occupation, en cas de besoin, de la Hongrie. Après avoir reçu des assurances d'Antonescu, Hitler annula les projets d'intervention en Roumanie. La loyauté de la Bulgarie, qui n'avait que des obligations politiques à l'égard de l'Allemagne, resta au-dessus de tout soupçon, même après la mort du roi.

L'OKW émit le 3 novembre 1943 la dernière d'une série de directives entamée le 31 août 1939. Elle portait le n° 51 et traitait de la préparation de la défense contre une invasion à l'Ouest.

Les phrases introductives de cette directive disaient :

> Le combat acharné et meurtrier mené depuis deux ans et demi contre le bolchevisme a soumis aux plus rudes épreuves la masse de nos forces militaires. Ceci correspondait à l'ampleur du danger et à la gravité de la situation générale. Cette dernière s'est modifiée entre-temps. Le danger subsiste à l'Est, mais un autre plus grand encore, se profile à l'Ouest : le débarquement anglo-saxon. A l'Est l'immensité du territoire nous permet dans le cas le plus défavorable de perdre du terrain, même sur de vastes étendues sans que le système nerveux de l'Allemagne soit touché à mort.
>
> Il en va différemment à l'Ouest. Si l'ennemi parvenait à y faire une large brèche dans notre défense, les conséquences en seraient rapidement incalculables. Tous les indices montrent que l'ennemi passera à l'attaque contre le front occidental de l'Europe au plus tard au printemps prochain et peut-être déjà plus tôt.

Les prescriptions qui venaient ensuite faisaient apparaître sans aucun doute possible que la capacité de défense de l'Ouest allait être renforcée sans délai, de façon à empêcher toute pénétration dans les défenses côtières. La directive poursuivait en ces termes :

> Si l'ennemi réussit néanmoins à débarquer... il s'agit par un apport suffisant et rapide de forces et de matériel et par un entraînement intensif, de donner leur pleine valeur aux grandes unités existantes, de constituer des réserves d'intervention, aptes à l'attaque et pleinement mobiles qui en contre-attaquant, empêcheront tout développement d'un débarquement (plus ou moins réussi) et rejetteront l'ennemi à la mer.

Cette directive n° 51 constitua le point de départ et le cadre de la grande tâche consistant à préparer la Wehrmacht à se défendre contre un débarquement imminent sur le continent ouest-européen, y compris le Danemark. Sur le plan opérationnel, elle a également défini les principes d'après lesquels le combat devait être conduit au début de l'invasion. En revanche, l'ordre séparé émis quelques jours auparavant et qui enjoignait au commandant en chef Ouest de reconnaître par mesure de précaution, l'emplacement d'une position de défense sur l'alignement général Somme-Marne-Canal Marne Saône-frontière suisse, c'est-à-dire une position de repli dans le centre de la France, ne donna lieu à aucune suite après que rapport eut été fait à ce sujet à la mi-décembre.

L'état-major Opérations s'efforça sans relâche de renforcer l'Ouest mais il ne put empêcher que l'on détourne vers l'Est et vers l'Italie des formations destinées à ce théâtre, ni que l'on prélève du personnel et du matériel au profit de ces mêmes bénéficiaires.

Par la suite, il apparut avec de plus en plus d'évidence que la défense contre l'invasion devrait être assurée principalement par les forces qui se trouvaient déjà à l'Ouest et que celles-ci n'étaient nullement en mesure, ni par leur nombre ni par leur capacité de combat, de faire face aux exigences d'une bataille de matériel de grande envergure. En outre, il n'y avait aucune unité de commandement même aux échelons subordonnés, ainsi que le prouve par exemple le fait que pas moins de sept autorités indépendantes l'une de l'autre – et, parmi elles, le commandant en chef Ouest n'occupait que la cinquième place – figuraient au bas de la directive n° 51 comme devant communiquer leurs plans et dispositions à Hitler en personne – et non à l'OKW.

Le 20 décembre 1943, Hitler déclara pour la première fois : « S'ils attaquent à l'Ouest, cette attaque décidera de l'issue de la guerre », signifiant ainsi que si cette attaque n'était pas repoussée, la guerre serait perdue ! Avec une telle conception des choses, renfermant aussi l'alternative d'obtenir une issue plus favorable en repoussant avec succès l'invasion, même un véritable commandant en chef de la Wehrmacht – et il n'en existait plus en Allemagne depuis 1938 – se serait trouvé devant un conflit exceptionnellement grave entre son discernement et sa responsabilité s'il avait voulu exposer d'avance aux chefs politiques que la défense n'offrait aucun espoir de succès. S'attendre à voir le chef d'un état-major Opérations qui, en outre, n'embrassait plus qu'une partie de la direction de la guerre, adopter pareille attitude, c'était sans aucun doute les surestimer, lui et sa fonction.

A la fin de l'année 1943, la politique aussi bien que la stratégie de Hitler étaient dans l'impasse. Mais il faut se souvenir que les fusées à longue portée allemandes, les armes V, devaient en principe à l'époque entrer bientôt en action. Hitler avait décidé que leur objectif exclusif serait la région de Londres et il espérait que ce combat à longue distance, s'il n'empêchait pas l'invasion, la retarderait tout au moins considérablement et en gênerait fortement le déroulement. L'état-major Opérations ne fut mis dans le secret de ces fusées V qu'en automne 1943 et il fut chargé alors de tous les préparatifs en matière d'organisation et de mesures tactiques en vue de leur utilisation en campagne. Il ne put que constater que «la quantité... d'explosifs qui peut être utilisée par jour reste inférieure à celle qui est lancée au cours d'un bombardement aérien important». L'état-major de Hitler n'eut pas l'occasion de tirer d'autres conclusions, étant donné qu'il apparut en février 1944 que, contrairement aux prévisions, les fusées V, et en particulier les grandes fusées A4 (les V2), ne seraient pas prêtes à l'utilisation en campagne avant un certain temps.

Warlimont reprit ses fonctions à la fin du mois de novembre. Il fut chargé presque aussitôt d'aller faire à Weimar un exposé sur la situation stratégique devant les principaux éditeurs allemands. Au cours de son déplacement, il put se rendre compte des effets dévastateurs des bombardements alliés.

Jusqu'en août 1943, l'offensive aérienne contre l'Allemagne n'avait été considérée au Grand Quartier général que comme une affaire de routine mais, à partir du bombardement de Hambourg, au début du mois, on commença à y accorder plus d'attention. Lorsque les premières nouvelles de ce bombardement lui parvinrent au cours de la nuit, Hitler se rendit au baraquement de Jodl, ce qui était contraire à ses habitudes. Il était manifestement plus ébranlé qu'il ne l'avait jamais été depuis l'époque de la campagne de Norvège et il éleva d'amères plaintes. Ce n'est ni au général Jodl ni à son état-major, qui avaient de tout temps été tenus à l'écart de la conduite de la guerre aérienne et qui n'étaient même pas au fait de l'arrière-plan du déclin continu de la Luftwaffe, que Hitler devait adresser ses récriminations. Aussi, lorsque par la suite la guerre aérienne prit sa forme dévastatrice, ils ne firent qu'assister en spectateurs aux critiques que Hitler se mit à adresser – non sans raison – à son *Reichsmarschall*, et parfois sur un tel ton qu'il leur arriva même de juger préférable de quitter la salle en silence. Et, lorsque Hitler reprit de plus en plus en personne dans ce domaine aussi le commandement tactique, technique et organique, principalement en ce qui concernait les nouvelles armes, les chasseurs à réaction, on vit apparaître des illusions de poids et des erreurs semblables à celles que l'armée (de terre) avait eues à supporter depuis de nombreuses années.

Les premiers mois de l'année 1944

La discordance perpétuelle entre les intentions du commandement suprême allemand et les dispositions qu'il prenait effectivement eurent pour effet qu'au début de l'année 1944, l'année de l'invasion, la force défensive à l'Ouest mesurée en formations de l'armée aptes au combat était inférieure à ce qu'elle était l'automne précédent. Si on compare les cartes de situation du 7 octobre 1943 et du 11 janvier 1944, on constate en effet une perte de quatre divisions, contre un gain de sept groupes de combat non entraînés, de la force d'un régiment. Le chef de l'état-major Opérations eut beau affirmer dans un exposé de la situation de fin d'année soumis à Hitler, ce qui suit : «Le renforcement (à l'Ouest) est en plein essor, de même que l'entraînement des nouvelles unités en formation. Il y a au total 1 300 000 hommes à l'Ouest.» Il n'en est pas moins vrai que ni l'un ni l'autre ne pouvaient se faire d'illusions sur la valeur de ce calcul, qui ne signifiait pas grand-chose du point de vue de la puissance de combat.

Le terme de «renforcement» était lui-même de nature à éveiller de fausses notions, car il s'agissait simplement en réalité du transfert de quelques rares régiments que l'armée de l'intérieur (*Ersatzheer*) avait mobilisés récemment, du déplacement de quelques divisions à l'intérieur du théâtre Ouest et de l'arrivée de matériel destiné à quelques unités nouvellement constituées, principalement de l'arme blindée, qui n'étaient pas encore prêtes. Ce remarquable renforcement ne comportait par contre pas la moindre formation de l'importance d'une division.

Ce n'est que plus tard que, grâce au délai supplémentaire accordé par l'adversaire, il fut possible à l'état-major Opérations de constituer en divisions un certain nombre de groupes de combat, de cadres et de troupes à l'instruction. Mais la grande majorité des formations de l'armée à l'Ouest étaient composées de divisions statiques et seul un petit nombre d'entre elles purent être rendues mobiles – et encore partiellement à l'aide de voitures hippomobiles ou d'autres expédients locaux – de manière que leur équipement les rende au moins capables de remplir, dans une certaine mesure, leur mission de réserves d'intervention. A part quelques remarques occasionnelles de Hitler qui n'engageaient à rien, il ne fut pas envisagé de prélever des renforts sur le gros de l'armée de l'Est. L'état-major Opérations espérait uniquement pouvoir retirer deux formations motorisées d'Italie après que la situation s'y soit stabilisée, ainsi qu'une division d'infanterie de la zone Nord. Les mesures de renforcement de la marine et de la Luftwaffe restèrent tout aussi insignifiantes, sans compter que les unités aériennes et antiaériennes ne pouvaient être retirées de la défense du Reich et ne seraient transférées à l'Ouest qu'après le début de l'invasion.

A côté de tous ces préparatifs dont l'abondance menaçait de masquer la signification d'ensemble, Hitler plaçait encore et toujours le mur de l'Atlantique à l'avant-plan de toute évaluation. Apparemment grisé lui-même par la propagande faite à ce sujet depuis si longtemps, et sans l'avoir jamais vu, il s'en faisait une image basée sur la quantité de béton qui y avait été engloutie, sur le nombre d'hommes qui y travaillaient et sur des comparaisons avec les ouvrages de la ligne Siegfried et de la ligne Maginot. Il forma son jugement d'après les photos que lui en rapportèrent ses propres photographes, qui n'étaient pas des militaires, plutôt que d'après les informations objectives fournies par les autorités responsables de la Wehrmacht ou les membres de son état-major militaire. La construction se poursuivit en 1944, mais les souhaits et les propositions de l'armée durent céder le pas comme auparavant aux énormes constructions pour des positions de tir de batteries d'artillerie côtière et même d'artillerie de campagne, pour des abris pour sous-marins et, à un stade ultérieur, pour des rampes de lancement destinées aux fusées V – le tout sur l'ordre de Hitler en personne qui imposait jusqu'au moindre détail.

La confiance du commandement suprême se renforça encore lorsque le maréchal Rommel, après avoir rapidement contrôlé les conditions de défense au Danemark, reprit sous son commandement dès la fin de l'année 1943, l'important secteur côtier Nord du théâtre Ouest, jusqu'à la Bretagne. Avec son dynamisme plus actif que jamais, avec une richesse de pensée qui englobait aussi bien la tactique que la technique de la défense, avec l'influence agissante de sa personnalité omniprésente, il fit tout ce qui était humainement possible pour compenser les faiblesses de la défense. Cependant, ainsi qu'il le confia à l'auteur de ces lignes lors d'une visite à son premier QG de Fontainebleau, il ne croyait pas réellement lui-même au succès de l'entreprise.

Au cours de la première quinzaine de janvier, une des rares tournées que fit le chef de l'état-major Opérations le mena dans la région entre les embouchures de l'Escaut et de la Seine, qui était généralement considérée comme l'endroit le plus probable de débarquement, dans le but de recueillir des opinions personnelles sur l'état de préparation de la défense. Les notes de son *Journal* entre le 6 et le 13 janvier 1944 donnent une idée assez complète de cette tournée. Mais, plus encore que dans son travail au Grand Quartier général, il semble que l'abondance de détails l'ait empêché d'avoir une connaissance plus approfondie de la situation. Les graves lacunes qui existaient dans les bases du système de défense n'apparaissent qu'à peu d'endroits, par exemple lorsque Jodl écrit ce qui suit :

> Enormes transferts vers l'Est. La 319e division, dans les îles de la Manche ne dispose plus que de 30 % de ses effectifs (initiaux) – (9 janvier).
>
> Les meilleurs hommes ont été cédés. Bons officiers, bonnes troupes, mais ils ne peuvent rien. Chaos avec le changement d'armement. – 21 types de batteries différentes au corps – (7 janvier).
>
> Transferts d'officiers – à l'Est – doivent cesser. Commandants de régiments nouveaux, ainsi que plusieurs commandants de bataillons – (11 janvier).
>
> 711e division... n'a que 6 bataillons y compris un caucasien... Pas de canons antichars modernes...
>
> 10e division blindée SS (nouvellement constituée)... veut être exemptée de travaux, n'a pas encore fait d'exercices importants. Groupe blindé seulement à demi-mobile... – (12 janvier).
>
> Chaos à Cherbourg en raison de la cohabitation des trois forces... Brest très mauvais – (13 janvier).
>
> Comment la guerre aérienne doit-elle donc être menée contre l'invasion ? Action d'envergure contre les flottes aériennes ennemies pas possible. Petites attaques de chasseurs contre bateaux et

objectifs de guerre navale. Ne pas accepter combat avec aviation ennemie – (9 janvier).

Ce voyage n'a donné naissance ni à une meilleure conception ni même à une évaluation plus juste des perspectives limitées de la défense. Il eut cependant une conséquence appréciable : peu après le retour de Jodl, les ports les plus importants de la Manche et de l'Atlantique furent déclarés forteresses, à l'exemple de ce qui s'était fait à l'Est avec les places fortes, et ils furent pourvus également du côté terre d'ouvrages en béton.

Hitler attachait une grande importance à cette idée, qui émanait d'ailleurs de lui; on put s'en apercevoir notamment lorsque, quelque temps après, il fit rassembler les commandants des forteresses au Grand Quartier général et leur exposa lui-même quelle était leur mission. Mais, tout comme sur le plan général, il n'était pas disposé, même devant la menace de l'invasion, à accorder au commandant en chef Ouest les pleins pouvoirs d'un véritable commandant en chef sur les trois forces de son théâtre d'opérations ni sur ses arrières et l'embrouillamini des services civils; il ne put non plus se résoudre, malgré toutes les représentations de l'état-major Opérations, à donner pleine autorité aux commandants des forteresses dans leurs domaines limités. En dépit du chaos du commandement (pour reprendre les termes de Jodl), qui ne put jamais être vaincu complètement dans la suite, il est notoire que tant qu'elles ont pu tenir, ces forteresses ont causé pendant de nombreux mois, après l'invasion, un préjudice d'une importance décisive sur le plan opérationnel, à l'ennemi et à son approvisionnement.

On trouve également dans les notes de voyage du chef de l'état-major Opérations les premiers signes des oppositions qui s'élevèrent entre von Rundstedt et Rommel au sujet de la tactique de défense et qui devaient encore préoccuper le Grand Quartier général longtemps après le début de l'invasion. En bref, il s'agissait de ceci : se basant sur l'expérience, qu'il avait faite en Afrique, de l'écrasante supériorité aérienne de l'ennemi, Rommel voulait livrer la bataille décisive en s'appuyant étroitement à la côte et, par conséquent, déployer à proximité de celle-ci la masse des forces, y compris les formations blindées. Von Rundstedt, par contre, raisonnait d'une façon plus classique et voulait garder la plus grande partie possible de ses maigres réserves dans la profondeur de la zone de combat, de façon à frapper d'une manière décisive, par une contre-attaque massive, les forces ayant débarqué, lorsque l'on disposerait de renseignements suffisants sur le secteur et le but du débarquement. Le commandement suprême tenta d'abord d'adopter une position médiane dans ce conflit d'opinions et c'est apparemment la seule attitude qu'il pouvait prendre, étant donné que l'endroit probable du débarquement devenait de plus en plus incertain. Mais comme les réserves étaient au total beaucoup trop faibles, on ne pouvait pas améliorer de cette manière les perspectives de la défense.

Pendant longtemps encore, l'opinion qui prévalut au GQG allemand aussi bien qu'à Saint-Germain où se trouvait von Rundstedt et à Fontainebleau, quant à l'endroit probable de l'attaque, fut basée sur la certitude que l'invasion emprunterait le pas de Calais, partie la plus étroite de la Manche. Certes, dans ses discours qui tournaient invariablement autour de ce sujet, Hitler envisagea aussi, occasionnellement, d'autres possibilités qui donnèrent lieu dans certains cas à des instructions additionnelles de l'OKW. Mais lorsque, par exemple, au cours de la conférence du 6 avril 1944, il alla jusqu'à se demander publiquement si «toute l'affaire» – c'est-à-dire les préparatifs anglo-américains d'invasion – n'était pas une «comédie éhontée» et s'il ne s'agissait pas d'un «bluff impudent», l'état-major Opérations ne pouvait que s'en tenir davantage à la ligne qui avait été arrêtée. Finalement, en dépit de toutes ses hésitations, Hitler lui-même s'en tint cependant à la décision d'accentuer l'effort défensif entre l'Escaut et la Seine. On n'en veut pour preuve que la densité d'occupation et de fortification le long de la côte ou le nombre et la nature des batteries côtières et des réserves d'intervention, ou tout ce qui permet de déterminer, en outre, le degré de capacité défensive. Son jugement comme celui de tous les autres était basé sur le fait que, dans ce secteur, la flotte et l'aviation adverses pourraient atteindre un plein effet en raison des courtes distances – il y avait là des plages étendues, favorables à un débarquement, et de nombreux ports utilisables – c'était le chemin le plus court vers la Ruhr, le cœur de l'industrie de guerre allemande – et c'est là aussi que se trouvaient la plupart des installations de fusées V qui constituaient une menace pour l'ennemi.

En avril 1944, sans raison apparente, Hitler inclut soudain la Normandie dans son appréciation des endroits probables pour un débarquement, presque au même titre que la côte de la Manche, mais cela ne changea rien aux principes de base du plan de défense. On se souviendra que, dans nombre d'ordres émis précédemment par l'OKW, la péninsule Normande – et avec elle immanquablement la Bretagne – avaient été placées au premier rang des zones présumées de plus grand danger. Des indications allant dans le même sens figuraient déjà dans un examen effectué par l'état-major Opérations et dans les instructions données début novembre 1943 par l'OKW au maréchal Rommel pour l'étude d'opérations offensives contre un ennemi ayant débarqué, ainsi que dans des déclarations faites par Hitler en février et mars 1944.

La différence qui existait néanmoins avec toutes les discussions précédentes résidait dans le fait qu'à présent Hitler exigeait que la côte Nord de la Normandie soit renforcée de toute urgence. Cependant, comme le secteur de la Manche ne pouvait s'en trouver affaibli, les moyens qui purent encore être mis en œuvre furent des plus réduits. Il n'empêche qu'une des divisions d'infanterie nouvellement constituées, qui fut transférée en Normandie à cette époque-là, ne fut découverte par le Service de renseignements de l'ennemi qu'au moment où elle fut engagée dans les combats à la côte.

Hitler n'a jamais fourni d'autres indices de sa manière de voir que le fait – toujours plus évident – que la répartition des forces dans le sud de l'Angleterre devait rendre particulièrement probable un débarquement en Normandie, qui disposait du grand port de Cherbourg, et de la presqu'île du Cotentin, facile à isoler. De plus, cette région était à la portée de la chasse ennemie, dont l'Allemagne ignorait que le rayon d'action s'était considérablement accru entre-temps. Une partie du processus mental qui a poussé brusquement Hitler à accorder une importance tellement plus grande à la Normandie reste néanmoins inexpliquée. Il se peut que sa fameuse intuition ait joué un rôle. Il est toutefois plus vraisemblable qu'il ait été seul à avoir connaissance de certaines informations émanant du service de renseignements, après que, au début de 1944, l'Abwehr fut passée des mains de Canaris au *Reichssicherheitshauptamt* de la SS. Il est d'ailleurs à remarquer que jamais Hitler n'a revendiqué de mérite particulier lorsque, deux mois plus tard, ses vues se sont révélées exactes; mais cela provient peut-être simplement du fait que, comme tous les autres chefs militaires et conseillers importants, il a alors encore attendu pendant longtemps le débarquement principal au nord de la Seine, dans le pas de Calais.

Hitler et ses conseillers ne résistèrent pas à la tentation de parer au plus pressé, d'utiliser des forces d'un théâtre passif, dont on ignorait quand il deviendrait actif, pour résoudre les crises survenant ailleurs. C'est ainsi que l'Ouest subit quatre ponctions d'importance variable entre janvier et juin 1944.

Le débarquement allié du 22 janvier à Anzio-Nettuno provoqua la première. Plutôt que de se replier sur la position des Apennins, Hitler décida, à l'instigation de Jodl, de tout mettre en œuvre pour rejeter les Anglo-Saxons à la mer, de manière à les amener à renoncer une fois pour toutes à des opérations analogues, en Italie et ailleurs. Dans cette optique, on maintint dans la péninsule deux divisions motorisées qui devaient partir pour l'Ouest, on amena d'Allemagne des formations de l'armée de l'intérieur, richement dotées en chars, d'un effectif largement supérieur à celui d'une division, et on fit venir une division et un bataillon de chars du théâtre occidental.

Les deux contre-attaques allemandes effectuées en mars s'étant enlisées dans la boue et le sang, une guerre de position se développa sur le périmètre d'Anzio et y fixa de trois à quatre divisions dont von Rundstedt ne disposera pas à l'heure du danger.

L'occupation de la Hongrie détourna de l'Ouest, en mars, des forces qui lui étaient destinées : la division blindée d'instruction (*Panzer Lehr*), à peine constituée et une série d'unités de la valeur d'un régiment que l'on venait de mobiliser.

L'état-major Opérations ne les récupéra qu'à grand-peine quelques semaines avant l'invasion.

L'aile Sud du front oriental fut plongée en mars dans une situation dramatique qui nécessita l'envoi de renforts importants. Six divisions stationnées en Pologne, au Danemark et dans le Sud-Est, qui auraient pu, en cas de besoin, prendre le chemin de l'Ouest furent expédiées en URSS. Le 24 mars, on préleva sur les forces de von Rundstedt les unités de canons d'assaut de quatre divisions, ainsi qu'une division d'infanterie ; le lendemain, on les amputa du 2e corps blindé SS.

Sans doute, l'intervention de ce corps permit-elle de dégager la 1re armée blindée, coincée contre les Carpathes. Il n'empêche qu'en enlevant à l'Ouest, à un moment où l'invasion pouvait se produire d'un jour à l'autre, les deux divisions blindées qui lui restaient, Hitler prit un risque considérable.

Le commandant suprême maintint le 2e corps blindé SS en Union soviétique au terme de sa mission de sauvetage et ne consentit que le 12 juin à son retour en France. L'offensive déclenchée le 12 mai par Alexander en Italie méridionale fut à l'origine d'un nouvel affaiblissement du potentiel défensif à l'Ouest.

En attaquant à cette date, les Alliés cherchaient manifestement à éviter qu'au moment du débarquement, des grandes unités allemandes puissent être acheminées d'Italie en France. Hitler allait leur permettre de dépasser largement cet objectif. Poussé par son obstination à ne pas céder un pouce de terrain et conscient de la perte de prestige qui résulterait de l'abandon de Rome, il décida de mettre des moyens supplémentaires à la disposition de Kesselring. Le Danemark, la Hongrie et le Sud-Est furent mis à contribution pour la valeur de quatre divisions. Le 2 juin, von Rundstedt dut se séparer de la 19e division de Campagne de la Luftwaffe, qui gardait depuis un certain temps déjà un secteur particulièrement important de la côte, comme aussi de nombreuses unités blindées.

L'Italie, où l'on aurait pu pratiquer l'économie des forces en se retirant sur la position des Apennins, engloutit ainsi en pure perte, peu avant l'invasion, une fraction des moyens propres au front de l'Ouest et les renforts que les autres théâtres OKW eussent été capables de lui fournir.

Mais poursuivons notre tour d'horizon.

Dans les Balkans, le calme qui régnait sur le front insulaire et côtier contrastait violemment avec l'intensité des combats menés contre les bandes de partisans à l'intérieur de la péninsule.

En Méditerranée occidentale, on procéda au renforcement de la défense de la côte entre le golfe du Lion et le golfe de Gênes.

L'état-major Opérations fut chargé par Hitler de préparer des plans pour l'occupation des îles Aaland en cas de défection finlandaise et pour leur utilisation comme bases dans le but d'interdire la Baltique aux Soviétiques.

Il apparut à la mi-mai que le bombardement de l'Angleterre par V1 pourrait débuter un mois plus tard. Les premiers engins furent lancés effectivement le 15 juin, soit dix jours après l'attaque en Normandie. Les V2, qui étaient beaucoup plus efficaces, ne furent utilisées qu'en septembre, à un moment où tout était consommé.

Les rapports internes du Grand Quartier général ne manquèrent pas d'être affectés par la détérioration toujours plus forte de la situation stratégique. On assista néanmoins à maintes manifestations contradictoires. C'est ainsi, par exemple, qu'en plein milieu de cette période d'extrême confusion, Jodl et Zeitzler furent l'un et l'autre promus au rang de général d'armée le 30 janvier 1944, le jour du triomphe national-socialiste, et qu'ils se virent décerner l'insigne d'or du parti. Tandis que Jodl se sentit ainsi, selon toute apparence, d'autant plus engagé étroitement à l'égard de la personne de Hitler et qu'il le fit notamment sentir de la manière la plus insolite à son adjoint (ainsi que le prouve une anecdote relatée ci-dessous), la fidélité partisane de Zeitzler sembla faiblir graduellement en raison du commandement insensé de Hitler à l'Est et des défaites qui ne cessaient d'en résulter.

L'incident auquel il est fait allusion plus haut est le suivant : à cette époque, un parent de Warlimont, qui occupait un poste important dans l'industrie et qui était en relation avec Goering pour des questions d'économie de guerre, lui adressa sous une forme très prudente un avertissement (réparti en fragments dans trois lettres différentes), lui signalant que Goering l'avait accusé en privé d'être à la tête, avec von Manstein, d'une franc-maçonnerie catholique hostile au national-socialisme. (Notons au passage que le maréchal von Manstein n'était pas catholique). Comme, en outre, Goering ne répondait plus depuis un certain temps au salut de Warlimont, celui-ci se rendit auprès de Jodl, lui exposa l'affaire et le pria de mettre les choses au point. Voici quelle fut la réponse de Jodl : «Si cela est vrai (c'est-à-dire la franc-maçonnerie), votre place est dans un camp de concentration et non au Grand Quartier général du Führer.» Alors que Warlimont, révolté, se dirigeait vers la porte en remarquant simplement qu'il s'était attendu à une tout autre réponse de la part de celui qui était son supérieur depuis tant d'années, Jodl se ravisa quelque peu mais se contenta néanmoins d'ajouter : «Vous feriez mieux d'en parler avec Bodenschatz [le général de liaison de Goering].» Ce dernier parvint rapidement à régler complètement l'affaire, mais Warlimont profita de l'occasion pour demander une fois de plus au chef de l'OKW une autre affectation. Keitel lui opposa simplement l'ordre de Hitler, interdisant sa mutation.

Après que le maréchal von Kluge eut été victime d'un grave accident et que Hitler eut démis le général d'armée Hoth et le maréchal von Küchler, il releva également le 30 mars 1944 von Manstein et Kleist, les derniers rescapés des anciens titulaires d'un grand commandement sur le front de l'Est, sous prétexte que l'époque des opérations de grand style était révolue et que la nouvelle conduite de la tactique de défense rigide et statique réclamait de nouveaux hommes. Cela provoqua une discussion orageuse avec Zeitzler, qui ne devait pas y survivre longtemps. Le général Heusinger fut désigné pour le remplacer provisoirement. Une nouvelle politique du personnel ardemment soutenue par Jodl, fut alors poursuivie avec une vigueur accrue, et la NSFO (*Nationalsozialistische Führungsorganisation*), qui avait été fondée par Hitler à la fin de 1943, acquit en ce temps-là une grande influence. Selon la volonté de Hitler, cette institution, reposant sur des *NS Führungsoffmere* sélectionnés, devait servir à imprégner l'esprit de la Wehrmacht de l'idéologie nationale-socialiste et à renforcer de la sorte au maximum la volonté de résistance. Hitler en personne se dévoua à la tâche en assurant notamment le discours de clôture des sessions régulières des cours d'instruction nationaux-socialistes.

La désignation d'un officier NSFO pour l'aire 2 du GQG fut déclinée. On y avait mieux à faire, d'autant que des attributions supplémentaires avaient été données à l'état-major Opérations au début de l'année : emploi de la division «Brandenburg» et de la section de renseignements au front, maniées jusqu'alors par l'amiral Canaris ; organisation d'un service chargé de maintenir la discipline derrière certains secteurs [...].

18

Au temps de l'invasion

Tentative de défensive offensive – jusqu'à fin juin

Le 5 juin 1944, à la veille de l'invasion, le Grand Quartier général allemand était loin de supposer que l'événement décisif de la guerre était imminent. Aucune opération de reconnaissance n'avait permis de détecter la flotte de plus de 5 000 bâtiments qui voguait depuis vingt-quatre heures sur la Manche en direction des côtes normandes; aucune appréciation de la situation, fût-elle de Rommel, de von Rundstedt ou de l'état-major Opérations, ne donnait le prochain débarquement comme probable, compte tenu du temps et des marées. La chose est connue : en raison des conditions atmosphériques défavorables, le commandant suprême allié, le général Eisenhower, annula le matin du 4 juin, alors même qu'un certain nombre de convois avaient déjà pris la mer, l'ordre de sortie qu'il avait donné à la flotte de débarquement; mais il lança néanmoins, le soir même, l'ordre définitif du début de l'invasion. Les hésitations que suscitaient encore les mauvaises conditions atmosphériques s'effacèrent devant la considération que si l'opération était une nouvelle fois ajournée, les marées obligeraient à la reporter au moins au 19 juin, si pas au début juillet.

Le commandement allemand à tous les échelons était dans l'inconnu à cause de l'infériorité absolue de la Luftwaffe ; ceci rend d'autant plus incompréhensible le fait qu'à la connaissance de l'auteur de ces lignes, les signes annonciateurs décelés par les services de l'Abwehr n'aient pas été pris en considération. A l'aire 2, on ignorait que, depuis quelques jours, c'était silence radio dans la zone de concentration du sud de l'Angleterre, ce qui pouvait être le signe d'un assaut imminent (bien qu'il fût souvent utilisé comme mesure de « déception »). De même, on y ignorait totalement que, dès janvier 1944, l'amiral Canaris avait connaissance du texte d'un message radio qui devait être diffusé par des émetteurs anglais peu avant le début de l'invasion pour alerter la Résistance française. Deux vers choisis dans la *Chanson d'Automne* de Verlaine, totalement innocents en apparence, devaient servir à cette fin : le premier – « Les sanglots longs des violons de l'automne » – serait diffusé le 1er ou le 15 du mois choisi pour l'invasion, tandis que le second – « Blessent mon cœur d'une langueur monotone » – indiquerait qu'on en était à quarante-huit heures de son début. Dans l'après-midi du 5 juin, le service de l'Abwehr informa le chef de l'état-major Opérations que le deuxième vers avait été capté par la section Abwehr de la 15e armée. Cependant, aucune mesure ne fut prise.

L'état-major n'eut connaissance de ces faits et de toutes leurs implications que par une enquête ultérieure, vraisemblablement ordonnée par Hitler. Celle-ci fit apparaître, pour autant qu'on s'en souvienne, que la 15e armée transmit immédiatement l'information par télex au groupe d'armées B (Rommel), au commandant en chef Ouest et au chef d'état-major Opérations. Le seul à réagir fut le commandant de la 15e armée, le général von Salmuth, qui décréta dans la soirée du 5 juin l'état d'alerte renforcée ; encore ne le fit-il qu'après que des rapports d'écoute eurent signalé peu avant minuit d'importants mouvements sur mer, et dans les airs. L'enquête sur les raisons de l'inaction des échelons supérieurs, jusques et y compris le chef d'état-major Opérations, fut vraisemblablement abandonnée sous la pression des événements. On ne peut donc que s'en tenir à des hypothèses et imaginer qu'aucun des chefs concernés – y compris le général Jodl – n'attacha une importance particulière à cette information, soit que, contrairement à l'amiral Canaris (entre-temps tombé en disgrâce et relevé de ses fonctions), ils n'en aient pas saisi la signification, soit qu'ils aient voulu attendre une confirmation de nature plus certaine.

Conscients de l'importance que revêtait cette passe d'armes pour l'issue de la guerre, les différents échelons de commandement tentèrent sans répit d'amener la préparation de la défense au niveau le plus élevé possible, compte tenu des lacunes fondamentales du potentiel de forces allemand en cette cinquième année de guerre. Mais leurs efforts s'avérèrent vains en raison surtout des prélèvements importants opérés de manière répétée par Hitler au profit des autres théâtres d'opérations. Cela ressort notamment du fait que pour le premier acte de la défense, et le plus important, qui consistait à « empêcher, par le feu concentré de toutes les armes, des débarquements de l'ennemi par mer comme par air… dans ce but, de les briser déjà sur l'eau, sur les plages ou, selon les cas, sur les zones d'atterrissage », on ne disposait que de divisions statiques, non aguerries, composées en majeure partie des classes les plus âgées et insuffisamment armées à tous points de vue. Même les divisions motorisées et blindées, appelées en cas de défaillance dans la défense des côtes et des plages, à servir de réserves d'intervention pour contre-attaquer et battre les unités ennemies ayant réussi à débarquer, n'avaient pour la plupart aucune expérience du combat. Parmi ces formations, qui n'étaient qu'au nombre de dix au total, quatre n'étaient pas encore opérationnelles le 5 juin, parce que l'état-major général de l'armée n'avait ramené leurs débris du front de l'Est qu'avec le retard habituel.

La situation aérienne était pire encore. On s'en était tenu au plan initial consistant à ne transférer à l'Ouest les maigres renforts disponibles qu'au moment où débuterait l'invasion et, jusqu'au 5 juin, l'ennemi avait profité de sa maîtrise de l'air absolue pour détruire tous les ponts de la Seine inférieure et de la Loire, coupant ainsi tous les accès à la zone probable des combats ; en outre, comme aucun vol de reconnaissance n'avait plus passé (la Manche) depuis longtemps, pas une seule bombe n'avait atteint les zones de concentration de troupes, les ports, ni les rassemblements de bateaux dans les îles Britanniques et devant elles.

Il ne fallait pas s'attendre non plus à ce que la flotte d'invasion, même si son approche était décelée, puisse subir davantage que des piqûres d'épingle de la part de la Luftwaffe ou des faibles forces de la marine.

Le Grand Quartier général, aussi bien que les principaux commandements à l'Ouest, restait néanmoins convaincu qu'il serait possible malgré tout de repousser l'attaque par débarquement. Avec le recul, il semble que la seule explication de cet optimisme réside dans la confiance inébranlable que tous avaient en la supériorité du soldat allemand.

Mais, dès le début, les événements furent peu encourageants. Le Grand Quartier général se trouvait à Berchtesgaden, largement dispersé comme de coutume, quand le 6 juin, vers 3 heures du matin, les premières informations émanant du commandant en chef à l'Ouest firent état d'importants largages de troupes aéroportées en Normandie. Sur ce, tous les bureaux de l'état-major Opérations à la caserne Strub ne tardèrent pas à être entièrement occupés. Les comptes rendus les plus importants étaient transmis directement par téléphone par les officiers brevetés d'état-major du groupe Ouest aux aides de camp de Jodl, à la petite chancellerie du Reich, à l'autre bout de la localité. Vers 6 heures du matin, le chef d'état-major du commandant en chef Ouest, le général Blumentritt, fit au chef adjoint de l'état-major Opérations un premier rapport indiquant que, selon toute apparence, l'invasion avait débuté et qu'elle semblait dirigée contre la Normandie. Il demandait, en l'occurrence, au nom de son commandant en chef, le maréchal von Rundstedt, que soient libérées les réserves de l'OKW, consistant en quatre divisions motorisées ou blindées, qui pourraient ainsi être déplacées de leurs zones de rassemblement et rapprochées du front de débarquement.

Devant cette première et très importante décision à prendre par le commandement suprême, Warlimont prit aussitôt contact avec Jodl par téléphone. Il constata que le chef d'état-major Opérations était parfaitement au courant des informations qui avaient été transmises mais que, même au vu des derniers renseignements, il n'était pas encore absolument convaincu que l'invasion venait de débuter. Il n'estimait donc pas le moment venu de céder déjà les dernières réserves; il croyait davantage que le commandant en chef Ouest devait d'abord s'efforcer de régler la situation au moyen des forces du groupe d'armées B. D'ici là, il convenait plutôt de s'assurer que l'on n'assistait pas en Normandie à une attaque de diversion, qui serait suivie, plus tard, de l'assaut principal, dans le pas de Calais.

Cette décision, prise par le général Jodl sous sa propre responsabilité, c'est-à-dire sans en référer à Hitler, a depuis toujours provoqué les reproches les plus vifs à l'égard de l'OKW. On alla jusqu'à dire que ce refus de libérer les réserves de l'OKW était sans doute la cause principale de la défaite allemande en Normandie et des conséquences fatales de celle-ci.

L'auteur de ces lignes estime que ces reproches sont injustifiés quant au fond et que leurs auteurs se sont, en partie, trompés d'adresse. Même s'il s'était agi, pour ces quatre divisions, des véritables réserves du commandement suprême, il ne serait venu à l'idée de personne qu'elles devaient être cédées avant même que les commandements locaux aient une vue d'ensemble de la situation et avant même que le premier bateau de débarquement allié ait atteint le continent. Il incombait encore beaucoup moins à l'OKW d'émettre des instructions opérationnelles dans les premières heures que, par exemple, le commandement du groupe d'armées B dont le chef d'état-major affirma expressément dans un ouvrage publié ultérieurement, qu'il n'en était pas question à son échelon, ajoutant en outre qu'il fallait avoir le sang-froid d'attendre.

En réalité, la faute de commandement est beaucoup plus fondamentale; les quatre divisions n'étaient en fait que les réserves du commandant en chef Ouest, lequel ne disposait à l'aube du 6 juin d'aucune autre formation rapidement utilisable. Le fait que ces divisions aient été baptisées « réserves de l'OKW » traduisait simplement un aspect particulier des immixtions de Hitler dans le commandement : comme de coutume, il avait estimé que lui et nul autre que lui était capable de prendre la seule décision correcte. Comme le commandant en chef Ouest avait admis jusque-là cette limitation de ses attributions, il pouvait difficilement s'attendre à ce que sa requête soit à présent entendue dès les premières heures de l'invasion. Etant donné l'esprit d'indécision bien connu de Hitler, von Rundstedt ne pouvait que considérer comme surprenant que dès 14 h 30, le même jour, après quelques demi-décisions préalables, deux divisions blindées au moins, et précisément les deux plus combatives, soient mises entièrement à sa disposition.

Il est une autre considération de la plus haute importance si l'on veut porter un jugement sur toute cette affaire. Il devait apparaître dès ce jour-là que la maîtrise de l'air incontestée de l'ennemi rendait impossible de jour tout mouvement de formations importantes, fût-ce dans la profondeur de la zone de combat. Par conséquent, le défenseur n'aurait bénéficié d'un avantage substantiel que dans le cas où une meilleure reconnaissance aérienne et une plus grande attention de tous les échelons intéressés aux informations de l'Abwehr auraient conduit, dès le 5 juin au soir, à la décision de rapprocher les principales réserves, dans la nuit du 5 au 6, des secteurs côtiers menacés.

Par contre, l'intervalle de temps entre le matin et le début de l'après-midi du 6 juin revêt une importance très limitée. Ce qui apparaît tout aussi clairement dès le début de l'invasion, c'est que la cause réelle du déroulement défavorable des événements en ce premier jour, comme dans tous ceux qui suivirent fut une infériorité des forces que ne pouvaient compenser aucun art de commandement ni la bravoure des troupes.

Le second reproche fréquemment adressé à l'OKW à savoir que les renforts de la Luftwaffe ne correspondaient pas le moins du monde à ce qui avait été annoncé, nécessite également un mot de commentaire. L'état-major Opérations n'était que fort mal informé de ce qui se passait à la Luftwaffe et sa surprise fut grande de constater que les groupes, l'unité de base qui avait été adoptée pour la détermination des renforts en formations de vol, ne comportaient plus, les 6 au 7 juin, que le tiers environ des moyens prévus, soit dix appareils opérationnels, au lieu de 30. De plus, durant leur transfert vers l'Ouest, les formations furent largement fractionnées par l'action ennemie et par le mauvais temps et elles subirent de nombreuses pertes. En dépit de ses premiers chasseurs à réaction – par ailleurs peu nombreux – sur lesquels Hitler avait compté comme « armes prodigieuses », ainsi qu'il l'avait fait pour ses fusées, la Luftwaffe se trouva dès le premier jour de l'invasion, face à un ennemi dont la puissance dépassait toutes les prévisions, dans un état d'infériorité qui, plus que toute autre déficience, entrava l'exercice du commandement et les mouvements.

Au GQG de Berchtesgaden, les différentes branches du commandement suprême, dont aucune ne pouvait travailler efficacement sans les autres, ne furent reliées l'une à l'autre, pendant toute la matinée, que par le téléphone. Le général Jodl se trouvait avec ses aides de camp dans la petite chancellerie du Reich, son état-major occupait la caserne Strub, et Hitler devait rejoindre plus tard le Berghof. Les informations complémentaires qui arrivèrent ne permirent plus de croire à une attaque de diversion et il fut désormais surtout question, principalement entre Jodl et le chef d'état-major du commandant en chef Ouest, de la libération des réserves. Ce n'est que vers midi que le cercle habituel se réunit pour la conférence qui avait lieu ce jour-là en l'honneur d'une visite officielle hongroise, au *Schloss* (château) de Klessheim, situé au moins à une heure de route des différents lieux de travail des participants. En raison des événements à l'Ouest, le spectacle habituellement réservé aux invités devait être précédé d'un exposé de la situation à usage interne, dans une pièce située à côté du hall d'entrée. Profondément ému par l'importance des événements en cours, le chef adjoint de l'état-major Opérations – et maints autres avec lui – attendait avec impatience, debout devant les cartes marines et terrestres déployées, l'arrivée de Hitler et les décisions qu'il allait prendre. Mais leurs espoirs furent amèrement déçus. Conformément à une habitude courante, Hitler avait décidé de faire son numéro. Il s'approcha des cartes en affichant un sourire insouciant, dans l'attitude d'un homme qui aurait enfin trouvé l'occasion longtemps attendue, de régler ses comptes avec son ennemi et c'est dans un dialecte autrichien particulièrement prononcé qu'il laissa tomber ces seuls mots : *«Also, anganga is»* («Alors, ça y est»). Après quelques brèves informations sur les derniers mouvements ennemis et allemands, on se rendit à l'étage supérieur où se déroula le spectacle destiné aux Hongrois conduits par le nouveau Premier ministre, le général Sztojay, qui, pendant de nombreuses années, avait été attaché militaire à Berlin.

Dans les circonstances du moment, les habituelles outrances au sujet des forces allemandes et la confiance manifestée dans la victoire finale inspiraient une répugnance particulière. Le contenu, au total peu satisfaisant de cette journée, en ce qui concerne le commandement suprême, s'exprime également dans les notes du *Journal* de Jodl, où on lit simplement, à la date du 6 juin 1944, ce qui suit :

> [...] état-major Opérations (c'est-à-dire son propre état-major). Pourquoi l'ordre n'a-t-il pas encore été donné de faire intervenir la 189e division de réserve et de rapprocher les deux divisions blindées SS ? Relève de la 277e par la 34e division d'infanterie à partir du 12 juin.

Ce n'étaient là que détails, qui ne pouvaient que brouiller la vue d'ensemble.

Tandis qu'un officier breveté d'état-major, plus jeune, de l'état-major Opérations était envoyé le jour même comme officier de liaison dans la zone des combats de Normandie, la question se posa pour le chef adjoint de savoir si, en dépit des circonstances, il lui fallait s'en tenir à la mission pour laquelle il s'était proposé la veille, à savoir : se rendre en Italie et en rapporter, au terme d'un examen personnel de l'état d'avancement des travaux de la position des Apennins, des bases claires pour les ordres au sujet de la conduite ultérieure des combats sur ce théâtre d'opération. Comme Jodl semblait également d'avis qu'après la chute de Rome, il conviendrait, contrairement aux instructions initiales de Hitler, de poursuivre le repli jusqu'à la position des Apennins et de ne repasser à la défensive que sur celle-ci, il se fit confirmer à nouveau par Hitler la mission prévue pour

Warlimont. En dépit de la situation menaçante à l'Ouest, le chef adjoint prit donc la route à l'aube du 7 juin pour ne rentrer à Berchtesgaden que le 12.

On fouillera en vain également le *Journal* de Jodl, de cette période, à la recherche de considérations ou de décisions importantes concernant la situation à l'Ouest. On y trouvera en revanche des pages entières consacrées à un rapport du commandant de Crète dans lesquelles Jodl, reprenant des remarques de Hitler, se livrait à un examen critique du nombre et de l'emplacement des canons antichars et des batteries côtières, et même de la conduite d'une compagnie d'infanterie en particulier sur cette île éloignée. De même, la reproduction d'un rapport du général Student sur l'état de formation de l'armée parachutiste et quelques détails à la date du 12 juin – dont un jugement déplaisant porté sur un officier breveté d'état-major, dont Hitler avait découvert qu'il était un gendre de Halder – n'ont que fort peu à voir avec la situation à l'Ouest. Ni chez Jodl, ni même dans le journal de campagne de l'état-major Opérations, il n'apparaît clairement que, du point de vue du commandement suprême, la première phase de la bataille contre l'invasion, qui devait consister à vaincre l'ennemi sur les côtes et les plages à son débarquement, et ne pas lui laisser le temps de déployer des forces supérieures, devait être considérée au plus tard dans la soirée du 9 juin, comme perdue. Il n'apparaît pas non plus qu'il ne s'agissait plus uniquement désormais d'amener de nouveaux renforts, mais aussi d'établir les grandes lignes de la conduite ultérieure de la bataille.

Ces deux problèmes (renforts et stratégie) étaient étroitement liés et ils étaient l'un et l'autre influencés dans une mesure décisive par le fait que le commandement suprême aussi bien d'ailleurs que le commandant en chef Ouest et le maréchal Rommel restaient convaincus – et devaient le rester longtemps encore – que, même si le débarquement en Normandie ne pouvait plus être considéré comme une manœuvre de diversion, il serait suivi à court terme d'une deuxième attaque à travers la Manche. En outre, de son côté, Hitler était préoccupé par la Bretagne qui, tout comme la côte méditerranéenne française, devait être désormais considérée comme menacée.

Seuls Rommel et l'état-major Opérations, à l'exception de son propre chef, se déclarèrent partisans dans cette situation, indépendamment l'un de l'autre, de prendre des risques et de rassembler toutes les forces disponibles pour lancer une rapide et forte attaque contre l'ennemi qui avait débarqué, ainsi que le prévoyait du reste la directive 51. Cela signifiait avant tout : amener en Normandie le gros de la 15e armée, qui se trouvait à proximité sur la côte de la Manche, et l'engager, avec les autres forces que l'on pouvait encore retirer rapidement d'autres régions de la France, dans une contre-attaque décisive.

Hitler ne se montra guère disposé à une telle hardiesse sur le plan du commandement. Bien au contraire, il s'opposa à tout affaiblissement de la 15e armée. Cependant, comme tous les autres renforts entrant en ligne de compte ne pouvaient arriver à pied d'œuvre avant plusieurs jours, sinon plusieurs semaines, il en résulta que le commandement suprême, qui s'obstinait à vouloir reconquérir la totalité des côtes normandes, ne disposa à cette fin que des forces sur place, déjà insuffisantes. C'est pourquoi pas plus qu'en son temps à Anzio-Nettuno, l'ordre de rompre, par des attaques locales sur front étroit, la tête de pont ennemie, qui s'était largement étendue entre-temps, et à la démanteler pièce par pièce ne signifia pas grand-chose. Il fallait, à cette fin, retirer du front les formations blindées qui y étaient contraintes à la défensive aux côtés de toutes les autres forces disponibles et les rassembler en vue d'un engagement en bloc. Hitler choisit comme point d'application de cette défensive offensive le flanc Est du front d'invasion, près de Caen, tandis que von Rundstedt et Rommel se préoccupaient déjà du flanc Ouest et de la protection de Cherbourg.

Bien que mises en application avec les plus grandes apparences de confiance, ces intentions n'emportèrent guère la conviction des officiers de l'état-major à la caserne Strub. Mais, une fois de plus, Jodl se refusa à toute discussion. C'est donc avec le plus grand étonnement, surtout en tenant compte des événements ultérieurs, que son plus proche collaborateur de l'époque devait apprendre, longtemps après la guerre, et par d'autres sources, que les idées de Jodl et même celles de Keitel étaient toutes différentes de ce qu'ils exprimaient en public. Voici, par exemple, la relation faite par le grand amiral Dönitz d'un entretien qu'il eut le 12 juin 1944 avec les deux généraux :

> Keitel et Jodl considèrent la situation comme très sérieuse, bien qu'ils envisagent encore la possibilité de réussir avec de la chance à circonscrire la tête de pont. La meilleure chose pour nous serait que l'ennemi tente de débarquer en un autre endroit sans y réussir. Il est douteux qu'il fasse une telle tentative. L'endroit le plus vraisemblable pour cela serait la côte entre Dieppe et Boulogne ou entre Calais et l'Escaut. On espère que le bombardement à longue distance de Londres écartera l'aviation ennemie et qu'il incitera l'ennemi à entreprendre un deuxième

> débarquement dans le nord de la France... Si l'ennemi parvient à rompre le périmètre de sa tête de pont actuelle et s'il acquiert la liberté d'action pour une guerre de mouvement en France, la France entière sera perdue. Notre ligne de défense suivante serait alors la ligne Maginot ou l'ancienne ligne Siegfried. Le maréchal Keitel croit que, même dans ce cas-là, il serait encore possible de défendre l'Allemagne. Le général Jodl ne se prononce pas à ce sujet, étant donné que tout dépendra de l'évolution ultérieure de la situation et des forces dont nous disposerons encore.

C'était là un langage tel que Jodl n'en avait jamais tenu à son état-major.

Dans les jours qui suivirent son retour d'Italie, le chef adjoint de l'état-major Opérations éprouva, de la part de ses supérieurs, une autre déception, aux effets durables et caractéristique des relations au GQG allemand. Dès avant son départ, Warlimont était convaincu que, dans la situation donnée, la position des Apennins s'imposait plus que jamais comme ligne de défense naturelle solide sur le théâtre d'opérations italien et que seul un repli sur cette position préparée permettrait de retirer finalement des forces d'Italie au profit de l'Ouest. Les représentations pressantes que lui avait faites le chef d'état-major du groupe d'armées Kesselring au sujet de l'état des troupes, ainsi que trois jours de randonnée à travers les Apennins du Nord, n'avaient fait que le confirmer dans ses opinions. Mais, dès qu'il fit part depuis l'Italie du Nord, dans la soirée du 10 juin, de ses premières impressions il lui fallut bien conclure de l'attitude adoptée par Jodl, qu'une fois de plus les décisions avaient été prises prématurément et selon la seule volonté de Hitler, avant même que le rapporteur envoyé sur place ait été entendu. «Je ne puis que vous conseiller vivement», lui déclara Jodl, au téléphone, «d'agir avec la plus grande prudence quand vous viendrez faire rapport à votre retour ici.»

Ce rapport fut d'ailleurs différé à plusieurs reprises. La répugnance manifeste de Hitler d'entendre Warlimont incita Keitel à murmurer à l'oreille du chef adjoint de l'état-major Opérations, lors d'une des conférences, de remballer ses affaires et de renoncer à son exposé. Warlimont repoussa cette suggestion avec indignation, non seulement parce qu'il pensait avoir une meilleure connaissance de la situation, mais aussi parce qu'il estimait devoir défendre les intérêts des troupes qui, en Italie, restaient empêtrées dans de durs combats de repli. Mais lorsqu'il obtint finalement la parole le même jour, il ne put prononcer que quelques phrases. Il avait apporté avec lui une série de documents bourrés de chiffres et de données techniques pour appuyer son point de vue, mais Hitler repoussa tous les arguments, parce qu'ils allaient à l'encontre de ses idées préconçues, en multipliant les objections et les doutes; comme Warlimont ne cédait pas, il fit signe à ses aides de camp d'emporter les cartes et les tableaux, sans même y jeter un coup d'œil.

Personne ne vint au secours du rapporteur. Pour conclure, Hitler déclara qu'il était évident qu'il faudrait encore sept mois avant que la position des Apennins soit prête pour la défense. Il annula les ordres donnés par Kesselring selon lesquels le commandant en chef Sud-Ouest voulait se replier sur cette position dans les trois semaines, et il exigea que le front «soit stabilisé... au plus tard... à hauteur du lac Trasimène». Simultanément, ce qui avait été dénommé jusqu'alors la ligne gothique ne fut plus désormais que la ligne verte. Le maréchal Kesselring lui-même n'obtint rien de plus quand il se risqua au Berghof au début de juillet, après plusieurs semaines de disgrâce pour rendre compte verbalement. Le verdict de Hitler fut que seul l'intestin grêle de l'Italie offre une protection contre la supériorité de l'ennemi et restreint sa liberté de mouvement. Jodl prit note de cette remarque avec diligence et il la compléta par cette phrase sibylline : « Explications impressionnantes du Führer sur la situation et sur la nécessité [*sic*] de se battre pour chaque kilomètre carré de terrain et par là, pour chaque semaine de temps gagné. » Pour défendre cette stratégie « anatomique » et justifier son refus d'occuper la ligne verte, Hitler ne manqua pas d'évoquer pour la centième fois le nombre d'ouvriers et l'importance des transports qui avaient été mis en œuvre en son temps pour la construction de la ligne Siegfried. Jodl nota : « A certains moments, 700 000 hommes engagés sur une longueur de 700 kilomètres, 350 trains par jour et autant de ravitaillement par eau, et cela pendant un an et demi avec uniquement des travailleurs allemands et 4 000 malaxeurs. »

Le résultat final de ce commandement conditionné par la politique et le prestige devait consister en ceci :

> Deux mois plus tard, vers la fin août, les troupes se trouvant en Italie, et qui étaient également exposées presque sans aucune défense à la maîtrise de l'air de l'ennemi, durent malgré tout se retirer sur la position des Apennins ; mais elles étaient alors complètement épuisées et furent de ce fait culbutées aussitôt à son endroit le plus faible, c'est-à-dire sur le flanc adriatique ; ce n'est que par après, alors qu'il était déjà beaucoup trop tard, que les premières formations furent retirées et envoyées en renfort à l'Ouest (journal de campagne de l'état-major Opérations Italie).

Dix jours après le début de l'invasion, qui ne suscita au GQG allemand aucune stratégie bien définie, mais y donna lieu au contraire à un manque croissant d'esprit de décision pour l'essentiel et à des heures de discussions pour les détails, Hitler décida soudainement d'aller s'entretenir avec les maréchaux von Rundstedt et Rommel à Margival, près de Soissons où se trouvait le poste de commandement W2, construit en 1943 par l'organisation Todt pour servir de quartier général en cas d'invasion. Ce qui donna lieu à ce voyage, ce fut le vœu exprimé par le commandant en chef Ouest de se concerter avec le chef ou le chef adjoint de l'état-major Opérations pour discuter de la conduite ultérieure de la bataille. Etant donné la situation à la mi-juin 1944, il n'était pas prévu que le séjour de Hitler à Margival se prolongeât.

Ce fut d'ailleurs la toute dernière fois qu'il se rendit en France et l'unique occasion où ces importantes installations, qui devaient néanmoins servir temporairement de point d'appui aux troupes allemandes lors de leur repli ultérieur, furent utilisées aux fins pour lesquelles elles avaient été prévues.

On trouve dans la littérature de guerre, au sujet de cette entrevue, des récits dramatiques allant d'une révolte spectaculaire de Rommel jusqu'au départ précipité de Hitler après qu'une V1 sortie de sa trajectoire se soit abattue dans les environs. Les notes de Jodl, seul membre de l'état-major Opérations à participer à ce voyage, ne signalent rien de pareil à moins que le point 1 «Description de la supériorité aérienne», qui y figure ne doive être interprétée dans ce sens. Il ne fut d'ailleurs jamais fait la moindre allusion à des incidents de ce genre, ni dans les conférences des jours suivants, ni dans les propos – laconiques comme toujours – que Jodl tint à son adjoint. Ce qui figure au sujet de cette rencontre dans les comptes rendus officiels, revêt plutôt les mêmes caractères que tous les autres au cours de ces jours et de ces semaines au sein du GQG allemand.

Il est certain que les deux commandants à l'Ouest s'étaient rendus à Margival dans l'espoir d'obtenir des éclaircissements sur les intentions futures du commandement suprême et il est tout aussi certain qu'ils étaient déterminés à exposer à Hitler que les moyens déjà mis à leur disposition et ceux qui leur étaient promis ne suffiraient pas à repousser l'invasion. Il n'est pas moins certain, si l'auteur en croit son expérience, que Hitler aura interrompu les maréchaux quand il l'aura jugé bon. Il fut d'ailleurs aidé en cela – pour autant que ce fût nécessaire – par le fait que, précisément à ce moment-là, le cœur du débat portait sur la question de savoir quelle conduite adopter en face du danger imminent d'une coupure du Cotentin, avec Cherbourg, du reste de la Normandie. Hitler devait s'y résigner de bon ou de mauvais gré : une telle évolution était probable et elle devait détruire toute illusion au sujet d'un démantèlement pièce par pièce de la tête de pont en cet endroit particulièrement important. Il se montra d'autant plus ferme dans ses exigences de voir jeter un maximum de forces dans la forteresse de Cherbourg, alors que l'armée intéressée (la 7e), voulait tout replier vers le sud. Le seul résultat qu'il obtint fut que les Américains, lors de la prise de la ville et du port de Cherbourg dix jours plus tard, firent quelques milliers de prisonniers supplémentaires, dont l'absence se fit lourdement sentir sur le front des combats. Cependant, l'état-major Opérations avait été entre-temps chargé par Hitler d'examiner minutieusement si ses ordres avaient été suivis à la lettre et jusqu'au dernier homme.

Le *Journal* de Jodl donne, à la date du 17 juin, des indications sur les autres sujets qui furent abordés à Margival. On peut y lire, par exemple ceci : « Le Führer accepte de petites rectifications du front au 1er corps SS, en fonction de la situation. » Par contre, il n'apparaît nulle part qu'ait été évoqué le plan important mentionné pour la première fois, dans l'après-midi du même jour, dans un ordre de l'OKW, à savoir le rassemblement à l'ouest de la ligne Caen-Falaise, de quatre divisions blindées SS, dont le Führer se réservait la décision de les engager en contre-attaque, selon l'évolution de la situation. Jusqu'à la fin du mois de juin, les délibérations et les ordres essentiels du GQG gravitèrent alors essentiellement autour de cette intention du commandement suprême, basée sur quatre divisions SS (la 1re, la 2e, la 9e et la 10e), encore retenues ou en cours de transport. Après l'échec de la première phase de la lutte contre l'invasion, consistant à empêcher le débarquement, et après que l'on n'est guère parvenu à réaliser où que ce soit la deuxième phase, celle des attaques locales sur front étroit, on passa à la troisième phase de la défense, celle de la contre-attaque avec l'ensemble des forces disponibles. Celle-ci devait être lancée en direction de Balleroy, petite localité côtière située à peu près au centre du front de débarquement ; le premier objectif de l'opération consistait à enfoncer un coin entre les têtes de pont britannique et américaine.

Cependant, dès les jours qui suivirent, la supériorité croissante de l'ennemi ainsi que la versatilité de Hitler firent que ces plans échouèrent avant même d'avoir pris corps. Les 24-25 juin, dans une prise de position adressée à Jodl, sur les intentions dans l'immédiat du commandant en chef Ouest, l'état-major Opérations insistait pour que soient considérablement renforcées les forces destinées à la contre-attaque, quitte à prendre des risques dans les autres secteurs côtiers, et il proposait le 5 juillet comme date pour le déclenchement de l'opération. Mais, le même jour, Hitler ordonna que les formations déjà arrivées se tiennent prêtes à tout moment à une action offensive contre une percée ennemie, sans attendre le rassemblement de l'ensemble des forces. Ainsi échoua la dernière tentative possible de reprendre l'initiative, et de s'affranchir de la dépendance à l'égard de l'ennemi. L'incertitude au sommet fut encore accentuée par le fait que, simultanément, Hitler se mit à envisager d'utiliser les formations blindées nouvellement arrivées pour dégager Cherbourg et de les envoyer à cette fin sur la côte Ouest du Cotentin. Plus le commandant en chef Ouest, harcelé au-delà de toute mesure par l'ennemi et par notre propre commandement, considérait comme impossible cette poussée profonde à travers l'axe d'effort principal de l'ennemi, effectuée sous un ciel dominé par la masse impressionnante de ses aviateurs, plus Hitler s'obstinait, lui, dans cette nouvelle idée – même après que Cherbourg était tombée le 26 juin.

Tout le caractère feu follet, de côté et d'autre, de ce commandement et de ses plans en vue d'éliminer la tête de pont par une contre-attaque, eut pour résultat qu'avant la fin de juin, les dernières divisions blindées récemment arrivées se trouvèrent confinées dans un rôle défensif, imbriquées qu'elles étaient dans la chaîne, tendue en maints endroits, jusqu'au point de rupture qui ceinturait l'espace terrestre occupé par l'ennemi en Normandie. Il ne pouvait plus être question à présent d'attaque ni de démantèlement. L'invasion avait réussi, le deuxième front – ou plus exactement le troisième – était établi. Cependant, au lieu de se remémorer ses déclarations selon lesquelles un succès allié à l'Ouest déciderait de l'issue de la guerre, et d'en tirer les conclusions qui s'imposaient, Hitler, armé d'un compas et d'une règle, se mit à calculer, devant tous les participants aux conférences, le nombre réduit de kilomètres carrés occupés par l'ennemi en Normandie, en comparaison de la grande superficie de la France qui se trouvait aux mains des Allemands. Fallait-il vraiment voir là, comme déjà aux premiers jours de la guerre contre la Pologne, la somme de ses critères en matière de commandement militaire ? Ou bien pensait-il pouvoir, par des procédés aussi primitifs, obtenir un effet de propagande sur son auditoire ? Ce fut là, en tout cas, un spectacle inoubliable.

Défense passive – jusqu'à fin juillet

La phase suivante de la bataille de Normandie ne consista plus qu'en des opérations de défense passive et elle se déroula tout au long de juillet.

Elle débuta par un deuxième entretien de Hitler avec les deux commandants à l'Ouest, qui, en dépit de la situation menaçante au front, durent se présenter à cet effet le 29 juin à Berchtesgaden. Après leur départ, il y eut, dans la soirée, une discussion réunissant un auditoire plus nombreux. La relation qui en a été établie par Dönitz fait apparaître – plus clairement que les notes de Jodl, limitées une fois de plus à de simples détails – que l'on se trouvait contraint de renoncer à toute opération offensive importante en Normandie. Bien qu'ils ne fussent mentionnés à aucun moment, les événements catastrophiques de l'Est se trouvaient à l'arrière-plan des entretiens. En effet, depuis le 22 juin, date du troisième anniversaire du début de la campagne allemande en URSS, toute la partie centrale du front Est avait été largement éventrée en quelques jours et le groupe d'armées Nord était menacé d'être coupé du reste des troupes. En Italie, les armées de Kesselring qui, sur ordre de Hitler devaient tenir tête en rase campagne, sans aucune utilité, avec des forces de moins en moins nombreuses, face à un ennemi supérieur, étaient de plus en plus menacées, tandis qu'en Finlande, après la percée russe dans l'isthme de Carélie, et même depuis peu chez les Bulgares, se multipliaient les signes de rupture de l'alliance avec l'Allemagne. A cette époque, les effets des attaques aériennes incessantes contre Munich, la «capitale du mouvement», se faisaient sentir jusque dans la région de Berchtesgaden. Des avions ennemis survolaient de plus en plus fréquemment le Berghof lui-même. Non loin de là, on préparait les funérailles nationales du général d'armée Dietl qui avait été victime d'un accident et la cérémonie qui se déroula deux jours plus tard avec un terne éclat apparut à ceux qui y participaient comme la mise au tombeau du Troisième Reich.

Le rôle imparti à l'état-major Opérations dans la préparation des entretiens au GQG se limita à recueillir les comptes rendus quotidiens et à y joindre des indications et des analyses à l'adresse de Jodl, particulièrement nombreuses à cette époque. L'état-major de Strub, qui n'a vraisemblablement jamais été prévenu que des entretiens devaient avoir lieu et qui n'y était pas représenté, n'eut par conséquent pas l'occasion d'émettre un avis sur la situation en Normandie ni sur ses conséquences désastreuses – qu'on ne pouvait plus ignorer – pour les régions occupées de l'Ouest, pas plus qu'il ne put se prononcer sur la situation générale. Au lieu de profiter pleinement de l'appréciation générale et des prévisions motivées que pouvait lui fournir l'état-major, de la connaissance qu'avait celui-ci de l'ennemi et de l'ami ainsi que du jugement qu'il était capable de porter à leur sujet, tous éléments devant servir de base aux décisions à prendre, Hitler se contenta d'exposer aux commandants réunis les résultats de ses réflexions personnelles, leur adressant un de ces longs discours dont il était coutumier. Le chef de l'état-major Opérations, qui participa aux entretiens, évita, même dans les notes de son *Journal* rédigées *a posteriori*, de prendre une position personnelle ; la forme dialoguée qu'il y adopta le fait plutôt apparaître comme un simple secrétaire aux côtés de Hitler.

Mais le commandant en chef de la marine a laissé des notes plus circonstanciées, qui permettent de décrire ainsi la situation à l'Ouest telle qu'elle apparut à l'issue des deux entretiens :

— La maîtrise de l'air de l'ennemi, et son artillerie de marine tout aussi écrasante – à proximité des côtes – limitent les possibilités de grandes actions offensives de notre part.

— Nous ne pouvons fixer aucun délai d'attaque, la situation aérienne ne permettant pas de calculer d'avance avec suffisamment de sécurité l'arrivée et la mise en place des troupes et du ravitaillement.

— Nous ne pouvons en aucun cas risquer une guerre de mouvement en terrain ouvert, ce qui renforcerait encore la supériorité de l'ennemi aussi bien dans les airs qu'en moyens de transport de toute nature.

— C'est pourquoi il est essentiel que nous contenions l'ennemi sur sa «tête de pont» en établissant un front solide, puis de le terrasser par des combats incessants qui démoralisent peu à peu ses troupes, avant de le rejeter finalement à la mer.

Ces directives, inspirées par de tenaces illusions, exigeaient de la marine et de la Luftwaffe bien plus que celles-ci ne pouvaient fournir, comme en témoignèrent déjà les objections soulevées au cours de l'entretien. Elles se matérialisèrent néanmoins, avec de nombreux détails, dès le lendemain dans un ordre établi par l'état-major Opérations, qui fut suivi d'un second, plus complet, le 7 juillet. Ces ordres établissaient qu'il n'était plus possible d'exécuter le plan d'attaque en direction de Cherbourg ni de séparer les forces britanniques et américaines par une poussée offensive d'importantes forces blindées. D'abord maintenu, l'ordre d'éliminer, dès l'arrivée de renforts, la partie de la poche britannique située à l'Est de l'Orne, que Hitler redoutait particulièrement en raison de sa proximité de Paris, fut bientôt abandonnée tacitement. Par contre, les forces de la 15e et de la 19e armée, dont trois divisions blindées devenues opérationnelles entre-temps, ne furent toujours pas libérées pour la Normandie. Les demandes réitérées et pressantes faites dans ce but par l'état-major Opérations restèrent sans suite jusque dans la seconde quinzaine de juillet, en partie à cause des hésitations de Hitler, mais aussi parce que les comptes rendus du commandant en chef Ouest ne cessaient d'alimenter les craintes qu'avait le commandement suprême de nouveaux débarquements dans la Manche et en Méditerranée. De là que, selon les ordres de l'OKW, on pouvait seulement prévoir un affaiblissement de ces secteurs côtiers, sans que, cependant, des forces ou des moyens appréciables d'autres sources soient affectés à la Normandie. C'est en raison de ce manque de renforts qu'échouèrent toutes les tentatives visant à retirer des divisions blindées du front, pour reconstituer des réserves.

Tandis qu'au GQG on s'occupait encore des suites données aux entretiens qui venaient de prendre fin, le commandant en chef Ouest s'était décidé, apparemment sous l'effet des résultats peu satisfaisants (de sa visite), à revenir à sa conception personnelle première d'une conduite mobile du combat contre l'invasion. Se basant sur une appréciation de la situation du général baron Geyr von Schweppenburg, commandant du groupement blindé Ouest, il proposa, dès son retour en France, l'attitude que Hitler venait précisément de rejeter comme n'étant de mise en aucun cas. Il annexa le texte original de Geyr, où il était dit que seule une tactique élastique permettrait de prendre l'initiative au moins provisoirement, tandis que la poursuite d'un rapiéçage tactique, allant inévitablement de pair avec une défense rigide (statique) laisserait l'initiative entièrement aux mains de l'ennemi. Le maréchal Rommel s'était rallié à cette rébellion manifeste contre les principes de Hitler.

Cette demande déclencha partout dans le GQG une grande inquiétude et un état d'excitation permanente, même si ce n'était pas toujours pour les mêmes motifs. A l'état-major, dans la caserne Strub, où le télex arriva d'abord selon la marche des affaires habituelle, on entrevit enfin une occasion de détourner l'attention en haut lieu de l'imbroglio tactique pour la fixer sur les problèmes réellement importants. Pour avoir une chance d'être lu ou entendu à l'état-major de Hitler, il convenait d'user d'un langage mesuré : c'est donc en termes prudents que quelques phrases furent ajoutées au document transmis à Jodl. Elles spécifiaient que si l'on considérait de sang-froid la proposition exprimée par le commandant en chef Ouest de renoncer à mener jusqu'au bout la bataille décisive en Normandie, cela devait signifier l'évacuation de la France et la remise en état rapide de la ligne de défense la plus courte et la plus solide, la ligne Siegfried.

Le refus opposé par Hitler aurait certes été tout aussi catégorique et absolu si, comme il eût été souhaitable, les deux commandants à l'Ouest avaient profité de leur présence à Berchtesgaden pour soumettre cette proposition de vive voix. Abstraction faite de ce qu'il dût se sentir offensé dans son commandement, il put baser son refus en particulier sur les motifs suivants :

1. A l'Ouest, une guerre de mouvement en terrain ouvert augmenterait encore considérablement la vulnérabilité des troupes contre la suprématie aérienne absolue des Alliés;
2. La masse des divisions d'infanterie n'était capable de faire de longues marches que dans une mesure très limitée;
3. La perspective de pouvoir poursuivre à partir du Continent le lancement de roquettes contre l'Angleterre, s'évanouirait en cas d'éloignement croissant des côtes.

La rigueur avec laquelle la suggestion fut repoussée se traduisit en outre par le limogeage de son auteur, le général von Geyr. Et le maréchal von Rundstedt lui-même s'entendit dire par Keitel qu'il avait donné l'impression, lors de son passage à Berchtesgaden, d'avoir grand besoin de repos et qu'il ferait donc mieux de prendre un congé prolongé. Il fut remplacé le 7 juillet par le maréchal von Kluge qui, rétabli d'un grave accident de voiture, assistait régulièrement depuis un certain temps aux conférences au GQG et était de ce fait fort bien au courant des idées en cours. Au moment où fut nommé le nouveau commandant en chef, personne ne prévoyait que, moins de six semaines plus tard, Kluge n'échapperait aux griffes du bourreau de Hitler que par le suicide.

Le général d'armée Jodl n'aura vraisemblablement pas mis sur le tapis devant Hitler les remarques faites par son état-major au sujet de la proposition du commandant en chef Ouest, bien qu'elles fussent conformes aux opinions qu'il avait émises lui-même quelques semaines auparavant lors de son échange de vues avec Dönitz. De même, aucune attention ne fut accordée à l'alternative évoquée une fois de plus par l'état-major dans sa prise de position écrite au sujet de cette proposition à savoir qu'une dernière tentative devait être faite de sauver la situation en Normandie en engageant toutes les forces disponibles et en s'accommodant des risques que cela impliquait. Prisonniers d'une situation qui, du point de vue militaire, ne permettait guère *a priori* d'espérer le succès, les Allemands continuèrent, avec des demi-solutions et des moyens insuffisants, à entretenir au prix de pertes énormes et d'un recul continu, la fiction d'une défense qui menaçait de se rompre à tout moment.

Le 9 juillet, après des mois de séjour à Berchtesgaden, le GQG retourna, plus tôt que prévu, au *Wolfsschanze*. Des centaines d'ouvriers travaillaient par équipes à remplacer les anciens bunkers légers de l'aire 1 par d'énormes tours de béton. Le calme et la sécurité, observés naguère avec tant de soin, semblaient sombrer dans la cohue et le tumulte. Cependant, Hitler n'avait pas voulu retarder plus longtemps le déménagement parce que l'effondrement du groupe d'armées Centre et ses conséquences encore imprévisibles sur les secteurs voisins lui faisaient croire qu'il devait de toute urgence exercer de près une influence personnelle constante sur les responsables du commandement à l'Est. Il est d'autant plus remarquable de constater que pendant les mois passés à Berchtesgaden, s'il avait convoqué de manière répétée et en dépit des grandes distances, les commandants de groupe d'armées au front, il s'était contenté de rencontrer occasionnellement des officiers supérieurs isolés de l'état-major général de l'armée, son état-major Opérations pour l'Est, tandis que l'état-major dans son ensemble était resté comme d'habitude à Angerburg et qu'en outre son chef, le général d'armée Zeitzler n'assurait plus son service depuis longtemps pour raisons de santé.

Le retour du GQG au camp de Prusse-Orientale signifiait pour lui – tout comme presque au même moment en 1941 – une proximité inhabituelle du front. Si cette impression s'était évanouie rapidement trois ans auparavant grâce à la ruée vers l'Est, il s'agissait cette fois de rassembler et d'ordonner aux frontières de la province les restes de divisions vaincues qui refluaient et d'interminables colonnes de réfugiés. Chose qui n'était jamais arrivée au cours de cette guerre, le rôle de l'état-major Opérations consista principalement dans les jours suivants à protéger les frontières du Reich. Sa tâche essentielle était de diffuser les ordres fondamentaux nécessaires à l'établissement d'une position Prusse-Orientale. On ne disposait en ordre principal, à cet effet, que des hommes inaptes au service militaire et des ressources de la province. Il fallut aussi revoir avec les autorités du parti et de l'Etat la répartition des pouvoirs pour le moment où les opérations se dérouleraient sur le territoire du Reich. L'armée de l'intérieur ainsi que les services analogues de la marine, de la Luftwaffe et de la SS devaient garantir la possibilité de mobiliser en un court délai toutes les unités tant soit peu capables de participer au combat, les écoles et autres institutions. Bien que toutes ces instructions fussent la conséquence de la menace immédiate pesant sur la Prusse-Orientale, leurs principes ne tardèrent pas à être appliqués aux autres régions frontières et même à des territoires limitrophes, tels le Sud-Tyrol et le Frioul, que Hitler avait toujours l'intention d'incorporer au grand Reich allemand. Les maîtres d'œuvre désignés pour la construction des positions furent partout les Gauleiter parce que, selon la doctrine du parti, c'est à eux qu'incombait la conduite des hommes et que c'était donc eux qui devaient diriger la levée de toutes les couches de la population. Il ne restait plus aux services locaux de la Wehrmacht qu'à collaborer au titre d'experts. Des objections s'élevèrent contre cette instruction de Hitler, se moquant de toutes les nécessités militaires, mais elles restèrent sans effet. Les temps étaient venus où le parti et ses Gauleiter – qui agissaient depuis longtemps déjà en tant que commissaires de défense du Reich – allaient s'arroger de plus en plus la préséance dans la défense du Reich.

Le 17 juillet, la nouvelle parvint au GQG que le maréchal Rommel avait été grièvement blessé en Normandie en essayant d'échapper au feu d'un chasseur bombardier ennemi. Il quitta son commandement à l'Ouest sans qu'aucun successeur fût nommé à sa place. Le maréchal von Kluge reprit le commandement du groupe d'armées B en plus de ses fonctions de commandant en chef Ouest ; il quitta l'état-major du commandant en chef Ouest qui resta à Saint-Germain pour aller s'établir au quartier général qu'occupait Rommel, au château de La Roche-Guyon, en basse Seine. Son principal collaborateur pour la conduite de la bataille de Normandie devint ainsi le chef d'état-major du groupe d'armées B, le général de division Speidel.

Après tous les coups et les malheurs auxquels les hommes du front et le commandement de la Wehrmacht furent exposés depuis le début de l'invasion, la bombe, qui éclata à la conférence du 20 juillet, apparut presque à ceux qui ont vécu l'événement comme un aboutissement logique. D'un instant à l'autre, fuite et destruction dominèrent la scène. Là où un moment auparavant des hommes et des choses se trouvaient encore au cœur des événements mondiaux, il n'y eut plus soudain que le gémissement des blessés, une odeur de roussi et des morceaux de papier et de cartes carbonisés flottant dans un courant d'air. Se redressant en titubant, on se sentait poussé à sauter par la fenêtre. Puis, retrouvant ses esprits, on se mettait à penser aux camarades. Celui qui avait besoin d'une aide urgente était le colonel Brandt, un officier breveté d'état-major apprécié de tous, ancien cavalier de concours hippique, mondialement connu, qui, une jambe déchiquetée, s'efforçait en vain de se hisser à une fenêtre pour quitter ces lieux d'épouvante. A l'extérieur aussi, devant le baraquement, où s'étaient rassemblés, pâles et hagards, la plupart des autres, ceux qui étaient apparemment indemnes durent prêter main-forte en attendant l'arrivée des ambulances. Cependant, l'homme auquel cet attentat était destiné plus qu'à tout autre, avait regagné depuis longtemps son baraquement, appuyé au bras de Keitel. Il semblait ne pas avoir été touché ; seul son pantalon noir, sous la veste *feldgrau*, était en lambeaux de bas en haut.

Une fois encore, mais à présent sous le regard méfiant des factionnaires SS qui le mirent en garde contre la possibilité d'autres explosions, l'auteur de ces lignes retourna dans la salle des cartes dans le but de sauver si possible des documents précieux. Mais il fut pris de vertige, ses oreilles se mirent à bourdonner et il perdit connaissance. Il fallut l'assistance de son chauffeur et de son ordonnance qui, même dans cet état-major, n'avaient pas perdu cette fidélité propre au soldat allemand et qui se tenaient prêts, pour lui permettre de quitter l'aire par-delà les barrages routiers et les postes doubles, en dépit des contrôles de laissez-passer et des questions empreintes de suspicion.

Dans le calme du cantonnement, transféré provisoirement, en raison des transformations, à l'auberge Gönitz toute proche, il se mit à essayer peu à peu, dans un demi-sommeil, de comprendre ce qui s'était passé. Il ne se posa pas d'abord la question de savoir pourquoi. Indigné de devoir assister, jour après jour, au malheur que le commandement militaire de Hitler faisait fondre sur la Wehrmacht, le peuple et le pays, il n'avait été que trop souvent déjà tenté lui-même sans toutefois dépasser jamais à ce sujet que le stade des idées vagues. Mais qui était l'auteur? D'où venait-il? Peut-être le général Fellgiebel était-il sur la bonne piste quand il avait lancé à l'auteur à son départ de l'aire 1 : «Voilà ce qui arrive quand on installe le Quartier général aussi près du front.» Ou bien un agent ennemi avait-il réussi à se glisser parmi les ouvriers? L'idée ne lui vint pas de chercher le coupable dans nos propres rangs, même quand, faisant un retour en arrière, il lui apparut que le colonel comte Stauffenberg ne se trouvait pas parmi ceux qu'il avait vus après l'attentat. Gravée dans la mémoire, il y eut aussi cette image de Stauffenberg faisant son entrée peu après le début de la conférence. Avec ses graves mutilations de guerre, il était l'incarnation même du guerrier, inspirant tout à la fois l'horreur et le respect.

Keitel l'avait présenté et Hitler l'avait gratifié de son habituel regard scrutateur, sans lui adresser un mot. Dans le va-et-vient général qui régnait dans la salle de conférences, Stauffenberg devait être sorti avant l'explosion ; le souvenir n'allait pas plus loin.

C'est seulement à son retour à son lieu de travail, vers 18 heures, que Warlimont eut connaissance par les officiers de l'état-major des rumeurs circulant au sujet des dessous de l'affaire et de ses implications profondes. Il pensa alors qu'il lui fallait se rendre à l'aire 1 pour avoir plus de détails. Il n'y trouva, à son arrivée, que le maréchal Keitel, lequel était très agité et lui fit part de ce que l'on savait déjà. Il fut chargé par lui de téléphoner immédiatement aux commandants en chef des différents théâtres d'opérations OKW pour les informer de ce qui s'était réellement passé ; l'état-major général de l'armée devait, de son côté, informer de la même façon le front de l'Est. Tandis que Warlimont, se conformant à cet ordre, s'entretenait avec le général de brigade Stieff, chef de la section Organisation de l'armée, à partir d'un raccordement se trouvant dans le baraquement du chef d'état-major Opérations, Jodl fit irruption dans la pièce, la tête bandée, et lui lança d'un ton furieux : « Avec qui parlez-vous donc ? » Warlimont dut s'écarter vivement pour empêcher son supérieur de lui arracher l'écouteur des mains. Il était évident que le chef d'état-major Opérations soupçonnait son propre adjoint d'être impliqué dans la conspiration contre Hitler et la violente altercation qui suivit ne devait nullement le faire changer d'avis.

Le même soir, Jodl se rendit à l'aire 2 pour adresser aux officiers de l'état-major une harangue qui prit d'ailleurs l'allure d'un nouvel engagement solennel à l'égard du commandant suprême de la Wehrmacht. Il fut écouté en silence, conformément à la coutume militaire. Sans doute n'étaient-ils que peu nombreux, ceux de ses auditeurs qui, à ce moment, approuvèrent totalement ce qui s'était produit, pour autant qu'ils pussent en juger ; mais ils étaient certainement moins nombreux encore ceux qui désapprouvaient entièrement l'événement. La plupart, en tout cas, espéraient du fond du cœur qu'un autre commandement allait enfin pouvoir être instauré et que la guerre pourrait finir avant que l'Allemagne ne sombre dans le chaos. Mais à cette pensée s'en liait automatiquement une autre : la fin dans le chaos serait peut-être encore favorisée par le fait que le dernier élément de force, l'union du peuple et de la Wehrmacht, qui s'incarnait au-dehors dans la personne de Hitler, se brisait et que le plus grand bénéficiaire en serait finalement l'ennemi. Cependant, ni ces problèmes ni beaucoup d'autres ne furent pas abordés en cet endroit. Chacun gardait sa langue en présence de ses supérieurs aussi bien que de ses subordonnés, à moins qu'on ne se trouvât dans un cercle extrêmement restreint de gens qui, sans aucun doute, étaient de la même opinion. Grande fut donc la surprise quand on apprit, quelque temps plus tard, que le colonel Meichssner, chef de la section Organisation à l'état-major Opérations, et excellent officier d'état-major, avoir fait partie des conjurés : rien ni personne ne put le sauver de la potence.

Un épilogue extrêmement macabre d'un autre genre se produisit à la conférence du lendemain ou du surlendemain, lorsque, dans le baraquement obscur de Hitler, Goering, qui était l'officier le plus ancien dans le grade le plus élevé, exprima conjointement avec Keitel le vœu et la demande de toutes les forces de la Wehrmacht de voir imposer à tous les militaires le salut hitlérien. Hitler accepta sans broncher cette requête dont Goering souligna encore qu'elle était la marque d'une fidélité inébranlable au Führer et de la solidarité la plus étroite entre la Wehrmacht et le parti. Aucune des personnes présentes ne souffla mot.

Autre conséquence : Warlimont fit dorénavant partie des officiers dont la serviette était fouillée par des sentinelles SS, à l'entrée de la salle de conférences. Dès ce jour-là, il se présenta avec ses cartes et ses documents en mains, mais chacun de ses mouvements était néanmoins surveillé jusqu'à l'arrivée de Hitler.

Au-delà de tous les événements et de toutes les retombées liés au 20 juillet, la guerre, le front et les soldats qui s'y battaient ne tardèrent pas à requérir à nouveau toute l'activité de l'état-major. La révélation des motifs extramilitaires de l'attentat, la prise de conscience de la signification politique du soulèvement contre la tyrannie et ses crimes, l'horreur devant la vengeance rouée du dictateur – tout cela ne devait venir que plus tard.

Au cours des journées qui suivirent le 20 juillet, la menace que présentait la Normandie pour la position d'ensemble allemande à l'Ouest, ne fit que se préciser. C'est pourquoi Hitler, pressé en outre par l'appréciation commune du commandant en chef Ouest et de l'état-major Opérations selon laquelle « un deuxième débarquement... devenait de moins en moins probable... au fur et à mesure que l'ennemi gagnait du terrain en Normandie... en direction du Sud », se décida finalement à libérer une partie des réserves qui, après six semaines d'invasion, se trouvaient toujours inactives dans et derrière les autres secteurs de la côte à l'Ouest, pour les envoyer en Normandie. C'est ainsi que deux divisions blindées et quatre divisions d'infanterie purent être amenées des côtes de la Manche et de Biscaye. Hitler refusa par contre de réduire davantage les forces de la 19e armée en Méditerranée.

En ces jours-là, le chef de l'état-major Opérations se montra en outre préoccupé d'avoir une situation d'ensemble des forces de l'armée, y compris celles opérant sur le front de l'Est, et qui incluait également les nouvelles formations dont le commandant de l'armée de l'intérieur, le général d'armée Fromm – lequel avait été entre-temps fortement contesté et remplacé par Himmler le 20 juillet – avait annoncé la création lors d'une brève visite au GQG. Sous la pression des événements, il fut finalement possible, le 23 juillet, d'aborder avec Hitler l'aménagement d'une position arrière à l'Ouest. Il ne s'agissait néanmoins que d'une mesure de prévoyance, consistant en l'organisation d'une toute nouvelle ligne de défense principale dans le centre de la France, qui s'appuierait à la Somme, à la Marne et aux Vosges, et dont le tracé correspondait à celui qui avait été reconnu dans les grandes lignes par le commandant en chef Ouest à la fin de l'automne 1943. Tout ce qui subsista de la proposition faite à Jodl par l'état-major Opérations au début de juillet et visant à effectuer au moment opportun un vaste repli sur la zone de défense solide de la ligne Siegfried se résuma donc à un ordre de construction. Cela ne devait rien changer à la conduite de la bataille en Normandie. Hitler désigna personnellement comme mandataire spécial pour la construction de la position envisagée, un homme en qui il avait une exceptionnelle confiance, le général aviateur Kitzinger, qu'il venait par ailleurs de nommer commandant militaire pour la

France en remplacement du malheureux général Heinrich von Stülpnagel.

A l'état-major de Jodl, on continuait entre-temps à se montrer pressant. Convaincu que toutes les mesures arrachées finalement à Hitler seraient placées, comme si souvent dans le passé, sous le signe «trop peu» et «trop tard», on y saisit l'occasion offerte par l'attaque américaine du 28 juillet sur le flanc Ouest de la tête de pont en Normandie pour revenir une fois encore aux propositions faites au début du mois. Le titre seul du nouveau mémorandum rédigé à cet effet montre à quel point il dut encore sembler difficile, même dans de telles circonstances, d'entamer l'obstination de Hitler. D'une prudence extrême, il annonçait : «Considérations sur la conduite de la bataille, en cas de rupture.» En fait, l'état-major agissait de la sorte en plein accord avec le commandant en chef Ouest, le maréchal von Kluge, qui avait pris l'habitude à cette époque – en raison sans doute des nombreux rapports de service qu'ils avaient eus l'un avec l'autre en temps de paix – d'appeler chaque matin au téléphone le chef adjoint de l'état-major Opérations pour lui faire un tableau détaillé de la situation. Par cette méthode, il ne pouvait cependant espérer qu'un appui à ses vues et à ses propositions, mais non une suite rapide car même à cette époque, ni Hitler, ni Jodl ne pouvaient être touchés avant 11 heures, sauf en cas d'affaires des plus urgentes; il fallait donc attendre la conférence, laquelle donnait lieu à un verbiage interminable, de sorte qu'aucune décision n'était arrêtée avant le début de l'après-midi. Voilà qui mettait bien en évidence la lourdeur d'un commandement suprême qui s'obstinait à vouloir décider de son propre chef des moindres détails sur tous les théâtres d'opérations.

Ce n'est que le 30 juillet, lorsqu'on eut connaissance au GQG vers 21 heures, de la bataille qui se livrait pour le goulot d'Avranches, dernier verrou opposé au déferlement des armées américaines dans toute la France, que Jodl estima le moment venu de remettre à Hitler le projet d'ordre établi entre-temps par son état-major sur base des «considérations» au sujet d'un éventuel repli des secteurs côtiers, ce qui était une façon prudente d'évoquer l'évacuation de la France. Ainsi qu'il avait coutume de le faire dans des circonstances d'une telle importance, Hitler prit le document sans vraiment l'examiner. Ce n'est qu'après la conférence du lendemain midi, 31 juillet, que Jodl put noter dans son *Journal* :

> Le Führer envisage positivement l'ordre pour décrochage possible en France. Il considère aussi à présent un tel ordre indispensable.
>
> 16 h 15. Appelé Blumentritt (chef d'état-major du commandant en chef Ouest) au téléphone pour lui annoncer à mots couverts qu'il fallait s'attendre à un tel ordre, mais qu'il était indispensable que son état-major entreprenne aussitôt les travaux préparatoires...
>
> Un état-major opérationnel restreint doit étudier les problèmes.

Lorsque fut donné cet avertissement, un nouveau délai de quelque quarante-huit heures s'était écoulé depuis la présentation du projet d'ordre à Jodl et la percée américaine à Avranches était devenue entre-temps une réalité. Bien que les comptes rendus arrivés à ce sujet au GQG ne fissent pas encore clairement état de l'ouverture définitive du goulot, le chef adjoint de l'état-major Opérations estima néanmoins indispensable, avant de partir pour une visite au front de Normandie le lendemain, d'être mis personnellement au courant des plans futurs du commandant suprême. Jusqu'alors, seuls les officiers de liaison de l'état-major Opérations avaient été envoyés occasionnellement au front. Warlimont avait demandé à diverses reprises à pouvoir se rendre personnellement à l'Ouest, mais Jodl avait refusé en faisant état d'abord des deux entretiens que Hitler avait eus avec von Rundstedt et Rommel, puis en alléguant que le maréchal von Kluge était parfaitement informé des intentions du commandement suprême. La situation ne cessant d'empirer, ces arguments perdirent toute valeur, mais les plans de voyage de Warlimont furent une fois de plus contrecarrés par les événements du 20 juillet. En effet, les médecins ne l'autorisèrent pas à utiliser l'avion, en raison des effets de l'explosion sur son encéphale et ses oreilles. Finalement, on admit qu'il prît l'air à condition toutefois que l'avion reste au-dessous de l'altitude de 1 000 mètres.

Lorsque Warlimont prit congé de Jodl, le 31 juillet en fin d'après-midi, il n'obtint aucune réponse précise à ses questions. Cependant, se souvenant plus encore qu'en d'autres voyages au front, de la mission fatale de Hentsch lors de la bataille de la Marne en 1914, il insista sur le fait qu'en tant que représentant du GQG, il devait être en mesure de donner toutes les explications voulues au commandant en chef Ouest et de répondre à toutes ses questions. Finalement dans la nuit du 31 juillet au 1er août, il reçut des instructions de la bouche même de Hitler – fait sans précédent en cinq ans de guerre. Comme toujours, Hitler s'empara immédiatement de la parole et se lança dans une appréciation générale de la situation sur l'ensemble des fronts qui n'apprit rien de neuf au chef adjoint de l'état-major Opérations et ne devait lui servir que de fil conducteur dans ses entretiens à l'Ouest. Passant ensuite à la Normandie, Hitler montra qu'en dépit d'une situation tendue à craquer, il s'en tenait obstinément aux directives qui s'étaient avérées impossibles à appliquer depuis un mois et qui se résumaient pour l'essentiel en ces termes : « Maintenir l'objectif visant à confiner l'ennemi à la côte et à lui infliger de lourdes pertes de façon à l'épuiser et finalement de le terrasser. » Les mesures préventives à prendre dans la profondeur de la zone de combat occidentale seraient élaborées exclusivement par l'OKW.

Il était vain dès lors de vouloir poser d'autres questions. Même les maigres informations données l'après-midi par Jodl au général Blumentritt n'étaient manifestement plus valables. La suite de cet entretien nocturne fit encore apparaître que l'état-major opérationnel restreint ne devait plus être constitué chez le commandant en chef Ouest, mais au sein même de l'état-major Opérations, c'est-à-dire qu'il s'agissait une fois de plus d'un état-major dans l'état-major ; ses missions seraient à peu près celles qui avaient été prévues pour le commandant en chef Ouest, à quoi s'ajoutait l'exigence que la ligne Siegfried soit remise en état et prolongée en outre jusqu'en Hollande afin de protéger la région de la Ruhr.

Les comptes rendus envoyés par le commandant en chef Ouest le lendemain matin 1er août ne pouvaient, si on les examinait objectivement, laisser planer aucun doute : l'ennemi était en bonne voie de pénétrer dans toute l'étendue de la France. Le chef adjoint de l'état-major Opérations assista encore à la conférence de midi mais, en dépit de l'aggravation extrême de la situation, il ne reçut pour toute réponse à sa demande – posée par l'intermédiaire de Jodl – de directives complémentaires de Hitler que ces mots prononcés de mauvaise grâce : « Dites au maréchal von Kluge de regarder uniquement devant lui, de garder les yeux fixés sur l'ennemi et de ne pas regarder en arrière.» La moindre explication de cette réponse n'était certes pas que von Kluge avait signalé que sa seule intention était d'empêcher la percée en dégarnissant radicalement les autres secteurs. Cette déclaration était hélas de nature à renforcer encore le commandement suprême allemand, et surtout Hitler, dans leur conviction que la bataille pouvait se poursuivre en Normandie de la même manière qu'auparavant, pendant une période indéterminée.

Au début de l'après-midi du même jour, Warlimont décolla de Prusse-Orientale, uniquement accompagné de son officier d'ordonnance, le capitaine de réserve comte Heinrich von Perponcher, qui possédait toutes les hautes qualités humaines et militaires requises à son poste. Quelques heures plus tard, Jodl nota ce qui suit dans son *Journal* :

> 17 heures. Le Führer me fait lire le rapport établi par Kaltenbrunner sur les déclarations du lieutenant-colonel Hofacker au sujet d'entretiens avec K[luge] et R[ommel] [c'est-à-dire sur leur complicité pour l'affaire du 20 juillet].
>
> Le Führer est encore à la recherche d'un nouveau commandant en chef Ouest. Il veut interroger R[ommel] dès qu'il sera rétabli, puis le démettre de ses fonctions sans en faire plus de cas.
>
> Le Führer me demande mon avis sur W[arlimont]...
>
> Le Führer hésite à envoyer W[arlimont] à l'Ouest. Je propose d'y aller moi-même. Le Führer ne veut pas. Comme j'objecte que rappeler W[arlimont] attirerait l'attention, il laisse néanmoins le voyage se poursuivre. Je l'appellerai ce soir encore au lac de Tegern, où il doit faire étape.

Ne sachant rien de tout cela, Warlimont fut très surpris d'être appelé au téléphone par Jodl dès son atterrissage sur un aérodrome proche de Munich. Jodl lui enjoignit de «dresser l'oreille au sujet du 20 juillet» quand il serait en présence d'officiers supérieurs à l'Ouest; cela ne lui sembla ni très compréhensible ni conciliable avec sa situation et sa mission. Ce n'est qu'en mai 1945, quand il se retrouva en prison avec Jodl que ce dernier lui dit en riant, mais toutefois sur un ton où résonnait encore la menace, que cet après-midi-là Hitler avait exigé le rappel immédiat de Warlimont, en invoquant la raison suivante : «Il ne va à l'Ouest que pour combiner avec von Kluge un nouvel attentat contre moi.» Jodl aurait alors déclaré que, bien que son adjoint ait eu précédemment des relations étroites avec l'état-major général de l'armée – qui était considéré comme un des piliers de la conspiration –, il ne voyait aucune raison de le soupçonner. Il dut néanmoins s'engager à surveiller autant que possible Warlimont pendant son voyage. C'est ainsi que le chef adjoint de l'état-major Opérations s'expliqua, avec neuf mois de retard, pourquoi Jodl n'avait cessé de l'appeler tout au long de son séjour à l'Ouest – contrairement à tous les usages – et pourquoi il finit par exiger son retour immédiat.

De la percée d'Avranches jusqu'à la fin en Normandie

Le hasard, qui fit que ce voyage en Normandie eut lieu précisément au moment de la plus grande tension, présenta en outre une particularité de caractère personnel. Lorsque, à Strasbourg, tôt dans la matinée du 2 août, Warlimont quitta l'avion pour monter en voiture, conformément aux instructions reçues, il prit conscience de ce que trente ans plus tôt, jour pour jour, il avait quitté ce même endroit, qui avait été celui de sa première garnison, pour participer à la Première Guerre mondiale en tant que sous-lieutenant d'artillerie à l'âge de dix-neuf ans.

La rencontre qui eut lieu l'après-midi à Paris-Saint-Germain avec le chef d'état-major du commandant en chef Ouest et celle du soir avec Kluge et son état-major à La Roche-Guyon, ne firent apparaître aucun changement important dans la situation ni dans les intentions. Ce n'est que le matin du 3 août que se situa un élément nouveau d'une grande portée, lorsque le maréchal convoqua, vers 7 heures, le chef adjoint de l'état-major Opérations : selon un ordre du GQG qui venait d'arriver, le commandant en chef Ouest devait contre-attaquer avec des forces importantes, en partant de la région à l'est d'Avranches de façon à rétablir la jonction avec la côte et à tirer ainsi à nouveau le verrou au pied de la Normandie.

Warlimont qui, pour sa part, n'avait reçu aucune nouvelle instruction, ne put que déclarer qu'il n'avait jamais été question de tels plans avant son départ et que, au contraire, en dehors des événements quotidiens, toutes les études de l'état-major avaient porté uniquement sur la conduite ultérieure de la bataille dans la profondeur du théâtre occidental. Ainsi que le maréchal le savait depuis sa visite à Berchtesgaden, l'éventualité d'une défensive offensive n'avait plus été envisagée comme possible dès la fin du mois de juin. Sans qu'il fût nécessaire de l'exprimer, il n'y avait aucun doute que Hitler avait pris une fois de plus une décision instantanée, sans aucune étude préalable ni autre préparation de la part de son état-major. Selon toute apparence, il avait dû le faire au cours de la nuit précédente. Tout comme il ne s'était manifestement trouvé personne au *Wolfsschanze* pour empêcher cet ordre, de même Warlimont se vit bientôt confronté avec les perspectives attrayantes que pouvait offrir cette contre-attaque, uniquement, il est vrai, pour colmater de cette manière une fois de plus temporairement la brèche et permettre ainsi au moins un repli plus ou moins ordonné. De son côté, von Kluge disait que l'idée était trop évidente pour qu'il ne l'ait pas déjà eue lui-même. Si Hitler en personne prenait à présent par ses ordres la responsabilité de retirer de l'autre aile du front près de Caen, tout aussi menacée, d'importantes unités de blindés et d'artillerie, cela ouvrait bien entendu de nouveaux horizons. Il craignait simplement que même ainsi, les forces ne fussent pas suffisantes, surtout – et là-dessus le maréchal et le général étaient entièrement d'accord – qu'il fallait agir au plus vite si on ne voulait pas que la base de l'opération soit perdue en raison de l'élargissement constant de la brèche.

Le commandant en chef Ouest lança immédiatement, alors que Warlimont était encore présent, ses premiers appels téléphoniques à ses commandants subordonnés afin d'obtenir des informations précises pour ses ordres.

Après avoir passé toute la journée au front, le chef adjoint de l'état-major Opérations retourna à La Roche-Guyon ; les premières instructions du groupe d'armées B relatives à la contre-attaque avaient déjà été émises. Partout, la confiance semblait avoir augmenté : un succès paraissait possible et personne n'émit le moindre doute ni la moindre objection.

Après une autre visite au front, qui lui donna encore de multiples occasions de constater que tous les échelons de commandement faisaient un maximum pour que la contre-attaque réussisse – après avoir pris part, à Paris, à une entrevue de von Kluge avec les commandants de la marine et de la Luftwaffe, destinée à s'assurer que ces derniers engagent toutes leurs disponibilités pour appuyer l'entreprise – après des entretiens au commandement de la 3e flotte aérienne et avec le commandant militaire pour la France, et finalement après avoir rendu visite à Rommel à l'hôpital où il se trouvait dans la banlieue de Paris, Warlimont fut rappelé par Jodl dans l'après-midi du 6 août, c'est-à-dire avant que ne débute, à l'aube du 7 août, dans la région de Mortain, la contre-attaque porteuse de tant d'espoirs.

Lorsqu'il arriva au GQG, on y savait déjà qu'après quelques succès initiaux, l'attaque avait sombré sous les tapis de bombes de l'aviation ennemie. En outre, le chef adjoint de l'état-major Opérations apprit alors seulement que, dès la veille de l'attaque, des divergences d'opinion s'étaient manifestées entre Hitler et le commandant en chef Ouest sur le moment du déclenchement de l'opération, sans que von Kluge ait démordu de son point de vue ni de ses intentions.

C'est sous ce signe que Warlimont se retrouva, au début de l'après-midi du 8 août face à Hitler, dans une chambre de bunker obscure, en présence du seul Jodl, pour faire rapport. Hitler ne prononça aucune parole de bienvenue et c'est en silence aussi qu'il écouta la description que lui fit Warlimont des énormes difficultés de combat et de mouvement qui régnaient en Normandie, de la supériorité écrasante de l'ennemi et des efforts qui avaient été déployés de toutes parts pour que la contre-attaque aboutisse. Il ne l'interrompit même pas lorsque, conformément à sa mission spéciale – bien que dans un sens tout différent de ce qui avait été envisagé – Warlimont résuma les observations qu'il avait faites au sujet du

20 juillet à savoir que nombre d'officiers supérieurs s'étaient indignés du discours prononcé par le Reichsleiter Ley et du reproche de culpabilité collective dans l'attentat, particulièrement des officiers d'extraction noble, qui y était exprimé. Le chef adjoint de l'état-major Opérations conclut son exposé en déclarant que l'échec de la contre-attaque ne pouvait certainement pas être imputé à un manque de préparation. C'est alors seulement que Hitler intervint, d'une voix cinglante par ce commentaire : « L'attaque a échoué parce que le maréchal von Kluge voulait la faire échouer. » Warlimont fut ensuite congédié ; le général Jodl garda le silence et voici tout ce qu'il nota dans son *Journal* :

> 16 h 30. Exposé Warlimont. Grand nombre de voyages de service.

C'est seulement à son retour que le chef adjoint de l'état-major Opérations apprit aussi que, dans l'après-midi du 6 août déjà, et sans qu'il en ait été informé, un nouveau représentant du GQG avait été envoyé chez von Kluge, en la personne du général Buhle, chef de l'état-major de l'armée auprès du chef de l'OKW, dont les fonctions n'avaient rien à voir avec les problèmes opérationnels. Sa mission consistait à insister, en dernière minute, pour que l'attaque fût postposée. Il apprit aussi que dans l'après-midi du 7 août, manifestement sous l'impression des succès initiaux remportés près de Mortain, Hitler avait lancé un nouvel ordre qui ne prévoyait rien moins que d'enrouler l'ensemble des positions alliées en Normandie, après que la côte eut été atteinte près d'Avranches !

Le commandant suprême de la Wehrmacht s'accrocha à cette idée totalement irréalisable : il lança encore une invraisemblable série d'ordres qui se succédèrent à une cadence de plus en plus rapide mais qui furent néanmoins constamment dépassés par les événements, lesquels allaient encore plus vite. L'encerclement de l'armée de Normandie dans la poche de Falaise, le 19 août, qui fut une nouvelle défaite désastreuse, devait mettre fin à ce genre de commandement. Une bonne moitié des troupes encerclées parvint à sortir de la poche et cela peut être considéré, ainsi que le souligne le journal de campagne de l'état-major Opérations, comme un des plus grands faits d'armes de cette campagne. Celui-ci ne peut cependant pas être porté à la décharge du commandement suprême : en effet, en s'obstinant dans des projets irréalisables, ce dernier avait condamné une fois de plus une grande armée à la mort et à la captivité, sans que ce sacrifice fût justifié par des objectifs stratégiques supérieurs. Les décisions que Hitler avait encore prises peu auparavant, soit d'une part – trop tard ! – d'envoyer en Normandie six divisions et demie prélevées sur la région côtière, et d'autre part, d'engager immédiatement à l'Ouest – trop tôt ! – les quatre premiers groupes de chasseurs à réaction dont le nombre augmentait progressivement, alors que la Luftwaffe voulait attendre huit jours de plus qu'un nombre triple d'appareils permette de procéder par surprise à un engagement en masse, ces décisions ne purent plus rien changer à l'issue fatale.

Le maréchal von Kluge avait déjà été démis de ses fonctions le 17 août. Hitler ne le soupçonnait pas seulement de complicité dans l'attentat du 20 juillet mais, en outre, d'avoir tenté d'entrer en contact avec l'ennemi en vue d'une capitulation. Le 15 août, lorsque pendant un certain temps, von Kluge ne put plus être atteint depuis le Quartier général, il avait exprimé ce soupçon de la manière la plus inattendue devant toute l'assemblée réunie pour la conférence. Peu de temps après, en la seule présence de Keitel, Hitler donna personnellement ses instructions, au *Wolfsschanze*, aux deux jeunes généraux qu'il avait désignés comme chefs d'état-major à l'Ouest. Voici comment il s'exprima à cette occasion au sujet de von Kluge et, dans le même souffle, de Rommel et des conséquences du 20 juillet :

Fragment n° 46

Entretien du führer avec les généraux de division Westphal et Krebs, le 31 aout 1944 au *Wolfsschanze*.

LE FÜHRER : Vous savez que le maréchal von Kluge s'est suicidé. Il existe de très sérieuses présomptions que, s'il ne s'était pas suicidé, il aurait été arrêté immédiatement. Il a envoyé son officier d'état-major. Mais l'affaire n'a pas réussi. Des patrouilles anglo-américaines ont opéré une poussée, mais apparemment la liaison n'a pas été établie. Il a aussi envoyé son fils dans la poche. Les Anglais ont annoncé qu'ils sont en contact avec un général allemand et l'officier qui servait probablement d'agent de liaison est arrêté. Il était prisonnier des Anglais et il aurait été échangé sur la base de simulations. C'est du moins ce qu'on affirme. Mais il a déjà été arrêté pour d'autres raisons. Cela a été l'homme qui devait servir d'intermédiaire dans cette affaire qui, selon ces gens-là, était destinée à entraîner un tournant du sort : capituler si possible devant les Anglais et se joindre à eux contre les Russes. C'est un point de vue absolument idiot. Surtout au prix d'un abandon entièrement criminel du territoire allemand à l'Est! Ils admettaient que l'on devait abandonner en tout cas jusqu'à la Vistule, peut-être jusqu'à l'Oder... jusqu'à l'Elbe... Le 15 août a été le pire jour de ma vie. C'est pur hasard si ce plan n'a pas été exécuté. C'est la seule hypothèse qui permette d'expliquer toutes les mesures prises par le groupe d'armées ; sinon, elles seraient totalement inexplicables. L'état-major de la 7e armée (c'est-à-dire du groupe d'armées B) – je dois vous le dire aussi – n'est pas en ordre. Vous feriez bien, général Krebs, de prendre ici des hommes dont vous croyez qu'ils méritent entière confiance et de poser les exigences voulues pour nettoyer complètement cet état-major. Les choses sont malheureusement ainsi : le maréchal Rommel est un très grand chef, plein de dynamisme dans le succès, mais à la moindre difficulté il se montre d'un pessimisme absolu...

Il (Rommel) a fait ce qu'un soldat peut faire de pire en somme dans un cas pareil : il a cherché une issue autre que militaire. Jadis déjà, en Italie, il a prédit que l'effondrement était imminent. Cet effondrement ne s'est pas produit jusqu'à présent. Les événements l'ont, en fait, complètement démenti et ont justifié ma décision de laisser là-bas le maréchal Kesselring, en qui j'ai décelé un incroyable idéaliste politique, mais aussi un optimiste sur le plan militaire. Et je crois qu'on ne peut absolument pas exercer un commandement militaire, sans optimisme. Je considère Rommel, dans un cadre limité, comme un chef exceptionnellement intrépide et apte. Je ne le considère pas comme un coureur de fond, et cet avis est unanimement partagé.

KEITEL : Oui, cela s'est avéré de plus en plus...

LE FÜHRER : Je viens de le dire : le terrain n'est pas encore mûr pour une décision politique. Je crois avoir suffisamment prouvé au cours de ma vie que je suis aussi à même d'obtenir des succès politiques. Je n'ai besoin d'expliquer à personne que je ne laisserai pas échapper une telle occasion. Mais il est naturellement enfantin et naïf, en une période de lourdes défaites militaires, d'espérer un moment politique favorable pour faire quelque chose. De tels moments peuvent se présenter quand on remporte des succès. J'ai déjà prouvé que j'ai tout fait pour venir à bout des Anglais. En 1940, après la campagne de France, j'ai tendu la main aux Anglais et j'ai renoncé à tout. Je ne voulais rien d'eux. Dès le 1er septembre 1939, j'ai fait une proposition aux Anglais, ou plutôt j'ai renouvelé la proposition qui leur avait été remise en 1936 par von Ribbentrop : je leur ai offert une alliance, aux termes de laquelle l'Allemagne garantirait l'Empire britannique... Ces propositions ont été combattues en premier lieu par Churchill, ainsi que par tout l'entourage haineux de Vansittart, qui voulaient la guerre et qui ne peuvent plus faire marche arrière aujourd'hui. Ils chancellent et courent à leur perte.

Mais il arrivera un moment où les tensions entre les Alliés deviendront tellement grandes que la rupture se produira quand même. Dans l'histoire du monde, les coalitions ont toujours fini par s'effondrer, il suffit d'attendre le moment, même si cela va tellement mal. Il est de mon devoir, surtout depuis 1941, de ne jamais perdre le contrôle de mes nerfs en aucune circonstance, mais chaque fois qu'un effondrement se produit quelque part, de trouver à nouveau une issue et des moyens pour redresser la situation de quelque façon. Je peux bien le dire : on ne peut imaginer une plus grande crise que celle que nous avons déjà vécue cette année à l'Est. Lorsque le maréchal Model arriva, le groupe d'armées Centre n'était réellement plus qu'une trouée. Il y avait à ce moment plus de vide que de front, mais il y eut finalement plus de front que de (vide)[...]

[...] dire que ces divisions à l'Ouest étaient totalement non mobiles, qu'elles ne disposaient pas de matériel allemand, qu'elles étaient armées de Dieu sait quels fusils, que nous avions envoyé à l'Est toutes les divisions entraînées, qu'il n'y avait à l'Ouest que des divisions à l'instruction, que nous n'avions à l'Ouest que des divisions blindées qui devaient être complétées en personnel et que nous les avons envoyées à l'Est dès qu'elles ont été reconstituées. Si j'avais eu à l'Ouest les 9e et 10e divisions blindées de la SS, les choses ne se seraient sans doute pas passées de la même façon. Mais on a négligé cela dans le désir – que je dois qualifier de criminel – de provoquer ici un renversement, grâce auquel on s'imaginait pouvoir soit aller avec les Anglais contre les Russes, soit avec les Russes contre les Anglais – c'est la deuxième tendance, celle de Schulenburg – soit de se servir de l'un contre l'autre et inversement – c'est la troisième tendance, la plus stupide... C'était vraiment trop naïf!...

... poursuivre le combat, jusqu'à ce que se présente la possibilité d'une paix convenable qui soit acceptable pour l'Allemagne et qui assure l'existence des générations futures. Alors, je la conclurai. Car chacun peut s'imaginer que cette guerre n'a rien d'agréable pour moi. Voilà cinq ans que je suis ici, coupé du reste du monde; je ne suis pas allé au théâtre, je n'ai pas assisté à un concert, je n'ai plus vu un film; je ne vis que pour la seule tâche de mener ce combat, car je le sais : s'il n'y a pas derrière cela une volonté de fer, le combat ne peut être gagné. Je reproche à l'état-major général de ne pas avoir repris sans cesse cette volonté de fer, mais d'avoir plutôt démoralisé les officiers venus du front ou, lorsque des officiers brevetés d'état-major se sont rendus à l'avant, d'avoir propagé le pessimisme. Il est tragique d'entendre de jeunes officiers qui attendent aujourd'hui d'être jugés, déclarer au tribunal...

... une section de l'état-major général dont le chef était parfaitement en ordre, pour préciser chez Gehrcke, où on n'a pas trouvé un seul homme qui eût quoi que ce soit à voir dans l'affaire, tandis que dans les autres sections, Quartier-maître général, section d'organisation, armées étrangères, etc., les chefs ont favorisé cette infamie.

Ce qui est arrivé ici était dirigé contre moi. Si cela avait réussi, c'eût été une catastrophe pour l'Allemagne. Que cela n'ait pas réussi nous offre la possibilité de crever enfin cet abcès entre nous. Il ne faut cependant pas omettre le tort que cela nous a fait sur le plan de la politique extérieure, aux yeux des Roumains, des Bulgares, des Turcs, des Finlandais, auprès des autres neutres, etc. Le mal que cela a fait dans le peuple allemand – maintenant la... a naturellement éclaté, et des choses monstrueuses ont été révélées.

Jusqu'à présent, le peuple allemand s'est tu, mais maintenant tout parle... Les épreuves effroyables que nous avons dû subir à l'Est et qui ne s'expliquent progressivement qu'aujourd'hui, cette honte de voir des officiers allemands tenir des discours là-bas, de voir des officiers et des généraux allemands capituler, tout cela n'est même pas comparable à ce qui s'est passé à l'Ouest. Cela, c'est plus inouï que tout. Je crois que vous, Westphal, entrez dans un état-major (commandant en chef Ouest) qui n'est pratiquement pas contaminé du tout. D'abord, le maréchal von Rundstedt est totalement intègre et correct. Ensuite, Blumentritt est parfaitement en règle et personnellement correct; je crois seulement qu'il n'a pas l'expérience nécessaire pour diriger un tel état-major et que, de plus, il a été lourdement accablé par toute cette affaire. Mais il n'y a rien contre lui.

KEITEL : Le seul dans l'état-major était le Quartier-maître qui y avait été introduit quelques semaines auparavant, le colonel Fink. C'était une créature de Wagner.

LE FÜHRER : Je lui ai (au maréchal von Kluge) personnellement donné deux fois une promotion, je lui ai accordé les plus hautes distinctions, je lui ai fait une dotation importante pour lui permettre de s'établir et je lui ai accordé un grand supplément à son traitement de maréchal. Et il représente pour moi l'expérience la plus amère et la plus décevante qui soit. La façon dont il s'est rallié a peut-être constitué une tragédie. Peut-être a-t-il été entraîné – je n'en sais rien – et peut-être n'a-t-il plus alors trouvé d'issue. Il a vu qu'une série d'officiers ont été arrêtés et il s'est mis à craindre leurs dépositions. Le plus gravement compromis est son neveu, qui a déclaré cela devant le tribunal, sur quoi le président Freisler a aussitôt levé l'audience – et il a bien fait – pour s'assurer des faits et interroger le maréchal. Mais celui-ci n'était plus en vie. Et il est évident que Freisler se disait aussi : cela doit s'arrêter quelque part sinon tout le monde perdra confiance dans le commandement de la Wehrmacht. C'est vraiment comme une histoire d'Indiens.

Quand on regarde ces gens, Stieff et tous les autres, le niveau est tout simplement bouleversant. J'ai éloigné en son temps un homme tel que le général d'armée Hoeppner non seulement parce qu'il n'avait pas exécuté un ordre, mais parce qu'il était véritablement de petit format. Von Kluge lui-même était convaincu qu'il devait partir. Les faits m'ont donné raison. Tous ceux qui ont assisté au procès ont constaté de quels petits esprits il s'agissait. Les assesseurs ont dit : comment ces gens ont-ils jamais pu devenir des officiers? Oui, comment l'ont-ils pu? J'ai dû prendre ce qu'il y avait de disponible et j'ai essayé d'en tirer le meilleur parti possible. L'état-major que vous reprenez, Krebs, est sûrement pourri, il faut en être conscient. Je ne puis que vous dire : veillez à nettoyer la boutique aussi vite que possible et à... ici au maréchal Model...

Nous nous battrons, s'il le faut, sur le Rhin. Cela est complètement indifférent. Nous poursuivrons à tout prix le combat jusqu'à ce que, comme l'a dit Frédéric le Grand, l'un de nos maudits adversaires en ait assez de continuer à se battre et jusqu'à ce que nous obtenions alors une paix qui garantisse la vie de la nation allemande pour les 50 ou 100 années à venir et qui, surtout, ne porte pas une seconde fois atteinte à notre honneur comme ce fut le cas en 1918; car cette fois, on ne peut plus se taire. Naguère, on a gardé le silence là-dessus.

Le destin aurait pu être différent... C'est l'affaire d'une (fraction) de seconde et l'on est délivré de tout, on trouve le repos et la paix éternelle. Je suis néanmoins reconnaissant envers la Providence d'être resté en vie; car je crois...

Je ne voudrais pas que cela se répande. Je ne voudrais pas infliger à la Wehrmacht la honte de parler plus longtemps de cette affaire. Si on apprenait que le maréchal von Kluge avait conçu le plan d'amener la totalité de l'armée à l'Ouest à capituler et que lui-même voulait passer à l'ennemi, cela ne provoquerait peut-être pas un effondrement moral du peuple allemand, mais cela l'inciterait en tout cas à mépriser l'armée. C'est pourquoi je voudrais à présent me taire sur ce sujet. Nous n'avons informé que les généraux de son suicide. Il s'est suicidé. Les renseignements que l'on a donnés précédemment étaient faux. C'était... On a raconté que précédemment déjà il avait... et qu'il avait eu une attaque d'apoplexie. En réalité, il attendait la patrouille anglaise qui... Ils se sont manqués. Il a perdu son... en raison de l'attaque des chasseurs bombardiers. Il se trouvait alors (à proximité), il ne put plus avancer et il (retourna)...

Pour autant qu'on sache, il n'est pas élucidé à ce jour que les vagues accusations portées contre le maréchal von Kluge d'avoir cherché une capitulation à l'Ouest fussent réellement fondées. Mais, même s'il avait poursuivi semblable intention, il n'aurait rien fait d'autre en définitive que de se conformer au jugement exprimé antérieurement par Hitler lui-même, selon lequel la réussite de l'invasion signifierait la perte de la guerre pour l'Allemagne. Quiconque a eu des liens de service avec le maréchal, comme ce fut le cas pour l'auteur du présent ouvrage, trouvera encore dans la lettre qu'il adressa à Hitler peu avant son suicide, pour le presser de mettre fin à la guerre, une dernière confirmation de la clarté de son jugement et de l'intégrité de sa nature.

Le successeur de von Kluge comme commandant en chef Ouest ainsi que comme commandant du groupe d'armées B fut le maréchal Model. Après avoir été rapidement briefé au GQG, Model fut envoyé à l'Ouest pour y rendre également possible l'impossible. En réalité, ce changement eut pour conséquence de priver de chef à un moment crucial, le théâtre occidental des opérations. Mais ce qui importait avant tout à Hitler était de s'emparer de la personne de von Kluge, aussi rapidement que possible, afin de pouvoir assouvir sa vengeance sur lui.

Depuis le 15 août, les Alliés avaient débarqué également sur les côtes de la Méditerranée et envahi le sud de la France. En prévision de cette situation, qui risquait de disloquer entièrement la position allemande à l'Ouest, le général baron von Buttlar n'avait cessé, même pendant l'absence du chef adjoint de l'état-major Opérations dans les premiers jours d'août, d'insister pour obtenir des bases claires pour la conduite de la bataille au cas où les côtes du sud et du centre de la France devraient être abandonnées aussi bien que la Normandie. Mais Jodl laissa uniquement passer les directives écrites concernant l'édification de la position arrière envisagée. Il repoussa par contre, à nouveau sous divers prétextes, un projet d'ordre établi par son état-major et daté du 7 août, qui faisait suite à des propositions antérieures que confirmaient les premiers résultats des études entreprises par l'état-major spécial exigé par Hitler et dirigé par le Lieutenant-colonel breveté d'état-major Kleyser. Ce projet prévoyait le début immédiat de mouvements rétrogrades depuis la Bretagne jusqu'aux Alpes-Maritimes, mais Jodl ordonna qu'il soit déposé au fond d'un tiroir pour ne servir que dans un cas extrême. Il fallut attendre, jusqu'au 13 août dans la soirée, les indices indéniables d'un débarquement imminent en Méditerranée pour que le chef d'état-major Opérations soit disposé à insister, sur base d'un deuxième projet d'ordre établi par son état-major le 9 août, pour qu'une décision soit prise. Ainsi que Jodl l'avait présumé exactement, Hitler refusa néanmoins même alors de donner des directives pour la conduite de la bataille à l'Ouest, y compris la 19e armée, allant au-delà des instructions pour les tâches à résoudre dans l'immédiat. Le commandant en chef Ouest, qui ne poussait que très timidement à présent dans la même direction que l'état-major Opérations, dut après cela s'accommoder dorénavant de la mission générale consistant à détruire l'ennemi dans la région d'Alençon (Normandie) et à défendre par tous les moyens la côte Sud de la France contre le nouveau débarquement qui était tout proche.

Le 15 août encore, alors que les premières informations montraient que la défense allemande de la côte méditerranéenne qui avait toujours manqué de densité se trouvait dans une infériorité sans espoir – il n'y avait plus là-bas, par exemple, et depuis longtemps, un seul avion – Hitler se contenta d'émettre des considérations fumeuses sur ce que la 19e armée devrait faire au cas où la situation se développerait défavorablement. Ce n'est que dans l'après-midi du lendemain qu'on put l'amener à autoriser tout au moins l'évacuation sur l'arrière des «services et unités de la Wehrmacht n'appartenant pas aux troupes combattantes... à l'ouest de la ligne Orléans-Clermont-Ferrand-Montpellier». Et quelques heures plus tard, au cours de la même soirée, il ne lui resta plus qu'à élargir ses instructions en ordonnant que le groupe d'armées G rompe le contact avec l'ennemi, à l'exception des forces se trouvant à Toulon et à Marseille, et qu'il se porte dans la région de Dijon et s'y relie à l'aile Sud de la position prévue.

D'après tous les souvenirs, Hitler sembla extrêmement abattu de se voir contraint d'évacuer la France, quatre ans après l'éclatante victoire de 1940. Mais, à présent que l'invasion ennemie avait réussi et qu'il n'existait pour ainsi dire plus aucun espoir de continuer à résister à l'Ouest, il ne fit aucune allusion à l'opinion qu'il avait exprimée naguère et selon laquelle ce retrait signifierait la perte de la guerre. Il ne souffla mot non plus du fait que cette situation impliquait également l'abandon définitif de l'idée stratégique générale exprimée en termes vagues pour 1944, et consistant à reprendre l'initiative à l'Est après avoir repoussé l'invasion. Aucun de ceux qui auraient pu le faire ne le lui rappela d'ailleurs.

Bien plus, dès le 19 août, le jour de Falaise, Hitler adopta, tout comme après Stalingrad, une attitude qui, en d'autres circonstances, aurait fait grand honneur à tout capitaine et homme d'Etat vaincu, mais par laquelle cet homme, qui semblait avoir perdu toutes les qualités d'un chef, s'infligeait à lui-même un démenti formel et entraîna son peuple et son pays tout simplement dans l'abîme. Voici ce que le chef d'état-major Opérations nota dans son *Journal* à ce propos :

> 19.8. Le Führer discute d'abord de la situation à l'Ouest, sur le plan du matériel et du personnel, avec le chef de l'OKW, chef de l'état-major de l'armée (le général Buhle) et Speer...
>
> Se préparer à passer à l'offensive en novembre, quand l'aviation ennemie ne pourra prendre l'air.
>
> Principe : environ 25 divisions doivent être envoyées à l'Ouest dans un à deux mois...

L'idée de l'offensive des Ardennes était née.

LIVRE VI

LA PHASE TERMINALE DE LA GUERRE

ÉTÉ 1944 À MAI 1945

19

Jusqu'à la fin de 1944

Conséquences du 20 juillet pour le GQG

Le récit de la dernière phase de la guerre n'est basé que très partiellement sur l'expérience personnelle vécue au GQG par l'auteur, étant donné qu'il dut partir dans les premiers jours de septembre 1944 en congé de maladie et ne fut plus à même de reprendre du service avant la fin des hostilités. Immédiatement après l'atterrissage de l'avion qui le ramenait de Normandie, Warlimont avait été victime de graves troubles de l'équilibre, accompagnés d'autres manifestations anormales du système nerveux qui n'avaient cessé d'augmenter et l'avaient gêné de plus en plus dans sa capacité à se mouvoir et à travailler. Les observations faites par le médecin militaire et par le docteur Morell, médecin personnel de Hitler, ne furent cependant pas considérées comme suffisantes et il fallut attendre l'expertise et l'exigence expresse du neurologue d'un état-major d'armée voisin pour que les supérieurs hiérarchiques de Warlimont soient convaincus que celui-ci souffrait d'une commotion cérébrale consécutive à l'explosion de la bombe du 20 juillet. Même alors, le chef de l'état-major Opérations retint encore son adjoint au GQG pendant plus d'une semaine, parce qu'il devait se rendre lui-même pour quelques jours à Berlin au début du mois de septembre. Warlimont avait passé cinq ans à l'état-major, mais les seuls mots que Hitler lui adressa en guise d'adieu furent ceux-ci : « Couchez-vous pendant quelque temps. » Dans la suite, on lui envoya l'insigne créé spécialement à l'intention des blessés du 20 juillet. Warlimont fut d'abord remplacé comme chef adjoint de l'état-major Opérations par le général baron von Buttlar puis, à partir du 8 novembre 1944, par le général August Winter.

Il est probable qu'en plus de la secousse provoquée par l'explosion, les graves préoccupations de ces dernières semaines avaient contribué à faire empirer l'état de santé de Warlimont. Car il semblait à l'époque au GQG sous l'effet des événements qui se produisaient sur les fronts et chez les alliés de l'Allemagne, que tout ce qui avait donné jusque-là soutien et impulsion à la machine de guerre allemande allait s'écrouler.

Hitler lui-même était maintenant visiblement un homme malade. Il n'avait subi, le 20 juillet, que des blessures insignifiantes, mais on avait néanmoins l'impression que le choc avait libéré et accentué tout ce qu'il y avait de mauvais en lui, tant sur le plan physique que psychique. Il entrait dans la salle des cartes le dos voûté et le pas traînant. Seuls, ceux qui étaient le plus près de lui avaient encore droit à un regard de ses yeux vitreux. Replié sur lui-même, la tête enfouie dans les épaules, il se laissait choir sur la chaise qu'on lui avançait. Il posait sur la table des cartes une main tremblante. Mais à la moindre occasion, il réclamait aussitôt le coupable sur un ton cassant.

Surtout, il ne se passait pas de jour qu'il ne se répandît en nouvelles explosions de haine contre les auteurs de l'attentat du 20 juillet et leurs complices. Il citait constamment de nouveaux noms ; c'étaient ceux d'hommes auxquels on avait été lié la plupart du temps pendant toute une carrière de soldat ou que l'on avait appris à connaître alors qu'ils étaient de jeunes officiers brevetés d'état-major pleins de promesses. A chaque nom cité se levait le spectre du gibet. Au cours des conférences, on fit passer des images effrayantes montrant comment les premières victimes furent exécutées et traitées ignominieusement. (Nous épargnerons ces descriptions au lecteur en même temps qu'à l'auteur de ces lignes.) Pour que personne ne se méprenne, Hitler s'adressait aussi à ceux qui l'entouraient – qui n'avaient peut-être pas encore été démasqués ou qui n'avaient peut-être même pas été mêlés au complot – leur répétant sans cesse lorsque les fronts s'écroulèrent de toute part : « Quiconque me parlera de paix sans victoire y laissera sa tête, peu importe qui il est et où il se trouve. » Tandis qu'était lancée cette chasse à l'homme, il ne tint pas le moindre compte du fait qu'il avait déclaré lui aussi que la guerre était perdue, même après qu'il eut encore répété à peu près la même expression dans les derniers jours du mois d'août au cours d'une discussion au sujet de la perte possible de la région pétrolifère de Roumanie, avec le commandant allemand de la région, le général Gerstenberg. Il avait le front de croire que la Providence l'avait épargné le 20 juillet et lui qui, jadis, n'avait pas ménagé ses sarcasmes aux hommes d'Etat de l'autre bord ayant utilisé un langage similaire, espérait que d'autres miracles changeraient le cours de la guerre.

Sur le plan du commandement militaire, la volonté et la détermination de Hitler ne semblaient pas affectées par son état physique ni par la passion qu'il mettait à poursuivre ses opposants politiques; plus que jamais, il était seul à décider de tout. Alors que sa méfiance à l'égard des généraux s'était accrue à l'extrême, un observateur attentif ne pouvait se défaire de l'impression oppressante que ses conseillers militaires se laissaient guider par un complexe de fidélité encore accru, si la chose était possible, plutôt que par des considérations empreintes de bon sens militaire. Dans ces conditions, Hitler réussit à couronner à l'époque sa méthode funeste de commandement par la diffusion d'un ordre basé sur le principe selon lequel la seule responsabilité qui incombait encore aux chefs à tous les échelons, même les plus élevés, était d'exécuter à la lettre et inconditionnellement les ordres donnés par lui. Tout comme il n'appartenait pas au sous-officier ni au soldat, face à l'ennemi, de discuter du bien-fondé ni des chances de succès d'un ordre d'attaque donné par son commandant de compagnie, de même le commandant suprême de la Wehrmacht ne pouvait partager avec les commandants de groupe d'armées ou d'armée la responsabilité de ses décisions. Il ne pouvait non plus accepter en aucun cas que ceux-ci lui demandent d'être relevé de leurs fonctions quand ils n'étaient pas d'accord avec ses instructions. Les termes menaçants utilisés dans le libellé donnaient encore plus de poids, si possible, au contenu inouï de cet ordre qui revêtait une signification également lourde, tant pour la technique du commandement que pour le moral de ceux qui l'exerçaient.

Le chef de l'OKW, le maréchal Keitel, lançait autour de lui des regards martiaux et ne cessait d'approuver de la voix et du geste tout ce qui sortait de la bouche de Hitler, même si, au fond, il souffrait plus que jamais de la contrainte de sa position et de sa fâcheuse docilité. Il était le membre le plus ancien de la cour d'honneur à laquelle il incombait d'exclure de la Wehrmacht les suspects du 20 juillet; il était disposé, même si en l'occurrence ce n'était pas sans quelque résistance, à convertir au moment du plus grand danger l'administration militaire pour la Belgique et le nord de la France en une administration civile dirigée par un Gauleiter – et cela uniquement parce que Hitler voulait ainsi éloigner de Bruxelles le général baron von Falkenhausen qu'il haïssait et qu'il suspectait en raison de ses bonnes relations avec la maison royale de Belgique. Keitel sembla aussi à peine affecté lorsque, dans les premiers jours de septembre, Hitler, à la gauche duquel il se trouvait toujours à la table des cartes, lui tendit une note de Speer, ministre de l'Armement, exposant sans détours qu'il fallait rapidement mettre fin à la guerre, ne fût-ce qu'à cause de la perte et de la destruction de poudreries et d'usines d'explosifs impossibles à remplacer. Sans un mot, il donna la lettre à lire à Warlimont qui était assis à côté de lui en raison de son état de santé, en adoptant une attitude à mi-chemin entre la feinte indignation et la compréhension dissimulée. En tant que chef de l'OKW, il avait d'innombrables raisons de dire et de répéter la même chose sans répit; l'occasion lui en était offerte mais il la rejeta avec indignation, au moyen de la formule qu'il utilisait toujours en pareil cas : « Général Warlimont... »

Il aurait plutôt incombé au général d'armée Jodl, chef de l'état-major Opérations, en raison de ses connaissances et de sa personnalité, d'exprimer le fait que la défaite finale était inéluctable ou, tout au moins, de pousser au dénouement de la guerre par ses conseils et son comportement. Au lieu de cela, il se complaisait dans un rôle de précepteur de la Germanie. C'est ainsi qu'il lui arriva, notamment, de s'exclamer en pleine conférence, en présence de Hitler et sur un ton non moins menaçant que le sien : « Heureusement que l'exigence alliée d'une capitulation sans condition a barré la route à tous les lâches pour la recherche d'une issue politique. » Il ne se doutait pas qu'il lui faudrait un jour signer lui-même cette capitulation. Le nouveau chef de l'état-major général de l'armée, ayant demandé un droit de supervision exclusif sur tous les officiers brevetés d'état-major de l'armée, il repoussa cette requête et lui répondit : « Le corps d'état-major devrait en réalité être dissous. » Il ne faisait ainsi que confirmer sous une autre forme l'attitude qui avait toujours été la sienne à l'égard de son propre état-major.

Depuis le lendemain du 20 juillet, le chef d'état-major général de l'armée était le général d'armée Guderian, qui atteignait ainsi l'objectif que son ambition lui avait fait poursuivre depuis des années. Toutefois, pour reprendre la terminologie officielle, il était simplement chargé de l'expédition des affaires, parce que le général Buhle, que Hitler avait voulu désigner comme successeur de Zeitzler, était hors course pour une durée indéterminée à la suite des blessures subies lors de l'attentat. Peut-être l'hésitation mise à nommer Guderian, dont l'auteur de ces lignes eut connaissance par Keitel, était-elle due en outre au fait que Hitler se souvenait des efforts déployés jadis par Guderian pour modifier l'articulation au sommet de la Wehrmacht ; ou peut-être Hitler avait-il eu connaissance de la conversation chez Jodl en novembre 1943, au cours de laquelle Guderian avait voulu préparer le terrain pour inciter Hitler à renoncer au commandement suprême, mais s'était heurté au visage impassible et au refus laconique de Jodl.

Mais cela ne datait pas seulement de ce temps-là que Guderian n'était pas un ami de l'état-major Opérations. Environ un an auparavant déjà, après une longue conversation qu'il avait eue avec lui, Goebbels avait noté dans son *Journal* : «Il (Guderian) se plaint de l'inactivité de l'OKW. On n'y trouverait pas un seul véritable chef.» Le nouveau chef d'état-major général de l'armée fit aussi savoir avec une franchise inhabituelle qu'il désapprouvait hautement la pratique de Hitler consistant à priver les officiers principaux des états-majors les plus importants de la Wehrmacht de toute affectation au front. Comme successeur de Heusinger, qui avait été arrêté par la Gestapo peu après le 20 juillet alors qu'il se trouvait à l'hôpital militaire de Rastenburg, il nomma le général Wenck, qui jouissait d'une excellente réputation aussi bien à l'état-major général que dans l'armée blindée, et il lui adjoignit en outre le colonel von Bonin.

Guderian lui aussi, comme chef d'état-major général de l'armée, vit son rôle limité à celui de conseiller de Hitler pour le théâtre d'opérations Est, bien que les frontières du Reich coïncidassent déjà à peu près à l'époque, avec les fronts de l'Ouest et de l'Est. Quand il entra en fonctions, la situation était des plus graves, mais il s'attaqua à ses nouvelles tâches avec son énergie coutumière, sans se préoccuper, comme l'avait fait en son temps Zeitzler, de récupérer au profit de l'état-major général de l'armée les autres théâtres d'opérations. Par ailleurs, plus encore que ne le supposait sa mission, il eut tendance à considérer que tous les autres théâtres et leurs intérêts étaient secondaires par rapport à l'Est. Cette façon de voir, que son tempérament fougueux le poussa plus d'une fois à exprimer en termes violents, même au cours des conférences, ainsi que les tensions personnelles qui en résultèrent firent très rapidement apparaître clairement qu'en dépit de la pression extrême de la situation, le changement de personne à la tête de l'état-major général de l'armée ne modifierait en rien les relations désagréables qui existaient entre les deux états-majors généraux au sommet de la Wehrmacht. Les rapports étaient certes plus francs qu'auparavant, mais l'idée de constituer un front commun ou même une fronde contre la continuation d'une guerre déjà perdue n'effleura personne de ces officiers supérieurs de l'armée participant directement au commandement suprême.

La marine et la Luftwaffe continuaient à mener leur vie propre pour tous les problèmes opérationnels. Bien qu'aucune de ces deux forces de la Wehrmacht ne pût plus exercer une influence déterminante sur le déroulement de la guerre – en dépit de brillants exploits individuels et d'efforts exceptionnels déployés pour rendre opérationnels les nouveaux sous-marins et avions de chasse – toutes les tentatives faites même en ces heures de détresse en vue d'arriver à une véritable unité au sein de la Wehrmacht, ne fût-ce que dans des domaines d'importance mineure, échouèrent. En voici un exemple : le 29 juin, au plus fort de la bataille de Normandie, Hitler avait décrété qu'il fallait rassembler dans les colonnes de transport (de l'armée) tous les véhicules modernes (c'est-à-dire les camions) de la marine et de la Luftwaffe et des services civils ; dès le lendemain le commandant en chef de la marine intervint et influença dans un sens restrictif les instructions subséquentes de l'OKW. Et lorsque, deux mois plus tard, Guderian voulut obtenir des véhicules de la Luftwaffe pour rééquiper les troupes blindées et qu'il alla même personnellement trouver Hitler dans ce but, cela donna lieu, lors de la conférence du 1er septembre 1944, à la discussion suivante qui, en raison de la situation militaire et des fanfaronnades de Hitler et de Keitel, totalement hors de proportion avec le sujet abordé, ne laisse rien de plus qu'une impression grotesque.

GUDERIAN : Il suffirait que le *Reichsmarschall* donne son accord.

LE FÜHRER : C'est moi qui donne cet accord, maintenant. Nous avons tout de même quelque chose comme un état-major général de défense du Reich. Nous avons une institution que tous les Etats du monde nous ont enviée : l'*Oberkommando der Wehrmacht* (le haut commandement des forces armées). Personne d'autre n'a cela. Si on n'en a pas encore beaucoup parlé, c'est simplement parce que cela ne plaît pas à l'état-major général.

KEITEL (*l'interrompant selon son habitude, pour employer une expression plus forte*) : Parce qu'il l'a violemment combattu !

LE FÜHRER (*reprenant les termes de Keitel*) : Fortement combattu !

Après que nous ayons été combattus pendant des années à cause de cette institution...

GUDERIAN : La 3e flotte aérienne dispose de tant de camions.

THOMALE (*inspection du corps de transport*) : Il faut leur secouer les puces.

KREIPE (*chef d'état-major Luftwaffe*) : Nous en avons déjà perdu beaucoup en les employant pour l'armée... (*il refuse*)

LE FÜHRER : Je suis cependant convaincu que, compte tenu de ce qu'elle a à faire, la Luftwaffe est mieux fournie en camions que l'armée. Cela ne fait aucun doute.

Mais il ne s'agit pas de ça – nous n'allons pas nous disputer pour des bagatelles... (*il ne prend aucune décision*).

(Les textes en italiques ont été ajoutés par l'auteur.)

Les nouvelles tentatives effectuées au printemps 1944 en particulier pour regrouper et simplifier d'autres organismes de la Wehrmacht, qui s'y prêtaient particulièrement, ne connurent pas plus de succès. Hitler était opposé en principe à toute forme d'unification, et, de plus, il craignait encore maintenant de donner à la marine et à la Luftwaffe des ordres allant à l'encontre de la volonté de leurs commandants en chef. Keitel se félicitait du prétexte que lui fournissait cette attitude de Hitler pour se dérober aux obligations qu'auraient pu lui imposer son propre et meilleur jugement et la pression exercée sur lui par son état-major.

Eclatement des fronts et des alliances

Dans les circonstances évoquées ci-dessus, l'auteur se sentit profondément soulagé de pouvoir s'échapper d'un Grand Quartier général où les blessures et la maladie, les silences et les reniements, une méfiance quasi unanime à l'égard de tout le monde et plus encore la soif de vengeance de Hitler exerçaient une action paralysante sur toutes les pensées et menaçaient d'étouffer toute initiative personnelle. Et pourtant, il ressentit encore longtemps après son départ le regret d'avoir dû quitter au moment précis où les événements qui se produisaient sur tous les fronts exigeaient, comme le prouve la relation qui va suivre, que toutes les énergies soient tendues pour enrayer le désastre tout proche.

Il y avait longtemps qu'on ne parlait plus du Japon. Au début du mois d'août, la Turquie avait rompu les relations diplomatiques avec le Reich. A partir du 20 août, alors que l'encerclement de Falaise était encore en cours, deux armées roumaines et deux allemandes du groupe d'armées Ukraine-Sud se désagrégèrent presque totalement à l'Est entre la mer Noire et les Carpathes, sous les assauts de forces soviétiques supérieures. La Roumanie, qui se trouvait ainsi exposée à une attaque soviétique, déposa le maréchal Antonescu, dénonça l'alliance avec l'Allemagne et irritée au plus haut point par les contre-mesures de Hitler, déclara la guerre au Reich le 25 août. La perte de Bucarest signifiait aussi la perte de la région pétrolifère de Ploesti, au moment où l'industrie allemande de carburant était réduite à néant par l'aviation alliée qui détruisait une raffinerie après l'autre. La défection de la Bulgarie était imminente, comme le prouvaient les pourparlers d'armistice entamés le 24 août et le fait qu'elle exigeait le départ de la mission militaire et de toutes les troupes allemandes. Seule la Hongrie demeurait encore aux côtés de l'Allemagne, mais sous la contrainte. De sérieuses révoltes éclatèrent en Slovaquie. Début septembre, la Finlande déclara la fin de la fraternité d'armes et rechercha de son côté un armistice avec l'URSS

En Italie, la position des Apennins, occupée beaucoup trop tard, avait été débordée sur le flanc gauche et risquait d'être rompue. A l'Ouest, le repli se faisait en certains endroits de façon désordonnée, sous les pénétrations profondes des blindés ennemis ; seule la 19ᵉ armée se retirait de la côte méditerranéenne en combattant sans cesse. Hitler ordonna successivement un arrêt en avant de la Seine, la défense puis la reprise de Paris, et finalement la constitution d'un front sur la ligne qui avait été envisagée beaucoup trop tard dans le centre de la France. Mais les événements se précipitaient et ces ordres n'avaient plus aucun objet ou étaient ignorés sans autre forme de procès par Model qui, sûr de la confiance de Hitler, pouvait se permettre une certaine autonomie. Les Alliés entrèrent le 25 août à Paris; la ville et le port d'Anvers, sauf l'accès à l'embouchure de l'Escaut, tombèrent le 4 septembre aux mains des Anglais sans avoir subi aucun dommage. En dépit de lourdes pertes en sous-marins, la guerre navale ne donna que de piètres résultats. Un nombre croissant de villes allemandes devinrent cendres et ruines sous les attaques de terreur aériennes. La production de l'économie de guerre bien que se maintenant jusqu'à la fin de 1944 à un niveau encore élevé, resta sans effet : le trafic était presque totalement paralysé.

Les rênes avaient glissé des mains du commandement suprême. Tandis que l'état-major Opérations tentait encore de tirer profit de la pression patente des événements pour obtenir enfin des décisions à plus long terme, Hitler semblait continuer à croire qu'il pouvait encore toujours puiser dans un réservoir plein et tout rétablir au moyen d'expédients tactiques. Il ne cessait de discourir; rejetant tout ce qui était raisonnable et exigeant l'impossible, il s'en tenait obstinément à ses principes de défense tactique et rien ne put le convaincre de céder quoi que ce soit de son plein gré ni même de prendre en considération tout plan à long terme, quelle qu'en fût la nécessité.

Dans la nuit du 31 juillet au 1er août, Hitler remit ses instructions à Warlimont qui devait partir en Normandie et lui déclara ce qui suit au sujet de la situation dans le sud-est de l'Europe :

> Ce qui me préoccupe le plus, ce sont naturellement les Balkans. Je suis intimement convaincu que si les Turcs pouvaient être persuadés, comme les Finlandais, que nous sommes capables de tenir, ils ne bougeraient pas d'un pouce. Ils n'ont tous qu'un

même souci : ils ont peur de se trouver assis entre deux chaises. Voilà ce qui les préoccupe. Donc, si nous parvenions d'une façon ou d'une autre à opposer une résistance décisive, ou à remporter une victoire quelque part – si nous parvenions à ce que ces gens reprennent confiance en nous et croient que nous tiendrons et que nous ne reculons en fin de compte que pour raccourcir le front – je suis convaincu que nous amènerions la Turquie... en tout cas à adopter plus ou moins une position d'attente. Cela ne réjouit pas les Turcs de voir éliminer le plus puissant facteur européen contre le bolchevisme et la Russie au profit d'un contrepoids des plus instables, dont la signification et la fermeté sont précaires – par les Anglo-Saxons. Cela ne leur plaît pas.

Mais en Bulgarie, ils commencent naturellement à se dire aussi : bon, si l'Allemagne s'écroule, qu'arrivera-t-il? Nous, les petits, nous ne pouvons rien faire. Si le grand ne peut rien faire, nous ne pouvons rien faire.

A mon avis, il y a encore autre chose qui dépend de la stabilisation du front de l'Est. Ce qui en dépend en fin de compte, c'est l'attitude des tout petits Etats balkaniques... les Roumains... les Bulgares... les Hongrois... et aussi les Turcs.

Néanmoins, nous devons prendre certaines précautions. La plus grande étant et restant pour nous de contrôler l'espace hongrois (d'une importance vitale).

La deuxième – tout aussi importante – est évidemment l'attitude de la Bulgarie. Car sans la Bulgarie, il nous est pratiquement impossible de contrôler la région des Balkans et donc de nous procurer du minerai en Grèce, et ainsi de suite...

Toute tentative de débarquement des Anglais dans les Balkans, de même qu'en Istrie ou dans les îles dalmates serait aussi extrêmement dangereuse.

Un débarquement anglais pourrait avoir des conséquences catastrophiques. A mon avis, nous ne pouvons pas empêcher à la longue un débarquement dans les îles, etc., s'il se fait avec des forces importantes. Il n'y a qu'une seule question. Je crois, en fin de compte, que c'est la question de savoir si les Alliés agissent de commun accord.

Je ne peux pas imaginer que les Russes abandonnent les Balkans aux Anglais... Tout au plus pourrait-il peut-être se passer quelque chose au cours d'une tension entre les Russo-bolcheviks et les Alliés : que les Anglais essayent alors au moins de s'approprier les îles de la mer Egée. Théoriquement, ce serait concevable. Ils ne le feront pas de commun accord.

Hitler repoussa le 22 août la proposition faite au commandement local par les chefs nationalistes Neditch et Mihailovitch de lutter ensemble contre les bandes communistes de Tito, qui avaient pénétré en Serbie méridionale. Il craignait davantage le danger qui pouvait émaner d'une grande Serbie et de son armée que la menace communiste.

La nouvelle de la défection roumaine, que rien ne laissait présager, le remplit de fureur ; il envoya la Luftwaffe bombarder le palais royal de Bucarest, en guise de représailles, et chargea un bataillon para SS, engagé en Yougoslavie, de la protection des installations pétrolifères de Ploesti.

Le changement d'attitude de la Bulgarie – elle déclara la guerre à l'Allemagne le 8 septembre – faisait peser une menace particulièrement grave sur les arrières des troupes allemandes de Grèce. Le commandant suprême décida le 14 septembre le repli des garnisons des îles de la mer Egée ; il autorisa le 3 octobre l'évacuation de la Grèce, du sud de l'Albanie et de la Macédoine méridionale, et il consentit un mois plus tard à se retirer des îles dalmates et de la côte orientale de l'Adriatique. Ces mouvements rétrogrades ne furent pas entravés par les Alliés occidentaux mais, faute de moyens de transport, seize mille hommes durent être abandonnés en Crète et six mille sur Rhodes et Leros.

A la fin de l'été, l'avance soviétique dans la plaine du Danube ébranla à nouveau la fidélité de la Hongrie et de son Régent à la cause allemande. Hitler ordonna que l'on se prépare, le cas échéant, à arrêter Horthy et à donner le pouvoir aux *Pfeilkreuzler* (« Flèches croisées ») de Szalati.

La décision finlandaise de mettre un terme à la fraternité d'armes entraîna le départ des troupes allemandes combattant dans le nord du pays. Préparé dès l'automne précédent, le repli s'effectua le long des côtes de l'océan Arctique en direction de la Norvège, dont la frontière fut atteinte à la fin du mois de janvier 1945.

Hitler renonça très rapidement à l'occupation des îles Aaland; à la demande de Dönitz, il autorisa toutefois une opération visant à s'emparer de l'île finlandaise de Suusari : la tentative échoua.

Contraint de se défendre sur place, le groupe d'armées Nord, fort de vingt-six divisions, fut encerclé en Courlande au début d'octobre. Les portes de la Prusse-Orientale étaient désormais ouvertes à l'Armée rouge.

En Italie, Kesselring, qui n'était pas parvenu à stopper la pénétration alliée dans la ligne verte, demanda à pouvoir se replier. Hitler refusa de reporter la défense derrière le Pô ou sur les pré-Alpes. La bataille se poursuivit donc sur la position des Apennins, mais, en dépit de toutes les injonctions, la situation ne put y être stabilisée dans le secteur de l'Adriatique.

L'offensive des Ardennes

Cette dernière grande opération offensive de la Wehrmacht n'a pas davantage été précédée d'un examen de la situation générale par l'état-major Opérations. Le plan conçu par Hitler, consistant à reprendre l'offensive à l'Ouest à la première occasion et qui, comme on l'a vu, gouvernait déjà ses pensées à la fin des combats en Normandie, avait totalement exclu par avance toute tentative d'une stratégie différente entre l'Ouest et l'Est. Il n'était encore nullement question des Ardennes lorsque, dès le 20 août, furent émises par l'état-major Opérations, en pleine retraite de l'armée allemande de l'Ouest, les premières directives en vue d'un retour offensif, complétées le 3 septembre. Le plan initial consistait à rejeter de la région de Dijon (plateau de Langres), en lançant dans son flanc droit des forces rapidement disponibles, le coin offensif allié Sud qui se ruait à l'avant avec insouciance – à la manière allemande – sous le général Patton, et à tenter de sauver ainsi, pour la défense allemande, la coupure de la Marne. Il fut rapidement dépassé par les événements. En dépit de ces circonstances, les pensées de Hitler prirent de jour en jour une dimension opérationnelle de plus en plus grande. Il voulut finalement constituer un fort groupement offensif dans le territoire situé à l'ouest des Vosges, qui n'avait pas encore été touché par les combats, en rassemblant sous le commandement de la 5e armée blindée, des éléments de la 19e armée en train de remonter le Rhône – les restes des formations blindées à l'Ouest encore aptes au combat, deux divisions Panzergrenadier rappelées d'Italie et quelques unités nouvellement constituées en Allemagne. Ces forces devaient assurer la constitution d'un nouveau front en avant des Vosges, mais leur tâche ultérieure et principale était d'avancer sur les flancs et les arrières des Alliés, à un moment encore à déterminer, et de modifier ainsi fondamentalement la situation à l'Ouest. Pour libérer les forces nécessaires, le flanc droit et le secteur central du front furent autorisés, exceptionnellement, à passer à une conduite dilatoire du combat, mais dans des limites très strictes.

Ces plans ambitieux firent apparaître une fois de plus combien Hitler ignorait les lois de temps et d'espace, et surtout l'extrême faiblesse de l'outil militaire dont il disposait encore. Ils s'écroulèrent aussi rapidement qu'ils étaient nés. Sous la pression de nouveaux revers cuisants, parmi lesquels, en particulier, la perte rapide d'Anvers constitua une amère surprise, le chef de l'état-major Opérations parvint le 6 septembre à ramener Hitler au jugement qu'il avait émis le 19 août et selon lequel une grande offensive décisive à l'Ouest ne serait pas possible avant le 1er novembre. La prescription d'actions offensives locales par la 5e armée blindée resta cependant maintenue, mais elle fut graduellement dénaturée par des ordres émanant du Grand Quartier général. C'est ainsi par exemple, qu'on peut lire ce qui suit dans le *Journal* de Jodl à la date du 11 septembre :

> Le Führer exige que la 5e armée blindée attaque dans n'importe quelles conditions les arrières de l'ennemi... Le Führer interdit toute contre-attaque frontale contre les forces ennemies.

L'intention, le plan et l'objectif consistant à renverser décisivement, à un moment donné, la situation à l'Ouest par une grande offensive, furent également maintenus. Le même jour, on entama les préparatifs pratiques, à la suite de l'ordre suivant : « Former la 6e armée blindée, sous l'*Obergruppenführer* Dietrich, qui sera chargé de reconstituer l'armée. »

Tandis que la situation ne cessait d'empirer, l'état-major Opérations, en tant que pilote, s'occupait de ces mesures et de bien d'autres, en vue de revigorer l'armée de l'Ouest, alors que Hitler entreprenait d'inciter lui-même la Luftwaffe à tout mettre en œuvre pour que les nouveaux chasseurs soient prêts en vue de l'offensive qui se préparait. Mais ses exigences additionnelles sur le plan de la technique et des performances exigées des avions, compromirent un progrès rapide. Les discussions qu'il eut à ce sujet avec Goering prirent une forme particulièrement aiguë dans l'après-midi du jour qui précéda le départ de Warlimont.

En même temps que se poursuivaient les préparatifs de la future offensive, Hitler convoqua, au début de septembre, au GQG de Prusse-Orientale, le maréchal von Rundstedt dont l'aide lui était précieuse en raison de l'expérience acquise au cours de grandes entreprises stratégiques ; il avait l'intention de le nommer à nouveau commandant en chef Ouest. Von Rundstedt prit part pendant quelques jours aux conférences et – comme par le passé – les relations entre Hitler et son plus ancien maréchal étaient caractérisées, de la part de Hitler, par une estime et un respect inhabituels et, de la part de von Runstedt, par une réserve imperturbable et quasi muette. Le 5 septembre, il reprit le commandement. Model se vit ainsi limité au commandement du groupe d'armées B, couvrant le Nord et le centre du front Ouest. Le général d'armée Blaskowitz, qui commandait dans le Sud, fut déchargé de ses fonctions peu de temps après que Hitler eut cru bon de déclarer à son sujet, au cours de la conférence du 1er septembre : « S'il réussit cela (c'est-à-dire la jonction rapide de la 19e armée avec les forces principales), je lui accorderai solennellement pardon pour tout [allusion à la disgrâce dans laquelle il était tenu depuis sa protestation contre la politique d'occupation en Pologne en 1939]. »

Dans les semaines et les mois qui suivirent, les attaques ennemies continuèrent presque sans interruption, mais Hitler s'en tint à son principe stratégique d'assurer et de conserver les bases pour la future offensive. L'espace opérationnel ne cessait de se rétrécir ; les maigres effectifs qui restaient disponibles pour la défense et surtout la répugnance indéracinable de Hitler à abandonner des positions de moindre importance en faveur d'un objectif plus essentiel, ne firent que diminuer les chances de succès qui étaient déjà restreintes. Alors que Anvers était déjà tombé, Hitler ordonna à l'aile droite du front, qui peu à peu s'emboîtait à nouveau, de s'arrêter pour former une tête de pont à l'embouchure de l'Escaut et au canal Albert – sur le tracé de la frontière belgo-hollandaise – et d'y passer à la défense ferme. Cette mesure ne put être appliquée que grâce à la Luftwaffe, qui fournit au moment opportun la 1re armée parachutistes, composée de ses effectifs excédentaires. Cet élément, et le fait que l'on maintint de très fortes unités de l'armée dans les forteresses de Dunkerque, Calais et Boulogne, forcèrent l'ennemi à marquer un premier temps d'arrêt prolongé, qui devait avoir une influence sur l'évolution générale de ses opérations.

C'est ainsi qu'à la date du 10 septembre, ces forteresses portuaires avaient fixé environ un tiers des forces du groupe d'armées Montgomery, tandis que malgré toute leur supériorité, les Alliés ne parvinrent à briser le blocus de l'embouchure de l'Escaut que le 3 novembre et qu'ils ne purent atteindre le port d'Anvers avec un premier convoi maritime que le 28 du même mois.

Les décisions ainsi prises par Hitler furent également influencées dans une grande mesure par son souci de conserver les dernières bases proches de l'Angleterre pour le lancement des armes V, d'autant plus que les fusées V2 – qui avaient été reprises entre-temps par la SS – devaient devenir opérationnelles vers cette époque. Par contre, il prit une mesure de prestige complètement erronée et inutile en maintenant dans les îles de la Manche toute une division d'infanterie que l'on ne pouvait plus espérer revoir.

Les dispositions prises à un moment donné en vue de revenir à une stratégie au profit de l'effort principal furent totalement abandonnées lors de la bataille autour d'Aix-la-Chapelle. La menace qui pesait sur la ville, en raison de la chute d'un premier ouvrage du *Westwall* suivie, peu après, d'une pénétration au travers de la deuxième ligne des fortifications de frontière, permit au chef de l'état-major Opérations de noter le 14 septembre ce *diktat* de Hitler dans son *Journal* :

> Dans le *Westwall,* chaque pouce de terrain – donc aussi en dehors des installations – doit être considéré comme une forteresse.

Il fut suivi le 16 septembre d'un ordre, portant la signature (par délégation) de Jodl, qui semble inspiré, quant à la lettre et à l'esprit, par les proclamations staliniennes de 1941 :

> A l'Ouest, les opérations se sont déplacées sur de larges portions du territoire allemand. Des villes et des villages allemands sont inclus dans la bataille. Ces circonstances doivent nous inciter à combattre avec une détermination fanatique et à appeler tous les hommes valides se trouvant dans la zone du front à une résistance extrême. Chaque bunker et chaque tranchée, chaque ville et chaque village doivent devenir une forteresse contre laquelle l'ennemi se brisera la tête ou dans laquelle la garnison allemande périra en combattant, homme contre homme...

Le plan offensif lui-même semblait provisoirement oublié, car le texte continuait ainsi :

> Aucune opération de grande envergure ne peut plus être envisagée de notre part. Tout ce qu'il nous reste à faire est de tenir nos positions ou mourir.

Le 30 septembre, deux semaines plus tard, un nouvel ordre signé de Keitel élargissait les instructions de Hitler et tentait de leur donner une forme organique solide. Mais, en même temps, le chef de l'OKW se montrait désespérément soucieux de ne pas aller sur les brisées des Gauleiter et commissaires de la défense du Reich. En effet, quelques jours auparavant, le 25 septembre, avait été publié le décret relatif à la constitution de la force populaire (*Volkssturm*) allemande de Hitler – contresigné en premier lieu par Bormann, mais ensuite également par le chef de l'OKW – qui confiait au parti la formation et la direction de la dernière levée. Quelque deux mois plus tard, les temps étaient mûrs pour un autre ordre de Hitler, signé par Jodl, qui décidait ce qui suit :

> Si à la suite d'une négligence ou d'un manque d'énergie de la part du commandement ou des troupes, l'ennemi parvenait à pénétrer dans le système de fortification (de la ligne Westwall), cela constituerait un *crime* aux conséquences incalculables. Le Führer est déterminé, dans de pareils cas, à demander immédiatement des comptes aux responsables.

Les opérations aéroportées britanniques dans la région d'Arnhem ne suscitèrent que peu de réactions de la part du GQG allemand. Au soir du premier jour, le 17 septembre, une grande partie de la conférence tenue au *Wolfsschanze* fut consacrée aux informations qui y avaient trait, mais Hitler conserva un calme inhabituel du fait qu'on signalait simultanément que des réserves allemandes se trouvant à proximité avaient engagé le combat. Par la suite encore, le commandant suprême n'eut pas à intervenir particulièrement pour que Montgomery échoue dans son entreprise et dans ses objectifs ambitieux de s'emparer des ponts de la Meuse, du Waal et du Rhin. Il suffit cependant de lire ce que le chef d'état-major Opérations écrivait dans son *Journal*, le 21 septembre, à propos des sévères combats en cours, pour se rendre compte de l'état d'esprit qui régnait.

Reprenant sans aucun doute des propos de Hitler, il nota ce qui suit :

> Le Führer s'élève violemment contre l'idiotie qu'il y a à laisser tomber des ponts intacts entre les mains de l'ennemi.

L'état-major Opérations se trouva ainsi mêlé à de grandes et à de petites crises ; il dut s'occuper d'un nombre infini de détails que la modification radicale de la situation à l'Ouest soulevait également dans de nombreuses zones voisines – comme, par exemple, le renforcement de la défense sur la côte allemande de la mer du Nord ou la protection accrue des ponts du Rhin il devait livrer une lutte perpétuelle contre les prétentions du front de l'Est, quant aux réserves en personnel et aux stocks de matériel qui fondaient là-bas. En plus de tout cela, il se trouva amené pour la première fois, au début de cette sixième année de la guerre, à monter une grande opération offensive et à effectuer tous les préparatifs que cela impliquait et qui avaient été jusqu'alors du ressort de l'état-major général de l'armée et de sa section Opérations. Face à toutes ces difficultés quasi insurmontables que présentait la situation, on ne pouvait s'empêcher de constater une fois de plus, à ce stade avancé de la guerre – et plus clairement que jamais – l'imperfection de l'organisation au sommet de la Wehrmacht. Le chef de l'état-major Opérations, pour la partie de ses activités qui en faisaient un deuxième chef d'état-major général de l'armée, ne disposait directement en fait que de la compétence et de l'énergie de quelques officiers d'élite brevetés de son propre état-major. Seuls les officiers et les services de l'OKH pouvaient lui fournir les forces et les moyens requis par l'opération, depuis les troupes d'attaque et les renseignements au sujet de l'ennemi jusqu'au ravitaillement ; or, il ne se trouvait pas parmi eux, il n'était pas l'un d'entre eux, il ne les connaissait pas vraiment et il ne vivait pas avec eux. La place qu'il avait occupée pendant des années aux côtés de Hitler et dans son proche entourage le rendait plus dépendant que quiconque de la volonté irréaliste de ce commandant suprême et il lui était plus difficile que quiconque de s'y soustraire.

Il n'est pas établi que Jodl ait vu les choses sous cet aspect ni d'ailleurs, comme il l'a affirmé à maintes reprises à l'époque de sa détention ultérieure, qu'il ait cru au contraire que son heure était venue, mais on ne peut s'empêcher de penser que, sans cette organisation défectueuse au sommet, jamais une entreprise militaire aussi insensée n'aurait vu le jour.

Les études préliminaires faites par l'état-major Opérations amenèrent, fin septembre – début octobre, à la conclusion que le secteur le plus favorable pour lancer l'offensive semblait être celui de Montjoie-Echternach. C'est de là que, selon les directives de Hitler, devait partir la poussée principale en direction du Nord-Ouest vers Anvers. Les forces prévues comportaient essentiellement deux armées blindées et la date retenue était fin novembre.

Sur cette base, l'état-major Opérations dressa des plans détaillés ; mais contrairement à la procédure généralement en usage dans un état-major, le secret le plus strict fut observé et ni le commandant en chef Ouest ni les autres grands chefs chargés de la conduite de l'offensive ne purent être consultés.

Ces plans furent présentés à Hitler le 9 octobre par Jodl qui leur donna initialement le nom code

«*Wacht am Rhein*» («Garde au Rhin»). A cette occasion, et selon les informations détaillées que l'on possède, Hitler s'attribua la tâche de modifier sous plusieurs rapports les intentions et – comme toujours – de les élargir. Le chef de l'état-major Opérations conclut les notes de son *Journal* en ces termes :

> Le Führer ordonne :
> 1. Disposition élargie aile gauche à Bastogne et Namur.
> 2. Immédiatement deuxième attaque du nord d'Aix-la-Chapelle le long de la Meuse vers le sud.
> 3. Unités d'arrêt pour la sûreté des flancs. Mener cette sûreté activement par des pointes en avant...

Il est plus que probable que c'est ce jour-là au plus tard que fut fixé définitivement l'objectif de l'opération : pousser en un temps à travers l'Eifel et les Ardennes, par-delà l'Ourthe, la Meuse et la totalité de la Belgique jusqu'à la côte de la Manche près d'Anvers. Manifestement, on en revenait, sur une petite échelle, à l'idée de base de l'offensive à l'Ouest de mai 1940, mais c'était encore beaucoup trop ambitieux compte tenu des circonstances. Trois jours plus tard, le 12 octobre, après que le plan fut passé du stade des spéculations à celui de l'élaboration, l'OKW lança un premier ordre préparatoire, dont le seul but était cependant de camoufler les intentions réelles aux yeux même de nos propres troupes et de leurs commandants. C'est à ce moment aussi, il ne faut pas l'oublier, que Hitler dépêcha ses sbires, et parmi eux son nouveau chef de la maison militaire, auprès du maréchal Rommel pour forcer celui-ci à se suicider.

Ce n'est que le 3 novembre, trois semaines à peine avant la date fixée pour l'attaque, que le général d'armée

Jodl se rendit au siège du groupe d'armées B pour y instruire l'ensemble des grands chefs à l'Ouest du plan de l'offensive. Il expliqua que la situation de l'ennemi et l'examen des conditions de terrain laissaient présager avec certitude une percée victorieuse dans la région de l'Eifel. Celle-ci serait immédiatement suivie d'une avance des formations blindées, qui couperaient en deux jours les liaisons de la 1re armée américaine et du groupe d'armées Montgomery avec l'arrière, donnant ainsi la possibilité d'anéantir ultérieurement 20 à 30 divisions ennemies. Une quantité énorme de matériel de toute sorte, que l'ennemi avait stockée dans ce secteur en vue de son offensive contre le Rhin, serait capturée ou détruite. Jodl donna même, toujours au nom de Hitler, des instructions détaillées quant au procédé d'attaque. Il justifia le choix de la date prévue pour le début de l'offensive en arguant des avantages que présentait la période de la nouvelle lune. Un total de seize divisions, dont huit blindées, serait disponible pour l'effort principal; elles seraient réparties entre la 6e armée blindée SS, sous «Sepp» Dietrich et la 5e armée blindée du général von Manteuffel. La 7e armée assurerait la protection des flancs Sud; l'ennemi serait fixé au Nord par une attaque de moindre envergure.

Bien que le chef de l'état-major Opérations n'eût laissé par avance planer aucun doute sur le fait que ces décisions émanaient de Hitler et qu'elles étaient par conséquent irrévocables, les chefs qu'il avait réunis s'élevèrent unanimement en ordre principal contre l'éloignement de l'objectif, qui se trouvait à plus de 200 kilomètres. Même si, à l'encontre de toutes les expériences récemment connues, les forces prévues pouvaient être rassemblées en temps utile et plus ou moins bien équipées, elles ne suffiraient pas de loin, surtout dans des conditions hivernales. Au cours de cette discussion, une contre-proposition fut avancée : ne prendre en considération qu'une petite solution. Celle-ci consisterait uniquement à réduire la pénétration ennemie près d'Aix-la-Chapelle, qui était tombée entre-temps, et à récupérer ainsi les ouvrages voisins de la ligne Siegfried. Au mieux, on pourrait ensuite envisager une poussée jusqu'à la Meuse. Ce n'était que si, contre toute attente, la situation le permettait, qu'on pourrait penser à atteindre les objectifs suivants grâce à un regroupement rapide.

Le chef de l'état-major Opérations resta imperturbable devant ces objections et devant les autres qui furent soulevées. Il répéta que, d'après ce qu'il croyait savoir du raisonnement de Hitler, une petite solution ne ferait que retarder l'heure du règlement de comptes, et qu'elle n'inciterait pas les puissances occidentales à négocier, dévoilant ainsi l'objectif politique du commandement allemand. C'est pour cette raison, ainsi d'ailleurs que pour des motifs militaires, qu'il opposa à la proposition de retarder au moins le déclenchement de l'attaque au 10 décembre, un «jamais, non jamais». Malgré cela, les commandants concernés transmirent le lendemain de la discussion leur proposition d'une petite solution au GQG par écrit, essayant ainsi, comme ils l'avaient fait, face à Jodl, de vaincre l'obstination de Hitler en soulignant que si tout se passait bien, la petite solution pourrait bien ouvrir la voie à la grande solution. En fait, ils voulaient également donner au commandement suprême une image plus exacte de la situation, de l'instruction et de la mobilité des troupes que celle qu'ils avaient cru déceler à travers les déclarations de Jodl.

Les rapports de l'époque qui sont arrivés jusqu'à nous ne laissent aucun doute sur le fait que les propositions des chefs à l'Ouest, parmi lesquels Model et Manteuffel se distinguaient particulièrement, ont occupé énergiquement le GQG les jours suivants. Hitler n'en tint aucun compte et, dès le 10 novembre, il signa l'ordre de concentration et de mise en place pour l'attaque (offensive des Ardennes) qui avait été élaborée par l'état-major Opérations. Il y était dit, passant de l'objectif opérationnel au plan politico-stratégique, qu'il s'agissait, en détruisant les forces ennemies au nord de la ligne Anvers-Bruxelles-Luxembourg, de provoquer un retournement de situation à l'Ouest et peut-être de la sorte dans toute la guerre. Hitler soulignait encore, au début de l'ordre, que ses intentions étaient irrévocables et qu'il était déterminé à s'en tenir à la poursuite de l'opération, en acceptant les plus grands risques, même dans le cas où l'attaque ennemie de part et d'autre de Metz et la poussée imminente contre la Ruhr devaient entraîner une perte importante de terrain et de positions. La date prévue pour la fin de la concentration était fixée désormais au 27 novembre.

Les titulaires d'un grand commandement au front continuèrent néanmoins à élever des objections par tous les moyens possibles. Mais le 25 novembre, l'état-major Opérations dut fournir au commandant en chef Ouest une réponse définitive, signalant que le Führer était fermement décidé à s'en tenir à l'objectif et à l'ampleur de l'offensive projetée et qu'il repoussait violemment l'idée d'une petite solution. Deux jours plus tard, on peut relever dans le *Journal* du chef de l'état-major Opérations qui avait été envoyé une nouvelle fois à l'Ouest, ce qui suit :

Rapport au Führer à mon retour de l'Ouest.
1. Maintien de la grande solution.
Il ajoute néanmoins immédiatement :
2. Il faut obtenir formations manquantes. Proposition suit.

Au moment où l'offensive aurait déjà dû débuter, il manquait donc encore des formations entières ; de plus, entre-temps, les retards intervenus dans la reconstitution d'unités usées et la création de nouvelles formations en raison des sévères combats défensifs qui se poursuivaient sans interruption, avaient entraîné de nouveaux délais. La conséquence en fut que la date de l'offensive dut être reportée au 10 décembre.

Quelques extraits du *Journal* de Jodl donneront un exemple de l'infinité de détails dont le commandant suprême de la Wehrmacht s'occupa en outre, encore, en vue de l'offensive et qui durent être traités en grande partie par l'état-major Opérations, sous forme de directives pour le procédé d'attaque, qui bridaient les grands commandements à l'Ouest jusque dans les moindres détails :

3 *novembre :* Le Führer ne veut pas donner de Tigres aux formations mobiles, mais bien aux formations d'infanterie en petites formations... Les Tigres royaux (Tigres II) sont déjà trop lourds et ont des dégâts de châssis...

10 novembre : «... a) 3000 tonnes (carburant ? capacité de transport ?)... ne sont pas encore assurées, en provenance d'Italie et du groupe d'armées Nord (Est)...

Abris pour chars, verglas...

Force populaire (*Volkssturm*) pour collecte butin dans les positions avancées...

17 novembre : Tout doit être enterré la nuit précédente.

1. D'abord villages, états-majors – plus tard, encore une fois une minute de tir.

2. Ensuite sur l'artillerie.

3. Tir tendu pas sur les gares, où il ne sert à rien...

18 novembre : Début d'attaque commun, sinon danger d'alerter l'ennemi.

Attaque de nuit seulement si troupes aptes.

Chars de sablage blindés [*sic*].

Tous les Alsaciens doivent être... éloignés... des divisions de première ligne...

28 novembre : Troisième couverture (de lit) pour les troupes d'assaut à l'Ouest.

Peuvent-elles être transportées? Chaussures. Faire savoir aux troupes... »

6 décembre : Donner à la 6ᵉ armée blindée (canal de la Meuse) des nageurs de combat de la marine.

Certaines de ces notes ont manifestement été reprises des instructions de service émises par la Direction suprême de l'armée en 1918 pour l'attaque en guerre de position; d'autres ont trouvé leur origine dans l'expérience personnelle de Hitler comme fantassin au cours de la Grande Guerre. Il n'y a pas de prescriptions similaires pour la Luftwaffe.

Le 20 novembre 1944, Hitler se montra finalement disposé à quitter le GQG *Wolfsschanze*, dont les tours de béton étaient à peine sèches. La proximité de l'Armée rouge, qui frappait de plus en plus dangereusement à la porte de la Prusse-Orientale fut une cause non moins décisive de ce départ que l'imminence de l'offensive à l'Ouest. A Berlin, qui ne devait être qu'une étape intermédiaire, les bureaux et les logements se trouvèrent largement dispersés, même pour les sections du commandement suprême qui étaient le plus dépendantes l'une de l'autre, ainsi que cela s'était pratiqué auparavant lors des séjours dans la capitale et à Berchtesgaden. Hitler et quelques aides de camp étaient installés dans les bunkers de la chancellerie du Reich déjà fortement endommagés par les bombardements ; Keitel et Jodl occupaient les anciens locaux provisoires de l'OKW à Dahlem ; l'état-major dirigé par le général Winter s'établit d'abord dans un immeuble voisin de la Luftwaffe, puis à Zossen, à côté de l'état-major général de l'armée. Les autorités supérieures de l'OKW et celles des trois forces de la Wehrmacht ne se retrouvaient en général qu'aux conférences qui avaient lieu à la chancellerie du Reich et qui duraient, comme auparavant, pendant des heures d'affilée.

Le 18 décembre, Hitler se rendit de Berlin au poste de commandement qui avait été préparé dès 1939 pour la campagne de l'Ouest au camp de Ziegenberg près de Nauheim en Hesse, dénommé *Adlerhorst* (« Aire de l'aigle »). Au printemps de 1940, l'organisation Todt avait aménagé spécialement – et en vain – la maison domaniale de Ziegenberg à l'intention d'un proche entourage animé d'un moral élevé et s'attendant à une victoire facile. Cette fois, tout au contraire, l'aire 1 dut s'installer dans des abris enfouis profondément sous une colline boisée. L'état-major et l'aire 2 furent logés loin de là, à Friedberg. L'état-major général de l'armée avait retrouvé ses locaux du début de la guerre, à Zossen, près de Berlin.

En dépit de tous les refus qu'ils avaient déjà essuyés, les généraux Model et von Manteuffel tentèrent une dernière fois le 2 décembre, à la chancellerie du Reich à Berlin, en présence de Sepp Dietrich et du général Westphal, chef d'état-major du commandant en chef Ouest, d'amener Hitler à changer ses plans d'attaque.

Mais une fois de plus, la franchise et l'insistance dont fit preuve le maréchal Model, en tant que porte-parole des généraux au cours de la conférence qui dura des heures, restèrent sans effet. Hitler refusa même de débattre de la petite solution, qu'il nommait une demi-solution. Tout ce qu'il accorda fut qu'il soit remédié aux déficiences graves qui subsistaient encore dans l'équipement des troupes. Il apparaît clairement de quoi il s'agissait à la lecture de quelques extraits du *Journal* de Jodl.

> 8 décembre : 7150 m^3 de carburant disponibles, 6000 ultérieurement... plus 2400 en route, en provenance de l'Est. Le reste doit venir de la production... et être amené par transport d'urgence...
>
> Munitions : sur 64 trains, 55 sont arrivés, 3 sont partis, 4 sont chargés.
>
> 12 décembre : Il manque encore à la 7ᵉ armée... 2 équipages de ponts, un bataillon du génie de l'Est et surtout des sacs flottants.

A l'exemple de ce qui s'était passé pour la campagne à l'Ouest en 1940, le déclenchement de l'offensive fut fixé le 7 décembre au 14, et finalement le 12 au 16 décembre.

En raison de ces lacunes et de nombreuses autres, mais surtout de l'opposition réitérée des chefs concernés, l'offensive des Ardennes apparaît à tout observateur sensé comme une entreprise désespérée, vouée dès le départ à l'échec. On pensait tout autrement au GQG allemand, tout en songeant à des faux-fuyants en cas de non-réussite, ainsi que le prouve une communication faite encore le 15 décembre, soit à la veille de l'offensive, par le chef de l'état-major Opérations au maréchal Model. Il y est dit notamment ce qui suit : «... Dernières décisions prises... Toutes conditions de succès réunies, grandeur et amplitude... dépendent uniquement de la façon dont l'attaque sera conduite... si... principes de base pour la conduite de l'opération appliqués... grand succès assuré. »

Entre-temps, suivant en cela ce qui se faisait toujours avant les grandes campagnes, Hitler avait fait rassembler au GQG *Adlerhorst* les 11 et 12 décembre (par moitié chaque jour) tous les officiers généraux concernés par l'offensive, jusqu'au niveau de commandant de division. Il leur exposa librement, comme il l'avait fait déjà dix jours auparavant au général von Manteuffel à Berlin, non seulement les principales raisons d'ordre militaire mais aussi les raisons politiques qui avaient motivé sa décision :

> La guerre est évidemment une rude épreuve pour tous ceux qui y sont impliqués. Plus elle dure, plus cette épreuve devient pénible. Cette épreuve doit absolument être supportée tant qu'il existe le moindre espoir de succès. Au moment où les espoirs de victoire s'évanouissent, les épreuves ne sont généralement plus endurées avec la même volonté que celle, par exemple, avec laquelle une forteresse combat aussi longtemps qu'elle peut encore espérer une levée du siège qu'elle subit. Il est donc important d'ôter de temps en temps à l'ennemi la confiance qu'il a en sa victoire, en lui faisant comprendre par des coups offensifs que la réussite de ses plans ne peut être escomptée avec certitude. On n'y arrivera jamais aussi bien par une action défensive réussie que par des actions offensives réussies. On ne peut pas, par conséquent, à la longue, s'en tenir au principe que la défensive, la défense, est la forme de combat la plus forte... Il ne faut pas oublier que le nombre total d'hommes engagés de notre côté est encore toujours aussi élevé que du côté de notre adversaire. Nous ne devons pas perdre de vue qu'une partie des forces ennemies est fixée dans l'est de l'Asie contre le Japon, contre un Etat qui, sans la Chine, compte bien plus de cent millions d'hommes et qui

constitue un facteur important sur le plan de l'équipement technique.

Il faut cependant se rendre compte que de trop durables périodes de résistance uniquement défensive rongent à la longue et qu'elles doivent en tout cas être suivies de combats victorieux. Je me suis donc efforcé, dès le début, de conduire la guerre offensivement chaque fois que c'était possible, de la conduire stratégiquement, de ne pas nous laisser manœuvrer de façon à nous retrouver dans une sorte d'état de guerre mondiale. Si cela s'est produit néanmoins, ce fut à cause de la défection de certains alliés, qui a naturellement entraîné avec elle des conséquences stratégiques... Mais, en fin de compte, les guerres se terminent lorsque l'un ou l'autre des adversaires réalise que la guerre ne peut plus être gagnée en tant que telle. La tâche essentielle est donc d'amener l'adversaire à se rendre à cette évidence. La façon la plus rapide de l'y contraindre est d'anéantir ses forces vives et d'occuper son territoire. Si on est forcé soi-même à la défense, à la défensive, la tâche propre consiste à procéder de temps en temps à des coups brutaux pour rappeler à l'adversaire qu'il n'a pas encore gagné et que la guerre se poursuit sans répit. Il est tout aussi important de renforcer l'effet psychologique ainsi obtenu en ne laissant passer aucune occasion de faire comprendre à l'adversaire que, quoi qu'il fasse, il ne pourra jamais compter sur une capitulation, jamais, jamais. Voilà l'essentiel. Le moindre signe d'une tendance quelconque à la capitulation conduit l'adversaire à reprendre espoir en la victoire ; une grande partie de la population qui avait perdu tout espoir sent alors renaître celui-ci et est prête à accepter de nouveau toutes les souffrances et toutes les privations. D'où le danger que présente la publication de mémoires défaitistes, comme il y en eut en 1917, ou de documents, comme ceux dont nous avons eu connaissance cette année, qui étaient connus de l'adversaire depuis des années et qui lui permettaient d'entretenir l'espoir qu'un miracle pouvait encore se produire et que ce miracle renverserait la situation d'un seul coup. L'adversaire doit savoir qu'il n'obtiendra le succès dans aucune circonstance. Lorsque le comportement d'une nation, d'une armée et, en outre, les sévères coups de retour qu'il essuie lui auront fait comprendre cela, un beau jour ses nerfs craqueront. Il arrivera ce que, à la septième année de guerre, Frédéric le Grand a pu considérer comme le plus grand succès de son existence. Qu'on ne vienne pas m'objecter : oui, mais la situation était différente alors. Elle n'était pas différente, Messieurs; à cette époque, tous ses généraux, y compris son propre frère..., étaient sur le point de douter de la possibilité d'un succès.

Ses préfets et ses ministres de Berlin se sont réunis en députation pour le supplier de mettre fin immédiatement à la guerre parce qu'il n'était plus possible de la gagner. La fermeté d'un seul homme a suffi pour que la lutte soit poursuivie et que se produise finalement un retournement miraculeux. L'objection selon laquelle cela ne serait jamais arrivé s'il n'y avait pas eu un changement de règne en Russie est totalement sans valeur. Car s'il avait capitulé à la cinquième année de la guerre, un changement de règne à la septième année, soit deux ans plus tard, n'aurait eu aucune importance. Il faut savoir attendre son heure.

Il faut encore réfléchir à une chose, Messieurs. Il n'y eut jamais, dans toute l'histoire du monde, une coalition d'éléments aussi hétérogènes et aux objectifs aussi divergents que celle de nos adversaires. Les adversaires qui nous sont opposés aujourd'hui sont les plus grands extrêmes que l'on puisse trouver sur terre : d'un côté, des Etats ultra-capitalistes, de l'autre, des Etats ultra-marxistes; d'une part, un empire mondial expirant, la Grande-Bretagne, de l'autre, une colonie en quête d'un héritage, les Etats-Unis. Ce sont des Etats dont les objectifs s'opposent jour après jour. Et celui qui, telle une araignée au centre de sa toile, pourrais-je dire, observe cette évolution, peut constater que cet antagonisme croît d'heure en heure. Si nous pouvons encore leur porter quelques coups très lourds, il peut arriver à tout moment que ce front commun, maintenu artificiellement, s'écroule dans un bruit de tonnerre. Chacun des partenaires est entré dans cette coalition avec l'espoir de pouvoir ainsi atteindre ses objectifs politiques... de pouvoir duper les autres ou de pouvoir en tirer profit : les Etats-Unis essayent d'hériter de l'Angleterre, la Russie essaye de conquérir les Balkans, conquérir les Détroits, conquérir le pétrole de Perse, l'Iran, le golfe Persique; l'Angleterre essaye de conserver sa position et de renforcer celle qu'elle occupe en Méditerranée. En d'autres termes, un jour viendra – et cela peut arriver maintenant à tout moment, car de l'autre côté aussi, l'histoire est façonnée par des hommes mortels – un jour viendra où cette coalition se dénouera, toujours à condition que, sous aucun prétexte, ce combat ne donne lieu à un moment de faiblesse de la part de l'Allemagne.

Il est évident que, dès le début de la guerre, nous avons eu de grandes faiblesses, mais celles-ci étaient principalement le fait de nos alliés. Ce fut une grande source de faiblesse pour nous d'avoir comme alliés, non des Etats très forts, mais des Etats faibles. Mais, en tout cas, ils ont fait leur devoir pendant un certain temps. Il ne faut pas se plaindre, il ne faut pas se lamenter à ce propos, mais il faut reconnaître que, pendant un certain temps, ces Etats ont atteint leur but à nos côtés, et il faut leur en savoir gré. Nous avons réussi pendant des années à maintenir la guerre à la périphérie du Reich. Nous avons à présent été repoussés en partie jusqu'aux frontières du Reich. En partie, nous nous trouvons encore loin des anciennes frontières du Reich. Dans tous les cas, nous menons la guerre comme par le passé, dans une situation qui nous donne toutes les chances de la poursuivre et de la supporter, particulièrement à une condition, que nous écartions le danger ici, à l'Ouest.

Messieurs, sur d'autres fronts, j'ai consenti des sacrifices – qui n'auraient pas été indispensables – pour créer ici la possibilité de repasser à l'action offensive. Quand je parle ici d'offensive, celui qui se trouve au cœur des combats, et particulièrement celui qui souffre de l'énorme supériorité aérienne de l'ennemi, sera peut-être quelque peu inquiet, et il dira : «Peut-on penser à une chose pareille ?» En 1939 et en 1940, non plus, tout le monde n'était pas convaincu que les combats à l'Ouest pouvaient être remportés par une action offensive. Au contraire, Messieurs. Je n'ai pas rédigé de mémoires à ce sujet pour enfoncer des portes ouvertes, mais j'ai rédigé des mémoires pour enfoncer des portes fermées. Il n'eût pas été nécessaire de tenir alors d'innombrables discussions se répétant sans cesse pour faire triompher ma conviction qu'il était indispensable de mener une stratégie offensive à l'Ouest...

L'opinion officielle était qu'il fallait mener une guerre défensive et c'est contre cette opinion que je me suis élevé en ces années-là. On acceptait au besoin de mener une guerre offensive en Pologne. Mais on considérait que conduire offensivement la guerre contre la France et contre l'Angleterre était une folie, un crime, une utopie, une entreprise sans espoir. La suite des événements a prouvé le contraire. Nous ne pouvons nous imaginer aujourd'hui ce qu'il serait advenu de nous si nous n'avions pas liquidé la France à cette époque... On pourrait évidemment objecter qu'il existe en un certain sens une énorme différence entre 1940 et maintenant; alors, une armée ennemie, encore inexpérimentée, et maintenant une armée bien connue de nous et qui se trouve en guerre. C'est exact, Messieurs. Mais du point de vue des forces, peu de choses ont changé, abstraction faite de la Luftwaffe – ce qui est un facteur très important, j'en reparlerai. Du point de vue des forces : en 1940, nous avons engagé l'offensive proprement dite à l'Ouest avec un total d'une centaine, disons 110 divisions, dont 86, en tout, ont réellement été mises en œuvre offensivement. Il ne s'agissait pas uniquement de divisions de première classe; certaines ont été improvisées, elles ont été constituées en l'espace de quelques mois et seule une partie d'entre elles pouvaient être considérées comme étant effectivement de première classe... Pour l'offensive qui va être lancée, les formations dont nous disposons ne sont pas non plus toutes de première classe. Mais les formations du côté adverse ne sont pas toutes de première classe, non plus. Beaucoup de nos troupes sont épuisées, mais l'ennemi a aussi des troupes épuisées et il a subi de lourdes pertes. Nous venons de recevoir les premières informations officielles américaines selon lesquelles ils ont perdu quelque 240000 hommes en tout juste trois semaines. Ce sont des chiffres qui sont tout simplement gigantesques, qui vont bien au-delà de ce que nous croyions nous-mêmes. Eux aussi sont épuisés. Du point de vue technique, nous sommes à peu près de force égale. En ce qui concerne les blindés, il est possible que l'adversaire en possède plus que nous, mais avec nos nouveaux modèles, nous avons les meilleurs chars...

Une telle allocution ne pouvait manquer entièrement son effet sur des soldats non prévenus, même s'ils étaient conscients des insuffisances et des lacunes qu'il comportait. Le général von Manteuffel écrit d'ailleurs : « L'image positive que les commandants des grandes unités tirèrent de l'allocution... fut celle de la situation d'ensemble de l'ennemi. L'appréciation de la situation qui leur avait été fournie provenait de la seule autorité susceptible de procurer une vue d'ensemble de la situation militaire dans toute son ampleur... et elle semblait offrir des perspectives favorables. »

Comme on le sait, l'opération *Herbstnebel* (« Brouillard d'automne ») – tel était son nouveau nom - code – qui débuta le 16 décembre à 5 h 30 prit l'ennemi entièrement par surprise et enregistra des succès initiaux appréciables dans le secteur Nord de l'Eifel, qui était faiblement occupé. Des éléments avancés de l'armée Manteuffel purent ensuite s'approcher à quelques kilomètres de la Meuse, dans la région de Dinant, mais avec un retard considérable sur le plan envisagé et alors que l'armée voisine de droite restait bien en arrière. Grisé par de tels succès partiels et prisonnier de ses propres illusions, le GQG allemand se refusa de voir qu'un résultat décisif, ne correspondant même qu'approximativement aux objectifs fixés, devenait de plus en plus improbable au fur et à mesure que l'ennemi parvenait à amener ses grosses réserves. Cette attitude se reflète clairement dans les notes consignées par le chef de l'état-major Opérations à la date du 18 décembre, dans son *Journal* :

> Le Führer ordonne que les poches restantes soient brisées par l'arrière. Il faut les couper dans le dos pour qu'elles ne puissent plus être ravitaillées, alors elles capituleront...

Peu après, toutefois, au lieu de capituler, le point de jonction de Bastogne retint une grande partie des forces assaillantes et, le temps s'étant éclairci, l'aviation alliée fit preuve d'une supériorité écrasante, malgré les efforts déployés par la Luftwaffe. En dépit de certains exploits individuels d'une rare bravoure, les rôles commencèrent à être inversés, et c'est l'attaquant qui fut contraint à la défensive. Le jour de Noël, le commandant en chef de l'Ouest demanda un arrêt total de l'offensive parce que même la petite solution n'était plus possible. Cependant, Hitler ne s'en tint pas seulement à ses plans ambitieux, il en envisagea même de plus présomptueux encore.

Sous l'impression de l'image de la situation résultant de l'engagement de puissantes réserves alliées contre la pénétration allemande dans l'Eifel, le GQG allemand reprit alors une idée qui avait été avancée déjà les 17 et 25 novembre, en raison de la percée ennemie en Alsace. Il avait été question à l'époque de renoncer peut-être, au dernier moment, au plan de l'offensive des Ardennes au profit d'une opération de récupération de la Lorraine et de l'Alsace. Mais on reprit à présent le projet établi en novembre par l'état-major Opérations à partir d'études préliminaires effectuées en octobre, pour lancer une deuxième offensive. Au GQG *Adlerhorst,* on se renforça dans l'idée qu'il serait possible de cette façon, non seulement d'obtenir un autre succès partiel, mais de profiter des déplacements de forces que l'on pourrait en attendre de la part de l'adversaire pour reporter en avant le front qui s'était bloqué dans les Ardennes, traverser la Meuse et, ainsi, de pouvoir encore atteindre l'objectif initialement fixé.

Le thème fut repris par Hitler dans l'allocution qu'il prononça le 28 décembre devant les commandants des grandes unités participant à l'opération.

Avant même que l'opération en Alsace, du nom code de *Nordwind* («Vent du Nord»), ait pu exercer une quelconque influence dans la zone d'attaque principale du Nord, Hitler dut se rendre à l'évidence, au début de janvier 1945 : «La poursuite (de l'offensive des Ardennes) n'offre plus aucune chance de succès, le groupe d'armées B s'affrontant à plus de la moitié des forces totales de l'ennemi.» Il fallut cependant encore de nombreux jours avant que, lui-même et ses conseillers reconnaissent que l'enlisement des mouvements également en Alsace semblait épuiser définitivement toute possibilité de poursuivre de grands projets à l'Ouest. Ce n'est que le 14 janvier, à la veille du retour à Berlin du GQG que, selon le journal de campagne de l'état-major Opérations, on reconnut finalement que l'initiative dans les zones d'attaque était passée à l'ennemi.

Le chapitre de la guerre à l'Ouest se dirigeait vers son terme, non sans exiger encore d'énormes sacrifices en biens et en vies.

20

Entre la désintégration et la capitulation

Une conversation que Hitler eut, au début de la dernière phase de la guerre, au GQG *Adlerhorst*, dans la nuit du 29 au 30 décembre 1944, avec le chef de l'inspection générale des troupes blindées, le général Thomale, montre une fois de plus son habileté à faire miroiter l'impossible aux yeux d'autrui et à ses propres yeux. Il déclara notamment – fragment n° 30 – ce qui suit :

J'ai lu il y a peu un recueil de lettres de Frédéric le Grand. Il écrit dans une de ces lettres : « Lorsque j'ai entamé la guerre – cela se passait dans la cinquième année de la guerre de Sept Ans –, je possédais la plus merveilleuse armée qu'il y eut jamais en Europe ; aujourd'hui, c'est la pagaille, je n'ai plus de chefs, mes généraux sont incapables, les officiers ne sont plus des chefs, mes hommes sont misérables. » C'est là un jugement impitoyable. Et pourtant, cet homme a poursuivi la guerre. Si, d'autre part, on lit les jugements portés sur la valeur des troupes russes, c'est misérable. Mais les hommes tiennent bon à travers tout. Voilà une qualité humaine éternelle qui est réellement à la base des qualités militaires. Car les qualités militaires ne se manifestent pas dans des jeux faits sur bac à sable, mais elles apparaissent en fin de compte dans la faculté morale de tenir bon, dans la ténacité et la persévérance. Voilà le facteur décisif de tout succès.

Le génie est de courte durée quand il ne s'appuie pas sur la persévérance et sur une ténacité fanatique. C'est ce qu'il y a de plus important dans toute l'existence humaine. Les gens qui ont des trouvailles, qui ont des idées etc., mais qui n'ont pas de fermeté de caractère, de ténacité et de persévérance, ne peuvent arriver à rien. Ce sont des aventuriers. Quand tout va bien, ils sont euphoriques, mais quand cela va mal, ils sont tout de suite abattus et abandonnent aussitôt tout à nouveau. Ce n'est pas ainsi qu'on peut faire avancer l'histoire du monde. On ne peut faire l'histoire du monde que si l'on possède réellement, en plus d'une vive intelligence, d'une conscience vive et d'une vigilance toujours en éveil, une endurance fanatique et cette fermeté dans la foi qui rend un homme maître de soi. Le soldat sent aussi en fin de compte, dans les moments critiques, qu'il a des chefs qui possèdent ces qualités. Certains n'aiment pas cela, c'est la plus mauvaise partie. Mais la bonne partie s'identifie à cela car elle se dit : Pourquoi avons-nous fait tous ces sacrifices? La guerre ne durera plus aussi longtemps qu'elle a déjà duré. C'est tout à fait certain. Pas un homme ne serait capable de la supporter, ni nous, ni les autres. Le tout est de savoir qui tiendra le plus longtemps. Celui qui doit tenir le plus longtemps est celui pour qui tout est en jeu. Pour nous, tout est en jeu. Si les autres disent un jour : Maintenant, nous en avons marre, il ne leur arrivera rien. Si l'Amérique dit : Fini, terminé, nous n'avons plus d'hommes à envoyer en Europe, il ne se passera rien; New York restera New York, Chicago restera Chicago, Détroit restera Détroit, San Francisco restera San Francisco. Il n'y aura rien de changé. Mais si nous disions aujourd'hui : nous en avons marre – nous arrêtons – alors l'Allemagne cessera d'exister...

Ces propos de Hitler caractérisent en même temps la conception politico-stratégique générale qui anima le commandement suprême allemand à la fin de la guerre. Celle-ci trouva son expression la plus simple dans la formule consistant à dire qu'il ne fallait pas déposer les armes une fois de plus, «cinq minutes avant 12 h», ainsi que les thèses nationales-socialistes prétendaient que cela avait été fait en novembre 1918. Mais, pour le guide suprême du destin allemand lui-même, le moment décisif de la guerre et de la victoire restait caché dans les brumes de fantasmes politiques et militaires. Il y avait en tout premier lieu son attente de voir s'effondrer la coalition ennemie, et il croyait sans cesse en déceler de nouveaux indices. Ensuite, sa foi s'appuyait sur ses propres armes miracles ; il est vrai que les performances accomplies par les constructeurs et les ouvriers allemands étaient admirables, mais il n'y avait aucune raison de croire que ces armes exerceraient une action éclair, ni même rapide et décisive, comparable en quoi que ce soit au résultat que devaient avoir ultérieurement les premières bombes atomiques. Entre-temps, les dernières forces du peuple et de la Wehrmacht qui, ni l'un ni l'autre, n'avaient conscience de la situation réelle, allaient être stimulées par une propagande exploitant d'une part le fait que les Alliés exigeaient une capitulation sans conditions et d'autre part – avec plus de prudence – les informations concernant les atrocités perpétrées par les soldats soviétiques, dont on avait eu connaissance déjà, après la première invasion de l'Armée rouge en Prusse-Orientale.

De tels raisonnements pouvaient peut-être encore offrir certaines perspectives *politiques* mais ils constituaient un fond trop mouvant pour construire un plan de guerre *militaire*, ainsi que Hitler lui-même en avait d'ailleurs convenu avec plus de discernement en son temps. Au cours de la dernière phase de la guerre, le GQG allemand et son commandement se trouvèrent ainsi tiraillés de-ci de-là entre l'Est et l'Ouest – déchirés entre des tentatives d'opérations de grande envergure sans forces ni moyens suffisants et les événements beaucoup plus forts qui balayaient toujours tout – entre le refus de voir arriver la catastrophe et l'activité quotidienne poursuivie avec l'illusion d'armées, de divisions et de régiments pleinement aptes au combat. Tout restait dominé par la volonté démoniaque d'un seul homme ; le mécanisme du commandement restait inchangé, même lorsqu'il tournait à vide. Et cependant, les soldats allemands et d'autres hommes, qui ne faisaient pas partie de la Wehrmacht mais qui se voyaient de plus en plus impliqués dans les événements de la guerre, continuaient à obéir aux ordres, se tenant prêts à tous les sacrifices.

Les idées de Hitler et les propos qu'il tenait se traduisirent par une dernière série d'ordres absurdes. Après s'être laissé dissuader de se retirer de la Convention de Genève – ce qu'il envisageait en guise de représailles contre les bombardements de populations civiles et pour inciter à une suprême résistance – il proféra, au début de mars 1945, depuis les profondeurs humides des bunkers de la chancellerie du Reich, de vaines menaces à l'adresse des soldats de la Wehrmacht, les avertissant que s'ils étaient faits prisonniers sans avoir été blessés, leurs proches, restés au pays, payeraient pour eux. Le 19 mars, un ordre prévoyait que plus un pouce de territoire ne serait cédé à l'ennemi sans que tous les moyens de communication et les installations de ravitaillement n'aient été préalablement détruits, au mépris des besoins les plus essentiels de la population allemande. Enfin, deux semaines avant de trouver la fuite dans le suicide, il récompensa la discipline et la loyauté d'une Wehrmacht, qui avait enduré cette guerre pendant plus de cinq ans et demi, par l'appel suivant du 15 avril 1945 adressé aux soldats du front de l'Est : « Quiconque vous donnera un ordre de retraite, sans qu'il soit bien connu de vous, devra être aussitôt arrêté et au besoin abattu sur place, quel que soit son rang. »

Le chef de l'OKW, qui était seul parmi les officiers du grade le plus élevé à avoir suivi l'évolution détaillée des événements, ne trouva à dire, lors de son interrogatoire, que ceci :

> Après l'échec de toutes ces tentatives (faisant ainsi allusion à mars 1945), la défaite de l'Allemagne apparut clairement inévitable. Seul l'accomplissement du devoir militaire, auquel nous étions tenus par le serment que nous avions prêté, me poussa ainsi que mes compagnons à poursuivre le combat.

L'Armée rouge avait pénétré profondément dans le nord-ouest de la Hongrie et encerclé Budapest le 24 décembre. Elle lança le 12 janvier une puissante offensive à partir de la tête de pont qu'elle avait établie sur la Vistule dans la région de Baranov.

Hitler, qui était resté sourd, tant que se poursuivait la bataille des Ardennes, aux avertissements et aux appels lancés par Guderian, se résolut le 16 janvier à renforcer le théâtre oriental. Mais, alors que la poussée débouchant de la Vistule menaçait directement le territoire allemand – elle atteindra, de fait, très rapidement la Haute-Silésie et l'Oder moyen – il choisit d'affecter la 6e armée blindée SS, qu'il avait fait retirer du front de l'Ouest, à la protection des régions pétrolifères de Hongrie. Guderian s'insurgea avec véhémence contre cette décision, mais il ne put la faire modifier.

La grande fureur de Hitler qui – selon Guderian – semblait déjà trahir le fait que le commandant suprême se sentait personnellement responsable de l'écroulement rapide du front de l'Est, atteignit un nouveau paroxysme le lendemain 17 janvier, lorsqu'il apprit que les quatre derniers et maigres bataillons qui défendaient Varsovie avaient été retirés sans qu'il l'ait su et sans qu'il en ait donné l'ordre formel. Voici ce que Guderian écrit à ce sujet : « Il se désintéressa totalement de la situation générale, qui était pourtant effroyable, pour ne plus penser qu'à la mésaventure de Varsovie... » Les jours suivants, il ne fut plus question que de cela et de la punition que méritait l'état-major général pour sa prétendue faute grave. Et il poursuit en citant les propos de Hitler : « Ce n'est pas vous que je veux toucher, c'est l'état-major général. Je ne puis supporter qu'un groupe d'intellectuels se permette d'imposer leurs vues à leurs supérieurs. Cela tient au système de l'état-major général, et c'est de ce système que je veux faire table rase. » En dépit de toutes les protestations élevées par Guderian, le colonel von Bonin, chef de la section Opérations, et deux de ses collaborateurs, des lieutenants-colonels, furent arrêtés et soumis pendant des journées entières tout comme Guderian lui-même, à des interrogatoires que leur infligèrent les trop célèbres chefs du SD Kaltenbrunner et Müller, alors que la bataille pour l'est de l'Allemagne réclamait plus que jamais toutes les énergies. Von Bonin finit par échouer dans un camp de concentration qu'il ne devait plus quitter avant la fin de la guerre.

Une instruction fut diffusée le 21 janvier, suite à l'incident. Elle enjoignait à tous les commandants de grande unité de faire connaître à Hitler en temps utile, c'est-à-dire suffisamment tôt pour qu'il puisse s'y opposer, toute intention de mouvement, d'attaque, de repli, de reddition d'une position, d'une localité ou d'une forteresse.

Le jour même où fut émise cette instruction, Hitler tenta de trouver un autre moyen d'endiguer le torrent qui déferlait de l'Est, mais cet essai s'avéra totalement illusoire : il nomma Himmler commandant en chef du groupe d'armées Vistule. Il s'agissait d'un nouveau grand commandement de l'armée qui devait être créé à la requête de Guderian en vue de colmater la brèche qui avait été ouverte par l'offensive russe, de faire obstacle à «la rupture... en direction de Dantzig..., d'empêcher ainsi l'encerclement de la Prusse-Orientale et de protéger le déploiement des nouvelles forces qui seraient envoyées». Le chef de l'état-major général avait pensé confier cette tâche, aussi délicate qu'importante, au maréchal von Weichs, qui avait été commandant en chef SE et qui se trouvait à présent disponible, et il comptait sur Jodl pour appuyer ce projet auprès de Hitler. Mais lorsque le chef de l'état-major général de l'armée en présentant sa proposition à Hitler, se référa à cette identité de vues, il subit, comme il l'écrit lui-même, une grosse déception; car Jodl se contenta de faire une remarque désobligeante concernant les profondes convictions religieuses du maréchal, ce qui incita Hitler à repousser le projet sur un ton cassant et à nommer Himmler à sa place. Toute l'indignation que cette grossière erreur inspira à Guderian resta sans aucun effet, jusqu'au moment où Himmler fit apparaître aux yeux de Hitler lui-même son incapacité totale à assumer des tâches de commandement militaire.

Jodl se tint à l'écart des discussions de plus en plus vives opposant Hitler et Guderian. Il semble toutefois qu'il ait joué un rôle modérateur dans l'affaire Hossbach. Sans en référer au commandant suprême, le général Hossbach avait rompu le contact le 22 janvier, dans la boucle de la Narev et replié son armée derrière la Vistule. Son supérieur, le général Reinhardt, et lui furent relevés de leur commandement, mais ils n'encoururent aucune autre sanction.

Himmler avait été autorisé en septembre 1944 à conclure avec le général Vlassov, capturé au cours de l'été 1942, un accord devant permettre la constitution rapide d'une ou deux divisions de combattants russes antibolcheviques.

L'opinion que Hitler aussi bien que Goering continuaient à avoir de cet accroissement de forces se reflète dans la conversation qui eut lieu au cours de la conférence du 27 janvier 1945, telle qu'elle fut notée dans le fragment 24/25 repris ci-dessous :

GUDERIAN : Vlassov voulait faire certaines déclarations.

LE FÜHRER : Vlassov ne signifie rien.

GOERING : Ils ne devraient pas se promener en uniforme allemand. On voit partout de ces jeunes gens. Cela ne fait qu'irriter les gens. Quand on veut les attraper, on voit qu'il s'agit d'hommes de Vlassov.

LE FÜHRER : J'ai toujours été opposé à ce qu'on leur fasse porter nos uniformes. Mais qui était pour? Notre chère armée, qui avait ses propres idées là-dessus.

GOERING : C'est dans cette tenue qu'ils se promènent pour le moment.

LE FÜHRER : Je ne peux pas les habiller autrement, nous n'avons pas d'uniformes. Je voulais à l'époque que les étrangers... Mais chez nous, ce Monsieur von Seeckt a vendu des casques d'acier allemands aux Chinois. On n'a aucun amour-propre. On fourre n'importe quel bon à rien en uniforme allemand. J'ai toujours été contre. J'ai toujours été opposé à ce qu'on fourre les cosaques en uniforme allemand. On aurait dû leur donner des uniformes et des insignes cosaques comme indication qu'ils se battent pour nous. C'est aussi beaucoup plus romantique. Il ne vient pas à l'esprit des Anglais d'habiller un Indien à l'anglaise. Nous sommes les seuls à avoir cette impudeur, parce que nous manquons de caractère. Sinon, on ne mettrait pas de casques d'acier allemands sur la tête des autres. Les Anglais laissent courir les Indiens comme des indigènes.

GOERING : Les hommes de Vlassov sont certainement tellement compromis là-bas qu'ils seront sûrement punis s'ils se font capturer.

LE FÜHRER : Ne dites pas cela, ils désertent tout de même.

GOERING : C'est tout ce qu'ils peuvent faire : déserter ; ils ne peuvent rien faire de plus.

GUDERIAN : La division qui est en cours de formation à Münsingen doit-elle être prête rapidement ?

LE FÜHRER : Oui, il faut veiller à ce qu'elle soit prête.

FEGELEIN : Le *Retchsführer* souhaite que les deux divisions soient placées sous son haut commandement.

LE FÜHRER : Vlassov ne désertera pas.

GOERING : Ils ne peuvent rien faire de plus que déserter. Alors, ils ne mangeront pas la part des autres.

L'opinion que Hitler exprima le 23 mars sur la Légion indienne ne fut guère plus élogieuse :

LE FÜHRER : La légion indienne, c'est une plaisanterie. Il y a des Indiens qui sont incapables de tuer un pou, ils préféreraient se laisser dévorer. Ils ne tueront pas d'Anglais non plus. Je considère comme une absurdité de vouloir précisément les opposer aux Anglais. Pourquoi les Indiens combattraient-ils plus vaillamment chez nous qu'ils ne l'ont fait en Inde même, sous la direction de Bose ? En Birmanie, ils ont engagé des formations indiennes commandées par Bose pour libérer l'Inde des Anglais. Ils se sont enfuis comme un troupeau de moutons. Pourquoi seraient-ils plus vaillants chez nous ? Je crois que si l'on voulait employer les Indiens pour faire tourner des moulins à prières ou quelque chose comme cela, ils seraient les soldats les plus infatigables du monde. Mais il est ridicule de les utiliser dans un combat véritable – Quelle est la force des Indiens? De toute façon, c'est de la blague! On peut se permettre des plaisanteries de ce genre pour des raisons de propagande quand on a des armes en surabondance. Mais quand ce n'est pas le cas, de telles plaisanteries de nature propagandiste ne peuvent se justifier.

Au cours de cette dernière année de guerre, Hitler continua à craindre un débarquement en Norvège. Il y envoya, en janvier encore, une brigade de skieurs. Et il s'opposera par la suite à l'évacuation de tout ou partie du pays.

Les Alliés lancèrent le 9 avril leur dernière grande offensive en Italie. Affaibli, ligoté par des ordres stricts de résistance sur place, manquant de carburant, le groupe d'armées de von Vietinghoff se désintégra après que l'adversaire eut pris Bologne et débouché dans la plaine du Pô. Un armistice mit fin aux combats le 2 mai.

Le centre d'intérêt principal de l'état-major Opérations resta l'Ouest, où l'ennemi avait repris en février, quelques semaines après l'interruption de l'offensive allemande, sa pénétration en territoire allemand selon un plan d'ensemble et avec des forces accrues. Là comme ailleurs, les directives rigides de Hitler restèrent inchangées; c'est ainsi, par exemple, que pas un soldat, pas un véhicule, pas une arme ne pouvait franchir le Rhin vers l'Est sans autorisation du commandement d'armée et que, à un autre endroit, les troupes devaient être tenues de se laisser encercler par les attaques ennemies dans les rares ouvrages de la ligne Siegfried que leurs maigres effectifs leur permettaient encore d'occuper. Tout cela fit que, en dépit de leur courage et de leur abnégation, les restes de l'armée allemande se trouvèrent ainsi généralement à bout de forces dans les avancées déjà de la ligne du Rhin.

Le 7 mars, les Américains s'emparèrent par surprise du pont de Remagen, demeuré intact. Hitler prit une série de contre-mesures – il tenta vainement d'éliminer cette tête de pont en rassemblant toutes les forces disponibles du groupe d'armées B ; les présumés coupables furent jugés et condamnés à mort ; le commandement en chef Ouest subit un nouveau changement – qui contribua à rendre le franchissement du Rhin beaucoup plus aisé aux Alliés qu'ils ne le craignaient lorsqu'ils l'entreprirent les 22-23 mars en plusieurs endroits.

Hitler avait choisi comme successeur de von Rundstedt le maréchal Kesselring, qu'il nomma commandant en chef Ouest à dater du 10 mars, après lui avoir donné personnellement des instructions détaillées dans le bunker de la chancellerie à Berlin.

> Hitler lui expliqua qu'il s'agissait uniquement de gagner du temps jusqu'à ce que la 12e armée soit opérationnelle et que les chasseurs à réaction et les autres armes nouvelles puissent être employés en grand nombre. Kesselring conclut de l'entretien que sa mission consistait à tenir et à éliminer la tête de pont de Remagen.

A l'Ouest, l'ennemi avait franchi la barrière du Rhin et, à l'Est, une contre-attaque allemande avait échoué, à peine entamée. Un assaut ennemi général vers le cœur de l'Allemagne était à présent imminent, mais le commandement suprême allemand persistait à s'enfermer dans sa tour d'ivoire. Ce fut à cette époque que Hitler déclara que la véritable leçon à tirer de la guerre était que le peuple allemand allait à sa perte parce qu'il s'était avéré le plus faible dans un combat pour la vie ou la mort. Animé de cet état d'esprit, il comptait pour rien le sacrifice de la jeunesse, la perte de la patrie, le flot des réfugiés, la détresse et la terreur suscitée par les bombardements. Guderian fut le seul à tenter, désespérément, de mettre un terme à l'horreur. Le 28 mars, il fit preuve d'un courage moral exemplaire en couvrant à nouveau ses subordonnés. Mais il dut partir le jour même et tout comme l'auteur de ces lignes avant lui, il considéra comme une délivrance son éloignement d'un milieu auquel il n'avait cependant été lié que pendant peu de mois et jamais plus de quelques heures d'affilée. Même dans ces circonstances, le chef de l'état-major Opérations n'eut pas le courage de mettre fin à la dichotomie et au parallélisme entre les états-majors Opérations de la Wehrmacht et de l'armée. Le général Krebs, qui était à peine guéri des blessures reçues lors du bombardement de Zossen, fut désigné comme nouveau chef d'état-major général de l'armée et chargé de conseiller Hitler dans les questions du front de l'Est.

Les Alliés atteignirent la Weser au début d'avril et établirent rapidement quatre têtes de pont sur la coupure. Les Soviétiques s'emparèrent de Vienne le 13 du même mois...

Un dernier changement se produisit dans l'organisation du commandement du GQG allemand à la mi-avril, lorsque les Russes avancèrent en direction de Berlin et menacèrent la capitale du Reich d'encerclement. A titre de précaution, dès le 11 avril déjà, des ordres avaient été donnés pour la constitution de postes de commandement de rechange – l'un pour une zone Nord et l'autre pour une zone Sud – compte tenu de la difficulté accrue à exercer un commandement centralisé. Le lendemain, le grand amiral Dönitz obtint l'accord de Hitler de déplacer en cas de besoin l'état-major de la marine à la côte, puis le 15 avril de nouvelles directives furent données par l'OKW pour le cas où les communications terrestres seraient coupées dans le centre de l'Allemagne à la suite d'une jonction des troupes ennemies venant d'Est et d'Ouest. La ligne de séparation qui existait depuis 1942 entre l'Est et l'Ouest se trouva de la sorte déplacée inopinément de 90 degrés. Un commandement Nord dirigé par Dönitz reçut autorité pleine et entière sur les secteurs septentrionaux des fronts de l'Est et de l'Ouest, le Danemark, la Norvège et la flotte aérienne du Reich ; Kesselring se vit confier le commandement Sud coiffant les secteurs méridionaux de l'Est et de l'Ouest, le Sud-Est, l'Italie et la 6e flotte aérienne. Cette nouvelle organisation du commandement ne devait toutefois être mise en application que dans celle des deux zones où Hitler lui-même ne se trouverait pas, sur instruction expresse de sa part, et pour autant que l'état des transmissions ne lui permette de continuer à exercer en personne le commandement suprême dans les deux zones. Cette nouvelle organisation ne fut réalisée que partiellement.

Le même soir, à leur retour dans leurs quartiers transitoires qui venaient d'être installés dans les casernes de Krampnitz près de Potsdam, Keitel et Jodl trouvèrent leur état-major prévu pour la zone Nord déjà prêt au départ devant l'avance soviétique. Conformément aux instructions que Hitler leur avait données à maintes reprises de ne se laisser enfermer dans Berlin sous aucun prétexte – et que Keitel avait vainement combattues, de même qu'il s'était élevé contre la décision de Hitler de rester – l'OKW Nord, composé d'éléments de l'état-major Opérations et de l'état-major général de l'armée, fut transféré au cours de la nuit dans un camp situé dans la forêt entre Rheinsberg et Fürstenberg. Dönitz étant parti entre-temps à Pion avec l'état-major de la marine, c'est le chef de l'OKW, Keitel, qui, sur une nouvelle directive de Hitler, reprit avec Jodl le commandement en chef dans la zone Nord ; c'était le premier commandement de troupes qu'il assumait depuis le début de la guerre. En dépit d'une résistance toujours plus large venant du front, ils continuèrent imperturbablement et de toutes leurs forces à diriger et à organiser, à démettre des chefs et à en nommer de nouveaux – Keitel toujours par monts et par vaux et Jodl assurant la permanence à l'état-major. Ils croyaient non seulement, tout comme Hitler – avec qui il leur arrivait encore occasionnellement d'avoir des liaisons téléphoniques ou radio – pouvoir dégager Berlin, mais encore continuer à diriger la défense du Reich dans son ensemble.

En ces jours-là, le général d'armée Jodl obtint en outre un triomphe personnel – par trop tardif, il est vrai – pour lequel il avait lutté depuis près de dix ans. Le 25 avril il put noter ce qui suit dans son *Journal* : « Nuit du 24 au 25 – Le Führer signe l'ordre concernant l'exercice du commandement et la fusion des états-majors. » Le schéma manuscrit qui figure au même endroit fait apparaître que l'OKH avait cessé d'exister :

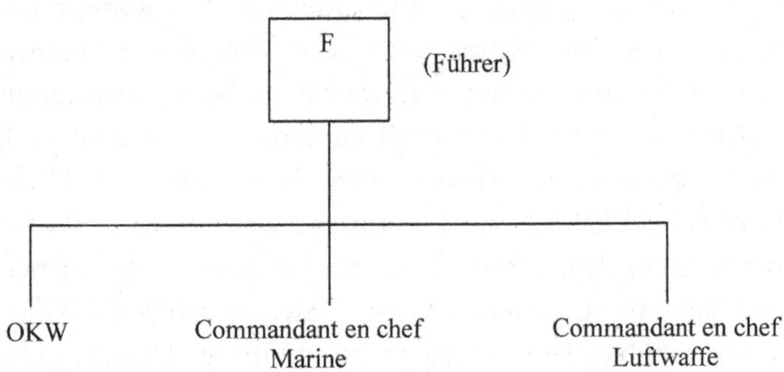

Alors que l'armée avait été la plus importante des trois forces de la Wehrmacht et celle à laquelle avaient été imposés, et de loin, les plus lourds sacrifices pendant toute la durée de la guerre, son haut commandement se voyait absorbé par l'OKW, tandis que le dernier chef en charge de l'état-major général se trouvait enfermé dans Berlin avec Hitler, sans aucune possibilité d'exercer un commandement.

L'échelon Sud de l'OKW, composé également d'éléments de l'état-major Opérations et de l'état-major général de l'armée, avait quitté le camp de Zossen dès la soirée du 22 avril, sous la direction du chef adjoint de l'état-major Opérations, le général de division Winter. Selon une nouvelle instruction, cette partie de l'état-major devait se rendre à Berchtesgaden pour y prendre contact avec le *Reichsmarschall* qui s'était imposé entre-temps à la place de Kesselring comme commandant en chef de la zone Sud. Goering n'eut toutefois plus le temps de se réjouir de cette dernière extension de ses pouvoirs : dès le lendemain, il fut relevé de toutes ses fonctions et c'est à grand-peine qu'il parvint à échapper à l'arrestation et à l'exécution ordonnées par Hitler.

L'OKW Nord s'installa le 29 avril au domaine Dobbin en Mecklembourg, puis rejoignit le 3 mai le grand amiral Dönitz à Mürwirk près de Flensburg.

Le dernier acte de portée historique que les généraux se trouvant à la tête du Grand Quartier général allemand furent appelés à poser fut la signature de la capitulation sans condition – le général d'armée Jodl le 7 mai à 2 h 41 à Reims, le maréchal Keitel le même jour à minuit à Berlin – Karlshorst.

Avec l'arrestation, le 23 mai 1945, de l'ensemble du gouvernement du Reich, précédée dix jours auparavant par l'envoi de Keitel en captivité, ce qui restait du Grand Quartier général allemand de la Deuxième Guerre mondiale se désintégra pour toujours.

ANNEXE

Etats de service de l'auteur

Reçu au baccalauréat, Walter Warlimont entre sous les armes en février 1913, à l'âge de dix-huit ans, comme aspirant officier au 20e régiment d'artillerie à pied de Basse-Saxe caserné à Strasbourg. D'août 1913 à mai 1914, il suit les cours de l'école militaire (*Kriegschule*) de Dantzig et est promu sous-lieutenant en juin 1914.

Il participe à la Première Guerre mondiale sur les fronts de l'Ouest et d'Italie comme officier de batterie, adjudant-major (de groupe, de régiment, de brigade) et commandant de batterie.

Après 1918, le lieutenant Warlimont combat dans le corps franc Märcker avant d'être repris dans la Reichswehr au 6e régiment d'artillerie tenant garnison à Minden (Westphalie). Il est désigné en 1922 pour participer à un cycle de formation d'aide du commandement (d'officier breveté d'état-major). Au terme d'un congé de trois mois passé en Grande-Bretagne pour y apprendre la langue anglaise, le capitaine Warlimont est muté au cours de l'automne 1926 à l'état-major général; il y est successivement deuxième assistant du chef du bureau Troupe (*Truppenamt*), attaché à la section Economie de guerre, et ensuite à la section Armées étrangères du ministère de la Reichswehr.

Il est envoyé en mai 1929 en stage dans l'armée des Etats-Unis d'Amérique, en vue d'y étudier pendant un an la mobilisation économique.

Il exerce ensuite, de l'automne 1930 au printemps 1933, les fonctions de chef de batterie au 2ᵉ régiment d'artillerie à Allenstein. Promu major, il passe au ministère de la Reichswehr et y devient en 1935 chef de la section Economie de guerre.

Le lieutenant-colonel Warlimont est détaché en Espagne, au cours de l'été 1936, en qualité de plénipotentiaire militaire du ministre de la Guerre du Reich auprès du général Franco.

De 1937 à 1938, il commande le 2ᵉ groupe du 34ᵉ régiment d'artillerie à Trêves, puis, après avoir été nommé colonel, le 26ᵉ régiment d'artillerie à Düsseldorf.

Chef de la section défense nationale à l'OKW en septembre 1938, il cumule cette fonction, à partir de novembre 1938, avec celle de chef du bureau Opérations des forces armées.

Du début de la guerre jusqu'en septembre 1944, il sert à l'OKW comme chef adjoint du bureau Opérations, puis de l'état-major Opérations des forces armées; il y devient successivement général de brigade, général de division et général de corps d'armée.

Il est mis en disponibilité en septembre 1944 et ne recevra plus d'affectation par la suite.

BIBLIOGRAPHIE

I. DOCUMENTS

Directives, ordres d'opération, instructions particulières, ordres du jour, et autres prescriptions de Hitler aux forces armées rédigées et diffusées par l'état-major Opérations de l'OKW ; ordres du commandant en chef de l'armée et du commandant en chef de la Marine.

Correspondance militaire de Hitler et des plus hauts organes de commandement des forces armées, notamment Mémorandums, appréciations de la situation, rapports, communications aux alliés ; journaux de campagne ; relations écrites de contemporains (journaux personnels), titulaires ou non de fonctions importantes au sein des forces armées ; comptes rendus sténographiques des conférences militaires de Hitler. Et, plus particulièrement : journaux de campagne de l'état-major Opérations de l'OKW, de sa section L et de sa section historique ; journaux personnels de Jodl et de Halder, relations écrites du commandant en chef de la Marine au sujet de ses entretiens avec Hitler ; fragments des comptes rendus sténographiques des conférences de Hitler, notes prises lors des conférences à la section L.

Les directives et les autres ordres de combat couvrent quasiment sans interruption l'ensemble de la période de guerre. Il n'en va pas de même pour les autres documents repris ci-dessus : ceux-ci, pour des raisons diverses – partie des écrits non encore retrouvée et dès lors probablement perdue, auteurs écartés prématurément de leurs fonctions, relations établies de manière discontinue ou à partir d'une date postérieure à l'entrée en guerre –, dont certaines s'additionnent, ne s'étendent que sur des périodes limitées.

II. OUVRAGES

Akten zur Deutschen Auswärtigen Politik 1918-1945, Série D, Baden-Baden, 1950. Edition française : *Les Archives secrètes de la Wilhelmstrasse*, Paris, 1950 et suiv.

ANSEL W., *Hitler Confronts England*, Durham, 1960.

ARMSTRONG A., *Unconditional Surrender*, New Brunswick, 1961.

BECK L., *Studien*, publié par H. Speidel, Stuttgart, 1955.

BLOMBERG W. von, *Erinnerungen*, manuscrit. Mémoires non publiés.

BOR P., *Gespräche mit Halder*, Wiesbaden, 1950.

BRYANT A., *Triumph in the West* (Journal du chef de l'état-major impérial britannique vicomte Alanbrooke), Londres, 1959.

CAVALLERO comte Ugo, *Comando Supremo. Diario*, Rome, 1948.

CHURCHILL W. S., *The Second World War*, Londres, 1948. Edition française : *Mémoires sur la Deuxième Guerre mondiale*, Paris, 1948-1954.

CIANO comte G., *Diario*, Milano, 1946. Edition française : *Journal politique 1939-1943*, Neuchâtel, 1946.

CIANO comte G., *L'Europa verso la catastrofe*, Milan, 1948. Edition française : *Les Archives secrètes du comte Ciano*, Paris, 1948.

DEMETER K., *Das Deutsche Offizierkorps in Gesellschaft und Staat*, Francfort-sur-le-Main, 1962.

DOENITZ K., *10 Jahre und 20 Tage*, Bonn, 1958. Edition française : *Dix ans et vingt jours*, Paris, 1959.

ERFURTH W., *Geschichte des Deutschen Generalstabs*, Göttingen, 1957.

GOEBBELS J., *Tagebücher 1942-1943*, publié par L.P. Lochner, Zurich, 1948. Edition française : *Le Journal du Dr Goebbels*, Genève, 1949.

GÖRLITZ W., *Keitel*, Göttingen, 1961.

GREINER H., *Die Oberste Wehrmachtführung 1939-1943*, Wiesbaden, 1951.

GUDERIAN H., *Erinnerungen eines Soldaten*, Heidelberg, 1950, 4e éd., Neckargemünd, 1960. Edition française : *Souvenirs d'un soldat*, Paris, 1954.

HILLGRUBER A., «Das deutsch-ungarische Verhältnis im letzten Kriegsjahr», in *Wehrwissenschaftliche Rundschau*, 2, 1960.

HEUSINGER A., *Befehl im Widerstreit*, Tübingen et Stuttgart, 1950. Edition française : *Hitler et l'OKH*, Paris, 1952.

HUBATSCH W., *Die deutsche Besetzung von Dänemark und Norwegen 1940*, Göttingen, 1952.

HUBATSCH W., «Großes Hauptquartier 1914/18», in *Jahrbuch des Ostdeutschen Kulturrates*, vol. V, 1958.

HUBATSCH W., *Hitlers Weisungen für die Kriegführung*, Francfort-sur-le-Main, 1962.

JACOBSEN H.A., *Fall Gelb, Der Kampf um den deutschen Operationsplan der Westoffensive 1940,* Wiesbaden, 1957.

JACOBSEN H.A., *Dokumente zur Vorgeschichte des Westfeldzuges 1939-1940,* Göttingen, 1956.

JACOBSEN H.A., *Der Zweite Weltkrieg in Chronik und Dokumenten,* 5e éd., Darmstadt, 1961.

JACOBSEN H.A. et ROHWER J., *Entscheidungsschlachten des Zweiten Weltkrieges,* Francfort-sur-le-Main, 1960.

KESSELRING A., *Soldat bis zum letzten Tag,* Bonn, 1953. Edition française : *Soldat jusqu'au bout,* Paris, 1956.

KLEE K., *Das Unternehmen Seelöwe,* Berlin-Francfort, 1958.

KLEE K., *Quellenkritische Untersuchung über die OKW-Weisung Nr. 32* (lorsque le manuscrit était imprimé).

LANGER W.L. et GLEASON S.E., *The Undeclared War 1940-1941,* New York, 1953.

LOSSBERG B. von, *Im Wehrmachtführungstabe,* Hambourg, 1949.

MANSTEIN E. von, *Verlorene Siege,* Bonn, 1955. Edition française : *Victoires perdues,* Paris, 1958.

MENDELSSOHN P. de, *Die Nürnberger Dokumente,* Hambourg, 1947.

MÜLLER-HILLEBRAND B., *Das Heer 1933-1945,* Francfort-sur-le-Main, 1956.

PICKER H., *Hitlers Tischgespräche im Führerhauptquartie,* Bonn, 1951. Edition française : *Libres propos sur la guerre et la paix,* Paris, 1954.

PLAYFAIR, *The Mediterranean and the Middle East in Official History of the Second World War,* éditée par Her Majesty's Stationery Office, Londres, 1954-1988, 6 vol.

RAEDER E., *Mein Leben*, Tübingen, 1957. Edition française : *Ma vie*, Paris, 1958.

RINTELEN E. von, *Mussolini als Bundesgenosse*, Tübingen, 1951.

ROMMEL E., *Krieg ohne Hass*, Heidenheim, 1950. Edition française : *La Guerre sans haine*, Paris, 1953.

ROMMEL E., *Papers*, édité par B. H. Liddell Hart, New York, 1953.

ROSKILL S. W., *The War at Sea in Official History of the Second World War*, HMSO, Londres, 1954.

RYAN C., *The Longest Day in History, June 6, 1944*, New York, 1959. Edition française : *Le Jour le plus long. Le 6 juin 1944*, Paris, 1960.

SCHRAMM P. E., *Kriegstagebuch des Oberkommandos der Wehrmacht*, Francfort-sur-le-Main, 1961.

SENGER von et ETTERLIN F., *Krieg in Europa*, Cologne-Berlin, 1960.

SHIRER W. L., *The Rise and Fall of the Third Reich*, New York, 1960. Edition française : *Le Troisième Reich. Des origines à la chute*, Paris, 1961.

SPEIDEL H., *Invasion 1944*, Tübingen et Stuttgart, 1949. Edition française : *Invasion 1944, le destin de Rommel et du Reich*, Paris, 1950.

Supreme Command, The European Theater of Operations, publication officielle du War Department, Washington D.C., 1954.

TIPPELSKIRCH K. von, *Geschichte des Zweiten Weltkrieges*, 3e éd., Bonn, 1959.

Tribunal militaire international de Nuremberg, éd. française, Baden-Baden, 1947-1949.

Ufficio Storico, publication officielle italienne, Rome, 1949.

VORMANN N. von, *Verbindungsoffizier des Heeres beim*

Führer und Obersten Befehlshaber der Wehrmacht, manuscrit, Inst. f. Zeitgeschichte, Munich.

Wehrwissenschatliche Rundschau, 1959-1961.

WEYGAND L. M., *Mémoires. Rappelé au service*, Paris, 1951.

WHISKEMAN El., *The Rome-Berlin Axis*, Londres-New York, 1949. Edition française : *L'Axe Rome-Berlin (1934-1945)*, Paris, 1950.

WILMOT Ch., *The Struggle for Europe*, Londres, 1952. Edition française : *La Lutte pour l'Europe*, Paris, 1953.

ZIEMKE E. F., *The German Northern Theater of Operations 1940-1945*, Washington D.C., 1959 (US Army Pamphlet n° 20-271).

III. DOCUMENTS SONORES

Aus dem Führerhauptquartier, 2 microsillons 33 1/3 tours, Documentary Series Est., Schaan, s.d. Diffusion en France : Disques Serp, Paris.

INDEX

En raison de l'abondance des occurrences, les noms de Hitler, de Jodl et de Keitel ne sont pas repris dans l'index des noms de personnes.

TABLE

LIVRE IV

AU TEMPS DU RETOURNEMENT DE LA SITUATION

DÉCEMBRE 1941 À NOVEMBRE 1942

LIVRE V

AU TEMPS DU DÉCLIN

NOVEMBRE 1942 À L'ÉTÉ 1944

LIVRE VI

LA PHASE TERMINALE DE LA GUERRE

ÉTÉ 1944 À MAI 1945

La photocomposition de cet ouvrage
a été réalisée par
GRAPHIC HAINAUT
30, rue Pierre-Mathieu
59410 Anzin

Achevé d'imprimer en juin 2016 sur rotative numérique Prosper
par Soregraph à Nanterre (Hauts-de-Seine).

Dépôt légal : mai 2016
N° d'impression : 15271

Imprimé en France

L'imprimerie Soregraph est titulaire de la marque
Imprim'vert® depuis 2004.